東日本大震災後の
宗教とコミュニティ

星野 英紀・弓山 達也 編

ハーベスト社

東日本大震災後の宗教とコミュニティ＊目次

第2部　いわき市における震災後の宗教教団と宗教者

目　次

第3部　震災モニュメントと宗教文化

第4部　住民避難の町から

はじめに

執筆者を代表して　弓山達也

【本書の目的】　本書の目的は、東日本大震災後のコミュニティの再建における宗教（避難場所としての宗教施設、宗教教団や宗教者の動向、祭りや民俗芸能や震災モニュメントの持つ意味など）の役割を解明することにある。本書の成り立ちは後述するが、本書を執筆した私たちは、この目的を成し遂げるため、調査地域を福島県いわき市とそこから北上する相双地域（相馬地域と双葉地域）に絞り、震災による被害、人口移動、コミュニティの復旧・復興の進展等、被災地で生じている社会変動を見据えつつ、仏教・神道・キリスト教・新宗教の諸団体、および地域社会における宗教文化を対象にした総合的な調査研究を実施してきた。そして調査の一部は今も継続しているが、本書では第12・13章を除くと、2011年から2016年のおおよそ5年間、つまり震災直後から復旧・復興対策期（仮設住宅対策や新しいコミュニティづくりが中心の時期）を中心とし、現在進行形の事象ゆえ、その期間を限定することにより、精度の高い情報を提供することを目指した。この地域と期間の中で、コミュニティにおける宗教の社会的役割・公益性、敷衍させれば、現代社会における宗教の社会関係資本としての有用性・存在意義を教団ごと・地域ごとの特性に即した形で実証的に検討することが本研究の目的である。

【本書の立場】　震災とコミュニティについては土木・建築学やまちづくり研究等の「安全」を問うものや社会学・心理学のように被災者や行政の動向や心の問題から「安心」を問うものまで多岐にわたっている。しかし当該問題を文化、特に宗教にからめて議論した研究は、コミュニティという公共空間において宗教はプライベートなものに位置づけられているため、そう多くはない。本書と調査時期・地域が重なる『被災コミュニティの実相と変容』(松本 2015) があるものの、宗教に対する言及はごく限られている。また宗教研究においても近年、宗教の社会貢献や公共性を議論する動向も確かに見られるが、本書のように長期間に及ぶ聞き取り調査、文献調査、質問紙調査、関与型調査などを駆使して、多角的に特定地域の宗教文化を、網羅的にとりあげた総合研究はないと考えている。

本書は、広義においては〈社会変動と宗教の問題系〉、狭義においては〈宗教の社会活動の問題系〉に位置づけられる。執筆者のほとんどは宗教学と社会学を専攻し、特に現代社会と宗教との関係に関心を寄せている。

前者は、社会秩序の維持・統合に果たす宗教の役割に関する研究群である。先行研究の多くは、産業化・都市化といった段階的・持続的な(相対的に長期的時間幅における) 宗教変動に関心が向けられ、その成果は高度経済成長期に集中していた (鈴木 1970; 藤井 1974等)。しかし、社会変動は、短期的時間幅における歴史的個性的な現象もその定義に含まれる。私たちの研究は、長期的時間幅の変化を視野に収めつつも、同時に劇的な短期的時間幅における社会変動を集中的に研究することを通して、コミュニティと宗教の関係性に接近するものである。

後者は、現代社会における宗教者・宗教団体の社会活動を扱う研究群である。先行研究は、福祉・教育・医療・平和活動・村おこし等を事例に、公共領域における宗教の役割を検討してきた (稲場・櫻井編 2009; 大谷・藤本編 2013; 稲場・黒崎編 2013等)。今回の私たちの研究は、緊急時・非日常時から復興・復旧期における宗教教団や宗教者の社会活動、およびコミュニティに埋め込まれた宗教文化の再編・再建を通した地域復興に焦点を当てるものである。つまり、震災をコミュニティの危機と捉え、そこにおける宗教の公共的機能を検討することによって、現代社会における宗教の有用性・公益性、ひいては存在意義を検証することを目指している。

本書は、東日本震災後の宗教とコミュニティに心を寄せつつ、時に阪神淡路大震災を扱った研究群 (中牧・対馬編 1996; 三木編 2001等) と比較しながら考察を進めていくものとなる。ただし、阪神淡路大震災とは、震災の規模、人口移動の規模、非都市災害かつ津波・原発事故を含めた複合災害である点において大きな違いがある（山下・開沼編 2012; 田中・船橋・正村編 2013等）。中牧・対馬編（1996: 87）にて山折哲雄から、阪神淡路大震災では「被災地に宗教者は立っていない」(宗教者としての活動ができなかったという意味）と評された宗教だが、今回の災害においては、どのような社会活動に取り組み、コミュニティにおいてどのような役割を果たしたのか、実証的に検証し、その動向を規定した要因の解明に迫っていきたい。

【本書の成り立ち】 私たちは2011年の震災発生直後から、いわき市を拠点として調査研究をスタートさせた。同年4月に執筆者の中で最初にいわき市小名浜の現地に向かったのは星野英紀大正大学教授だった。夏前には星野教授のリーダーシップの下、大正大学宗教学研究室に集う教員（寺田喜朗・村上興匡・弓山達也）と院生やオーバードクター（本書執筆者の中では参加の時期は異なるが、魚尾和瑛・君島彩子・小林惇道・齋藤知明・高瀬顕功・星野壮）からなる調査チームが結成され、8月に第1回の調査が実施された。その後、相前後していわき市に調査やボランティア等で入っていた小川有閑（財団法人国際宗教研究所）・川副早央里（早稲田大学）・藤井麻央（國學院大學）の院生やオーバードクターが加わることとなった（所属等は2011年当時）。文献研究やゲストを招いての研究会も定期的に開かれるようになった。

研究が進展して行くにつれ、いわき市以外の被災地へもフィールドを拡大させ、黒崎浩行（國學院大學）や佐々木裕子（白百合女子大学）らの参加・協力を得るようになった。また、当時学部生として調査補助として同行した奥田麻里菜・甲斐瞳、調査研究がスタートした後に大正大学大学院へ進学した大場あや・小野澤真暁・高田彩・高橋秀慧・高橋麻美子・塚越明香・長島三四郎・福井敬・福原さとみ・松平寛正・若林彩香・渡邊龍彦（五十音順）も現地調査に同行している。本書の各章の多くは、かかる調査で蓄積されたデータや研究会の議論をもとに完成されており、共同研究の賜物である（この「はじめに」自身、寺田喜朗と星野壮の文書をもとに弓山が仕上げている）。その一方、各章の成り立ちも7年ほどの間に分かれていて、表記や記述に統一感がないところがあれば、ご寛恕を乞うものである。

なお、これまで調査研究を進めるにあたって、大正大学より学内研究助成（「東日本大震災後の社会・地域文化復興における宗教者・宗教団体の役割に関する調査研究」2012年度、「東日本大震災後の地域コミュニティ再編における宗教の公共的役割に関する調査研究」2013年度、ともに代表は寺田喜朗）を、日本学術振興会より科学研究費助成（基盤研究C「東日本大震災後の地域コミュニティの再編と宗教の公益性に関する調査研究」2014-2016年度、基盤研究B「復興期における震災文化の研究―宗教研究からのアプローチと実践―」2017-2019年度、ともに代表は弓山達也）を頂戴した。また本書出版に関しては日本学術振興会の研究成果公開促進費（2018年度）をいただき、ハーベスト社の小林達也さんには大変なご尽力を賜ることとなった。この間、一貫してサポートしてくださっている星野英紀大正大学名誉教授、ならびに大正大学宗教学研究室とあわせて感謝する次第である。またお一人ずつお名前をあがることができないが、調査に協力していただいた皆さんにもお礼を述べたい。長期にわたり、本当に多くの方のご協力なくして本書各章は成り立たなかった。

【本書の構成と意義】　本書は4部構成で、第1部では調査地であるいわき市と相双地域の概略とそこでの震災直後の宗教教団や宗教者の動向について述べる。第2部では、いわき市における震災直後から復旧・復興対策期の宗教教団と宗教者の動きを扱う。対象となるのは主に高野山真言宗獨鈷山冷泉寺、浄土宗福島教区浜通り組青年会、大國魂神社、いわき平キリスト福音教会、孝道教団、天理教、創価学会である。第3部では、いわき市に震災後に建立された震災モニュメント、祭礼、復興イベントといった広い意味での宗教文化を扱う。私たちはいわき市内の全寺院に郵送アンケートを行い、寺院境内のみならず、海岸、公園、慰霊施設等に建立された震災モニュメントの調査を行った。また神社と地域との関わりや新たに生まれた祭り（復興イベント）にも注目してきた。第4部では相双地域における原発事故避難、地域住民の帰還、コミュニティの再建と寺院、神社、民俗芸能との関わりを多面的に論じる。ここでは寺院調査、全檀信徒への質問紙調査、住職の法務日誌や被災者の手記が分析される。

2018年11月30日現在、東日本大震災・原発事故から8年近くが経った。今なお約54,000人（復興庁調べ）の人々が避難を余儀なくされている。国は2016年度から2020年度を「復興・創生期間」と位置付けたが、依然、防災・減災のまちづくりといったハード面から、ストレス、喪失感、孤立などのソフト面まで諸問題が山積している。また復興・創生のビジョンを巡って地域住民も世論全体も十分なコンセンサスが見えていないのも事実である。そうした中、震災直後の避難先やボランティア活動における宗教教団の占める位置や宗教者の役割の大きさ、そして伝統的な祭りや民俗芸能がいかに復興の原動力・シンボルとなってきたかに目配りすれば、コミュニティの再建において宗教の役割が大きかったことは多言を要しない。それゆえ、日々、景観すら変わる被災地における震災直後から主に2016年までと復旧・復興対策期に期間を区切って、これまでのコミュニティと宗教との関わりをまとめる本書のごとき作業は極めて意義があると考えている。そしてそのことが今後の復興・創生期間のコミュニティの再建をうらなううえで重要であることは間違いなく、私たちは今後も続くコミュニティの復興過程と宗教との関わりに思いを凝らしていきたいと決意している。

参考文献

稲場圭信・櫻井義秀編 2009『社会貢献する宗教』世界思想社。
稲場圭信・黒崎浩行編 2013『震災復興と宗教』明石書店。
大谷栄一・藤本頼生編 2013『地域社会をつくる宗教』明石書店。
鈴木広 1970『都市的世界』誠信書房。
田中重好・船橋晴俊・正村俊之編 2013『東日本大震災と社会学』ミネルヴァ書房。
中牧弘允・対馬路人編 1996『阪神大震災と宗教』東方出版。
藤井正雄 1974『現代人の信仰構造』評論社。

松本行真 2015『被災コミュニティの実相と変容』御茶の水書房。
三木英編 2001『復興と宗教』東方出版。
山下祐介・開沼博編 2012『原発避難論』明石書店。

第１部　調査地の概要と震災被害

第１章

浜通りにおけるいわき市の位置づけと震災被害

川副早央里・星野壮

はじめに

2011年に発生した東日本大震災および福島第一原発事故は、広域な範囲に被害をもたらした。被災地の被害や復興状況は、津波被災地と原発事故被災地域に大別して理解されることが多いが、福島県の場合には両方の被害が重なり合っている。沿岸部では大津波によって壊滅的な被害を受けた地域も多く、また避難指示の有無にかかわらず多くの住民が原発事故後に避難をし、異なる被災状況が複層的に同時進行しているのが福島県の現実である。本研究プロジェクトが対象としたのは、このような複合災害の被害を受けた浜通り地域であり、福島県の縮図ともいえる被災状況を抱えた、いわき市である。

その災害過程で浮上している様々な現象は、災害発生後から生じたものではなく、震災前の地域社会のあり方や地域がたどってきた歴史と大きくかかわるものである。福島県の太平洋岸一帯は、浜通りと呼ばれ、大きくは北部の相双地区と南部のいわき地区に分けられる。両地域は同じように複合災害の被災地となったのだが、災害対応、被害や影響の広がりや深まりは異なる道筋をたどることになった。それを理解するためには、浜通りの地域の歴史と震災前の地域構造を踏まえて震災後の状況を読み解いていく必要がある。

本章では、広範な東日本大震災および原発事故の被災地域のなかで、浜通りとはどのような地域なのかを震災前後の地域構造に焦点を当てて描き出し、最後に東日本大震災後の浜通りにおけるいわき市の位置づけとその特徴を考えてみたい。なお、その考察過程においていわき市における諸宗教の概要にも触れながら、後に続く各論文への接合もはかりたい。

1.　震災前の浜通りの地域構造

浜通りは、いわき市を中心とする常磐炭鉱の発展により地域が発展してきたが、1960年代のエネルギー転換の影響を受け、常磐炭鉱の閉山を機に双葉郡といわき市は異なる産業政策を選択してきた。本項では、隣接する双葉郡といわき市の地域振興の歴史を踏まえたうえで、両地域が震災前はどのような地域構造を有していたのかを確認する。

1.1 いわき市の地域構造[1]

いわき市は、1966年に14市町村の合併によって誕生した自治体である。もともとこの地域は、幕末に常磐炭田が発見されてからエネルギー生産地となり、戦中戦後のエネルギー需要が拡大した際に首都圏を支える大きな役割を果たした。しかし、地域を支える主産業であった石炭産業は、1960年代における石炭から石油へのエネルギー革命によって斜陽産業へと転じ、1976年には完全閉山に至った。

その後、人口減少、失業、商店街の衰退など、炭鉱閉山によって生じると予想された周辺地域社会の疲弊に対応するための施策として、現在のいわき市に含まれる地域は、産炭地域振興措置法および新産業都市建設促進法に基づく「常磐・郡山地区新産業都市」の指定を受け、産炭地から工業都市への転換が図られた（いわき未来づくりセンター2004,2006）。この新産業都市の指定を実現するため、1966年に5市9町村が合併し、人口約33万人、地理的には沿岸部、平野部、山間部を含む面積約1,200平方キロメートルの広域ないわき市が誕生したのである。

合併によって広域な自治体となったことで、市内では空間的及び機能的な再編が進められ、その過程は合併前の地域特性をより一層強める過程ともなった。市域に含まれる14の地域は、その後合併前の自治体を基盤とした

13の行政地区に分かれて、特に平市、磐城市、常磐市、内郷市、勿来市の5市を中核として市街地化が進められ、「多核都市」(片柳2001) を形成してきた。現在JR常磐線いわき駅が位置している平地区は、いわき市役所をはじめとする行政および関連機関が集積し、いわき市の中心地域となっている。

石炭の積出港であった小名浜港においては、1937年の日本水素工業株式会社（現日本化成）の工場進出を皮切りに小名浜地区沿岸部において臨海工業地帯が形成され、港湾整備も同時に進められ工業港としての発展を遂げていった。また、1980年代以降はリゾート開発が行われ、今ではいわき市における代表的な観光地である水族館「アクアマリンふくしま」や観光物産館「いわき・ら・ら・ミュウ」などが建設され、いわき市内の観光産業において重要な役割を担っている（秋葉 2008; いわき未来づくりセンター 2006)。平地区および小名浜地区は鹿島街道の開通によって宅地開発が進められ、市内でも居住人口が多い地域でもある。

南部の勿来地区では、常磐共同火力勿来発電所が1957年に操業を開始し、現在に至るまで地域の中心産業となっている（いわき市勿来地区地域史編さん委員会 2014)。

内陸の常磐地区においては、炭鉱閉山後に常磐興産が炭鉱産業の技術をもとに多核経営化し、石炭産業の斜陽化に際して石炭採掘時にも湧き出ていた温泉を利用して常磐ハワイアンセンター (現スパリゾートハワイアンズ) を建設するなど観光業に力を入れてきた（澤口 2011; 嶋崎 2011)。

こうした産業の勃興と衰退の繰り返しに伴って、いわき市の人口も大きく変動してきた。石炭産業の繁栄の時期と重なる1947年から1955年の間に人口が急増し35万人を超えたが、産業の衰退に伴って人口が減少し1970年に32万7,000人台になり底をついた。そして、合併後の工業の発展によって緩やかに人口が増加し1995年には36万598人に達しピークを迎えた。その後は全国的な人口減少の傾向同様にいわき市の人口も徐々に減少してきている。それでもいわき市は2010年の国勢調査では福島県内第一位、東北地方においても仙台市に続いて第二位の人口数を有していた。

以上のように、石炭産業が衰退した後は新産業都市指定を受け、電気や化学などの分野を中心とする製造業の企業誘致を進め工業化への産業転換を図ったこと、そして多核都市の特徴を生かして広域観光都市を目指すことで炭鉱離職者の労働力を吸収し、いわき市は自治体基盤を維持してきた。時代状況を強く反映したこれらの大きな社会変動は、いわき市に地域空間構造と社会的機能の再構成をもたらした。

その結果として、地理的に広域かつ多様な地域特性をもった現在のいわき市が生まれたのである。この広域性と多様性という二つの特性は、今回の震災における被害および復旧・復興の在り方にも大きな影響をもたらした。

1.2 双葉郡町村の地域構造

双葉郡町村はもともと農業や漁業などの一次産業が中心であり、また石炭産業が衰退すると、1953年前後の合併以降は人口減少が進行していった。福島県は新たな産業誘致のために石炭産業に代わる電源開発の道を模索し、東京電力福島第一原子力発電所と福島第二原子力発電所が誘致された。福島第一原子力発電所は福島県双葉郡大熊町と双葉町にまたがって立地し、福島第二原子力発電所は富岡町と楢葉町に立地している。

原発の誘致は周辺地域の状況を大きく変えることとなった（開沼 2011; 清水 1994; 中嶋2014）。まず、原発誘致は住民の雇用に大きな影響をもたらした。原発立地地域である双葉町、富岡町、大熊町は建設業を中心として原発関連の産業が発展し、原発の下請け企業が増加した。とくに、農業者の原発関連の建設業への労働力の移動が多かった。というのも、東電職員、東電労務者は農業者よりも賃金水準が高かったからである。震災前、福島第一原子力発電所および第二原子力発電所では約10,300人が従事し、そのうち約9割が地元雇用であった。同時に、一人当たりの所得水準も高まり、課税対象所得指標では福島県平均を100とした場合、大熊町が116、富岡町が113、双葉町が107、広野町が103と県平均を上回る高水準であった[2]。

さらに、自治体としても、原発関連の税収入や交付金の交付によって大きな財政力をもつこととなった。自治体の財政基盤を示す財政力指数をみてみると、原発立地町村である広野町、楢葉町、大熊町は1.0を超え、双葉町や富岡町でも0.8～0.9と全国平均を上回る数値となっている（同上）。

電源交付金で立地地域に配分される交付金は、道路・スポーツレクリエーション・教育文化・水道などの公共用施設に多く使用され、地域の公共インフラは徐々に整備されていった。

また、原発立地地域においては、東電社員や下請け作業員を対象とした飲食点などのサービス産業が繁盛し、原子力発電所を中心として周辺産業が発展した。そして買い回り品などはいわき市や仙台市で調達するなど、この地域の商業圏は浜通り一帯に広がっていた（中嶋2014）。

さらに、産業が発展し雇用が創出されたことで、原発立地地域および周辺地域では人口も増加傾向に転じていった。1970年代後半から富岡町、大熊町では顕著な人口増を経験し、また原発立地地域外においても、地域の商業の中心であった浪江町などは原発建設後に人口が増加した。

以上のように、双葉郡では福島第一原子力発電所および第二原子力発電所が地域で最大の雇用の場となっており、原子力発電所の建設によって地域は大きく発展し、住民の生活水準も向上されてきた。東日本大震災では、この地域の中心にあった原子力発電所が被害をもたらすことになったことに加え、地域最大の雇用の場が喪失されることとなったのである。

2.　いわき市内の宗教略史の現況

上記のようないわき市の現況を踏まえ、本節ではいわき市に存在する諸宗教の概況について触れていく。

『福島県宗教法人名簿』2006年版を参照すると、いわき市内には570もの宗教法人が存在することになっている。内訳としては、神道系が329法人、仏教系が207法人、キリスト教系が14法人、諸教が20法人となっている（福島県文書法務グループ 2006: 45-63）。

以下では、神社神道、仏教、新宗教、キリスト教など、諸宗教のいわきにおける略史および現況を記述し、いわきにおける宗教状況を大まかに素描していきたい。本章の記述は『いわき市史・第6巻文化』、『いわきのお寺さん』、『いわきのお宮とお祭り』などによっている（いわき市史編さん委員会 1978; 今井編 1991; いわきのお宮とお祭り刊行会 2009）。なお、個別教団の詳細、および震災後の対応・変化などについては、本書に所収される各論考を参照されたい。

2.1 神道・寺院略史

平安時代、『大宝律令』(701年)、『養老律令』(757年) に対する細則にあたる『延喜式』が、醍醐天皇（885-930）の延長年間（923-930）に撰定された。この『延喜式神名帳』には現いわき市内に存在する神社が大國魂神社（平菅波）など7社記されている[3]。

ついで、いわき史における神社の歴史で注目されるのは、1063年、もしくは1186年に、京都の本社・石清水八幡宮から分社された飯野八幡宮の創建である[4]。中世期における本社・石清水八幡宮に対する崇敬は全国的に厚かったと言われており、分社である飯野八幡宮もこの地域にて厚く崇敬されたという。また古代以降、中世期・近世期を通じていわき市地域でも神仏習合が浸透し、特に地域内に多く存在した真言宗寺院との関係が深くなる神社が多かった。そのような寺社は、種々の年中儀礼を通じて村落の中心となってきた。

現在いわき市内に存在する神社本庁に属する326社を分類すると、数の上では稲荷神社がもっとも多く（33社）、八幡神社（31社）、八坂神社（30社）、諏訪神社（26社）、熊野神社（26社）などが多い部類となる。また福島県神社庁のいわき支部は、現在飯野八幡宮などと並ぶ大社である、大國魂神社[5]に設置されている。

さて、その寺院であるが、いわきへの仏教伝来の詳細な時期は不明である。ただし、平下大越の廃寺跡からは奈良様式の瓦が出土しており、この時代にはすでに仏教がいわきまで到着していたと言われている。いわきにおける古代仏教の拠点となったのが、現在の内郷地区にある白水阿弥陀堂（願成寺・真言宗智山派）や、徳一が開創といわれる四倉地区にある薬王寺（真言宗智山派）などである。特に薬王寺は一時中絶したが、室町時代に中興され、以後この地域の真言宗の中心寺院として隆盛を極めた。

鎌倉期から室町期にかけては、多くの域内寺院に数多の供養塔が建立された。このような供養塔には阿弥陀や阿弥陀如来の種字が刻印されており、天台系浄土信仰も浸透していたことが分かっている。これらがこの地での浄土宗隆盛の足がかりとなったという指摘もある。そして1322年に地元有力氏族の帰依のもと浄土宗の如来寺が開創され、1490年にはのちに奥州浄土宗の中心となる専称寺も開創され、以後発展の一途を辿った。

近世においても真言宗薬王寺と浄土宗専称寺がこの地の二大寺院として発展した。また浄土宗ではこの地で祐天・袋中といった著名な僧侶も生まれている。

1868年の王政復古とそれにともなう神仏分離政策の開始は、結果的に全国に廃仏毀釈の嵐を巻き起こした。いわきでも多くの寺抱えの神社が独立することになった。また、今の市内南部にあたる地を治めていた泉藩の中には、水戸学[6]の影響を強く受けたものが多数存在した。泉藩が維新政府に降伏した後、布告は忠実に守られ、旧泉藩の地域では神仏分離が徹底的に行われた。この地域では現在、かつて寺院が存在した痕跡を認めるのが難しい場所も存在する。

このような困難な時期を乗り越えて、明治後期から大正にかけては、仏教慈善会などが結成され、寺院間の親睦が図られるとともに、出獄者の救済活動なども行っていたという。とはいえ、戦時期に入るといわきの仏教界も国家体制に組み込まれ、戦意高揚の一翼を担うようになっていき、やがて敗戦を迎えた。

このような経緯により、現在いわき市内においては真言宗智山派に属する寺院（77ヶ寺）と、浄土宗に属する寺院（38ヶ寺）が多数を占めているといえる。他には東北一円で一大勢力を誇る曹洞宗（36ヶ寺）や、臨済宗妙心寺派（19ヶ寺）、日蓮宗（10ヶ寺）などに属する寺院が目立つ。

2.2 キリスト教略史[7]

キリスト教のいわき地方への伝道は、不明な点が多い。略史すら論じにくいのは、資料が必ずしも豊富に存在するわけではないからである。しかしその少ない資料からも、カトリックに関しては、すでに江戸時代にもたらされていた、と思われる（いわき市史編さん委員会 1978:294）。明治維新後の高札廃止以降、キリスト教禁制は解かれたが、官民ともにキリスト教を邪教視する中、当地での布教は困難を極めたようである。

そんな中、日本バプテスト同盟、日本基督教団、日本聖公会の３教団は、明治期から当地での布教に努め、また現在も幼稚園などの施設も運営しながら社会貢献の任も果たしてきた。

日本バプテスト同盟が1883年に平地区で街頭伝道を開始したのが、近代いわきにおけるキリスト教布教の開始と言われている。明治後期以降、熱心な牧師の相次ぐ到来により、教勢の拡大が見られた。しかし、1945年の平大空襲により教会堂などを失った。戦後の復興期においては、会堂が再建され、教勢の再拡大を企図しつつ現在にいたっている。また泉地域では、明治期以降、旧藩主本多家がバプテスト派に帰依したことにより、布教が進んだという。

日本基督教団は、1898年12月にアメリカ人牧師による伝道を開始させ、1905年に教会設立の認可が下り、平地区に看板を掲げた。その後明治後期から戦中を挟んで戦後の現在まで活動を続けている。また、日本聖公会は1903年に当地での教会が開設された。この時からいわき各地への伝道が開始され、教会の地を変えながら、現在に至っている。

なお上記３教団に対して、いわきにて大正・昭和期かから伝道を開始したのは、救世軍、日本同盟基督教団、アッセンブリーズ・オブ・ゴッド教団、基督兄弟団などを挙げることができる。

前記通り、江戸時代には伝わっていたと考えられるカトリック教会の活動が、いわきにおいて活動が活性化するのは戦後からである。1950年グロード神父によって、浜通りに初めての教会が現在地（平地区）に建設された。続いて小名浜教会、湯本教会らが建設された。2005年に４教会が統合され、小名浜、湯本の両教会は平教会の巡回教会となり、現在も活動が続けられている[8]。

2.3 新宗教略史

新宗教に関しては、戦前・戦後という区分にて、明確に活動開始時期を分けることができる。すなわち、戦前には神道系教団が布教を開始しているのに対して、生長の家・立正佼成会・創価学会が戦後に布教活動を開始させている。

天理教[9]は1893年に東北伝道の一環で信徒がいわきに入り、翌年には平支教会が平地区に設置され、本格的な布教がスタートした。その後教勢は順調に拡大し、1941年には支教会から大教会への昇格を果たしている。戦火によって神殿が灰燼に帰すものの、1952年には復興され、現在に至るまで活動を続けている。また、他の神道系の諸教団としては、金光教は1925年より、御嶽教は1931年よりいわきでの布教を開始させている。

立正佼成会は1946年4月に北茨城市大津町教会の分会として平地区に発足した平教会、その6年後に設立された磐城教会（小名浜地区）も市内に存在している。

生長の家は戦後直後の1947年、本部より谷口雅春を招聘することに成功していることから、戦後すぐに活発に活動をしていたと考えられる。現在も平地区を中心に活動している。

創価学会は1952年頃からいわき市での布教を開始した。当時は民家を借用しての積極的折伏により、飛躍的に会員数を増加させたといわれる。現在は文化会館が平地区に、平和会館が泉地区に存在し、それぞれ拠点として機能している。

3.　東日本大震災による被害と影響

ここまでいわき市および双葉郡の地域概要といわき市内の宗教略史を確認してきた。本稿以降の個別教団の震災後の対応の前提として、ここでは上述した地域を襲った東日本大震災および原発事故による被災状況と影響の広がりについてまとめておく[10]。

3.1 原発事故と広域避難

福島県では地震、津波、そして原発事故による放射能汚染の被害を受けた。福島県の死者は4,088人に上る（2018年12月5日現在）。このうち、1,605人が直接死、2,259人が関連死で命を落とした。この関連死の数は他の被災県と比較しても特に多い。建物被害に関しては、2011年3月11日の大地震や津波のみならず、長期避難中に家屋の被害が雨漏りや動物の繁殖などによって、福島県全体の建物被害規模は時間の経過とともに拡大し、住宅の15,224棟が全壊、80,803棟が半壊、141,044棟が一部破損の被害を受けている（2018年12月5日現在）。

地震および津波に加えて、今回の震災の被害を拡大させる要因となったのが福島第一原子力発電所事故である。原発事故の発生直後、政府から避難指示が出され、原発周辺住民は散り散りに広域な範囲にわたって避難を余儀なくされた。避難指示は放射能汚染の範囲と程度によって決定され、事態の深刻さが認知されるにつれて避難指示の対象区域は徐々に拡大されていった。2011年9月30日の避難指示区域の見直し以降、放射能汚染の程度によってすべての避難指示区域が「帰還困難区域」、「居住制限区域」、「避難指示解除準備区域」に区分されている（表1-1）。その後は避難指示区域が見直されるたびに、事故直後は拡大されていった避難指示は逆に縮小され、帰還政策が進められてきている（図1-1）。

避難指示が出された多くの自治体は発災直後、県内内陸部の中通り地方や会津地方へと緊急避難し、その後住民の避難状況や仮役場を設置するための土地や空間確保の条件に合わせて役場機能を繰り返し移動していった。県内でも住民が分散しているために、避難自治体は住民が集積する主要都市に役場の出張所や連絡事務所を設け、役場機能を分散させて住民対応を行ってきた。いわき市には震災直後に広野町と楢葉町の役場機能が移されたが、楢葉町が会津美里町へと業務を移し、2011年10月以降には大熊町、浪江町、富岡町、双葉町の連絡事務所・出張所がいわき市内に開設され、避難自治体の役場機能が集積する場となった。

表1-1　避難指示区域の概要

	区域の基本的な考え方	区域の運用について
避難指示解除準備区域	年間積算線量20ミリシーベルト以下となることが確実であることが確認された地域	①主要道路における通過交通、住民の一時帰宅（ただし、宿泊は禁止）、公益目的の立入りなどを柔軟に認める。 ②ア）製造業等の事業再開（病院、福祉施設、店舗等居住者を対象とした事業については再開の準備に限る）、イ）営農の再開（※）、ウ）これらに付随する保守修繕、運送業務などを柔軟に認める。 ③一時的な立入りの際には、スクリーニングや線量管理など放射線リスクに由来する防護措置を原則不要とする。 ※稲の作付け制限及び除染の状況を踏まえて対応
居住制限区域	年間積算線量が20ミリシーベルトを超えるおそれがあり、住民の被ばく線量を低減する観点から引き続き避難の継続を求める地域	①基本的に現在の計画的避難区域と同様の運用を行う。 ②住民の一時帰宅（ただし、宿泊は禁止）、通過交通、公益目的の立入り（インフラ復旧、防災目的など）などを認める。
帰還困難区域	5年間を経過してもなお、年間積算線量が20ミリシーベルトを下回らないおそれのある、現時点で年間積算線量が50ミリシーベルト超の地域	①区域境界において、バリケードなど物理的防護措置を実施し、住民に対して避難の徹底を求める。 ②可能な限り住民の意向に配慮した形で住民の一時立入りを実施する。その際、スクリーニングを確実に実施し個人線量管理や防護装備の着用を徹底する。

（出典）日本赤十字社福島支部（2017: 34）より

避難者数は避難指示が拡大されるたびに増加し、避難者は避難生活の状況によって度々避難先を移るなど、不安定に避難先を移動しなければならない事態となった。全体的な避難傾向としては、福島県の近隣自治体である新潟県と山形県などの北陸地方へと避難した避難者と、千葉県、埼玉県、栃木県、群馬県などの関東地方へと避難した避難者が多かったが、事故発生から2年目の2012年には北陸地方への避難者数が減少し、関東地方への避難者が増加しており、避難者が集積する避難拠点は時間とともに変化がみられる。

避難者数は2012年5月の164,865人の時がピークであったが、その時は102,827人が県内へ、62,038人が県外へ避難していた。県内では特にいわき市、郡山市、福島市、二本松市など県内主要都市に避難者が集まっていった。その後、避難指示が解除され帰還ができるようになったために避難者数は減少する傾向にあるが、おまなお福島県民の43,214人が避難生活を継続している。そのうち、県内への避難者数は10,054人（2018年11月30日現在）、県外への避難者数は33,147人（2018年11月12日現在）である[11]。ピーク時には県外避難者よりも県内避難者の方が多かったが、徐々に県外避難者が占める割合が増えていることから、帰還を想定していた避難者が県内にとどまって避難していたことがうかがえる。

図1-1　現在の避難指示区域の編成

このように、役場は行政機能を各地に分散させ、住民は避難先地域と避難元地域の行き来をしながら避難生活を送っており、震災前はある程度まとまった地理的空間的範域にあった人々の暮らしは一気に広域分散したのである。

3.2 いわき市における被害の広がりと複層性

いわき市は、地震、津波、原発事故、風評被害による四重苦を抱えており、その点では福島県が受けた複合的な被害と課題が集約した形で出現している地域である。広域な市域において、これらの被害と影響は地域毎に大きく異なって多層的に展開している点にいわき市の被災状況の特徴がある。いわき市における東日本大震災の影響を分析するためには、先述した地域差を意識しながら、災害因毎に被害と影響の広がりを確認しておく必要がある（川副・浦野 2012）。

いわき市では、3月11日の震度6弱の地震により、建物の破損、水道の断水や停電などの被害がいわき市全域で発生した。その後も断続的に余震が発生していたことから、老朽化した建物は倒壊の危険があったために通常使用できなくなったケースも少なくなかった。災害対策本部が設置されるはずの行政施設も倒壊の危険があったことで一定期間使用不可になり、いわき市役所本庁などでは屋外あるいは他の施設で災害対応にあたらなければならなかった。

さらに、4月11日および4月12日に発生した直下型の余震（いわき市南部で震度6弱）では、ほぼ完了していた復旧工事が振出しに戻り、市内各地で再び給水活動などの災害対応が行われた。この地震では、山間部を中心に大規模な土砂崩落や地すべりが発生し、田人地区では3人が死亡する事態ともなった。

市内沿岸部では大津波が襲来し、甚大な人的及び建物被害が発生した。市内の主な沿岸部の浸水高は、高いところで、久之浜・大久地区が7.45 m、四倉地区が7.55 m、平地区が8.57 mに達した。特に、久之浜・大久地区や平地区を中心に多数の人的被害が生じ、いわき市全体では450名の死者・行方不明者の被害が発生した。

また、建物の流失被害についても、いわき市全体で、7,917棟が全壊、7,280棟が大規模半壊、25,257棟が半壊、50,087棟が一部損壊の被害を受けている[12]。例えば久之浜地区では、約850棟の被災建物のうち、約480棟（約57％）が全壊、旧市街地部分では商店街および周辺家屋が流失し壊滅的被害を受けた。また、平地区でも約1,429棟の被災建物のうち、約910棟（約64％）が全壊し、沿岸部の一部の集落は壊滅的状況である。そのほか、四倉、小名浜、勿来地区の沿岸部でも、漁業施設を始め、海浜浴場や周辺の民宿、そして住宅など、津波によるさまざまな建物被害が生じた。

市内の津波被害による避難者の多くは、いわき市中心部の避難所に避難した。また当時は自宅の倒壊を恐れて避難所生活を希望する住民も多く、市内では計119か所の避難所が設置され、最大避難者数は3月12日に約2万人に達した。いわき市が設置した一時避難所は8月20日に閉鎖され、避難者は仮設住宅への転居や市外の親せきや知人などを頼りに避難したほか、市内の雇用促進住宅や民間の借り上げ住宅に転居して避難生活を送っていた。

さらに、いわき市では原発事故の被害と影響も様々な形で受けることになった。いわき市の北部は福島第一原子力発電所から30km圏内に含まれるため、3月13日にいわき市により久之浜・大久地区の全住民に自主避難が要請され、住民は大型バスで市内中心・内部の内郷地区や常磐地区へと避難した。また、同じく30km圏内にかかる小川町および川前町の一部では69世帯、188名の住民にも自主避難が要請された。これらの地域は、3月15日からは政府から屋内退避区域に指定され、4月22日にすべての避難指示が解除された。

市内の放射線量については、いわき市南部では市内北部の地域に比べて数値は低く、一つの自治体内でも影響の出方は異なる。いわき市は他地域と比較して線量が低いと言われているが、2,255人の市民が住民票を異動して市外へ避難し、686人の市民が住民票を異動せずに市外へと自主避難をしている状況が続いている（2018年12月1日現在）。線量が低いとされる地域においても放射線物質の危険性や除染作業の必要性などは、必ずしも原発からの距離に関係なく他の地域でも共通する課題であるが、線量の低い地域ではそうした課題が社会問題として取り上げられにくく、一部の危機感を持つ住民のみの課題とみなされることもある。また産業面では、例えば野生きのこやゆずなどの一部の農産物、水産物からは食品衛生法の暫定基準値を上回る放射性物質が検出され、摂取および出荷の制限や自粛の指示が出されるなど、実被害も発生している。

また原子力発電所に近い都市部であることから、いわき市は原発事故収束のための工事を担う復興作業員の拠点ともなっている。特に、平や湯本地区を中心に、宿泊先として市内の旅館やホテルに復興作業員を受け入れており、一部の飲食店なども含めて市の中心部では活気ある状況になっている。

しかし、こうした状況も市内での地域差があるだけでなく、業種や復興方針の違いによって感じ方は異なり、同じ地域内でも意識や復興状況に差が生まれている。

いわき市内では原発事故による風評被害も生じた。震災直後には、ボランティアがいわき市に集まらないという事態や、救援物資やガソリン、日用品なども、福島県の手前までしか運ばれない、あるいは関東から福島県を通り越して宮城県以北に運ばれるなど、結果として比較的に線量が低いとされる南部のいわき市にも物資が届かないこともあった。地震や津波被害による、がれき撤去や建物の修復作業についても、市外からの作業員が集まらず、復旧工事が遅れることもあった 。

このように、いわき市の一部の地域で高い放射線量が検出された場合や、いわき産の一部の農作物で基準を超える放射線物質が検出された場合には、その被害が市外で「いわき市」全体の被害として認識され、実際は放射線量の低い地域や一部の産業においても深刻な被害がもたらされている。これは広域都市ゆえにいわき市が抱える課題といえよう。

4.　原発事故による避難者の受け入れとその影響

震災後のいわき市および双葉郡の状況を理解するうえで重要な点は、原発周辺自治体からの避難者の多くがいわき市に避難し、いわき市が県内外で最大の避難者受け入れ地域となったことである（川副2013, 2014など）。

いわき市では、事故後から徐々に避難者が増加し、2011年後半からは2万人以上の避難者を受け入れてきた。図1-2は各避難自治体のいわき市への避難者数を示したグラフである。現在のいわき市の受け入れ避難者数は23,832人に上り、その数は福島県の避難者全体の約16％、県内避難者全体の約25％を占める数であり、国内最大規模の避難者集積拠点となっている。2012年の年明けの時点では、約500世帯が仮設住宅への入居順番待ちであり、いわき市への避難を希望しながらも、住宅不足により移動ができない避難者が多数現れるほどであった。

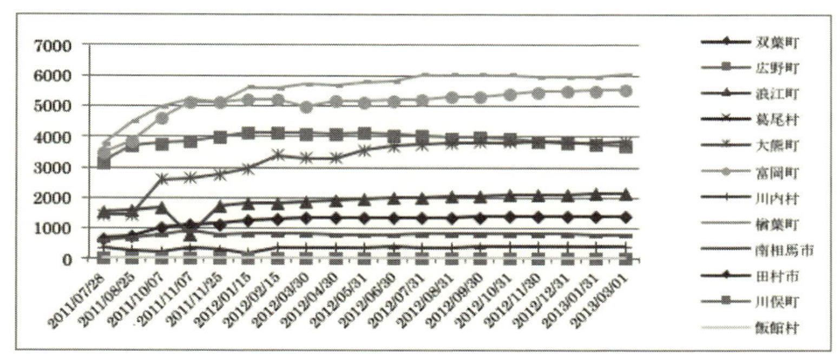

図1-2　避難自治体ごとのいわき市への避難者数

（出典）いわき市復興支援室提供のデータをもとに筆者作成。

特にいわき市への避難者数が多いのは、楢葉町、富岡町、広野町、大熊町である。そのなかでも広野町と楢葉町は、全住民の７割以上がいわき市に集中して避難していた。その後帰還が可能になりそれぞれの避難者数は減少しているが、避難元地域と避難先であるいわき市との行き来を続けるケースもある。

いわき市民の被災者と市外からの避難者向けに、いわき市では応急仮設住宅が県内最大数の13団地3,512戸が建設された。そのうちいわき市民対象の仮設住宅は平地区に一か所189戸が建設されたのみで、他12か所の仮設住宅は周辺自治体からの避難民を対象としており、仮設住宅全体の９割が市外避難者向け住宅であった。

また、今回の震災では多数の避難者が発生したことから、すべての避難者に応急仮設住居を確保するのが難しかったため、災害救助法の弾力的運用によって受入先都道府県が民間賃貸住宅を借り上げ、被災地からの避難者に対して提供し、その費用を福島県に求償することで、最終的にそのほとんどを国費で負担するいわゆる「みなし仮設」の制度が整えられた。いわき市は震災前から福島県浜通り地方の中核都市であり、民間アパート等の住宅が集積する地域であったため、いわき市のみなし仮設に避難する避難者も多かった。

さらに、避難生活の居住形態についても、自治体毎に違いがあった。いわき市への避難者数が多い上記4自治体のうち、楢葉町、広野町、大熊町は比較的仮設住宅数が多く、それぞれ約半数弱の市内避難者が仮設住宅に居住していた。一方、富岡町は市内避難者の約9割が、浪江町はすべての市内避難者が「みなし仮設」に暮らしていた。避難者が集住する仮設住宅は支援者が認知しやすいため支援が集まるが、「みなし仮設」に住む避難者の姿は一般市民の生活と変わりなく所在が見えないために外部支援者が関わりにくいという問題があり、支援が居住形態の差が支援の差となってしまった。

そうしたみなし仮設に住む避難者のニーズをくみ上げようと、避難者らによって組織されたのが「広域自治会」であった。広域自治会は、同じ出身自治体の避難者が、避難先で結成した住民組織である。すべての避難元自治体で広域自治会が組織されているわけではないが、特にみなし仮設に住む避難者が多い自治体の場合は、それぞれの避難先で広域自治会が作られ、情報交換や交流の機会を提供する組織として重要な役割を果たしている。

その後、恒久的な復興公営住宅が建設され、福島県内で約3,700戸、そのうち約1,800戸がいわき市に建設された。また、戸建て住宅を避難先に持った避難者も少なくない。

多数の避難者の受け入れは、いわき市民生活および市民意識に対して直接的な震災被害とは異なるかたちで震災の影響をあたえた。このように多数の避難者を受け入れることに伴う課題もあった。交通渋滞や医療施設など社会的インフラの混雑、ゴミ出しなど生活習慣の違いなど急激な人口増加によっていわき市内の生活問題が浮上し、「被災者」間にもたらされた行政施策の線引きによる補償格差への不満も重なって、避難者の受け入れに対する理不尽さと不満感がいわき市民の中で増幅された状況がある（川副 2013）。いわき市の場合は特に多様な被害が地域内に重なっているために、線引きによる差や矛盾が縮図となって地域内に現われているのである（川副2014）。

5.　東日本大震災後の浜通りにおけるいわき市の位置づけと特徴

本章では、いわき市及び双葉郡の震災前の地域状況を踏まえたうえで、東日本大震災および原発事故による被災状況と災害過程を描いてきた。ここでは最後に、東日本大震災後の浜通りにおけるいわき市の位置づけとその特徴を挙げることでまとめにかえたい。

第一には、いわき市は複合災害の被災地であり、異なる被災状況が重層的して進行している地域であるという点である。これまで見てきたように、市内各地で被災状況や復旧・復興の進捗状況、求められた支援は地域によって大きく異なっていた。そのため、災害対応や被災者支援を市内一律で展開するだけでは不十分であり、多様な被災状況や被災者への配慮、地域それぞれのニーズに合わせた災害対応をとる必要があった。いわき市においてはいわき市社会福祉協議会が母体となったいわき市災害ボランティアセンターが市内の被災者支援を中心的に担ったが、そのほかにもいわき市災害ボランティアセンターと連携して小名浜災害ボランティアセンターが、また住民主体の勿来ボランティアセンター（後になこそ復興プロジェクトとなる）が結成されるなど、各地域で住民と行政が連携して災害対応や被災者支援を進めていくかたちとなった。また、各地域が様々な外部の支援者と個別につながって受けた支援は大きな力となった。それぞれの地域が多様な支援を受け入れることができるか、その受援力をどれほど持つかということも、地域復興の重要な条件となったといえよう。その受援力を持つことができた地域というのは、震災前から地域づくりに注力して、結束力を高めていた地域であった。

第二は、いわき市は被災地でありながら、避難者を受け入れる支援地ともなったことである。上記のように複雑な被災状況を抱えながら、最大の避難者受け入れ自治体として市外から２万人を超える避難者を受け入れてきた。このことはいわき市が内包する被災状況をさらに複雑化させる要因となった。だからこそ、正しくきめ細かな被災状況の把握とそれに対する柔軟な支援が求められるのであるが、実際には地震・津波などの自然災害の被災者と原発事故の被災者の間の支援内容には著しい差があった。こうした状況下では、暗黙のうちに震災によって失ったものと得たものが被災者の間で比較され、「被害とはなにか」「被災者とはだれか」ということが問われるような感覚がある。そのなかでは様々な矛盾や理不尽さが目につきやすく、場合によってはそれが生活場面で如実に表れることもあり、被災者同士の理解を困難なものにしているのである。

第三には、いわき市がウチとソトの二面性を持っていることである。市内にはそれぞれ地域ごとの個別状況がある一方で、対外的には「いわき市」という自治体としてのまとまった姿を見せている。これは、広域合併をして自治体基盤を維持してきたように、今回の震災でも復興事業を推し進めていく上では重要な地域戦略である。いわき市としてくくることで見えなくなるものがある一方で、いわき市として捉えなければ見えなくなるものもある、そんなダイナミクスを持った地域なのである。いわき市が浜通りにおける中核都市であること、双葉郡を支える隣接自治体であることから、それは双葉郡や浜通り全体としての復旧・復興を実現していく上でも重要な戦略といえる。また同じように、いわき市の復興を考えていく上でも、双葉郡町村の動向と展望を見据えた地域づくりが求められる。

今後、宗教者・宗教団体による支援活動も、以上のように剔出される視点や課題を十二分に踏まえながらなされなければならないことは明白であろう。

注

1　本項は(川副・浦野2012）を基に加筆修正したものである。

2　福島国際研究産業都市（イノベーション・コースト）構想研究会（第1回）配付資料4「『浜通り』地域経済の現状と課題」より。

3　詳しくは、大國魂神社、二俣神社、温泉神社、佐麻久嶺神社、住吉神社、鹿島神社、子鍬倉神社の7社である（いわき市史編さん委員会 1978: 205-206)。

4　飯野八幡宮については、その後の経緯について記してある資料が存在するという（いわき市史編さん委員会 1978: 207-211)。

5　大國魂神社にかんしては、第6章を参照のこと。

6　江戸時代、水戸では勤皇思想、排仏思潮などが見られ、それが泉藩にも影響を与えたという（いわき市史編さん委員会 1978: 239-242)。

7　なお、第7章で触れられているグローバル・ミッション・チャペル（平キリスト福音教会）などの単立系教会については割愛した。上記教会についての詳細なデータは齋藤論文を参照のこと。

8　カトリックいわき教会のホームページより（http://www.sendai.catholic.jp/c%20iwaki.htm、2014年３月アクセス）。

9　なお、天理教についての詳細は第８章を参照のこと。

10　本節は(川副・浦野2012）を基に加筆修正したものである。

11　福島県災害対策本部「平成23年東北地方太平洋沖地震による被害状況即報(第1748報)」(2018年12月5日）より。

12　いわき市災害対策本部「東日本大震災の被災状況（2018年11月28日)」より。

参考文献

秋葉明2008「地域の観光を考える視点と論点」『みらい』9:7-19。

今井速水編・佐藤孝徳監修1991『いわきのお寺さん』協和印刷。

いわき市2013『いわき市・東日本大震災の証言と記録』。

――――2014『東日本大震災・いわき市復興のあゆみ2013』。

――――2015『東日本大震災・いわき市復興のあゆみ2014』。

―――― 2016『東日本大震災・いわき市復興のあゆみ2015』。

いわき市勿来地区地域史編さん委員会編2014『勿来地区地域史３』。

いわき未来づくりセンター2000『いわきの未来を考える　series2　地域経済いわきの内発的発展に向けて』。

――――2001『いわきの未来を考える series3　都市構造広域都市の特性を生かすには』。

――――2004『いわき市の合併と都市機能の変遷』。

――――2006『輝くいわきの人・暮らし・まち(いわき市市制施行40周年記念誌)』。

いわき市史編さん委員会1978『いわき市史・第6巻文化』いわき市。

いわきのお宮とお祭り刊行会2009『いわきのお宮とお祭り』いわきのお宮とお祭り刊行会。

開沼博2011『フクシマ論――原子力ムラはなぜ生まれたのか』青土社。

川副早央里2013「原発避難を巡る状況― いわき市の事例から」『環境と公害』42(4):37-41。

―――― 2014「原子力災害後の政策的線引きによるあつれきの生成―原発避難者を受け入れる福島県いわき市の事例から―」『RILAS JOURNAL』2:19-30。

川副早央里・浦野正樹2012「原発災害の影響と復興への課題―いわき市の地域特性と被災状況の多様性への対応―」『日本都市学会年誌』45:150-159。

川副早央里・星野壮2014「浜通りにおけるいわき市の位置づけと震災被害」『宗教学年報』29: 33-57。

片柳勉2001「合併以降の都市計画の変遷と都市の変容――福島県いわき市を事例として」『地球環境研究』3:49-60。

澤口恵一2011「石炭産業の衰退と漸次的撤退の戦略――常磐炭田の事例から」『大正大学研究紀要』96:160-167。

嶋崎尚子2010「常磐炭砿の地域的特性とその吸収力―産炭地比較研究にむけての整理」『社会情報』19(2):179-195。

清水修二1994『差別としての原子力』リベルタ出版。

――――2012『原発とは結局なんだったのか　いま福島で生きる意味』東京新聞。

高木竜輔2012「いわき市における避難と受け入れの交錯」山下祐介・開沼博編『原発避難論』明石書店。

――――2013「長期避難における原発避難者の生活構造――原発事故から一年後の楢葉町民への調査から」『環境と公害』42(4):25-30。

中嶋久人2014『戦後史のなかの福島原発：開発政策と地域社会』大月書店。

日本赤十字社福島支部 2017『東日本大震災　福島の記録』。

福迫昌之2008「いわき市における観光まちづくりへの胎動～「いわき観光まちづくりビューロー」設立に寄せて～」『みらい』Vol.9: 21-30。

福島県文書法務グループ2006『福島県宗教法人名簿』福島県文書グループ。

福島民報社編集局2013『福島と原発　誘致から大震災への五十年』早稲田大学出版部。

山下祐介ほか2012「原発避難をめぐる諸相と社会的分断――広域避難者調査に基づく分析」『人間と環境』32(2):10-21。

付記）本稿は大正大学宗教学会「震災と宗教」研究会による調査研究の成果の一部であるとともに、「東日本大震災被災地域における減災サイクルの構築と脆弱性／復元＝回復力に関する研究」(科研費基盤研究C／研究代表浦野正樹）の成果の一部でもある。また、本稿は(川副・星野2014) を改稿したものである。最後に本研究に協力してくださった調査対象地の方々にはこの場を借りて感謝の意を申し上げる。

第2章

相双地域における原発事故と寺院

星野英紀

はじめに

東日本大震災は発生からすでに1年8ヶ月以上が経過した。その過程で、被害の質あるいは内容において東北三県でかなりの差があることが明確になってきた。最大の違いは福島県下の原発事故による甚大な影響である。原発事故以来、十数万人という人が今も避難生活を送りつつある。避難を余儀なくされたのは宗教家も同様である。心の問題のプロと期待されている宗教家ではあるが、それなりの施設や道具は必要である。日頃は施設とともに宗教家は活動を行っている。

避難とは施設をそのままにして人間だけが避難するということであり、そこに宗教家の苦労が続いている。さらに幸い避難を免れても、放射線量の影響で住民の転出や移転が続いている。現状では原発に代わる経済的機能と効果を持つものがまったく見いだせず住民のさらなる流出は止まらない。寺院住職たちは将来の寺院のあり方に大きな不安を懐いている。本章では、そうした状況での寺院の宗教活動のすがたを報告したい。

ただし、寺院個々が抱えている問題は多様であり個別的でもある。安直な一般化は慎むべきであろう。実態をよく把握してからさまざまな判断を行うべきであると考える。

本章の範囲と意図

本章は、上記の趣旨に基づいた真言宗豊山派の行政区分である福島第2号宗務支所下の寺院についての調査研究である。福島第2号支所は、原発から半径40キロのなかにほぼすべての支所下寺院が収まるという支所で、すべての寺院が事故の直接的影響を受けている。調査研究を開始したのは本年夏以降である。そのため、福島第2号宗務支所下の寺院インタビューすら十分ではない。その意味でこの調査研究は端緒についたばかりであり中途発表である。行政や住民へのインタビューなどはいまだ手がつけられていない。より包括的な報告は今後に託したい。

本調査が当面、豊山派寺院のみを対象としている理由は私が真言宗豊山派所属僧侶だからである。これにはいろいろな意見があると思われる。その一つは自分の所属する寺院調査だけで学問的客観性はいかに保障されるのかという批判であろう。私も当然その見解があろうことを承知している。ただし、いまのところ関係する豊山派寺院すら悉皆的調査が終えているわけではない。現在の目論見としてはいずれは他宗寺院にもインタビューの枠を拡げていきたいということである。この種のインタビューには微妙な点（金銭に関連すること、家族に関わることなど）に触れることも多い。そうした問題に触れるケースの時、同宗派の「よしみ」ということからインタビューしやすいという利点がある。信頼関係が極めて重要であるということである。豊山寺院の調査を進めることで課題の発見、その課題へのアプローチの枠組みの組み立てを行いたいと思う。そしてそれをもって、さらに調査の枠を拡大していくつもりである。

繰り返しになるが、現段階は調査研究の中途発表であるということで、性急な結論とかあるいは提言については慎重でありたいと思っている。

1.　相双地域とは

福島県を西から会津地方、中通り地方、そして浜通り地方の三つに分けることが多い。気候も自然も人々の気質までもが異なるといい、特に福島県人は好んでこの区別を用いるようである。相双地域とは浜通り地方の中央から北にかけての、旧相馬郡と旧双葉郡の市町村を指している。現在で言えば、新地町、相馬市、飯舘村、南相馬市、浪江町、葛尾村、双葉町、大熊町、富岡町、楢葉町、広野町が属する地域である。おおむね太平洋に面しているので、福島県としては気候が温暖であり冬期の雪なども少ない。農業、水産業を中心にしてきた地域である。しかし近代化のプロセスのなかでは決して恵まれていたとはいえず、1960年代までは出稼ぎが常態化している地方でもあった。

この近代化に乗り遅れた地域を発展させる切り札が原子力発電所の誘致だったのである。このあたりの経過については、開沼博の書物に詳しくかつ冷静に書かれている（開沼 2011）。そして福島第二原発も建設された。その後第一原発の北には東北電力も原発を計画したが、これは反対運動により頓挫した。加えて、いわき市を入れるとこの浜通りには火力発電所も４カ所ある。つまり浜通りと相双地域は日本有数のエネルギー供給地域となった。原発等から地元が得る固定資産税や種々の交付金、補助金は莫大なものであり、また零細な農漁業従事者たちへの雇用の増大も大変魅力的なものであった。原発誘致のおかげでそれまでは福島県でもっとも貧しい地域であった相双地域は他の地域を凌ぐ税収と収入の市町村地域になった（衛藤 2012）。

2.　東日本大震災と相双地域寺院の被害

東日本大震災の被害をもたらしたものは大きく３つある。それは地震と津波と原発事故による放射能飛散の３つである。

東日本大震災の津波と地震による人的被害すなわち直接的死者と行方不明者については、とりあえず以下の数字を挙げておこう[1]。

表2-1　東北３県の人的被害[2]

	死者	行方不明者
岩手県	4,671 人	1,192 人
宮城県	9,530 人	1,337 人
福島県	1,606 人	211 人

福島県の人的被害は岩手、宮城両県には遙かに及ばない。この違いの原因は複合的なものであろうが、この数字の差が福島県が地震と津波の被害では「忘れられた地域」となっているという福島県人の嘆きともなっている。

つぎに相双地域に限って、津波と地震による直接的人的被害を掲げてみよう。

表2-2　相双地域市町村地震＆津波犠牲者数[3]

	死者	行方不明
新地町	100	0
相馬市	439	0
南相馬市	525	0
浪江町	149	0
双葉町	17	1
大熊町	11	1
富岡町	18	1
楢葉町	11	0
広野町	2	1
計	1,272	4

これをみると、相馬市と南相馬市という相双地域での北部の市に犠牲者が集中していることがわかる。相馬、南相馬両市の犠牲者の数は岩手県、宮城県の個々の市町村の数とあまり差はなく、福島県の津波・地震の被害が少ないとは一概には言い切れないのである。

さて本章は相双地域の真言宗豊山派寺院にのみ焦点をいるわけであるが、その豊山派所属寺院の檀信徒に限った場合の人的被害はどのようになっているのであろうか。調査が道半ばであって正確な数字はいまだ調べ終えていないが、豊山派寺院における地震・津波の直接的人的被害は次のように推定される。

表2-3　浜通り豊山寺院檀家津波・地震犠牲者数

寺院	檀家中津波地震犠牲者数	所在地
L寺	160	相馬市
J寺	50	相馬市
I寺	100	南相馬市
H寺	65	南相馬市
Q寺	20	南相馬市
T寺	50	南相馬市
その他小計	50	相双地域
合計	495	

この数字はもちろん公的な発表ではない。また各寺院の過去帳を調べて確認した数でもない。L寺とH寺は住職に確認した数であるが、他は住職方の聞き取りからの推定数である。それゆえ実際の数と比べると当然誤差があるはずである。今後、調査が進むにつれて、正確の数字を確定していきたい。

これは概数であるとしても495人という数は大きい。しかし、寺院所在の市町村と各寺の檀家居住圏は一致するとは限らない。つまり楢葉町の寺院の檀家がいわき市に居住していることも十分ありうる。それゆえ豊山派寺院の予想人的損害数がそのまま表2.2の各市町村と完全に重なりあうことにはならない。495人の幾人かは相双地域ではない可能性は高い。

3.　原発事故と豊山寺院

さて相双地域の豊山派所属寺院を一覧にしたものが以下の表2-4である。21ヶ寺ある。

21ヶ寺のなかで、放射能拡散による避難指示によって表2-4の「移転中」という11ヶ寺が避難寺院である。ところで避難指示区域というのは以下の3種類にまず基本分類されている。

1）避難指示解除準備区域

年間積算線量20ミリシーベルト以下となることが確実であることが確認

表2-4　相双地域における豊山寺院（21ヶ寺）

寺院	住所	○印は移転中
A	双葉郡大熊町	○
B	双葉郡浪江町	○
C	双葉郡双葉町	○
D	双葉郡葛尾村	○
E	双葉郡楢葉町	○
F	双葉郡富岡町	○
G	相馬市	
H	南相馬市	○
I	南相馬市	
J	相馬市	
K	相馬郡飯舘村	○
L	相馬市	
M	相馬市	
N	相馬郡飯舘村	
O	南相馬市	
P	南相馬市	
Q	南相馬市	
R	双葉郡浪江町	○
S	双葉郡楢葉町	○
T	南相馬市	
U	双葉郡浪江町	○

された地域。

2）居住制限区域

年間積算線量が20ミリシーベルトを超えるおそれがあり、住民の被ばく線量を低減する観点から引き続き避難の継続を求める地域。

3）帰還困難地域

5年間を経過してもなお、年間積算線量が20ミリシーベルトを下回らないおそれのある、現時点で年間積算線量が50ミリシーベルト超の地域

この指定は実は流動的な部分もある。というのはとくに1）避難指示解除準備区域は線量が低下していくと区域指定が外れて帰宅が認められたりあるいは日帰りの一時帰宅が認められてくる。相双地域では最も南の広野町ではすでに全面的帰町が認められている。ただし、町民の大多数はいまだ帰郷していない。除染やインフラ整備が不十分なことが主な原因である。

4.　豊山派寺院と被災の類型

豊山派の21ヶ寺のなかで避難を余儀なくされている寺院は11ヶ寺なのであるが、被災の実態についてみると個々の寺院はそれぞれに異なっている。そのなかで被災の状態から、いくつかの類型を見いだすことができる。その場合、被災の原因としては、地震、津波、放射能拡散の３つの要素がある。それを被害を受けた各寺に当てはめてみるとつぎのようになる。

表2-5　地震・津波・原発の被害度（弱1←ー→5強）

	地震	津波	原発	避難	回復度
寺院Ｅ	3	0	4	○	低
寺院Ｂ	4	0	5＋	○	低
寺院Ｇ	4	0	0		順調
寺院Ｌ	2	5＋	0		順調
寺院Ａ	4	0	5＋	○	低
寺院Ｈ	3	3	4	○	低

＊ここから被災寺院の被災のあり方にいくつかのパターンを抽出することができる。

パターン１→→→地震と原発　　Ｅ寺、Ｂ寺、Ａ寺

パターン２→→→地震と津波　　Ｌ寺

パターン３→→→地震と津波と原発　　Ｈ寺

パターン４→→→地震のみ　　Ｇ寺

表2-5から明らかなようにどの寺も地震の被害に遭っている。Ｌ寺の場合は津波被害は甚大であった。海辺の檀家から160人もの犠牲者を出し、また寺隣接の墓地まで津波が来襲し、数百ある墓地は全部倒壊した。しかし墓地については１年を経ずして元のように復興しており、墓の竿石の傷などがなければ津波の痕跡はまったく感じられないほどである。このことから推論できることは、津波・地震は東北３県で死者、行方不明者２万人を出すという大惨事であったが、１年以上が経過すると、津波・地震だけの被災地の復興はかなり堅実な歩みをたどっているのではなかろうか、ということである。

表2-5の回復度はそれを表している。

ところが原発の問題はそうはいかない。セシウムの半減期間が30年であるといわれる。汚染土を取り除き除染作業を行っても、1ヶ月も経つともとの線量に戻ってしまうと現地の人々は証言する。

事故を起こした原発の立地町村つまり大熊町、双葉町、そしてその隣接町村つまり浪江町、富岡町などでは、原発への経済的依存度は並外れて高い(衛藤 2012)。浪江町でも、町民の3～4人に1人は原発関連の仕事だったのではないかという声も聞く。その原発の再開はのぞむべくもない。仮に除染が進んだところで、仕事がないから労働年齢の住民は帰郷をしない。放射能の影響は不確定な部分が多い。たとえば子供の甲状腺がんの発病は事故後4年間ぐらい経ってから症状が出るという。チェルノブイリ原発事故の時には、甲状腺がん発病者は1万人を超えた。こうしたネガティブ情報が大きな不安を醸し出すのである。

表2-5の寺院のうち、原発事故で避難を強いられた寺院の環境はきわめて不安定である。お堂もない、墓もない、法話を聞く檀信徒もちりぢりばらばらというなかで、寺院活動はきわめて制限されている。

5.　寺院の日常活動

5.1 お布施

ここでは原発事故によって寺院の布教活動や内容がどのように変化していったかを少々論じてみたい。

お布施の変化については誰もが関心を持っている。しかし現実にはもっとも実態の分からない領域でもある。基本的にお布施は宗教活動の実施状況と表裏一体であるから、かりに宗教活動を行なわなければお布施は当然減少する。その意味では後述の年中行事の実施状況は布施収入と密接に関連してくる。東日本大震災以前と比較するとお布施は3割は減少していると断言する僧侶もいる。

ただし、既成仏教の布教活動を年中行事と通過儀礼とに分けると葬儀と年忌法要は後者の通過儀礼である。葬儀についてはたとえ震災で本堂等の堂宇が損傷を受けても、以前から自宅あるいは葬祭場で行ってきたので、僧侶がその会場に行くことさえ出来れば大震災後も行うことができる。しかし年忌法要については、僧侶方の話を聞く限り数は減少気味とのことである。

2012年3月11日の一周忌では、各地の市町村に合同追悼会を行った。市町村ごとに完全に無宗教式で行ったところもあれば、二部形式にして前半を公共団体主催の無宗教式慰霊祭とし、後半を宗教的（仏教式が圧倒的）慰霊祭としたところもあるようだ。いずれにせよ、合同慰霊祭をもって自家の一周忌とした人々も多いように聞いている。三回忌以降の法要は大震災前の物故者への法事ということになるが、ある僧侶によれば、これは親戚らへの気兼ねから法事を行わない家、行ってもごく身近な親族のみを呼ぶ小規模な法事が多かったとのことである。自分の家は大震災犠牲者はいなくとも、親戚には犠牲者がいる場合が多いからである。

避難者の生活はいま補償金によって支えられている。原発事故で居住地を追われた人々には東電より家族1名につき1ヶ月10万円の精神的苦痛に対する慰謝料が支払われている。そのことで当面の生活費は賄えるので、とりあえずの精神的にも安定は確保されている場合が多いともいわれる。それゆえ、宗教的なニーズにもその収入の一部を当てることは可能である。

寺院の収入もまた申請すれば一種の営業補償という形で補填される。2008年度から2010年度までの各寺院の収支明細を提出して、それを判断材料に東京電力から補償金が支給される。

しかし補償金がいつまで継続されるかは不透明であるから、表面的に安定しているような現状の底には深い不安が横たわっていることには間違いない。

5.2 お骨とお墓

寺とお墓のつながりには長い歴史がある。寺院が全国津々浦々まで建立され僧侶がそこの定住することが出来るようになったのは中世末期以降であり、それは死者供養や墓の管理を僧侶が管掌するようになったからだというのは、古くは竹田聴洲の研究などで明らかにされてきた（竹田1971）。つまり仏教と先祖供養の繋がりが始まってほぼ500年以上経過している。そしていまも継続されている。有り体にいってしまえば、死者供養と遺骨管理は仏教の仕事などである。東日本大震災や原発事故による直接死ばかりでなくいわゆる間接死そしてその後のいわば「普通死」は、一部の神葬祭地域を除いて、たとえ原発避難の最中といえども基本的に菩提寺僧侶に依頼してきた。葬儀は葬祭場で行われる。僧侶はたとえ車で片道数時間の遠いところでも出向いている。その後に四十九日忌ごろに納骨式が行われる。しかし立ち入り禁止地区の墓地には原則的に入ることができないので納骨ができない。寺も避難中であると預かることも難しい。なかには一時帰宅許可の時に密かに墓地に埋葬する者もいるようだ。あるいは取りあえず自宅に遺骨を安置する。避難中の寺が仮堂を持っている場合は、そこに一時遺骨を預ける例もある。また避難地域外の同胞寺院に一時預ってもらう例もある。私が訪れた寺院のなかでは３ヶ寺の遺骨を預かっていた。約50体の遺骨を仮堂に安置していた。仮本堂で預かることのできないお寺の中には、たとえ共同利用でいいから納骨施設を設けたいと強く願っている寺院もあった。葬儀、遺骨、墓地については、被災地寺院においてできる限り檀信徒の要望に応えるように、個々の寺院の事情を超えて宗派単位でのバックアップが必要であろうと考えられる。

5.3 年中行事について

避難寺院の場合、年中行事の執行がなかなか困難なことは先に指摘した。檀信徒の避難先が拡散していて一ヵ所に集まりにくいこと、寺院に集まることが不可能なので仮に集まるとしても会場を借りることになり費用的な問題も出てくること、などが問題となる。以下ではＥ寺院とＬ寺院の二寺院の年中行事執行状況を見てみよう。

Ｅ寺院は現在避難中であり、隣町に別院と呼んでいるお堂を構えている。別院といえども一般の住宅を援用しているものであり、二間を通したところに元のお寺の仏像を安置している。多いときには40人規模の法事を行ったこともあるということであったが、それが最大限であろう。

Ｈ寺の場合も、避難地域になったので5キロほど離れた先代住職時代からの茶室を仮事務所として法務を行っている。普通の住宅よりはやや広い家屋であり、そこには住職夫妻も居住されている。ただし檀家の数からいってもその仮事務所において多くの人を収容して年中行事を行うことはできず、お施餓鬼法要は葬儀ホールを利用して行った。

表2-6　Ｅ寺（楢葉）の年中行事

行事	例年の執行日	2012
不動明王護摩祈祷	１月１日～７日	
大般若護摩祈祷	３月第１日曜日	
観世音護摩祈祷	３月17日	
春彼岸会	３月	
大施餓鬼会	８月６日	新盆追善供養会
立石不動明王護摩祈祷	８月17日	
平成寺子屋	７月～８月	
秋彼岸会	９月	
水子地蔵尊供養法要	11月23日	
法話の日	毎月第三日曜日	
詠歌会	毎月第一、第三土曜日	

出典　「おつとめ」Ｅ寺発行より

Ｅ寺のケースでは、大震災以降に執行できた年中行事は厳密には何もない。施餓鬼会とやや性格が類似しているのが新盆追善供養会である。新盆追善供養会は近くの葬祭ホールを借りて行った。約80人ぐらいの檀信徒が集まった。法要は名誉住職と住職で勤められた。施餓鬼会のように近隣寺院の出仕は無かった。法要終了後、檀信徒はホール内の別の部屋で会食し三々五々帰宅した。墓地への参拝は行われなかった。制限地域に墓地があるからである。この法会には新盆の家族のみに案内が出されていたので、その他の檀信徒の参拝はなかった。その意味でも通常の施餓鬼会とは異なる。Ｅ寺院では、この新盆追善供養会以外の年中行事は2012年に限ればことごとく行われなかった。

他方、表2-7はＬ寺の年中行事である。Ｌ寺院は海岸から数百メートルのところにあり、海岸から寺までの住宅はほとんど津波で全壊した。寺に隣接する墓地も津波の最終到達点となり、全墓石が倒壊した。墓地より数メートル上にあったお寺の本堂、庫裡等も玄関先まで水が上がったが、被害を出さずに済んだ。海岸近くの檀家は全壊で約160人の犠牲者を檀家から出す結果となった。福島第２号支所内においては津波・地震による檀家の人的被害はもっとも大きい寺院である。

表2-7　Ｌ寺（相馬）の年中行事

行事	2011	2012	備考
新年祈祷	○	○	
大般若１（1月４日）	○	○	
大般若２（3月11日）	○	×	
大般若３（3月彼岸）	×	○	
不動講	○	○	
春祈祷のお施餓鬼	×	×	漁業組合お施餓鬼
お施餓鬼（8月10日）	○	○	
灯籠流し	○	○	
お地蔵祭り	×	×	高塚地区
貴船尊の祭り	×	×	
薬師様の縁日１（1月）	○	○	新地町
薬師様の縁日２（4月）	×	○	新地町

表2-7から見るように、海岸地域の住民等を対象とする行事は本年は休止が多い。しかしそれ以外の行事は東日本大震災の年ですら休止になっていない。寺院最大の年中行事である施餓鬼会は休むことなく毎年行われている。

甚大な津波被害を受けた境内隣接墓地は津波後数ヶ月で各家ごとに修復工事が行われて、2011年12月ごろまでにはほぼ修復し終えたという。幸い、墓地の棹石は倒されてだけで墓地近くにあった場合がほとんどで、修復の際はそれらの多少傷ついた石を再利用した場合が多い。

このＬ寺のお墓のように津波の被害は甚大であるが、原発のように長引くことがないだけ復興は早い。原発事故の甚大さと重大さを示す一例である。

5.4 年忌法要・位牌・仏壇

年忌法要については先に触れたが、大震災犠牲者の一周忌は合同法要という形をとったものが多いように思われる。犠牲者以外の三回忌以上の法事については、数の減少と規模の縮小が顕著との話は多い。親戚などのほとんどが被害者を抱えているので、たとえ自分の家は人的被害、物的被害が軽微でも法事は営みにくいという。また人的、物的被害が深刻な場合は、法要等は内輪で済ませるということになる。

仏壇や位牌については被災以前の家から運び出すことがなかなかできにくいという事情があるため、新たな仏壇購入、位牌作成がかなりの数あり、入魂、開眼の儀式が多いという。

6.　まとめにかえて

⑴

伝統仏教は、建物と土地（墓地も含む）を基盤としている宗教であることが改めて認識できたのではないかと思う。

遺骨については特に仏教に頼るところが大きいことも改めて確認できる。将来を見据えた納骨施設の設置は急務と思う。最近、宮城県などを中心に幽霊の話、霊の祟りのような話が頻繁に語られているという報告はとみに多い。福島県でも聞こえてきた。「未成仏」霊への怖れである。

⑵

「何年か後には帰りたい」あるいは「何年たったら帰れるのか」という思いや問いかけは避難民の誰しもが懐いていることである。

しかし原発が再開されることはあり得ない。その代替の企業が入ってくることもいまのところ全く不透明である。そうなると、寺を元の地に再開しても、檀家はあまり戻らないということになる。

線量が低くかつ原発依存度が相対的に少ないいわき市や相馬市における土地の値段が上がっているという事実は、多くの人がかつての居住地に近いところに住むことを求めているということであろう。ドーナツ型的相双地域というのが成立するのであろうか。中間貯蔵施設を原発の近くに作ろうという案は政府から地元にもすでに提示されている。予定地は十数ヶ所に上る。地元の人々は、それは「中間」ではなく結局「最終貯蔵施設地」になるのであろうことを見抜いている。第一原発の直近地域の無人化である。その意味でもドーナツ化である。

注

1　人的被害の数字を正確に記することは意外と難しい。まず日々、数が変わってくること、そして警察庁と消防庁では数が異なっていることなどがある。これ以外のデータもあるようである。公的期間の発表が異なるのは、直接死と関連死との区切りをどこに置くかということもあろう。本章は2012年11月1日の豊山教学大会にて発表した内容を原稿化したものであるが、本章での数字は発表時とは微妙な違いがある。本章での数字は主に公的機関の発表を用いている。

2　2012年11月14日警察庁緊急災害警備本部発表。

3　復興庁のデータより（2012年11月1日現在）。

参考文献

開沼博2011『「フクシマ」論――原子力ムラはなぜ生まれたか』青土社。

衛藤英達2012『統計と地図でみる東日本大震災の被災市町村のすがた』日本統計協会。

竹田聴洲1971『民俗仏教と祖先信仰』東京大学出版会。

船橋淳2012『フタバから遠く離れて――避難所からみた原発と日本社会』岩波書店。

ドキュメンタリー映画『フタバから遠く離れて』第一部（2012年10月公開）

コラム　「復興スピードにも大きな格差」

筆者が調査研究をするという目的で東日本大震災被災地域を訪れ始めてから、初めて書いた論文である。文中にもあるが、筆者は真言宗豊山派僧侶である。災害で壊滅的な被害を受けた地区で調査を行うというのは、被害者たちにどのように接すれば良いかという点でかなり戸惑いを持つもので、それゆえ、まずはかつてから知り合いのお寺さんもあるので、同宗派のご寺院関係者を訪ねた結果まとめた論文である。いかに福島浜通り地域の豊山派寺院の檀家さんが酷い被害を受けたかを宗内同朋寺院方に知らせしめたいという目的があった。

さて７年後、それらの寺院はどうなっているだろうか。一言で言えば、寺によってさまざまな復興差が歴然としているといってよい。それには寺はもとよりそれぞれの自治体の復興差も反映されている。また住職の取り組む姿勢も少なからず影響しているようである。もともとの寺には江戸時代初期から始まる格差があった。寺院によって檀家数には格差があった。つまり寺維持の地力に差があり、それがいまに至るまで影響している。被害の格差は特に放射能被害によるところが大きい。今もって帰還困難地域にあるお寺もあれば、すでに解除は解消されて居住 OK という地域もある。解除になっても住民の帰還は町村によって格差がある。町村のニューコミュニティ作り計画の進捗状況も一律の進度ではない。帰還が進む地域では住職も復興やる気スイッチが入るという具合である。住職後継者がすでに決まっているかどうか、といったお寺側の内部事情もまた寺復興と関係する場合もある。

第２部　いわき市における震災後の宗教教団と宗教者

第3章

一僧侶の支援活動と宗教者意識

齋藤知明

はじめに

本章では、福島県いわき市におけるある寺院を取り上げ、一僧侶による支援活動を検証する。一人の宗教者が3・11以降、どのような支援活動をおこなったのか？　いかなる動機に基づいておこなったのか？　さらに、なぜ宗教者がこのようなことをしたのか？

このような問題関心から、システマティックに大規模な活動が可能な「教団」や、活動の規模や内容を比較的自由に決められる「宗教者間ネットワーク」などの組織を検証するのとは別に、地元に密着した宗教者の活動ならではの特性や可能性を考える。ここでは一個人としての宗教者の支援活動を中心に論じる。

さて、一寺院・一僧侶がおこなってきた支援活動とは何か。ここでは、それを心のケア・子どものケアに絞って考えていきたい[1]。

宗教者の支援活動は世俗の団体（企業やNPO団体など）と比較すると、えてして報道されにくい実態があり、それゆえ宗教者はいったい何をしているのか、という批判にさらされることがある（藤山2011）。宗教情報リサーチセンターの「宗教記事データベース」を使って2011年3月11日から12月31日までの期間における「震災」「僧侶」「支援」の語句が入った記事を検索すると、411件ヒットする。宗教専門紙と一般紙の割合はおよそ2対1である。現地の活動を報道する一般紙の記事を参照すると、慰霊・追悼などに関するものが多く、支援活動については数えるほどである。この事実は、宗教者の活動が一般の耳目には入りづらい状況をあらわしているといえよう。ここでは、埋没されがちな僧侶の地道な活動を掘り起こしていきたい。

なお本論は、2012年３月に書かれたものであり、現状とは異なっている部分も多々ある。時制の問題などもあるが、あえてそのままで掲載することをご承知いただきたい。

1.　対象寺院

今回対象とするのは、高野山真言宗に属する獨鈷山冷泉寺である。いわき市内の高野山真言宗寺院は９カ寺で、冷泉寺はいわき市南部の小名浜地区にあり、海岸からわずか300ｍ、海抜10ｍほどの高台に位置している。弘法大師空海が東北地方を巡錫した際、漁師の海上遭難を救うために自作の不動尊像を安置したのが始まりといわれている。天正年間（1573-1592）に澄祐阿闍梨が中興され現在に至っている。2008年に建築家隈研吾のデザインで本堂が２階建てで改築され、１階は大日如来が鎮座している本堂で、２階は屋根裏部屋のように木目の床が張ってある綺麗な客殿となっている。

インタビューを受けていただいたのは、副住職の酒主真希氏である。酒主氏は、1998年に僧侶の資格を取得したのちに龍谷大学大学院を出て、現在はいわき市で僧侶として活動をするかたわら、いわき市の市民講座や「いわき市暮らしの伝承郷」などで文学講座を開き、市民の生涯学習に尽力している。

2.　被災当時と被災状況

３月11日、地震があったとき酒主氏は自坊にいた。大津波警報が出た後は、近くの住民が冷泉寺に駆け込んできた。15時39分、対応に追われているうちに津波が小名浜を襲った。その夜は100人以上が冷泉寺に来て、お茶とお菓子を出して、ストーブを点け、ラジオを聞きながら夜を過ごしたという。

12日、新潟県からインスタントラーメンや餅、煎餅などの支援物資が届く。また、山梨県にいる檀信徒が水を持ってきた。13日、小名浜の現状はあまり報道されていなかったので、ブログで被災状況を報告した。すると、記事に対して多くの数のコメントが返ってきた。その後正式な避難所であったいわき市立小名浜第二中学校で具合が悪くなった高齢者を、冷泉寺で看ることになった。この日、冷泉寺に避難している人は10人程度であった。

15日、原発事故で放射線物質が飛散するとの報道が流れ、酒主氏は那須へ一時避難する。避難先で高野山東京別院に東日本大震災現地対策本部が設置されることを知り、17日の会議に出席し、食料や水などが不足している状況を説明した。

18日、東京別院の職員が葬儀会社のトラックを借りて支援物資を運送した。いわき市は原発事故の報道により多くの市民が避難し、支援物資も届いていない状態だった。酒主氏はこの日から避難所を回って支援物資を配りながら、いわき市内の高野山真言宗寺院の被災状況を調査する。これ以降酒主氏は、高野山真言宗におけるいわき支援の連絡役となる。

30日、東京都と広島県から来た僧侶・知人らとともに、避難所での子どものケアを開始した。

4月は千葉県といわき市を往復し、支援物資の分配に終始する。被災当時から非公式の避難所となっていた冷泉寺だが、最後の3、4人が5月28日に借り上げ住宅等に移っていった。5月以降、酒主氏は支援物資を分配する活動に加えて、心のケアをおこなうために全国各地からいわき市に来る僧侶や専門家たちを、各避難所に案内するコーディネーター役となり、本格的に心のケアの活動を開始する。

なお冷泉寺の被災状況は、石灯籠が数本倒れたのみで、幸いにして檀信徒は一人も亡くならなかった。

3.　子どものケアは大人のケアへ

3.1 避難所訪問

先述したとおり、酒主氏は3月30日から避難所での心のケア・子どものケアを開始している。最初に訪問したのは、いわき市立江名小学校。避難所で生活している子どもが元気過ぎて、同じ場所にいる高齢者たちが困っているとの情報を受けた。そこで、シャボン玉や縄跳び、粘土、お絵描き帳やカラフルなペンなどを持参して、広島県や愛媛県などから救援に来た僧侶や友人とともに向かったという。

両親を含めた大人たちは、日中は被災した自宅の片づけなどをしていて、子どもと一緒に遊ぶことは身体的にも精神的にも辛いそうだ。それゆえ、託児所の保育士のつもりで子どもの面倒を見ようと思ったが、大人に構ってもらうことに飢えている子どもたちは「お坊さん、遊んで」と飛びついてきた（この時期は作務衣で活動していた）。中には、赤ちゃん返りするほど甘えてくる子どももいた。この日は、酒主氏が大人たちに必要な支援物資を聞き、他の僧侶たちが子どもたちと校庭で遊んだ。

これ以降、酒主氏は避難所訪問を続けることになる。5月初めに江名小を訪れた時には、石川県から来た僧侶らとともに絵の具を持って、子どもたちのケアをおこなったという。震災以後、子どもたちは「色」に飢えていると感じ、子どもたちに紙と絵の具をわたした。そうすると、避難生活の抑圧を発散するかのように、学校の壁や自分の服や体にも絵の具を塗り始めた。これには他の僧侶や大人たちも驚いたという。

当時のいわき市は、市外に疎開している家庭と、そのまま市内に残っている家庭と分かれ、これまで友達として遊んでいた子どもが急に目の前からいなくなることが当たり前となっていた。避難所に残った子どもたちは取り残されていく不安と、集団生活を強いられるストレスに直面していた。そのため、遊び相手となる僧侶には過剰に甘え、普段使わない絵の具を手にすることにより避難所の「規律」を破るような行為に及んだのではないかと、酒主氏は分析している。

酒主氏はこの他にも、二次避難所になっている旅館に赴き、原発避難区域となっている双葉郡から避難してきている子どもたちを対象に、絵本の読み聞かせをする活動や、インド太鼓「タブラ」の演奏者であるインド人のアリフ・カーン氏を招き、いわき市立永崎小学校で慰問コンサートを主催した。

　また、子どもだけでなく、避難所にいる大人たちにも「心の絵地図」というワークショップ型の心のケアを、国際識字文化センターなどから来たボランティアの人たちとおこなった。今やりたいことを短冊状の紙に書いてもらい、それを大きな白い画用紙に、内容ごと仕分けながら貼る。「早く家に帰りたい」、「脱原発」などを大項目として分けて、短冊の周りに絵を描いていくのである。これによって、現状を再確認したり、他者と想いを共有したりすることができたという。

3.2 高野山森林セラピー

　7月になると高野山真言宗は、放射線被曝を避けるために外で遊べないいわき市の子どもと、その保護者を対象に、高野山に招待して自然に触れさせる「森林セラピー」を実施した。酒主氏が檀信徒を中心に呼びかけたところ、それが檀信徒以外にも口コミで広がり、40組80人が集まった。

　高野山を訪れた子どもたちは、震災後、外にあるものを触ってはいけないと教え込まれ、自然のものへの接触を非常に恐れていたとのことである。大人たちが木々や地面に触れることを促すと「本当にいいの？」と躊躇し、大自然の空気を吸わせようとすると「放射線流れてない？」と不安がった。このことにも大人たちは驚き、ここは安全であることを子どもたちに何度も説明し、ようやく自然に触れるようになったという。この瞬間酒主氏にとって、夜に星空を見ることや、外で深呼吸をすることも、震災後の福島の子どもたちには叶わなくなってしまったと痛切に感じたそうだ[2]。

3.3 大人のケアへ

　夏以降、各避難所は解散し、そこで避難していた市民はそれぞれ仮設住宅や借り上げ住宅へと移っていった。酒主氏は、避難所における子どものケアなど不特定多数を対象とする活動に区切りをつけ、次は仮設住宅や借り上げ住宅などの個別住宅を訪問し、各人に適したケアを開始することになる。個別のケアは、支援物資を持って行くだけでなく、一人ひとりの話をじっくり聞くことを重視した。

酒主氏が言うには、震災前のような家族単位での生活に戻り、避難所での生活における弊害が多く解消されたという。例えば、これまであまりご飯を食べずやせ続けていた子どもも見られたが、母親の手料理を食べることにより元気になり、会話の内容も明るさを取り戻していったとのことだ。

しかしながら、これまでとは異なる問題も生じてきた。被災の程度が異なる地域別の不公平への不満、子どもの世話、雇用問題、そして孤独死に対する不安。挙げればきりがない。当時、いわき市の住民は３つのグループに分けられたという。①原発避難区域から避難してきた住民、②いわき市で津波の被害にあって避難している住民、③自宅でこれまで通り生活している住民、である。

実感としてこの３グループの間に、軋轢が生じていると話す。①は優先的に雇用が斡旋され、さらに補助金も支給されている。②にそういう特権はなく、それは③も同様であるが、特に②はこれまでのコミュニティが強制的に解体され、さらに雇用も得ることができず、不満の声が挙がっている[3]。

また、基本的に仮設住宅や借り上げ住宅は抽選で入居が決まる。環境の良い家に当たることもあれば、そうでないこともある。「あいつは良い家で、なんで自分の家は…」と不満を持つ人は特段珍しくないという。他にも家族で住む場合、人数の多寡にかかわらず大きさは変わらないことも普通だった。さらに、被曝のおそれがあるため子どもが外で遊べない上に、親に仕事がない状況では、常に家族が家に居る状態が多くなり、家族の人間関係がおかしくなっていった例も見られたとのことだ。

個別住宅に移ってからは、むしろ大人の精神的負担が大きくなっている点を感じるという。家族の人間関係が深刻になり、離婚に至るケースも少なくない。それゆえ、直接子どもに対するケアに加えて、親や大人の生活状況や精神状況の改善（現状復帰）を図ることが重要と語る。

酒主氏は、個別住宅を訪問して支援物資を分配するとともに、大人たちの精神的負担を緩和するための新たなコミュニティづくりも模索している。また、息抜きのために冷泉寺に来てもらうことも実施している。

4. たまたま、宗教者だった

4.1 2つの「宗教者」

酒主氏は、自身も被災したにもかかわらず、これまで挙げてきたような献身的な支援活動を続けている。それについて酒主氏は、ただただ目の前に困った人がいるから活動をしているだけだと述べる。しかし、自分が宗教者だから、という思いを特別持たなかったことも合わせて強調する。

一方で「宗教者だからできた」と述べる。これは、職業としての「宗教者」という意味である。一般の社会人と比較して時間に融通をつけられる点と、経済的な余裕を持っている点が、職業「宗教者」の強みと捉えている。

また、「僧侶だから、普通では拒否されたり、入りづらいところに入ることができることもある」とも述べる。小名浜地区に昔から存在している寺院で、地域の方々と普段から交流を持ち、親近な人間関係を築いている様子がうかがえる。さらに、教団が全面的に支援している以上、教団と地域を結ぶ媒介役としての責任感も兼ね備えているように思われた。

しかし、酒主氏が活動をする原動力として「お大師様だったらどのようにするかを常に考えている。一方で、お大師様ではないので、出来ることに限りがあることも前提に、活動が失速しないように実践している」と語っていたことから、人格としての「宗教者」の自負も垣間見える。

酒主氏が支援活動を続ける上で、僧侶ということで支援物資の受け取りを拒否されたことが一度だけあったという。支援活動に際して「作務衣」を着用していたが、それ以後、洋服での活動に変えたそうだ。

他方、支援活動をおこなうにあたり酒主氏は宗教色を出さないように心がけているものの、酒主氏が僧侶であることは地域住民にとって周知の事実であり、例えば位牌をどうしたらよいかなどの宗教相談もよく受けるという。さらには今後、仮設住宅のコミュニティスペースで法話をするなど、結果的に布教となるような支援活動を実施することも視野に入れているとのことだ。

4.2 宗教者だからこそ

宗教者の支援活動の強みは、迅速かつ柔軟に対応できることだと酒主氏は述べる。自らの裁量で個別の被災状況に合わせて支援物資を選別し分配することが可能だったという。また、檀信徒から「○○が欲しい」と電話があれば、すぐに準備し個別に対応できた。このような対応は公平性を担保すべき行政やボランティアセンターには難しい判断が求められるだろう。

一方で、「公平に対応しなくてもよい」支援方法が、地域住民の不満を呼ぶこともあるという。支援物資が届いたなどの情報は口コミで広まるため、どうしても冷泉寺の檀信徒や冷泉寺近場の住民に有利で、他の支援が必要な地域住民に行きわたらないこともあった。また、お寺に来てもらい分配する方法を採用すると、他者を考慮せずに欲しいものをあるだけ持っていく場合も見られた。それらについて「非常に残念」と酒主氏は嘆く。

以上のことから、自身の裁量で可能な支援活動の長所・短所がうかがえる。

おわりに

ここまで震災直後における酒主氏の支援活動を追った。一つの寺院、一人の僧侶の活動は、教団や宗教者間のネットワークと連携していることが特徴の一つである。最小単位としての一宗教者は、地域を熟知している強みを活かして、集団における支援活動の媒介役（コーディネーター）をおこなうことが役割の一部分といえよう。しかし、その役割が主役／脇役のいずれにせよ、活動拠点が地域に根差していることで持続的な支援を期待できる[4]。

また他の職種と違い、寺院という空間を持っているため、震災当時容易に避難所にすることができた。さらには、地域に根差していることで地域住民からの信頼が厚く、地域住民が相談に来やすいという点などが、酒主氏の支援活動における特徴として挙げられよう。

冷泉寺は、ハード（避難所・支援物資の拠点としての寺院という空間）／

ソフト（地元の僧侶という信頼感）両面から、支援活動を柔軟におこなえた好例であった。一方で、支援方法が裁量に任される点は、良い結果と悪い結果両方を生んだが、行政などの支援とは差異化でき、すぐさま修正すべきとは感じられない。

「宗教者」意識については、人格「宗教者」を心に秘めながら、職業「宗教者」としての利点を十分に活用していた。これが宗教者の支援活動にとって特異なケースか、一般的なケースかは、さらに事例を集める必要があろう[5]。

今後の課題として、今述べたように同じく支援活動をおこなった寺院・宗教者への聞き取りを実施し、個別の事例を収集することが求められる。加えて、宗教者の支援活動に対する地域住民・行政・教団の反応などを調査しなければならない。また、1995年の阪神淡路大震災とは、どのように宗教者の活動が異なっていたのかなどの検討も必須事項である。

地域の宗教者・宗教団体が、この震災を契機にどの部分が変わりどの部分が変わらなかったのか、継続して追跡していきたい。

注

1　中井久夫によれば、「心のケア」が日本に定着したのは1995年の阪神・淡路大震災のときに設立した「兵庫県心のケアセンター」が契機だという。また、「心のケア」は、①予防的・先取り的、②人々の自主性を重んじる、③障害の自然治癒力を信頼する、の3点を意識することが重要であると説く（中井2011）。

2　原発事故の影響で、被曝をおそれて子どもが屋外で遊ばないために、体の成長が芳しくないという（実際のデータとしては『産経新聞』2011年11月2日付を参照）。そのため、現在小名浜にある観光・商業施設「いわき・ら・ら・ミュウ」では、子どもの遊び場を設置している。筆者も同所を訪れたが、日曜日ということもあり子どもが多く来ていて、5時間待ちの状態だった。なお、同所には、いわき市の家族はもちろんのこと、放射線量が高いとされる福島市や郡山市などの内陸部からも多くの家族が来ているという。

3　『月刊 りぃ〜ど 12月号』2011年によれば、2011年10月31日当時のいわき市内で避難生活を送っている3万人のうち、原発避難区域から避難してきた住民は約1万8千人。仮設住宅への入居者は約4千人。借り上げ住宅や親類の家などに避難している人は約1万5千人。酒主氏は借り上げ住宅に入っている住民の属性や状況が把握し辛いと嘆く。

4　全国社会福祉協議会（全社協）のデータによると、福島県で活動したボランティアの数はピーク時の2011年5月でおよそ34,400人に対して、2012年1月はおよそ1,200人だった。なお、同様に岩手県は48,200人（2011年8月）：5,600人、宮城県は92,600人（2011年4月）：5,100人だった（http://www.saigaivc.com/ボランティア活動者数の推移/2012年2月21日閲覧）。

5　『週刊朝日』12月30日号「宗教は被災者の心を支えられたのか」では、酒主氏同様に「宗教色を出さない」「（人格としての）「宗教者」の意識はない」宗教者の支援活動が紹介されている。

参考文献

いわきジャーナル2011『月刊りい～ど　いわき発：city magazine』19(2) いわきジャーナル。

全社協被災地支援・災害ボランティア情報　http://www.saigaivc.com/ボランティア活動者数の推移/(2012年2月21日閲覧)

中井久夫2011「「心のケア」とは何か」『緊急復刊 imago (現代思想9月臨時増刊号)』39(12) 青土社。

藤山みどり2011「宗教者の支援を阻む政教分離の壁」宗教情報センター http://www.circam.jp/page.jsp?id=1954 (2012年2月21日閲覧)

第4章

浄土宗青年僧侶による復興支援とそれを支える力

高瀬顕功・小川有閑

はじめに

東日本大震災発生以後、被災地域の復旧復興は、行政や民間企業、NPO団体など多くの担い手によって行われている。たとえば、2012年2月、政府は復興に関する行政事務の円滑かつ迅速な遂行を図るため復興庁を設置、2兆円を超える予算を計上し、被災地域のインフラ整備、被災中小企業への低金利融資などを行った。民間企業の中には被災地へ本社を移転、あるいは子会社を設立し、雇用の創出に貢献するところもある。もちろん、もっと草の根運動的な立場で被災者を支援するNPOや市民団体の取り組みも各地で行われている。こういった諸支援活動は、被災地外部だけの人間で一方的に行われるものではない。被災地域住民、ときには被災者自身が地域の復興のために立ち上がることもある。

稲場らは、被災地で支援活動を行う宗教者・宗教団体に目を向け、非日常である大災害において宗教がどのような機能を果たしているのかをあきらかにしようとした（稲場・黒崎 2013）。

また、宗教専門紙『中外日報』は、教団レベルでどのような震災復興支援を行ったかについて、宗派、宗教を超えてアンケート調査を実施した。その対象は、天台宗、高野山真言宗、真言宗智山派、真言宗豊山派、浄土宗、浄土真宗本願寺派、真宗大谷派、臨済宗妙心寺派、曹洞宗、日蓮宗、神社本庁、カトリック教会、日本基督教団、天理教、金光教、創価学会、立正佼成会、真如苑の18教団である。この調査は2回に分けて行われ、1回目は震災から６ヵ月後、２回目は震災から１年６ヵ月後に行われている。１回目の調査は、教団寺院・神社・教会の被災状況、被災寺院・神社・教会への対応、教団行事への影響、現地への人員派遣・活動内容、支援での教訓などについて問うものであったが、２回目の調査では、心のケア、教団内被災者への復興支援、原発対応などについての質問となっており、被災から１年半が経過し、変わりゆく状況に対して教団がどのような姿勢をとっているのかを尋ねる内容となっている[1]。

『中外日報』のアンケートからは、どの教団も災害直後から救援物資の搬送、がれき撤去、炊き出しなどの物質的支援はもちろん、カウンセラーの派遣、足湯やカフェの実施など、被災者への心のケアにも取り組んでいることがうかがえる。さらに、宗教団体ならではの支援として、物故者供養、犠牲者追善回向、復興祈願祭、慰霊復興の祈りを執り行うなど、儀礼による復興支援も行っていることもあきらかになった。

このように、現地レベルでの活動と教団レベルでの活動が並行して行われているなかで、現地レベルでの活動が単独で、すなわち現地の宗教者のみによって行われているケースや上部組織（教団）の支援を受けて行われるケースがあることが散見された。このような多元的な支援の展開は、震災を契機に教団と現地組織のダイナミズムが可視化された事例といってよいかもしれない。そこで本稿では、被災地浄土宗青年会の復興支援活動に焦点を当て、被災地内部と被災地外部の連携がどのように行われ、支援活動の展開・継続に寄与したか、その動態をあきらかにすることを目指す。

1.　調査の対象と方法

本章で対象とするのは、被災地（いわき市）内部にあって活動する浄土宗福島教区浜通り組青年会（以下、浜浄青）と被災地外部から現地での支援活動をサポートする浄土宗関連諸団体である。

浜通り組とは浄土宗独自の行政区分[2]で、福島県の沿岸地域（いわき市、広野町、楢葉町、富岡町、相馬市、南相馬市）の寺院が所属する。浄土宗青年会は、43歳以下の僧侶によって組織される団体で、合同で研修会や法要を開催したり、地域内の副住職クラスの若手僧侶の親睦を深めたりする場となっている。全国浄土宗青年会、東北ブロック青年会、福島教区青年会と細分化され、さらに会津組、中央組、浜通り組と分かれる。浜浄青の会員数は21名だが（2012年当時）、原発事故の避難指示により、現在は、いわき市と相馬市・南相馬市の南北に分断されている。本章で浜浄青という場合、いわき市に寺院のある青年会員を指すこととする。なお、いわき市内に浄土宗寺院は38ヵ寺ある。

浜浄青の支援活動は大きく①炊き出し、②がれき撤去、③浜○（はままる）かふぇ、④ふくしまっ子Smileプロジェクト（以下、ふくスマ）の4つにまとめられる。浜浄青の活動については、これまで①2011年8月、②2012年1月、③2012年3月、④2012年7月の計4回現地調査を実施し、その都度聞き取り及び参与観察を行ってきた 。

これらの調査をふまえ、2013年8月20日から21日にかけて聞き取り調査を行い、同年12月18日に現在の中心的活動のひとつである浜○かふぇの参与観察を行った。聞き取り調査の対象は、浜浄青会員で支援活動の中心を担っている青年僧侶4名、および浜通り組組長の僧侶1名、計5名である。

また浄土宗では震災発生以降、現地事務所（災害復興福島事務所）を立ち上げ、地元の僧侶を雇用し、被災状況の解明、現地ニーズの調査を行っている。詳細は後述するが、当該現地事務所の所員と青年会の中心メンバーは重複しており、これら青年僧侶に聞き取りを行うことが、現地支援活動の現況や教団との協働について十分な情報を得られると判断した。くわえて現地事務所所長である僧侶にもインタビューを行った。事務所所長は浄土宗福島教区浜通り組の組長でもある。

聞き取り調査（2013年8月20日～21日）で、インタビューに協力していただいた浜浄青会員および現地事務所関係者の詳細は下記のとおりである（カッコ内は役職、年齢はインタビュー当時のもの）。柴田氏は現地事務所所員ではないが、浜浄青元会長として震災以降の浜浄青の活動をサポートしてきたという経緯から、聞き取りの対象にくわえた。

①阿部宣顕氏（浜通り組組長、浄土宗災害復興福島事務所所長）、61歳
②柳内悦大氏（浜浄青会長、浄土宗災害復興福島事務所所員）、38歳
③加藤正淳氏（浜浄青前会長、浄土宗災害復興福島事務所所員）、37歳
④馬目一浩氏（浜浄青副会長、浄土宗災害復興福島事務所所員）、41歳
⑤柴田祥宏氏（浜浄青元会長）、43歳

さらに、本章では被災地青年僧侶の活動を支援した被災地外部に位置する教団関連諸団体も調査対象にする。ひとくちに関連諸団体といっても、浄土宗の行政庁である宗務庁（本部は京都府京都市・東京都港区）から支援に駆けつけた他地域在住僧侶有志まで、その層は幅広い。したがってここでは、対象を①教団本部、②中規模関連団体、③小規模関連団体の3つに分類し、それぞれ①浄土宗宗務庁、②公益財団法人浄土宗ともいき財団（以下、ともいき財団）・各本山・宗門系大学、③他地域浄土宗青年会と設定した。

浄土宗宗務庁は、震災後、被災地復興のため災害復興事務局（東京宗務庁内）という独立した部局を立ち上げた。これは、復興支援に必要な決裁を既存の部署にまたがって横断的に行うために作られた特別部局である。

私たちは宗務庁の震災後の対応を尋ねるため、2013年12月17日、災害復興事務局局長新谷仁海氏、同課長補佐嶋村喜久氏（いずれも肩書は当時）に、翌12月18日には現地事務所である浄土宗災害復興福島事務所（阿部宣顕氏、加藤正淳氏、柳内悦大氏、馬目一浩氏）にもインタビューを行った。②ともいき財団・各本山・宗門系大学、③他地域浄青に関しては、2013年8月に行われた聞き取り調査で得られた情報をもとに整理した。

2.　いわき市における復興時間軸

本章の中心となるのは、被災地の時間軸に合わせた仏教者団体の支援活動の動態である。そこで、まず、いわき市における復興時間軸をあきらかにし、のちの浄土宗青年会による復興支援活動の展開をあきらかにする補助線

として、時間経過に応じた被災者の体験の変化から被災後の状況を①応急対応期と②復旧復興期に大別する（林 2003: 55-60）。

応急対応期とは、地震発生から1000時間（約40日）くらいまでの社会機能の回復に喫緊に取り組む時期である。被災地の状況は日々めまぐるしく変わり、被災者はその対応に追われる。被災者は自力で食料を調達することが難しく、避難所などでの生活を余儀なくされる[3]。

つづく復旧復興期とは、被災地の混乱の収束とともに、被災者を取り巻く環境は安定してくる時期である。避難所で生活していた人たちは、仮設住宅での暮らしをへて、公営住宅に転居したり、別の地域へ移転したり、新しい生活を営む。復旧復興期は長期にわたることが多く、応急対応期に行われるインフラの回復、避難所の開設などの迅速な復旧に比べ、生活上の変化が少なく被災者はストレスや閉塞感を感じるという。

林によって提示されたこの分類は、1995年におこった阪神淡路大震災をモデルにしたものである。当然ながら災害規模や被災地の範囲によっても時間軸の経過は変わってくる。広域災害であればあるほど対策、復旧に時間を要する。そういったなかで、応急対策期と復旧復興期を区分するひとつの指標となるのが、避難所の閉鎖、仮設住宅の開設である。

いわき市では、2011年4月28日に最初の仮設住宅が開所し、以降、仮設住宅が漸次開所してゆく。しかし、同年8月までにすべての避難所が閉鎖され、避難民は仮設住宅や雇用促進住宅へとその居を移すこととなった。

他方、いわき市社会福祉協議会は震災直後の3月16日に「いわき市災害救援ボランティアセンター」を立ち上げ、避難所支援や被災家屋内外の片付け、泥だしなどの災害復旧支援活動を行ってきた。避難所が閉鎖される8月末には同センターは「いわき市復興支援ボランティアセンター」へと名称を変更し、被災者の生活復興支援やコミュニティづくりへと支援の方向性をシフトしていった。このことから、いわき市における応急対応期と復旧復興期の境目は2011年8月ごろといえるだろう。

この復興時間軸をベースに被災地内部の青年僧侶団体の活動、被災地外部の教団関連諸団体の支援の動きを以下にみていこう。

3.　浜通り組浄土宗青年会の活動

3.1 炊き出し

浜浄青は被災１ヵ月後から３回、延べ５日にわたって避難所で炊き出しを行った。日付、場所等の詳細は表4-1のとおりである。このうち、①、③は東京から浄土宗青年会有志らの参加があった。②はいわき市を拠点に活動する「いわきNPOセンター」からの依頼を受けて、浜浄青のみで実施したものである[4]。炊き出しの際は、作務衣を着用し、剃髪の容貌から僧侶の団体

表4-1　浜浄青による炊き出し活動

	日付	場所	内容
①	2011年４月７日	御厩小学校、高坂小学校、沼の内公民館	ご飯、豚汁
	2011年４月８日	御厩小学校、高坂小学校、沼ノ内公民館、内郷コミュニティセンター	炊き込みご飯、味噌汁、ポテトサラダ
②	2011年４月19日	平体育館	ご飯、豚汁、ポテトサラダ
③	2011年５月２日	平体育館	ご飯、クラムチャウダー、煮物、白玉ぜんざい
	2011年５月３日	内郷コミュニティセンター	ご飯、クラムチャウダー、煮物、白玉ぜんざい

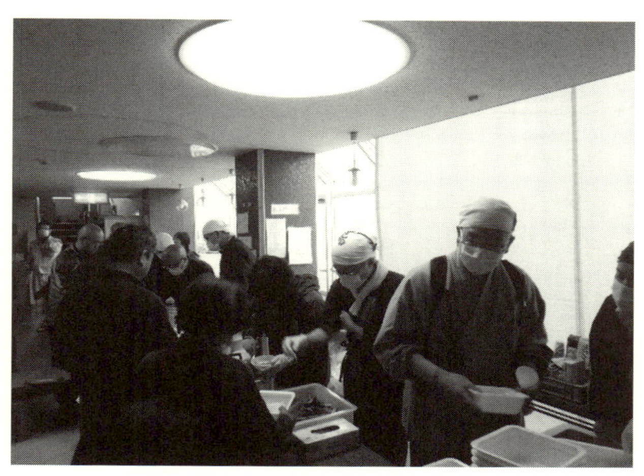

写真4-1　平体育館での炊き出しの様子

ということはあきらかで、浄土宗青年会の活動であることも公言していたが、活動への支障をきたすことはなかった。

浜浄青は、複数の避難所へ炊き出し、配食を行っていたが、避難所が閉鎖、統合されていくにつれ、炊き出し場所である避難所も限定されていった。避難所での炊き出し活動は事前にボランティアセンターへの申請が必要であり、現地ボランティアセンターは炊き出し団体の割り振り、炊き出し会場の調整などを行っていた。

浜浄青の場合、初回の４月７、８日の炊き出しこそ当時会長であった加藤氏の個人的ネットワークにより会場を選定、炊き出しをおこなったが、２回目以降は、関係諸団体との情報交換によって会場を決定した。

このように、震災後にできたネットワークによっても活動が展開されたが、避難所の統廃合により、炊き出しを行う場所が減少したことにくわえ、地元商店の復旧がある程度進むと、避難所での食事は仕出し弁当へと移っていった。こうした状況の中で、浜浄青の復興支援活動は炊き出しからがれき撤去へと転換していくことになる。

3.2 がれき撤去

避難所の閉鎖、統合、仕出し弁当の配給などにともない、浜浄青の活動は、避難所での炊き出しから、がれき、倒壊家屋の撤去、砂出しなど、被災地域の復旧活動にその中心を移す。2011年５月23日には、薄磯地区のがれき撤去を行い、以降７月まで、25回ほど作業に従事した。２ヵ月で25回という回数は、２〜３日に１度のペースで参加していたということになる。

がれき撤去活動への参加は、他の一般ボランティアと同様、いわき市災害救援ボランティアセンターに登録し、作業場所へ派遣されて行うというものであり、宗教者という立場ではなく一市民としての参加であった。

実際、復旧活動に従事した浜浄青有志は、僧侶という身分を公にせず、他のボランティアと同じような服装で作業をしていた。しかし、立ち居振る舞いから僧侶ということがあきらかになると、復旧作業にかかわる他の参加者からいろいろな相談を受けるようになったという。そこには、震災後から滞っている法事のこと、損壊した位牌のことといった仏事相談も含まれていた。

この時期、加藤氏はボランティアセンターに足しげく通う中で、米澤智秀氏（曹洞宗僧侶、全日本仏教青年会救援委員長［当時］）から曹洞宗が行っている「行茶」活動を知り、実際に活動にも参加した[5]。加藤氏は活動に参加した感想を、「これで被災者の気がまぎれたり、心が休まったりするのなら、自分たちでもやれないかな思った」といい、訪問カフェを企画することになる。

3.3 浜○かふぇ

浜○かふぇとは、仮設住宅や雇用促進住宅を訪問し茶菓を無料で提供しながら住民同士の交流を促進させる定期訪問型の支援である。

震災当時浜浄青会長であった加藤氏は、岩手県大船渡市で行われていた仮設カフェ「お茶っこ」や曹洞宗僧侶が行っている「行茶」を参考に、浜浄青の復興支援の新たな活動としてこの浜○かふぇを企画・実施した。加藤氏がインタビューの中で、「今まで隣近所でなかった人たちが一緒に住むという、震災以前と避難所とは違う環境の中で、こういう場があれば仮設の住民同士

写真4-2　沼ノ内雇用促進住宅集会場での浜○かふぇの様子

互いに話す機会もできるのではないかと思う」と述べているように、カフェの目的は被災者同士のコミュニケーションの促進を第一に考えたものである。

しかし、浜○かふぇでは被災者間のコミュニケーション促進のみならず、支援者－被災者間の信頼関係構築、被災者のニーズ把握、今後の必要な支援への展開といったアクションリサーチ的な要素も含まれていることにも注目したい。この活動によって汲み取られたニーズは、次に紹介する「ふくしまっ子 Smile プロジェクト」という形で展開されていくことになる。

〈活動の様子〉

2013年12月18日、私たちは浜浄青有志に同行し、浜○かふぇの参与観察を行った。この日は沼ノ内雇用促進住宅の集会所を会場にして行われた。当該会場は浜○かふぇが初めて開催される場所であり、いわき市社会福祉協議会（以下、いわき市社協）からの要請によって実施された。

当日は14時から16時の2時間の開催であったが、焼き芋、ポップコーン、白玉ぜんざい、コーヒー、ジュース類が楽しめるカフェスペースの運営にくわえ、滋賀教区浄土宗青年会から寄付を受けたお米（5kgごと袋詰したもの）の配布も行った。カフェ開始時は、年配の利用者が多かったものの、15時半以降になると学校から帰ってくる子どもや幼児連れの母親など、カフェ内の様子は一変し、にぎやかな様子となった。

同時間帯、同会場にいわき市社協職員もブースを出し、集会場内で生活用品やみかんなどを配布したり、生活状況の確認のため、訪れた利用者に声掛けをしたりと、浜○かふぇ開催に合わせて支援を行っていた。また、いわき市社協職員と浜浄青会員が親しげに言葉を交わし、会場設営・撤収を協力しながら行う様子も見られた。

お米の配布に関しては、いわき市社協の協力を仰ぎ、引換券をあらかじめ開催集合住宅各世帯の郵便受けに投函、浜○かふぇ来場時にその引換券とお米とを交換するという形で行われた。引換券の案内文には、「浄土宗浜通り組青年会」、「浄土宗滋賀教区」といった文言が入っていたが、投函を行ったいわき市社協側から文言の削除を求められたり、引換券の頒布を断られたりするようなことはなかった。

〈公的領域における僧侶の位置〉

前述のように、自治体との関係も極めて良好で、浜○かふぇはいわき市社協との共催で行われたといっても差し支えないだろう。

ところが、加藤氏によれば、宗教者であること、僧侶であることが活動の足かせになることもあったという。例えば、いわき市の仮設住宅はいわき市社協が管理しており、宗教家としての活動だと集会場の使用は認められず、「浄土宗青年会」の名前での使用許可は却下された。そこで、「浜○かふぇ」という名前にして活動を行うことにした。活動時にも、そろいのポロシャツを着用し、僧侶の身分はあかさず一般ボランティア団体として仮設住宅を訪れた。しかし、数回訪問し利用者と言葉を交わすうちに、結局は僧侶の団体であることがあきらかになるため、数ヵ月後のチラシには「浄土宗浜通り組青年会」の名前を明記し活動を行うようになった。名前を明示したあと、仮設住民から苦情が出たり、いわき市社協から利用差し止めを告げられたりすることはなかった。また、団体名の公表による利用者の減少はなかったという。

現在では、活動の主体が浜浄青という仏教団体であるということが公に知られるようになっても、浜○かふぇは利用者に敬遠されることなく、仮設住宅や自治体に受容されている。このような協働を可能にしたひとつの理由に、浜浄青が２年以上活動を継続してきたという実績があるだろう。毎週水曜日、週一回の活動は現在延べ150回を超えた。浜○かふぇの継続的な活動は、自治体や仮設住宅の住民からの信頼を育み、いわき市社協との協働を醸成する下地となっている。

2014年３月５日には、これまでの浜○かふぇの活動に対し、福島県社会福祉協議会から感謝状が送られたが、そこには「浄土宗福島教区浜通り組青年会浜○かふぇ殿」という文言が書かれており、宗教組織が母体となった団体であることが認知されつつも、その活動が評価されていることがうかがえる。

3.4 ふくしまっ子Smileプロジェクト（ふくスマ）

ふくスマは、放射能への懸念から屋外で遊ぶことがままならない福島の子どもたちを放射能の心配のない地域で遊ばせようという保養プロジェクトである。

ふくスマの発端は、浜○かふぇで出会った子どもたちからの声であった。企画から運営まで、このプロジェクトの中心を担っている馬目一浩氏によれば、「5歳くらいの女の子が『私は子どもが産めない』と嘆くなど、子どもたちが放射能に敏感になり、ストレスが溜まっていることが、かふぇで子どもたちと話したり遊んだりする中でわかってきた」という。このように、カフェ活動を通じて得たニーズから、福島の将来を担う子どもたちのために何かできることはないかと考えて企画されたのがふくスマである。また、他の団体で保養プロジェクトを行っていることを見聞していたことも後押しとなった[6]。

こうして2012年7月にふくスマはスタートした。保養プログラムのため、子どもたちの学休期間に合わせて、夏、冬の年2回の開催となる。夏季は京都・滋賀に5泊6日、定員は50名で、冬季は長野に3泊4日、定員は40名となっている。

夏季ふくスマは、知恩院で行われる「おてつぎこども奉仕団」への招待がベースにある。おてつぎこども奉仕団とは、浄土宗の総本山である知恩院が、全国浄土宗寺院檀信徒子弟（小学3年生～中学3年生）向けに行う、2泊3日の児童教化プログラムである。参加した子どもたちは、知恩院での奉仕活動、比叡山・青龍寺での体験学習を行う。浜浄青はその知恩院での2泊に、琵琶湖畔の宿舎での3泊を追加して、保養プログラムを作成した。一方、冬季ふくスマは、長野善光寺参拝と栂池高原でのスキーがプログラムの中心となっている。どちらも放射能への懸念から野外での遊びが制限されている福島の現状を反映したものである。

2013年には夏冬の保養プログラムにくわえ、いわき市内在住の親子を対

写真4-3　知恩院参拝とあわせて行われる夏の保養プログラム（浄土宗災害復興福島事務所提供）

写真4-4　琵琶湖で湖水浴の様子（浄土宗災害復興福島事務所提供）

象に、田植え（5月26日）、稲刈り（10月5〜6日）ツアーを実施、延べ18家族62名の参加があった。福島県では、原発事故以前はあちこちで「学習田」での田植え体験が学校などで行われていたが、事故以降、福島県内の放射線量が低い地域でも、自然と触れ合うような企画自体がほとんど行われていないという状況にある。そこで、山形県山形市の農園を借り、親子で参加できるプログラムを企画した。

このように、浜浄青では夏・冬のふくスマにくわえ、春・秋の自然体験ツアーと、年４回の保養プログラムが運営されている。浜○かふぇと比較すると、開催頻度は少ないが、一度にかかる手間や費用はかなり大きなものである。短期間のプログラムを多くの支援者が携わり運営するスタイルは、イベント型の支援といえよう。

〈活動に対する支援〉

震災以降、知恩院では被災３県（岩手、宮城、福島）の子どもたちを、このおてつぎこども奉仕団に無料招待し、さらに、交通費・宿泊費として一人あたり３万円を補助することになった。しかし、50人前後の子どもたちを５泊ないしは３泊させる、しかも遠隔地への移動も含むとなれば、当然、必要経費も高額になる。その額は、夏季で５～600万円、冬季で３～400万円にものぼる。参加者から徴収する参加費は１万円としているが、これは仮設住宅に住む家庭の事情を考慮し、設定した額である。そのほか必要な資金については協賛金によって賄われている。2012年度こそ、浄土宗福島教区から500万円の寄付を受けたが、特定の大口寄付に頼るのではなく、少額でもできるだけ多くの人や団体から協賛金を募る方針であるという。

このことに関して馬目氏は、以下のようにいう。

> 原発事故を起こし負の財産を残す大人たちの責任として子どものケアをすべきという思いがあったので、ひろく協賛金を募ることで責任を分担したい。自分たちも原発の問題を何も知ろうとしなかったという責任がある。その責任として子どもたちを守りたい。広く責任を分担したい。そして、大人が震災の記憶を継続して持ってもらいたいんです。

ふくスマは、経済的な支援のほかにも、人的支援を関係各団体から得ている。詳細は次節に譲るが、夏は宗門系大学の佛教大学や滋賀教区浄土宗青年会が移動や子どもの世話を手伝い、冬は善光寺大本願が宿坊の手配などのサポートを行っている。また春秋の田植え・稲刈りツアーでは、公益財団法人浄土宗ともいき財団、東北ブロック浄土宗青年会、浄土宗山形教区青年会が協力し、ツアーが運営されている。

〈参加者の顔ぶれ〉

夏季・冬季とも、参加対象は福島県在住の児童（小学３年生〜中学３年生）で、浄土宗の檀信徒子弟に限ったことではない。実際の参加者のうち、檀信徒子弟は全体の２〜３割程度でしかないという。ほとんどの参加者は仮設住宅の住民子弟で、口コミによって多くの児童が参加している。こういった参加者の顔ぶれに対し、柳内悦大氏は「一般の方に参加していただけるのも浜○かふぇの活動があるからだと思う。急に仮設住宅に行ってキャンプの案内だけをしても、どういう団体なんだろうかといぶかしがられるでしょう」と、浜○かふぇの地道な活動が一般参加者の獲得に貢献しているとみている。

夏季・冬季とも、どちらも一般団体が行うようなレクリエーションのみの保養プログラムではない。知恩院での奉仕活動や善光寺参拝、食事の際には合掌をして食前の言葉・食後の言葉を唱えるなどの仏教体験がプログラムの核となっている。こういった仏教儀礼を通じた徳育がプログラムに盛り込まれていることは仏教団体による活動の特色といえるだろう。寺院子弟ではない参加児童にもこれらの仏教体験は抵抗なく受け入れられており、リピーターも多くいることは興味深い。柳内氏によれば、児童の父兄には、食事の時にちゃんと手を合わせるようになったと、仏教体験を通じて身につけた作法を歓迎する声も多いという。

4.　浄土宗教団の対応

本節では被災地外部の関連諸団体が、被災地内部の活動組織と呼応してどのような支援活動を行ったのかをあきらかにする。いわき市における浄土宗教団関連諸団体の対応はその組織のレベルによって、①教団組織（宗務庁）、

②関連中規模団体（ともいき財団、各本山、宗門系大学）、③小規模団体（各地浄土宗青年会）の3つの側面からとらえることにする。

4.1 教団組織―浄土宗災害復興事務局

宗務庁は、2011年3月11日震災後、災害担当局である社会国際局にて浄土宗災害対策本部の設置し情報の収集および、浄土宗寺院への義捐金、支援物資提供の呼びかけ、それらの被災地への運搬などを行った[7]。その後、社会福祉推進委員会の主導で最も被害の大きかった岩手、宮城、福島の3県に現地事務所を設置することを決定した[8]。それぞれの開設時期は異なるが、浄土宗災害復興福島事務所（以下、福島事務所）は2012年1月に開設された[9]。現地事務所は宗務庁の直轄で、所属所員は宗務庁職員という扱いで給与も支払われている。しかし、宗務庁職員が京都や東京から派遣されているわけではなく、実際には現地の浄土宗寺院住職、副住職が法務と兼務しながら行っている。

各現地事務所が立ち上がった後、2012年4月には、各現地事務所を管轄する社会福祉推進事務局が独立部局として宗務庁内に設置された。この部局は災害復興事務局と兼任し、局内人員も同一である。業務内容としては、災害復興事務局は寺院の復興の支援、社会福祉推進事務局は寺院を通した檀信徒・地域社会への支援を担当するが、いずれも震災復興に携わる業務であり、同一部局となっている。本章では混乱を避けるため、災害復興事務局として呼称を統一する。

福島事務所は、福島県教区全域を統括する事務所であるが、宗務庁は当初より被害の甚大な浜通り地区に事務所の設置を計画していた。そこで、浜通り地区の中でも寺院数が多いいわき市に置かれることになった。場所の選定にあたっては、加藤氏の父が住職を兼務する光林寺の建物境内を利用し開設された。

〈現地事務所の活動〉

事務所設置の当初の目的は、①寺院の被害調査、②原発避難区域寺院住職

写真4-5　光林寺に設置された福島事務所

への聞き取り、③原発避難寺院檀家の所在確認の3つであった。しかし、福島事務所立ち上げ時に事務所スタッフになったのは所長1名（小野道雄氏、当時浜通り組組長）、所員2名（阿部宣顕氏、当時浜通り組役員。加藤正淳氏、当時浜浄青会長）の3名しかおらず、くわえて小野氏の寺院は津波によって罹災し、檀信徒にも多くの犠牲者が出ていたこともあり、十分な活動が行えなかった。そこで、新たに栁内氏、馬目氏を所員に採用し、①寺院の被害調査を遂行、完了した。②に関してどの程度達成されたのかは不明であるが、③は檀家の市外への流出はあったものの、各寺院が各檀家と連絡が取れる状況にあったため、所在確認調査は行わなかったという。その後、所員はさらに2名拡充され、6名体制で福島事務所は運営された。

追加の所員採用にあたっては宗務庁から福島教区に呼びかけ、公募という形をとった。募集の結果、小名浜の副住職、いわき市四倉町の副住職を採用したという。この経緯について、阿部宣顕氏は、「『福島事務所は浜通り組の浄土宗教師だけでやっているんだ』というような声も聞こえてきていたので、こういったやり方（宗務庁からの公募）のほうが福島教区の事務所なんだというアピールにもなるのではないか」といい、福島教区全体の問題として復興支援を行っていくであるべきと思っている[10]。

前述の福島事務所の所員は、浜〇かふぇ、ふくスマの運営にも携わっている。どちらのプログラムも人手が必要なものであり、宗務庁の所員雇用によって人的資源が確保できるのは活動継続にとって大きな支援になる。浜〇かふぇの運営には１ヵ所につき５千円から１万円、月に５～６万円ほどの費用がかかる。これらの費用については、災害復興事務局設置前、2011年10月ごろ社会国際局から活動主体の浜浄青に補填の申し出があり、経費を算出し資金提供を受けた。しかし、災害復興事務局が立ち上がり、現地事務所が設置された後、資金援助は行われず、それらの費用は寄付金によってまかなわれている[11]。

福島事務所は、浜〇かふぇに必要な機材・用具の保管・管理も行っている。機材・用具類は、浜〇かふぇ開始当初、加藤氏が副住職を務める満蔵寺の客殿に保管されていた。復旧復興が進むにつれ満蔵寺の法務に支障をきたすようになってきたため、2011年12月ごろより光林寺に移された。福島事務所が2012年１月に光林寺内に立ち上げられると、光林寺境内に保管場所として倉庫が新設され、現在も福島事務所によってそれらは管理されている。そのほか宗務庁からは車両（大型バン）が１台貸与され、浜浄青の活動に必要な輸送、移動を担っている。

福島事務所は災害復興事務局の現地機関だが、予算を自由に使えるわけではなく、決裁権もない。物品の購入など予算の執行については、書面で申請し、組織上部の決裁を待たねばならないという。人事権もなく、所員の採用も宗務庁から災害復興事務局課長が現地事務所に訪問して面接、採用を行ったという。教団全体の運営を行う行政庁だけあって、機動力には欠けるという面は否めない。しかし、こういった状況も少しずつ改善され、現在では電話による許可申請で物品の購入が可能になったという。また、福島事務所の毎月の活動は災害復興事務局の東京本部へ報告され、浄土宗内の機関紙『宗報』を通して宗内全体に周知されている[12]。

現地事務所設立の当初の目的は情報収集であったとはいえ、現在は浜浄青の活動をバックアップする形で機能しているといっても差し支えないだろう。前述の『宗報』の記事欄には、浜○かふぇやふくスマの報告、告知が記載されており、福島事務所が浜浄青の活動を全面的に支援していることはあきらかである。これは福島事務所設立時のメンバーに加藤正淳氏が含まれており、加藤氏がすでに浜浄青を中心に復興支援活動に取り組んでいただけでなく、その浜浄青会員を所員に採用していくことで、より一層緊密なサポート体制が整っていったと考えるべきであろう。

しかし、宗務庁の支援も恒久的に続くものではない。事務所の継続について災害復興事務局に尋ねたところ、「七回忌までやろうというのがひとつの節目。七回忌だったら今とは状況も変わってくると思うので」との回答を得た。通常、年忌法要は数え年で行われる。すなわち、震災後から6年をめどに宗務庁は復興支援のあり方を次の段階へ進めようとしていると推測できる。

4.2 中規模団体——公益財団法人浄土宗ともいき財団、各本山、宗門系大学

ともいき財団は、浄土宗の社会事業を推進するために1914年に設立された浄土宗報恩明照会をその起源にもつ。地域交流事業、国際協力事業などを行う一方、仏教精神にもとづく社会貢献事業に対する助成事業も行っている。2013年、公益財団法人化にともない、その名称をともいき財団にあらためた。震災発生直後、被災地で活動を行う浜浄青の後方支援にあたったとき、当該財団の名称はまだ「浄土宗報恩明照会」であるが、本章では記述の混乱を避けるため、「ともいき財団」に統一する。

宗務庁が震災後、情報収集につとめている間、ともいき財団はいち早く被災地支援に取り組んだ。震災後、浜浄青が主催した炊き出しでは、食材をはじめ、炊き出しに必要な機材（業務用の寸胴鍋、コンロ、プロパンガス、ガス釜など）の購入経費の負担にくわえ、それらの運搬車輌の貸出も当該財団の援助によるものであった。浜浄青では、5日間にわたり計10ヶ所で炊き出しを行った。とくに、2011年4月の炊き出しでは、必要な食材も現地では調達できず、それらの運搬を考えると積載容量の大きな車両が必要であった。そういった事態に迅速に対応したのが、ともいき財団である。また、ふ

くスマが立ち上がると、春秋の田植え・稲刈りプロジェクトにも協力を申し出て、費用負担、スタッフの派遣の面でサポートを行った。

宗務庁という教団行政組織に比べれば、規模は小さく、組織の意志決定まで時間を要さなかったということもあろう。また、本来の事業の中に助成事業も含まれていたということもあり、浜浄青の支援活動に迅速なサポートができたのではないだろうか。とくに浜浄青の活動は、被災地の僧侶が自身の手で行う支援活動であり、「仏教精神にもとづく社会貢献」活動に合致する格好の支援先だったといえる。

浄土宗本山[13]、関係団体も被災地復興支援に関して様々な援助をおこなっている。とくに、ふくスマに関しては、本山参拝とレクリエーションが組み合わされたプログラムのため、関連諸団体からの支援が得られやすい。たとえば、夏季ふくスマは、前節でふれたように、知恩院からの資金・宿泊場所（寺院内）の提供および一人当たり3万円の交通費・宿泊費補助のほか、京都府から滋賀県への移動には佛教大学がバスを提供している。冬季ふくスマでも善光寺の拝観がプログラムに組み込まれ、善光寺大本願が窓口となり、宿坊の手配（食事提供）、境内案内などのサポートを行っている。

4.3 小規模団体——各地浄土宗青年会

浜◯かふぇには、東京教区浄土宗青年会、大阪教区浄土宗青年会らが定期的に訪問し、運営に協力している。事務所員の雇用によって、人員を確保しているといっても毎週の活動は大きな負担である。カフェの開催時間は2～3時間程度だとしても、事前準備、後片付けを含めると水曜日の午後は丸々時間を費やすことになる。栁内氏は、寺院の業務との兼ね合いの中で生じる精神的負担を次のように吐露する。

> 浜◯かふぇ開始当初は、檀家の方々でも被災されている方がいて、家の修理などで仏事をするどころではない人が多かった。寺院も、壊れた箇所の修理などはあるにしても法事もほとんどなかったので活動に積極的に参加できた。しかし、お寺も日常に戻っていく中で、法務が増えた

り、やることが出てきたりすると、忙しくなり浜○かふぇに参加する時間がとれなくなってきている。でも、忙しい中、浜浄青のみんなが浜○かふぇに出てきていると思うと、行かなければという義務感も感じ、精神的つらさを感じるようになった。

いわき市は被災地の中でも特殊な環境にある。応急対応期から復旧復興期に移行する中で、早々と震災前の生活に戻る檀信徒もいる。被災から２年以上が経過し、僧侶が寺を離れることが次第に困難になっていく状況も生じてくる。こういった状況にあって、浜浄青外からの人員参加は非常に大きな助けになる。とくに大阪教区浄土宗青年会は、落語家を連れて訪問するなどマンネリ化しつつある浜○かふぇに変化をもたらしている。いわき市と距離があり、そう頻繁に訪れることは難しいとしても、定期的な訪問は浜浄青にとって助けとなっているだろう。

他方、東京教区浄土宗青年会有志は、震災直後の炊き出しにおいても尽力した。ともいき財団の協力によって調達された食材、機材をいわき市に運び、炊き出しに必要な人員として浜浄青をサポートした。震災直後連絡を受けた東京教区浄土宗青年会の中には、路上生活者支援を行う僧侶団体「ひとさじの会」のメンバーもおり、炊き出しに必要なノウハウや経験をすでに持っていたということも特筆すべき点である。

このほか、滋賀教区浄土宗青年会は夏季ふくスマ、琵琶湖畔での野外活動の際の人員参加や浜○かふぇにあわせて配布するお米の寄付に協力している。また、東北ブロック浄土宗青年会や山形教区浄土宗青年会は、ふくスマ田植え・稲刈りツアーの際、現地の案内や補助スタッフとして浜浄青を助けている。

まとめ

これまで概観した浜浄清の支援活動および関連諸団体の支援を、いわき市の震災復興時間軸に合わせて整理してみよう。

第２節では、浜浄青が、①炊き出し、②がれき撤去、③浜○かふぇ、④ふくスマという４つの支援活動を行ってきたこと、それらは震災以降時間の経過とともに、活動の行き詰まりや新たなニーズの発掘によって①から④へと展開していったことを確認した。

いわき市の時間軸に重ね合わせて浜浄青のこれら支援活動を俯瞰すると図4-1のようになる。浜○かふぇ（2011年９月〜）は、まさに被災地のフェーズが応急対応期から復旧復興期へと移った直後に開始されたことがわかる。すなわち、災害対策期にあっては、炊き出し、がれき撤去といった物質的・物理的支援を行っていたものが、復旧復興期に入ると浜○かふぇ、ふくスマといったコミュニティ回復や子どものケアを通じた精神的支援へと展開していった。

浜浄青が復興支援活動を時間軸に合わせて展開するなかで、多方面からの後方支援を受けていることも明らかになった。そこで、前節で概観した教団組織、中規模団体、小規模団体がどのような支援を展開させてきたかをあきらかにする前に、現在の浜浄青と各団体との関係を整理しておきたい。

教団は現地事務所の設置、所員の雇用により、浜○かふぇ、ふくスマに必

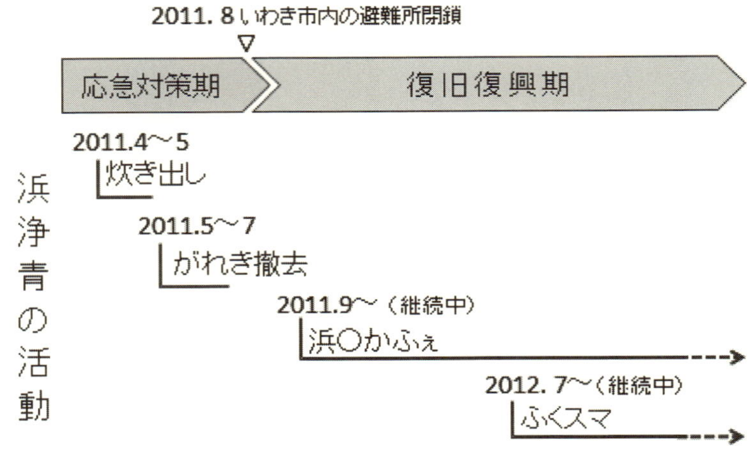

図4-1　浜浄青の支援の展開

要な人員を確保するだけでなく、福島事務所を活動の拠点にできるよう、倉庫の新設、車両の貸与を行った。これらのサポートは浜浄青が支援活動継続の体制を整えるために必要不可欠な支援であったといえよう。

ともいき財団や各地浄土宗青年会は、個別的、具体的な活動に対して経済的、人的支援を行った。炊き出しの際の必要な支援は、一時的なものであったが即時に行われ、結果、被災地での活動に必要な物資、人員を届けることができた。また、被災後からある程度時間が経過したのち、浜○かふぇやふくスマにおいても各方面からの援助が得られた。

とくに、ふくスマのようなイベント型支援活動で求められる後方支援は、支援者側が自ら被災地へ出向いて行うものではなく、ふくスマが訪れるのに合わせて各種の支援を提供するものである。各団体は自らの持っている資源を自らの地元で活用すればよい。だからこそ、各地域浄土宗青年会、本山、大学といったさまざまな方面からの支援が得られているのではないだろうか。以上、これら活動に対する支援の関係をまとめると、図4-2のようになる。

浜浄清と浄土宗諸団体の関係があきらかになったところで、復興時間軸に照らし合わせて、どのような展開が見られたのかを整理しよう。図4-1、図4-2でそれぞれ整理した浜浄清の支援活動と、関連諸団体の支援の関係を、今一度いわき市の復興時間軸に合わせて示すと、図4-3のようにまとめられる。

浜浄清が応急対策期から支援活動を実施するなかで、教団組織が動き出す前に、中小規模の浄土宗関連団体が必要なニーズに応える形で浜浄青の後方支援にあたった。しかし、復旧復興期に入ると、教団からの組織的な支援体制が整ってくるようになる。浜浄青の活動を例にすれば、彼らの活動をより安定的にさせたのは教団による現地事務所の設置であったことは想像に難くない。活動の安定化・継続化は次なる活動を生み出し、そこに中小規模の団体が再び支援を行うというような流れであったといえる。

復興時間軸に沿って、被災地内の浜浄青の動き、それに合わせた被災地外の教団関連諸団体の動きを捉えることで、浜浄青の前線での支援活動と各種

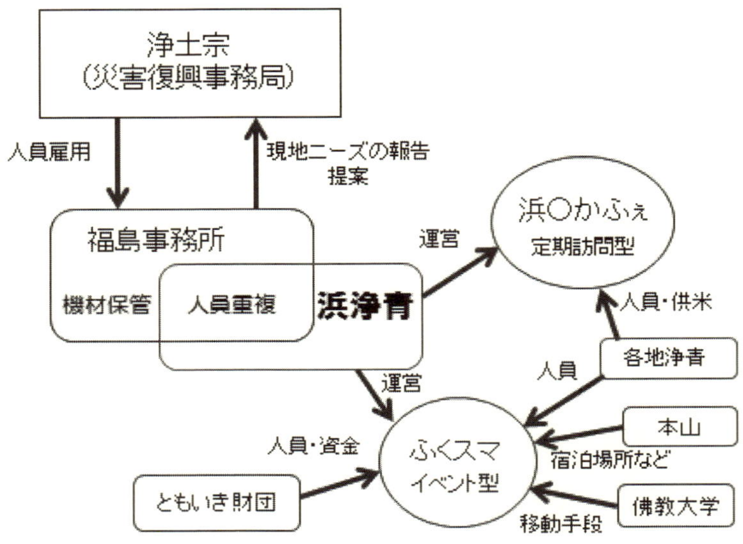

図4-2　被災地支援活動における浜浄青と浄土宗諸団体の関係

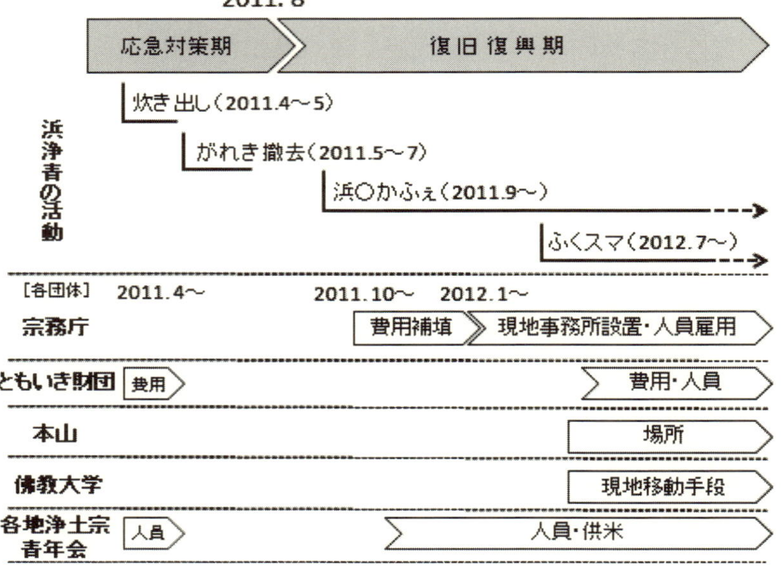

図4-3　復興時間軸に合わせた関連団体の支援

団体からの後方支援の関係性がよりクリアに把握できるようになった。とくに後方支援にあたった諸団体は、それぞれの特徴を活かし、迅速な、あるいは継続的な支援を行っていることがわかる。

しかしながら、これら支援のダイナミズムは、まず前線に立って活動する浜浄青があってこそ生まれている。浜浄青が行う復興支援活動は、すべて自主的に取り組まれているものである。どれも教団組織から指示されたものではない。炊き出しからふくスマまで、すべての支援活動は被災地域僧侶の自主性によって起こり、発展し、教団はそれを後押しする形で支援を進めていった。そして、被災地内の青年僧侶の活動に最初に手を貸したのが、フットワークの軽い他地域の青年僧侶であり、仏教精神にもとづく社会貢献活動を支援していた宗門系公益財団であった。大きな教団組織が動き出す前に、すぐに動き出せて、支援を行えるだけの資源を持つ関連団体が数多くあるというのも伝統仏教教団の強みであろう。

中小規模各団体はその機動力を生かし浜浄青の思いを形に変え、教団組織は支援活動継続を支える土台を作り、その土台に根付いた支援活動は、現在でも多方面からの支援を受けている。これら浜浄青の一連の支援は、伝統仏教教団の持つ、地域寺院の自主性、教団の組織力、関連団体の豊富さといった特徴が凝縮されたものであった。

本章では、浜浄青と浄土宗教団を事例に取り上げ、被災地内の組織だけでなく被災地外の組織の動きを同時に俯瞰することで、一伝統仏教教団の被災地支援の動態を描き出すことができた。今後、他宗派の支援活動も同様に検討していくことで、伝統仏教教団が持つ支援のかたちがよりいっそうあきらかになるだろう。

注

1　「東日本大震災アンケート」『中外日報』2011年9月8日、10日、17日、2012年9月8日、11日、13日に掲載。

2　浄土宗では、福島県全域を福島教区とし、さらに会津組・中央組・浜通り組に三分する。

3　応急対策期には、さらにⅠ：失見当期（地震発生〜10時間）、Ⅱ：被災地社会成立期（地震発生後10時間〜100時間）、Ⅲ：災害ユートピア期（地震発生後100時間〜1000時間）の3つのフェーズがあるという（林2003: 60-65）。

4　浜浄青の加藤氏は、1回目の炊き出しの後、福島県内で支援活動を行うNPOのとりまとめ役である「うつくしまNPOネットワーク」、および、いわき市を拠点に活動する「いわきNPOセンター」を訪問し、今後の炊き出し等の支援活動にあたって、相互に連絡を取り、必要な物資の供給を得られるように関係を築いた。これによって、2回目の炊き出し（4月19日）は、「いわきNPOセンター」から「平体育館ではレトルト食品の提供が多いので、炊き出しを行なって欲しい」という連絡を受けて実施された。

5　避難所や仮設住宅に住む被災者にお茶をふるまい、話を聞くことで心的ストレスを軽減させ、被災者のニーズの把握、現状改善をめざす傾聴ボランティア。本来、行茶とは禅林で衆僧が一定の坐位に列して茶を飲む儀式のことをいう。

6　齋藤知明によれば、同じいわき市内の高野山真言宗寺院では2011年7月から保養プログラムを行っていることが報告されている（齋藤 2012）。ただし、浜浄青がこのプログラムの存在を知っていたかは不明である。

7　藤森雄介は、このような動向は浄土宗に限らず、ある程度の組織体制が整っている伝統仏教教団では見られたといい、非常事態に備えた危機管理体制ができていると評価する。一方で、マニュアルどおりに行かない被災地の状況に柔軟に対応できるかどうかは別であると指摘する（藤森 2013: 53-56）。

8　社会福祉推進委員会は浄土宗の宗祖法然の800年遠忌（2011年）にあわせた記念事業の企画のため2007年に宗内に立ち上がっていた（小川 2013）

9　宮城事務所（仙台市）は2011年8月に、岩手事務所（陸前高田市）は2012年3月に開設。福島事務所の開設は2012年1月だが、事務所設置の打診は2011年の夏頃にはすでに行われていた。

10　しかし、福島県は地理的に、会津、中通り、浜通りに分断され、県東西への移動が容易ではないため、広く公募しても実際の勤務を考えると浜通り地区からの応募しかないというのが実情である。

11　活動資金援助の停止について、現地事務所の活動として予算に組み込むことになると、他現地事務所との活動の兼ね合い、義捐金分配の不公平さなどが生じるため、あくまでも浜浄青の活動とし、資金面以外での支援が行われることになったという。

12　『宗報』には「復興の風」という欄があり、福島だけでなく、宮城、岩手の各現地事務所も活動報告を行っていた。『宗報』は毎月発行され、浄土宗全寺院に配布される。

13　浄土宗には、総本山として知恩院（京都）があるほか、大本山として増上寺（東京）、光明寺（鎌倉）、善光寺大本願（長野）、知恩寺（京都）、金戒光明寺（京都）、清浄華院（京都）、善導寺（久留米）の７ヵ寺がある。

参考文献

稲場圭信・黒崎浩行編著2013『叢書　宗教とソーシャル・キャピタル４　震災復興と宗教』明石書店。

小川有閑2013「伝統仏教教団の支援のネットワーク――浄土宗の事例から」『宗教研究』86(4): 112-113。

国際宗教研究所1996『阪神大震災と宗教』東方出版。

齋藤知明2012「一宗教者の支援活動と宗教者意識――福島県いわき市冷泉寺の場合」『宗教学年報』27: 77-84。

林春男2003『いのちを守る地震防災学』岩波書店。

藤森雄介2013「仏教の活動」稲場圭信・黒崎浩行編著、前掲書。

吉水岳彦2012「東日本大震災被災地支援における仏教者の活動について」国際宗教研究所編『現代宗教2012』秋山書店。

臨床仏教研究所編2012『社会貢献する仏教者たち』白馬社。

コラム　「地域社会と僧侶のつながり」（小川有閑）

私たちは浜浄青の最初の炊き出しに参加している。そもそもは仲間として汗を流し、調査・研究はそれよりも後にスタートしているということになる。その頃は、放射能問題が取りざたされ、報道もなにを信じて良いのか分からない段階で、岩手・宮城に比べて福島にはボランティアがきわめて少ないという状況だった。それゆえ、浜浄青のメンバーは東京から来た我々をいたく歓迎してくれたことを記憶している。

炊き出しの開催にあたっては、加藤正淳氏が震災前から地元の消防団に所属し、市民生活保全に尽力していたことが役立ち、避難所での受け入れがスムーズ進んだという経緯がある。また、加藤氏の父で満蔵寺住職の加藤正典氏も、民生委員として長年地域活動を行ってきた。その結果、他の避難所（高坂小学校、沼の内公民館、内郷コミュニティセンター）にも声掛けができ、温かい食事を届けることができた。地域の寺院の僧侶であると同時に、消防団員や民生委員として地域社会での信頼関係を築いていたからこそ、このような活動につながったのである。

その後、浜浄青の中心メンバーによって浄土宗災害復興事務局福島事務所が組織され、浜○かふぇの主催者となった。このカフェ活動は、2018年3月まで継続して定期開催された。また、浜○かふぇを通じて、地元の子どもたちが原発事故の影響により外で思い切り遊べないという声を拾い上げて、2012年7月に「ふくしまっ子Smileプロジェクト」が始まった。浄土宗のネットワークを使い、夏には京都の知恩院に参拝し、琵琶湖で湖水浴を楽しむ。冬は長野で善光寺詣りとスキー、春と秋には田植え・稲刈り体験も企画された。2018年12月に開催されるスキーキャンプは、定員40名の募集が、わずか45分で定員に達したという。

綿密な計画、僧侶間ネットワークを活用した人員配置などによる参加者の安心感・満足感、そして、活動を継続することで得られる参加者からの信頼感。これらが、リピーターを生み、口コミを促進させ、人気プロジェクトになっているのだろう。浜浄青の地道な努力に頭が下がると同時に、これはやはり地元に住んでいるからこそできた息の長い活動なのだとあらためて思う。

コラム　「あれから７年、教団の今」（高瀬顕功）

東日本大震災から７年。浄土宗が設置した被災３県の現地事務所は2018年３月末をもって閉鎖された。現地事務所は、当初５年間の期限付きで開設されたが、現地職員や被災地でのヒアリングを通じて延長された。第４章中では、「七回忌が節目」とされていたが、結果としてそこからさらに１年延びたことになる。いわき市では、災害公営住宅の完成にともない、仮設住宅から転居する住民も増え、定期開催だったカフェ活動も住民の要望に応じて開催するという形に変わった。

浄土宗では、東日本大震災を契機に「災害復興事務局」が立ち上げられた。現地事務所を立ち上げ、震災復興の下支えをするとともに、教団として減災の重要性を説く活動も並行してきた。いわば、被災地寺院だけでなく、被災地外の宗門寺院への啓蒙活動である。

2012年度には、『減災の手引き』（①）を作成し、全寺院に配布した。また、翌年には檀信徒向けの『減災の手引き』（②）を作成し、希望する寺院へ配布を行った。これらは、現在も教団ホームページで閲覧することができる。また、2015年度には『減災の手引き』のDVD版、さらに2017年度には『災害時対応教区ガイド』（③）を作成した。これらマニュアルの作成だけでなく、2018年度には、被災情報の収集、被災寺院の被害調査、復興サポートなどに取り組む教区災害担当者の設置を求め、47教区の担当者が集う教区災害担当者会も開催された。

災害復興事務局は、2016年４月に「災害対策事務局」へと名称を変更し、救援だけでなく、防災減災の視点から災害に包括的に備える活動にシフトしつつある。あれから７年、教団の取り組みはこのように変わっている。

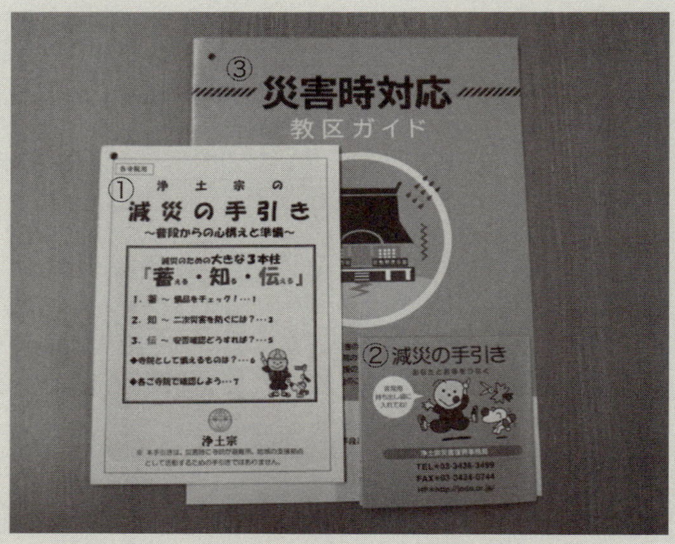

写真4-6　浄土宗の防災関連発行物

第5章

信仰と災害・復興支援活動

小林惇道

はじめに

本章は、震災後の災害・復興支援活動と信仰との関わりについて注目し、具体的には孝道教団による活動を取り上げ、同教団の支援活動の特徴を論じるものである。

2011年3月11日に発生した東日本大震災において、宗教者や宗教団体は多岐にわたる支援活動を行ってきた。その動向については、新聞や書籍、研究論文などで多く取り上げられてきているが、孝道教団の支援活動について扱った記事や論稿は管見の限り非常に少ない[1]。これは、孝道教団が他の仏教教団や新宗教教団などに比べ、教団規模が大きくないことがその一因としてあげられよう。しかしながら、孝道教団においても多様な支援活動が継続的に行われている。孝道教団は、後述するが、福島県いわき市に福島別院を有し、古くから多くの信徒をこの地域に持ってきた。いわき市において、積極的に活動しているのはそのためである。

まず、孝道教団の成り立ちや教義を概観するとともに、いわき市での支援活動の拠点となる福島別院について触れる。また、孝道教団が日ごろから力を入れて行っている社会活動を紹介しつつ、そうした社会活動や震災後の支援活動での教義的裏付けとなる「マイトリー運動」を取り上げる。震災後の活動では、震災発生後初動の対応といわき市での支援活動に分け、時間軸に沿いながらその活動内容と変化について論じる。そして、孝道教団による支援活動の特徴の整理を行う。

本章は震災に対する支援活動に焦点を当てていくが、宗教団体による活動については、震災物故者への供養・追悼の面も忘れてはならない。孝道教団は、他の多くの宗教団体の場合と同様に、震災物故者の追悼に力を入れている。震災発生後、2011年４月17日に福島別院にて追悼祈願法要、四十九日忌の４月28日には神奈川県横浜市の教団本部にて四十九日追悼祈願法要、一周忌の2012年３月には４日に宮城県気仙沼市、11日に本部と福島別院にて一周忌追悼法要、翌2013年３月には10日に気仙沼市、11日に本部と福島別院にて三回忌追悼法要、2014年３月には９日に気仙沼市、11日に本部と福島別院にて追悼法要を行っている。孝道教団は、震災支援活動を宮城県気仙沼市と福島県いわき市の２つの地域で主に行っているが、追悼法要は教団本部の他に、支援活動を展開する気仙沼市といわき市において、区切りとなる時期ごとに開催している。支援活動は、詳細は後述するが、「マイトリー運動」を推進し実践を重視する孝道教団にとって、追悼法要とともに重要なものである。

本章を記述するにあたって、支援活動の内容については、教団本部と福島別院での４回（2012年10月、2013年８月、同年12月、2014年３月）の聞き取り、2013年12月の支援活動への参加の他に、教団発行の機関誌や会議・報告資料などの情報をもとにしている。なお、孝道教団による支援活動について、場所的にはいわき市での活動を、また時期的には震災発生後から2013年までの動きを中心に論じていく。

1.　孝道教団について

孝道教団は、初代統理・岡野正道（1900－1978）によって、1936年に設立された孝道会にはじまる仏教教団である。天台宗星野山無量寿寺中院にて出家した正道は、法華経の研究につとめ、「熟益正法」と名付けられた独自の教義を見いだし、妻で初代副統理の岡野貴美子（1902－1976）とともに、その教えの普及に努めた。孝道会は、1946年に孝道教団と改称した。1952年には神奈川県横浜市神奈川区の小高い丘に本堂を建立、その後、この地は比叡山より贈られた仏舎利と不滅の法燈を祀る仏舎利殿、初代統理の遺骨を祀る孝順堂、孝道幼稚園等が建てられ、「孝道山」と呼ばれ教団の本部機能を持つ中心地となっている。本仏殿と呼ばれる現在の本堂は、1980年に建立され、旧本堂は東北別院に移築されている。初代統理が天台宗寺院にて出家、比叡山延暦寺より大僧正の位が、1964年に初代統理へ、1976年に初代副統理へ授与されるといったように、歴史的に天台宗や比叡山との結びつきが強い[2]。現在の信者数は18万4千人あまり（文化庁編 2013: 66-67)、道衆と呼ばれる出家僧侶は12名で、主体は在家信徒であり、在家仏教教団の性格を有している。

孝道教団の教えの根幹は、その名が示す通り「孝道」にある。「孝道」とは、「縦には、父母・祖先に対する子としての孝養の道、また子や子孫のために善き縁と功徳を伝えて、子孫の幸せと繁栄を念願する道であるばかりでなく、横には友人・知己をはじめ、生きとし生けるものへの思いやりをもって、共に苦しみ共に喜ぶ慈悲行の道」であり、そのため「孝道」は、「時間的には永遠の時の流れをつらぬき、空間的には無限の広がりをもつ、悠久の道」で、「究極的には、『孝道』は宇宙法界の真理に順がう『孝道は至道（究極の道）の法』(『梵網菩薩戒経』）であり、真理を説き明かした『法華経』の趣旨に一致する実践の道に他ならない」(孝道山本仏殿・孝道教団 発行年不詳）と説いている。

孝道教団において、信徒は、東部系、西部系、中央系、南系、北部系という5つ系統に分かれている[3]。そして、その下には合計で300ほどの支部が存在する。それぞれの信徒は、自らが所属する支部において自身の体験談や日々の悩みを告白し合う場である法座を行っており、それぞれを「同縁」と呼び合う信徒にとって最も大切な場である[4]。また、壮年会、青年会、婦

写真5-1　福島別院本堂

人会、健児隊という各組織が存在する。各系統のもとには、それぞれこれらの各組織があり、様々な行事などで中心的役割を担っている。

孝道教団には、全国に東北別院、静岡別院、青森別院、福島別院の4つの別院があるが、福島別院は4つのうち最も新しい別院である。福島別院の建立は、1955年と1958年に初代統理がいわき市を訪問したことをその契機とする。いわき市周辺には当時から、南系の信徒が多く住んでおり、この地に初代統理が訪問したことは彼らにとって大きな感激であった。このとき、いずれ「この地に別院を」との初代統理からの表明があったという（『孝道新聞』1988年9月号）。1960年、山形県に東北別院が建立され、つづいて静岡別院、青森別院が建立されると、いわき市周辺の信徒によって別院建立の運動が大きくなった。そして、1983年、第二世統理・岡野正貫（1925－）がいわき市を訪問したのを契機に建立が具体化、南方にいわき市街を望む内郷御台境に土地を確保し、1988年に地鎮・起工、1989年9月に落慶した（『孝道新聞』1988年9月号、1988年10月号）。現在での福島別院の信徒は、約1千世帯、3千名から4千名ほどである。

2.　マイトリー運動と社会活動

孝道教団では、1986年に第二世統理のもと、教団創立50周年を期して、「マイトリー運動」を開始した。「マイトリー」とは、「いつくしみ」「思いやり」「友情」という意味のサンスクリット語で、この運動は、「マイトリー」を世界に広めることを目標としている。そしてその「マイトリー」を実践するために、「大自然の中に生かされている自分の存在を知ろう」「家族に対する責任を果たそう」「人びとと共に喜びも苦しみも分かち合おう」「すべての生きものに対する思いやりをもとう」「自分のもつ能力を世の中のために生かそう」という「慈の五修」と呼ぶ5つの実践項目を掲げ（孝道山本仏殿・孝道教団 発行年不詳）、本部や各別院での掲示やマイトリーカード[5]の配布を通して、その普及に広く努めている。

孝道教団では、法華経や仏教の教理あるいは教義の理解のみでは不十分で、実践を伴わなければならないと説く。「熟益正法」という独自の教義は、「法華経を中心として教義を打ち立てた中国の天台大師から日本の伝教大師の時代は『理の法華経』といって、出家を中心とした法華経の研鑽が行われた時代。次いで日蓮上人（ママ）の時代は『事の法華経』といって、“妙法蓮華経”の題目を唱える唱題修行を中心にして、広く人々の心に法華経の種をまく時代」であったとし、「時が進み、義務教育が徹底して誰でも文字が読めるようになり、むずかしい理論も理解できる文明の進んだ現代－特に科学思想が発達し、合理主義が盛んな今日は、人々がより深く法華経の真理を理解しうる条件が調い、理論と実際が一つにとけ合った、いわゆる『理事円融の法華経』が求められる時代」となったとする（孝道山本仏殿・孝道教団 発行年不詳）。つまり、教理と実践の一体化を教団設立当初から重視している。「マイトリー運動」の展開は、時代の変化とともに、より広く分かりやすい形態で教えを広めるという意向があるという[6]。

こうした実践重視の教えのもと、孝道教団では、従来から大規模災害へのボランティア派遣や救援金の給付、身障者施設でのオムツ作りや花まつりへの招待、教団施設周辺地域の清掃奉仕、廃油リサイクル石鹸の販売、チャリティバザー、訪問介護サービスなどの社会活動を行ってきた。阪神大震災の際には、神戸市長田区の避難所にて2か月間ボランティア活動を行っている（猪瀬 2009: 187-188）。さらに、アジア諸国の学生に対する奨学金の援助や施設への寄付、子どもたちへの学用品の送付、湾岸戦争時の避難民救済や医療救援のための救援金、世界の洪水被害や震災への救援金の送付などといったように国際協力活動も積極的に行っている（『BNN ニュースレター』2005年3月31日号）。

このように孝道教団は日ごろより社会活動に関心を持って積極的に行動しているが、社会活動は正に「マイトリー」の実践であり、本章で扱う震災後の支援活動は、「マイトリー運動」の一環として行われているものである。

加えて、孝道教団は子育て支援に積極的である。孝道教団は横浜の教団本部に隣接して孝道幼稚園を運営しているが、その他にも、本堂への参詣や遊びを通して親子間と仏教的情操環境とのふれあいを持つことを目的とした幼稚園児対象事業と未就学児対象事業を、それぞれ2001年、2002年から実施している。

また、2008年は、0歳から就学前の子どもを持つ母親向けの事業を行っている。これは本部の会館を用い、婦人会のメンバーが子どもと遊んでいる間、母親たちはゆっくりした時間を過ごしながら、母親同士が日々の悩みなどを相談しあえる場を提供するものである。その際に、仏教に関連した行事や話は一切行わず、その参加のほとんどは信徒ではない。また、特に広報活動を行っておらず母親間の口コミによるが、2014年3月現在では100組ほどの親子が参加するほどになっている。仏教関連の行事や話は行わないとはいえ、参加者は宗教施設で行われていることを認識しており、その点に関して拒否反応は皆無という。

震災後の支援活動は、こうした社会活動に積極的な姿勢や、子育て支援事業をはじめ日ごろの活動で培われたノウハウが大きく活かされていく。

3.　震災後初動の対応

2011年3月11日に発生した東日本大震災は、孝道教団にとっても影響が大きいものであった。いわき市に福島別院を持つ孝道教団は、周辺地域に約3千から4千名の信徒、広野町を中心に原発避難地域にも約300名の信徒がいるため[7]、福島第一原子力発電所の事故による影響を受けることとなる。

孝道教団では、原発事故発生後、原発避難対象地域に住む信徒を福島別院にて受け入れることを決定し、3月12日に約20名が福島別院に避難した。その後、原発事故の影響拡大によって、避難信徒を横浜市の教団本部にて受け入れることを決定し、同月16日から19日にかけて自家用車とマイクロバスにて合計40名が本部へ避難した。多くの避難者は家族連れで、本部では、統理や副統理、多くの信徒の協力により、紙芝居やレクリエーションといった子ども向けのイベント、横浜市内案内、花まつりなどを行って、避難者が飽きない工夫をした。4月4日までに、学校の新学期の開始に合わせて、全ての信徒が福島へ戻っている。

避難当初、精神的に不安定で話をすることが困難な状況の者もいたが、同じ信仰を有する信徒同士の避難生活において、「集う場所があってよかった」と話す信徒があり、顔なじみに会える安心感が信徒にはあった。避難直後、福島別院の職員は避難した信徒と２時間あまりも話しをすることがあったという。別院が信徒にとって物心両面で拠り所として機能していた[8]。

孝道教団では、震災発生直後の３月13日、本部にて、現在の第三世統理・岡野正純（1960－）のもとに「災害支援プロジェクト」[9]を立ち上げた。このプロジェクトでは、統理と壮年会や婦人会などの各組織のメンバーが出席のもと、支援地域の現地担当者等の意見を吸い上げながら、各信徒チームが支援活動の提案を行い、教団としてそれぞれの支援活動を承認・支援し、実施に移していく。孝道教団としてこのプロジェクトのもと、様々な支援活動が展開されることとなる。なお、当プロジェクトのもとで実施される各支援活動においての必要な食材や資材、現地までの交通費など活動にかかる費用について、教団側が調達並びに負担を行っている。

信徒の避難・受け入れを除いた震災後初の支援活動は、４月２日に以前より関係のあったNGOのシェア（国際保健協力市民の会）による訪問診療の支援で、移動の際に車の運転をつとめるボランティアであった。この支援活動は同年６月まで実施した。４月17日には、北部系壮年部が、宮城県気仙沼市の避難所で炊き出しを実施、この炊き出しでは、前日に山形にある東北別院にて下ごしらえをした後、気仙沼市の避難所に運び提供した。気仙沼市では、同年５月までに、北部系壮年部に加え、東北別院信徒、中央系有志、南系信徒が計５回の炊き出しを実施した。並行して、同年３月から、壮年会、婦人会、青年会の各組織が中心となり、本部の参道や本部近くの東神奈川駅周辺にて街頭募金活動を行った。

4.　いわき市での支援活動

4.1 災害支援から復興支援へ

震災発生直後から信徒の避難・受け入れ、支援活動に取りかかった孝道教

写真5-2　みかん配布の様子

団において、福島別院のあるいわき市での支援活動は、7月に南系信徒の有志による豊間地区での炊き出しに始まる。この炊き出しは、福島別院の信徒が豊間地区のコンビニエンスストアのオーナーと旧知の仲で、津波で流失したコンビニエンスストアの駐車場の場所の提供を受けて実施されたものであった。その後、8月には東部系有志、9月には南系有志が同場所で炊き出しを行った。炊き出しにおいては、地元に別院がある孝道教団であると話すと住民と打ち解けるに一役を買ったという[10]。

災害社会学での研究蓄積を用いながら今回の震災復興へのプロセスを時間軸に沿って行った整理によると、人命救助や緊急避難を要する震災発生直後の緊急救援期を経て、避難所での支援を要する避難救援期はおよそ震災後3ヶ月までで、それ以降は復旧期であるという（稲場 2013: 25）[11]。時間軸によるプロセス移行の詳細な検討は本章で行うことは出来ないが、求められる支援の変化は、孝道教団による支援活動にもあらわれてくる。

福島別院からほど近い内郷地区には、津波被災者約250世帯が暮らす内郷雇用促進住宅[12]があり、孝道教団は、いわき市での支援活動を主としてこの地で行っていく。

当地への関わりは、2011年10月にいわき市社会福祉協議会に支援の相談をしたのをきっかけに、内郷雇用促進住宅に自治会が発足するとの情報を得て、11月に自治会長へ支援を表明したことに始まる。最初の支援活動は、12月に静岡別院の信徒によるみかんの配布であった。これは、静岡別院の信徒が地元の名産であるみかんを買い付けて提供するという地域の特徴を生かした支援であった。ちょうどその日は12月24日で、クリスマスプレゼントとしての意味もあったという[13]。その後、2012年1月には東部系有志による冬物衣料の配布、また、同日に促進住宅の住民を福島別院に招いて信徒とともに座禅会を開催した。

前述のように、震災復興のプロセスは、3か月を境に避難救援期から復旧期に移行するが、震災後1年を経てからは復興準備期に入っていく（稲場2013: 25）。そしてその中で、支援内容は多様化していく。孝道教団の震災支援活動では、震災後1年を経て、「災害支援プロジェクト」から「復興支援プロジェクト」へ名称が改められた。

多様化する活動のうち、豊間地区での炊き出しの際に地元団体と情報を交換する中から生まれた支援があった。永崎地区での復興と犠牲者の冥福を祈るイベントの手伝いである。このイベントは、いわき市で各種出張イベントやフリーマーケットの企画・運営を行っているみなと日曜市実行委員会が開催したもので、2012年4月から8月にかけて、市立江名中学校の吹奏楽演奏、県立小名浜高校の和太鼓演奏、県立いわき海星高校のじゃんがら念仏踊り、小学生中心のキッズフラダンスショーなどの地元学生による催しが行われた。孝道教団はそのうち6回参加し、福島別院信徒と南系信徒がポップコーンの提供や子どもたち向けに風車の制作の手伝いなどの支援を行った[14]。その後、みなと日曜市実行委員会が、もえぎ台にて2013年5月から8月にかけて開催した子ども向けイベントにおいても、孝道教団は2回共催として参加している。1回目では、子どもにミニ機関車に乗ってもらうときに、マイトリーカードを記念切符として用意し、その他には、ヨーヨー作り、フリスビー配布、シャボン玉、福引き、ポップコーンなどの企画を行った。当日は地元の保育園や幼稚園、子ども会より200名あまりの子どもと250名程の保護者の参加があった。

震災後1年を経過し復興準備期に入る中で、内郷雇用促進住宅では、孝道幼稚園の園長を務める第二世副統理・岡野鄰子（1937－）と子育て支援チームが中心となり、2012年4月14日に花まつりが行われた。

孝道教団では日頃から花まつりを、本部や各別院で毎年行っている。特に本部では、10日間にわたり様々なイベントが行われ、年間を通して最大規模の行事となっている。また、孝道幼稚園でも子ども向けに毎年実施してお

写真5-3　花まつりの様子
（孝道教団提供）

り、これらのノウハウが本支援活動で生かされた。当日は子ども約30名と保護者約50名の参加があり、釈迦の思いやりの心を伝えるスライドを鑑賞した後、誕生仏に子どもたちが甘茶をかけて、花まつりを祝った。

また、同年5月には神奈川県の整体学校の生徒により、整体ボランティアが実施された。これは、整体学校側から孝道教団に支援活動をしたいとの相談があり実現したものである。整体ボランティアに際し、雇用促進住宅の自治会長は、物資の援助に加え精神面でのケアの必要性について言及している（孝道山本仏殿『復興支援プロジェクト 東日本大震災復興支援ニュースリリース』vol.8（2011年9月10日））。7月には、子育て支援チームと福島別院の職員により子育てボランティアを実施、そこでは、花まつりに参加した多くの子どもたちが参加し、子ども向けの様々なイベントが行われた。また、7月と9月には整体ボランティア、9月には映画上映と茶話会、11月にはミニコンサートとおしゃべり会、12月には2011年に続いて静岡県産みかんの配布が行われた。

4.2 継続的な支援へ

前章で述べたように支援活動は様々な形で展開されてきたが、その後は従来の活動を生かしながら新たな支援形態があらわれてくる。それは内郷雇用促進住宅の自治会が住民と毎月1度行っている清掃活動への参加である。

清掃活動は、雇用促進住宅の建物前の広場を中心に掃除するものだが、この活動には清掃することに加え、雇用促進住宅の住民は普段から住民同士の付き合いがあまりないため、住民同士のコミュニケーションを高める目的もある。特に男性や高齢者が引きこもりがちだという（孝道山本仏殿『復興支援プロジェクト 東日本大震災復興支援ニュースリリース』vol.9（2011年

左写真：落ち葉拾いの様子　　右写真：ポシェット配布の様子

写真5-4　清掃活動とその後の物品配布

10月２日))。この清掃活動に孝道教団は2013年５月から毎回参加している。清掃活動には各世帯１名以上の参加が要請され、2013年12月に筆者が参加した際には、100～150名ほどの参加者があり、子どもや親世代、高齢者など幅広い世代の参加者があった。清掃活動の支援は、壮年会が中心となっており、東部系、西部系、中央系、南系、北部系の５つの信徒グループが持ち回りで当活動に参加している。

筆者が参加した日の清掃活動では、建物前の広場の落ち葉拾いをメインに、信徒はそれぞれ分かれて入居者とともに行った。清掃活動の後には支援活動として、孝道教団の用意したポップコーンや水の提供、婦人会の信徒による手作りのポシェット、2011年、2012年に続き静岡別院の信徒による静岡県産のみかんの配布がなされた。

この清掃活動への支援は、人的な支援とともに、精神的支援の要素もあると指摘できよう。清掃活動は人出が必要なため、数による支援も重要であるが、被災住民にとって孝道教団が毎回参加していることは、「忘れられていない」という安心感や参加に対する感謝の気持ちをもたらし、互いの信頼関係の構築に寄与している。筆者が参加した際に、数名の住民から孝道教団参加者へ、「今月も来てくれたんだ」、「毎回ありがとう」との趣旨の言葉が聞かれ、また、自治会長は「物心両面で継続して支援してもらい、感謝している」と語っている（『孝道新聞』2014年３月号）。今回の震災での宗教者や宗教団体の支援活動において、信仰にもとづき継続する支援の姿勢が被災者たちの心にも響き、互いの信頼関係が築かれているとの報告があるが（稲場 2013: 36）、孝道教団の場合も継続的な姿勢が信頼関係構築に役立ち、被災住民に心的にプラスの効果を与えている。清掃活動の支援を主導する壮年会の幹事長は、「清掃会がある限り参加し、ご縁を大事にしていきたい」と、これから先も継続的な活動の重要性を指摘している（『孝道新聞』2014年３月号）。いわき市周辺の信徒ではない者にとって、毎月の参加は負担となりかねないが、５つの系統ごとに持ち回りでの参加という態勢をとることで、継続して活動するための環境を担保している。

また、清掃活動の際に、物品の配布など従来から行ってきた支援活動を組み込んで同時に行っているが、これは自治会と孝道教団の双方にとって負担の軽減につながっている。これまでの支援活動においては、それぞれの活動ごとに自治会との折衝や住民への周知などといった調整が必要であり課題でもあった。実際、支援活動は多岐にわたり、それぞれの信徒グループが実施する活動の調整は、主に福島別院の職員が担っているため、活動ごとに様々な調整を自治会と行うことに負担を感じる面もあるという[15]。清掃活動後の機会を利用することは、そうした負担を減らす効果がある。加えて、毎月活動に参加することは、毎月住民や自治会と話をする機会をもたらし、時間の経過とともに刻々と変化する現地のニーズを適切につかむ上で、有意義なニーズ把握のための機会となっている。

まとめ

本章では、孝道教団による震災後の支援活動について見てきたが、これらの活動の特徴は大きく３つにまとめられよう。

１点目に、孝道教団が以前より社会活動に積極的であったことがあげられる。第２節で述べたように、孝道教団は以前より、社会活動に積極的である。それは、「理事円融」、つまり教理と実践の一体化を重視する教団創設時からの教え、また、教団創設50周年をもって始められた「マイトリー運動」

による教義的裏付けが、その姿勢の基盤となっている。今回の震災支援活動は、日ごろの活動の延長線上にも位置づけられ、信徒にとって信仰そのものともいえるものである。

2つ目には、教団や信徒が日ごろ行っている活動のノウハウを震災時に生かせたことである。孝道教団では、以前より幼稚園の経営や子どもを持つ母親を対象とした子育て支援を行っており、この経験が雇用促進住宅での子育て支援の活動に生かされている。また、花まつりが一般の子ども向けのイベントとして行われたことは、釈迦の生誕を祝うという仏教行事ではあるものの、子どもと接する上での有効な場として機能したといえよう。宗教団体による震災救援活動は、日常の活動で蓄積してきた有形、無形の資源、つまり、一つに教会や寺院などの施設、二つに修養で利他的行動への意欲を磨いた信者、三つに行事などの組織行動で身につけた統率力や動員力、四つに奉仕活動のノウハウやその経験を積んだ人材、こうした点が土台となって行われるとされる（川村ほか 1996: 27）。経験やノウハウの蓄積が、非日常時での活動において、スムーズに行動を行えるようにするための重要なポイントであると指摘できよう。

最後に３点目には、孝道教団による支援は、信徒の自主性を重んじた活動となっている点である。第４節で述べた通り、支援活動は多岐にわたっており、その多くが系統やチームごとの信徒有志による活動で、信徒の側から提案され実現したものである。教団は、「災害（復興）支援プロジェクト」のもと、信徒からの様々な提案が、教団活動としてふさわしいかどうかの判断を行っている。つまり、教団は信徒による支援活動が教義に沿っているかのチェックを行っているのであり、支援活動の主体はあくまで信徒で、彼ら／彼女らの自主性が重んじられている。一方で、主体は信徒にあるとはいっても、資材の提供や資金の負担は教団本部が担い、福島別院は支援活動先との調整を行っている。信徒による自主的な活動は、他の宗教団体においても観察され、例えば天理教においては、教団本部からの資金・人的援助がない有志による支援活動がなされている（第８章を参照）。

それぞれの信徒にとって、今般の活動は、孝道教団の教え、つまり、「理事円融」や「マイトリー運動」の教えから動機づけられたものであり、自利・利他の菩薩行の実践が意識されている。信徒にとって、宗教が与える世界観や信仰、また、そうした世界観や信仰を共有する信徒同士のつながりが、個々の活動者の精神的支えとなっている（稲場 2013: 22）。筆者が参加した清掃支援活動において、住民より「来年もお願いします」との言葉が聞かれ、孝道教団の信徒はそのような言葉にやりがいを感じている[17]。

岡尾・渡邊・三木は、岸本英夫による宗教的行為を布教伝道と宗教的奉仕行為に分ける類型を援用しつつ、阪神大震災において、宗教者の布教伝道は皆無ではないとしながらも、多くは被災者に不信感を抱かせないように、露骨な布教伝道を控え、ボランティアとして宗教的奉仕行為に従事していたとする（岡尾ほか 2013: 237）。今回の震災に関しても、多くの宗教者や宗教団体は布教活動を一切しない方針で、救援活動や支援活動に徹している（稲場 2013: 28）。孝道教団においても、多くの場合と同様に、布教活動を意図して行っていない。

一方、布教は意図していなくても、活動する者の信仰が支援を受ける側に伝わる場合がある。豊間地区での炊き出し活動で出会った親子は、孝道教団のボランティアは他のボランティアとは違うと感じ、後日、孝道教団の信徒となった。この信徒は、『孝道新聞』の「体験談」に孝道教団の震災支援への感謝と仏教の教え、特に「ご縁」の有り難さについて投稿している。孝道教団との「ご縁」を通して聞くことができた統理の話が自身の力となっていると話す（『孝道新聞』2013年８月号）。信徒が活動する上で拠り所としている信仰が支援を受ける者に伝わった事例といえよう。この親子は、福島別院での花まつりや盆踊りなどの通常のイベントにも積極的に参加している。

多くの信徒の間では役立つ活動をしたいとの思いが強く、多様な支援が実施、継続されている。こうした支援活動には時間的区切りは設定されておらず、支援が求められる間は支援を続けていく方針という。今後の活動がどのように展開されていくか、注目していきたい。

注

1 『中外日報』には、2011年4月7日付で「釈尊の教えで難局突破を 孝道山本仏殿追善と復興祈願」、2011年4月21日付で「24日にシンポ　震災を受け仏教に学ぶ　孝道教団ILAB」の記事がある。

2 （文化庁編 2013）では天台宗のグループに記載がある。一時、初代統理、初代副統理が霊友会に所属していたことから霊友会系教団と分類されることもあるが、教団自身、天台宗系在家仏教教団との立場である。新年や行事の際には、天台宗宗務総長や天台宗関係者が訪問している。

3 東部系、西部系、中央系、南系（南部系とは呼ばない）、北部系という方角名による分類分けの理由は、教団内でも明確ではない。しかし、初代統理の思いとして仏教の教えが四方八方に広がっていくことを願ってつけられたものであるとされている。なお、北日本や東日本といった地域区分とは一致しておらず、新たに信徒となる者は、紹介を受けた者と同じ系統の所属となるのが一般的である。

4 法座で告白された信徒の話は、毎朝の法要や孝道新聞、弁論大会などで発表される。

5 マイトリーの5つの実践項目が記されている名刺大のカード。海外向けには英語のマイトリーカードがある。

6 2014年3月12日聞き取りによる。

7 2013年8月20日の聞き取りによると、震災後の津波により自宅を流された信徒は1、2軒とのことである。

8 福島の信徒向けには、福島別院と本部への避難という支援が終わった後も、静岡別院より野菜、各系統より水が福島別院に届けられ、中長期に渡り食べ物や水の不安という風評被害が心配される中、継続的な支援が続けられた。

9 震災後1年を経過の後は、「復興支援プロジェクト」と改称するが、体制は同一である。

10 2013年8月20日聞き取りによる。

11 震災直後、127か所の避難所に19,813名いた避難者が、震災3ヶ月後の6月10日には、17か所・446名となり、いわき市内で一時避難所が全て閉鎖されたのは8月20日であった（福島県いわき市 2013: 176）。

12 1996年建設、14階建ての雇用促進住宅。震災当時、数軒のみが入居していた。自治会の副会長の話によると、内郷雇用促進住宅では、生活インフラの一部が未だに復旧しておらず、生活インフラを復旧した後、2015年から災害公営住宅として入居が開始された。災害公営住宅としても引き続き使用されるとのことである（2013年12月8日聞き取りによる）。

13 2013年8月20日聞き取りによる。

14　この時の活動が評価され、市立永崎小学校の校長より感謝状が送られている。

15　2013年12月8日聞き取りによる。

16　2013年12月8日聞き取りによる。

参考文献

稲場圭信2013「震災復興に宗教は何ができたのか」稲場圭信・黒崎浩行編著『叢書 宗教とソーシャル・キャピタル4 震災復興と宗教』明石書店。

猪瀬優理2009「主要教団の社会活動に関する調査」稲場圭信・櫻井義秀編『社会貢献する宗教』世界思想社。

岡尾将秀・渡邊太・三木英2013「阪神・淡路大震災における心のケア」稲場圭信・黒崎浩行編著『叢書 宗教とソーシャル・キャピタル4 震災復興と宗教』明石書店。

川村邦光・中牧弘允・対馬路人・田主誠1996『聖と俗のはざま』東方出版。

孝道山本仏殿・孝道教団『孝道山――みのる法華経の』教団発行のパンフレット、発行年不詳。

孝道山本仏殿『復興支援プロジェクト 東日本大震災復興支援ニュースリリース』vo.8（2011年9月10日）、vol.9（2011年10月2日）。

『孝道新聞』1988年9月号、1988年10月号、2013年8月号、2014年1月号、2014年3月号。

『中外日報』2011年4月7日、2011年4月21日。

文化庁編2013『宗教年鑑 平成24年版』ぎょうせい。

福島県いわき市2013『いわき市・東日本大震災の証言と記録』発行者不詳。

仏教NGOネットワーク『BNNニュースレター』2005年3月31日号。

第6章

神職たちの支援活動

魚尾和瑛

はじめに

本章は、いわき市内にある大國魂神社を事例として、2011年から2014年に行った神職への聞き取り調査から、神社と神職の活動実態を把握し、当時、神社や神職が直面していた問題の一端を確認することを試みたものである。

東日本大震災発生後、諸教団が様々な地域で様々な活動を展開してきた[1]。それらの活動の中でも被災地全体における諸教団の活動について、稲場圭信や黒崎浩行は、「災害と宗教」・「宗教の社会貢献」といった視点から、教団の持つ様々な「資源」をソーシャルキャピタルとして捉えて分析している。(稲場 2011; 稲場・黒崎2013)。

一方、組織的に展開される教団活動と並行して、地元に密着し、独自の活動を展開している宗教施設や宗教者の活動を対象とした成果もある。特にいわき市を対象とした成果としては、齋藤知明や小川有閑、藤井麻央、寺田喜朗によるものがある。齋藤は、一寺院、一僧侶の活動を調査し、支援活動を支える宗教者を取り巻くネットワーク、そして地域に根差している寺院、僧侶ならではの活動の実態を報告している（齋藤 2012: 77-84)。また、小川は地元僧侶達の連携した継続的な活動、ネットワークについて調査し、被災地、避難者の境遇を見て僧侶達が始めた「土着の活動」の実態を報告している (小川 2012: 85-91)。

また、藤井や寺田は、新宗教教団への調査から、教団と関連した団体による組織的な活動によって、様々な支援が行われ、非常時下、一時的に行政機能を代行し、地域コミュニティに貢献した現場レベルの活動があったことを報告している(藤井 2012: 93-103; 寺田2013: 113-114)。

このように宗教団体の様々な活動が注目される中で、本章では神社、神職の取り組んだ諸活動を把握し、神社を取り巻く現状とそこで浮上した問題に焦点を絞り、いわきにおける神社、神職の2011年から2014年当時の状況を見ていく。

1.　被災地を取り巻く時間と活動

東日本大震災が発生した直後から、いわき市は被災地となり、被災地には特有の時間が流れるようになった。災害社会学では、被災地に流れる時間、つまり災害過程を応急対応期や復旧・復興期といったように分類している(林 2003)。また、発災後だけでなく発災前を、準備・警戒期と分類され、災害以前も災害過程に含んでいる。一方で、阪神淡路大震災におけるボランティアの活動と時期に関して分類した成果も提出されており、活動といった面からも時間が分類されている(西山2010)。また、防災事業という点から被災地を流れる時間の区分が行われている。防災事業においては、被害抑止、被害軽減といった事前対応期から応急対応、復旧・復興の事後対応期が好循環していくことによって、防災体制が強化されていくことが理想とされる。このような循環構造はDisaster Management Cycle (DMC 時計モデル)と呼ばれている(国際協力事業団 2003)。このモデルでは、各期に経過時間を特別設けず、活動内容から分類を行っている。応急対応期は、発災直後の人命救助を直接目的とした活動。復旧期は、被害を修復して従前の状態や機能を回復することで、人々の生活を維持すること。復興期は、災害によって激甚な被害を被った都市や地域において、単に従前の状況に復旧するのではなく、長期的な視点に基づき、社会経済を含めた地域の総合的な構造を抜本的に見直し、新しい市街地や地域の創出を図ること、とされている。

本章では、このDMC時計モデルを援用し、発生からの日数、時間の経過による期を分けず、活動の内容から区分していきたい。いわき市は、2011年３月11日の地震、津波だけでなく、３月12日の福島第一原発１号機の水素爆発、３月13日の久ノ浜・大久地区自主避難勧告、３月15日の第一原発半径20～30km圏内屋内退避総理指示、４月11、12日の大型余震（震度６弱）、震災起因による地滑りの避難勧告と、本震、原発、大型余震と多重の発災時期を持っている[2]。更に、原発事故による風評被害もあり、このようないわき市の発災以後の時間の流れを日数で区分してしまうと、連続した時間の流れと、支援活動の連続性を捉えにくくしてしまう。

そこで、本章においては以下のように分類する。事前対応期を、３月11日以前の〈平時の活動〉、応急対応期は〈人命救助、救護の為の活動〉、復旧期を〈被害の回復〉と〈人々の生活再建の為の活動〉、復興期を〈長期的な人々の生活の安定化〉と〈記憶の風化の阻止の為の活動〉と区分する。具体的には、食料や生活必需品などの物資の集積配給や、被災者の捜索活動への参加、情報の収集、更には宗教施設の開放といった活動や、遺体への慰霊追悼といった宗教的儀礼が応急対応期の活動である。復旧期の活動は、避難所や仮設住宅等への炊き出し、行茶・カフェ活動、イベント、子ども達や親子を対象とした保養プログラムなどの活動、宗教的儀礼では超宗教での慰霊祭や教団それぞれの慰霊祭、祈願祭、伝統芸能の再始動などである。復興期では、復旧期の活動が継続されると共に、避難者によるバザー開催の支援、つまり経済的な自立への支援や仮設住宅等の生活支援、宗教的儀礼では、慰霊祭や祈願祭を継続すると共に、記憶の継承という意味が付与された儀礼が新たに表れてくる。

2.　いわき市大國魂神社の概要と被災状況

本章で対象とする大國魂神社は、福島県いわき市平菅波にあり、福島県神社庁いわき支部に所属している。いわき支部内には、336社あり、大國魂神社は、その中でも延喜式に掲載された磐城郡七社の１つである。本殿は、いわき市指定有形文化財、神社に伝わる「國魂文書」は福島県重要文化財に指定されている。調査に関して、インタビューを受けて頂いたのは、大國魂神社宮司山名隆弘氏（1941-）と同神社禰宜山名隆史氏（1967-）である。両氏共、國學院大學の出身である。また、山名宮司は当時、福島県神社庁いわき支部副支部長の役職にあるだけでなく、『いわき地域学會夏井地区総合調査報告』の執筆者の一人であり、『いわきのお宮とお祭り』では監修を努めるなど、地域史にも造詣が深く、地域の歴史や民俗などについても話を聞くことができた。また、山名禰宜はいわき支部の若手の中核として様々な活動に参加しており、被災直後の様子や祭礼について話を聞いた[3]。

2.1 大國魂神社の概要

大國魂神社は、石城国造建許呂命が大國魂神を奉斎したと伝えられ、周辺には建許呂命を葬ったとされる、甲塚古墳をはじめとする遺跡が集積している。鎌倉時代には、磐城郡総地頭岩城氏の信仰を集めると同時に、山名氏によって大國魂神社境内に浄土宗名越派如来寺が創建された。山名家は、明治期の神仏分離後も如来寺の檀徒であり、関係は現在でも保たれている。室町以降も大名岩城氏による社殿修復などが行われ、江戸時代になると藩主内藤

写真6- 1　大國魂神社拝殿

氏、安藤氏によって本殿の造営、神輿寄進が行われてきた。明治時代に入ると1876（明治９）年には村社、1879（明治12）年に郷社、1923（大正12）年県社に列した。現在の氏子地区は、菅波、山崎、荒田目の３大字であり、後述する豊間地区の一部にも信仰者がいる。

2.2 祭礼

大國魂神社の祭神は、大己貴命・事代主命・少彦名命・須世理比売命である。大國魂神社の主な祭礼は、５月３日、４日の例大祭をはじめ、正月８日夜の清祓神事・鳥小屋神事、成人の日の恵比須大黒初音祈祷祭、正月28日の豊間千道祭、６月の樹魂祭、９月１日の風祭などがある。ここでは、特に震災に影響を受けた例大祭、豊間千道祭、樹魂祭の概要を記し、被災後の祭礼に関しては後述する。

・例大祭

例大祭は毎年５月３日、４日に行われる。３日は例祭ならびに、宵祭りが行われる。例祭の後に、４日の神輿渡御祭の準備が氏子総代らによって行われる。その後、例祭の直会が開催され、18時より宵祭りが開催される。宵

写真6-２　2014年宵祭における大和舞　三番叟

祭りでは、氏子の有志などによって構成される大和舞伝承会によって大和舞が奉納される。

この大和舞は、いわき市の無形民俗文化財に指定されており、例大祭の他は初音祈祷祭において奉納される。大和舞伝承会は、1984年に大和舞再興の為に結成された組織で、現在約15名程が所属しており、ほぼ全員が結成初期からのメンバーである。大和舞は、1725（享保10）年に演じられた記録が宮司・山名家に伝わっており、当時は12座が演じられていたことが判っているが、1952年以降中断されていた。現在、復活・伝承されているのは、①三番叟、②三本剣、③猿田彦舞、④恵比須舞、⑤大黒舞、⑥天の岩戸舞、⑦天宇豆女の7座である。また、大和舞の他に稚児舞も奉納される。踊り手は、氏子の子どもや孫が中心であり、小学校4年生から6年生の女子である。山名宮司によると、稚児舞は室町期より行われていると伝わっており、これまで途絶えることなく行われてきているようである。また、稚児舞を教えるのは、氏子地区で今まで踊ったことのある婦人達である。この稚児舞を見る為に、宵祭りには踊り手の家族や友人などが集まり賑わい、境内では青年会によって飲食が振る舞われている。

翌4日は、早朝から子どもによる小神輿が神社を出発し、氏子地区である3大字を渡御する。また小神輿の出発後、大神輿の遷座祭が行われ、大神輿が神社を出発し、最初に菅波地区を、その後荒田目、山崎と渡御する。大神輿の担ぎ手は、それぞれの大字の青年会や青年会 OB などである。渡御祭の間、宮司、禰宜、氏子総代や氏子地区の各区長らは、神輿に同行し、各御旅所における神事や御酒迎にも参列する。また、御旅所の一部では宵祭りと同様に稚児舞が奉納される。渡御祭は、隔年ごとに3大字のみを渡御する年と、3大字以外の近隣地区にも渡御する年とに分かれている。

どちらの年も大神輿は、昼頃に豊間地区へと到着する。金倉坂という豊間地区の入り口にて、菅波地区の担ぎ手から、豊間地区の担ぎ手である豊間海友会へと変わる。金倉坂には御旅所が設けられ、豊間の人々が御神輿に赤魚を吊す。そして、神輿前にて神事が行われ、稚児舞も奉納される。金倉坂に神輿が近づくと、豊間海友会のメンバーが鐘を鳴らし、神輿の到来を伝える。

写真6-3　金倉坂にて奉納される赤魚

豊間海友会は、元は海上青年団であり、船方達の集まりであったが、1996年に豊間海友会になった。メンバーは、平豊間字塩谷町、字柳町、字八幡町という３つの字の住民が中核となる。また、メンバーの一部は、地元豊間地区にある諏訪神社の神輿は担がないが、大國魂神社の神輿は担いでいる。山名禰宜によると、豊間地区の人々のことを、氏子と崇敬者の間と捉えている。また、宿元という直会の場を代々提供する家が豊間地区にあり、遠藤家が代々勤めている。遠藤家の先祖は、豊間に流れ着いた御神体を拾い、大國魂神社へと奉納したことから、宿元になったと伝わっており、豊間海友会と宿元が豊間地区の中心メンバーである。

この豊間地区では、この海友会によって渡御、豊間浜へと神輿を浜へと下げる「浜下り」が行われている。また、豊間浜では、お潮採り神事も行われる。この神事は、2008年４月４日、福島県指定重要無形民俗文化財「菅波大國魂神社のお潮採り神事」として登録された。この祭場は、御神体が流れ着いた霊通川より北側の浜に設けることと伝えられている。また、お潮採りを行うのは、１年ごとに菅波、山崎、荒田目の３ 大字の青年会、保存会から総代らによって決められた代表一人が担当する。この豊間地区への渡御、浜下りは、20年程前までは、4年に1度の頻度で行われていたが、豊間海友会の要請によって毎年行われるようになった。豊間地区への渡御、お潮採りが終わると、大神輿はまた氏子地区へと戻り、渡御祭が継続され、宮入りは21時から22時ぐらいになる。

・豊間千道祭

豊間千道祭は、氏子地域と離れた豊間地区の人々による祭礼である。この祭礼に関しても、「豊間海友会」が中心となる。豊間千道祭は、1785（天明5）年に流行り病と飢饉が発生し、豊間村の人々が、大國魂神社の御神輿を豊間浜までお下がり頂き、鎮疫祭を行ったことが由来である。この際に、豊間の人々が「永年御千道指上候様仕度」と、永久誓約をしたことにより、現在でも1月28日に催行されている。

写真6-4　2014年の豊間千道祭

祭礼では、健康や大漁が祈願される。また、板札が祭礼終了後に配られる。拝殿内での祭礼の後、大きな御幣を豊間の人々が持ち、拝殿・本殿の周りを「せんどう」とかけ声をあげながら、3周する。2014年は、本殿の修復工事の為、拝殿前のひもろぎの周りを3周した。また、その際の持ち手は、宿元の遠藤清氏、2周目は豊間海友会会長鈴木利明氏、3周目は当時の豊間区長鈴木徳夫氏であった。周回が終わると、御幣を皆で破り、ひもで縛って持って帰る。また、榊と杉

写真6-5　鬼椿餅

の葉（大國魂神社の境内にある杉）を縛ったものが参道にて氏子達から豊間の人々に配られる。祭礼の後、総代や区長、豊間海友会のメンバーらによって直会が行われる。

・樹魂祭

樹魂祭は、甲明神祭と鬼椿祭、樹魂祭の３つをまとめて呼称している。この中でも中心になる祭事は、鬼椿祭である。鬼椿祭は、335年前にはすでに祭りとして記録が残っている。祭礼の由来は、坂上田村麻呂が蝦夷討伐の途中に、大國魂神社にて戦勝祈願をし、その際に鬼に襲われたという伝承である。田村麻呂は、その鬼を返り討ちにした後、亡骸を葬り、その墓に椿を植えたと伝えられている。

祭当日の午後は、神楽奉納や地元住民や幼稚園児による奉納コンサートなどが行われる。現在のような祭礼になったのは、12、３年前からであり、元は鬼椿祭だけを神職だけで行っていたが、神職だけではもったいない、お宮に賑わいを、ということで現在の形になった。この鬼椿祭では、ちまき（上新粉を練り、茅の葉で包んだもの）を奉納していたが、現在では、ちまきではなく鬼椿餅というお菓子を地元のお菓子屋さんに特別に作って貰い、奉納をしている。

2.3 被災状況

大國魂神社は、海岸から約2km内陸に位置し、津波の被害は受けていない。2011年3月11日の地震では建物の瓦の崩落、神殿の柱の一部の損壊などの被害があったが、人的被害はなかった。電話がつながりにくい中で情報が錯綜し、実際に当神社へ避難してきた人はいなかったが、「豊間の人達が大國魂神社へと避難している」という噂が流れたことから、避難者の安否の問い合わせがあり対応に追われた。また、近隣地域にも大きな被害はなく、多くの民家に井戸水や備蓄を備えた倉があり、ガスも設置式のプロパンガスであったことから、飲み水が不足する程度で、大きな被害が出た地域ではない。

福島第一原発の事故後は、ガソリンが不足する中、いわき市から各地へ避難する人が続出した。その後、4月になると、いわき市の水道が復旧し始め、学校の再開に併せて各避難先から多くの人々がいわき市に戻ってきた。山名禰宜の家族も東京へ避難し、学校の再開に併せていわきへと戻ってきた。

また、大國魂神社周辺は、市街化調整区域に指定され、宅地造成が出来ないことから、津波・原発による避難者は当時、近辺に住んでいなかった。ただ、氏子地区の周辺には、双葉郡からの自主避難者がいることは把握していた。地区としては、少子化などが進行していることから、仮設住宅や復興住宅などの家屋を建てられるよう、いわき市へと要望を提出したものの、「難しい」との回答を貰ったようである。

一方祭礼では、渡御祭や千道祭に関係の深い、豊間地区が津波によって壊滅的な被害を受け、1,784人、641世帯が津波によって被災した。地区としては83人が犠牲になり、震災関連死で6人が亡くなっている[4]。犠牲者の中には、豊間海友会の会員もおり、神輿の担ぎ手の法被も津波で流失してしまった。

3.　各期の活動——支援活動を中心に

3.1 被災直後（応急対応期）の活動

山名禰宜は地震直後より地元消防団として活動し、津波被害地域での生存者確認、空き巣対策、支援物資の仕分けを行っていた。福島第一原発の水素爆発後も、空き巣対策を消防団として行っていた。

一方、神社界からの支援物資に関しても活動を行っていた。支援物資は、神社庁を経由して入ってくるものと、各神社から直接送られてきたものに分かれていた為、いわき市小名浜の住吉神社を集積・仕分けの拠点とし、神社庁を経由していない支援物資は勿来、泉地区の神社に置くことを決めた。しかし、それぞれの神社に送られてくる大量の支援物資を管理することは、非常に難航を極めたという。このように集積された支援物資は、いわき市内の各避難所などに配った。

以上のような神職達の活動の他、いわき市内の神社を中心とした神社界も、「慰霊鎮魂」、「復興への祈り」、「支援活動」を三本柱として活動を活発化させた。いわき市内の神社を中心に、神道青年会などのネットワークを活用し、各県の神道青年会からボランティアが派遣されてきている。また、福島県神道青年会の活動を見ると、2011年4月25日に「福島県神道青年会東日本大震災災害対策委員会」が設置されており、最初の支援活動は、5月18日に兵庫県神道青年会と共に、南相馬市といわき市久ノ浜で行った復興支援活動であった[5]。それ以降、福島県内でも特にいわきや南相馬などを中心に、各地の神道青年会と共に支援活動を実施しており、仮社殿などの設置、復興祭や支援縁日などが行われていた。

3.2 復旧・復興期の活動——既存の活動の活用

応急対応期から復旧期、復興期になると、震災前から行ってきた活動が活用され、保養プログラムが行われるようになる。山名禰宜が所属する福島県神社庁教化部では、「氏子少年少女のつどい」を支部単位にて、毎年7月末から8月前半に開催している。この行事は、元は神職の子弟教育の為に行われていたが、氏子の子ども達にも対象を広げている。主な内容は、自然に親しむ野外学習と、神社についての基礎知識を学ぶことである。1泊や日帰りでキャンプを行い、県神社庁としては、靖国神社へ参拝に行き、山名禰宜が所属する浜通り方部では、星の村天文台（福島県田村市）などへと訪れている。

この活動の一環として、被災後の2011年は、富山県神社庁の協力のもと、いわき市内の親子50組を富山県まで招待した。原発問題により、福島県下の子ども達が自由に外で遊べないことから、富山では、海水浴や神社境内での散策といった、自然を楽しんで貰える企画にした。子ども達が外で遊んでいるのを見て、涙を流す母親達もいたようだが、子どもの中には海を怖がる子どももおり、「いわきの海とは違う」と説明して海水浴を行った。他にも、山名禰宜は、偶然なのかもしれないと前置きしつつ、「宿泊所の自動ドアの音が余震の音に似ていたことから、子ども達が怖がって起きてしまうことがあった」と話す。このようなことから、山名禰宜は、「地震や津波の影響は、子ども達の心にも深く与えている」と感じたそうである。

また、2013年は、福島県田村市のあぶくま洞を訪れている。参加者の中には、浪江町で両親を失い、祖母に育てられている子どもなど、それぞれに事情を抱えている子どもが多かったようである。そういう事情の中で山名禰宜は、「放射能のことを言葉にして不安にさせてはいけない」という気持ちになったという。

また、このつどいでは、2000年から3年に1度、伊勢神宮への親子参宮団を実施しており、2012年も開催した。参宮団には約120人の親子が参加、伊勢神宮の夜間参拝にも子ども達を参加させている。この参宮団では、被災地を離れて当時遷宮を控えた伊勢神宮にお参りして欲しいといった目的だけでなく、普段は原発問題によって触れることの出来ない自然に触れ、川や風の音を感じることも目的としていた。また、参宮の様子や自然とのふれあいについて、短歌や俳句、作文を書いて貰ったそうである。

これらの企画は、山名禰宜が企画部副部長の職にあり、更に地元、被災地の様子やニーズを知っているからこそ、実現したものであろう。

4.　新たな祭礼の創造と既存の祭礼の変化

大國魂神社は、社殿の流出などといった被害は被っていないが、先述のように豊間地区が大きな被害を受けたことから、祭礼に変化があった。だが、単に既存の祭礼が変化しただけではない。新たな祭礼も、神社界の支援活動の活発化に触発され、創造された。

4.1 3月11日近辺の慰霊祭

震災後は、3月11日前後の日程で地元神社界によって慰霊祭が行われている。福島県神道青年会は、各地域の神道青年会と連携し、物故者慰霊祭を開催すると同時に、他の神道系団体の慰霊祭などに参加をしている。報告されているものでは、2012年は3月10日に岩手県釜石市にて行われた神道青年全国協議会主催の慰霊祭や、福島県相馬市原釜地区の神道政治連盟主催の慰霊祭へと参加している。また、同年3月11日は、神社本庁主催の宮城県石巻市の慰霊祭へも参加している。

翌年の2013年は、3月11日に宮城県にて東北六県神道青年協議会主催の慰霊祭に参加している。更に、同日に福島市で開催された全日本佛教青年会主催の東日本大震災追悼慰霊・復興祈願法要へも参加しており、宗教を超えて慰霊祭へと参加している。また、2014年3月11日には、いわき市久ノ浜にて東北六県神道青年協議会主催の慰霊祭が福島県神道青年会主管にて斎行されている。

4.2 新たな祭礼の創造――千度大祓

神社界の支援活動が活発になっていく中で、「千度大祓」という新たな祭礼が創造された。創造のきっかけに関して、山名禰宜は、合同慰霊祭に於ける僧侶の活動と、神社界として何かしなければいけない、という2つがきっかけになったと述べる。また、福島県宗教団体連絡協議会という超宗教組織でも、百箇日などで何か開催しようとしたが、宗教の違いから統一したものが出せていなかった。このような中で行われたのが千度大祓である。山名禰宜は、「節目に何かやりたい」という気持ちを、震災直後から持っていたが、五十日、百箇日では「動くことが出来なかった」と言う。このような中で、「生きとし生けるものの全ての魂が疲弊している中、慰霊鎮魂と復興祈願を行うのが神社界の務めでは無いか」、と思い、千度大祓の催行に至った。催行にあたり、福島県神社庁いわき支部、いわき市神社総代会などで作る、いわき大祓の会が発足された。この会の事務局に山名禰宜がいる。

このような背景から創出された千度大祓は、海の日である2011年7月18日にアクアマリンふくしまにて催行されることとなる。千度大祓には、市内外県内外を問わずに集まった計100名ほど（いわき市内40名、福島県内30名、県外30名程度）の神主が「大祓祝詞」を1人10回詞える「千度大祓」と、京都府岩清水八幡宮の神水を用いた「放生会」、兵庫県生田神社から持ってきた火種で「神火（復興の火）」を灯す行事からなっていた。また、一般の人達も札に願い事を書いて参加した。

千度大祓は、引き続き2012年7月16日に第2回が開催された。2回目の開催に関し、震災を風化させてはならないという、風化被害への懸念があったと山名禰宜は述べる。また、2011年と比較して、震災に対する全体の意識が低下している中での実施は難しいと考え、2012年4月の総会では、予算を取らずに事業化しなかった。しかし、神職の同僚や一般の人達から「今年はやらないのか」という声をかけられ、更に前年の会場となったアクアマリンふくしまからは、用地提供の意思が伝えられた。山名禰宜は、千度大祓の趣旨が周囲に理解されていることが、第2回の開催の後押しになったと述べる。その一方で、神社界からは単なるイベントになってしまうのではないか、という「イベント化」の懸念も出ていたようである。このような状況であったが、山名禰宜の千度大祓参加募集の呼びかけに、國學院大學の教員有志が神道文化学部の学生を54名集めたことにより、地元神社界も動いた。

國學院大學からの学生参加は、神道文化学科主催による、ボランティア体験報告会が契機になっていたようである[6]。当初は、神道文化学科の教員有志が、授業などを通じて、千度大祓への参加人員を集めていたが、反響の大きさから、学部事業として位置付けられた。山名宮司、山名禰宜共に國學院大學を卒業した「院友」であると共に、山名宮司は國學院大学院友会浜通り支部長を勤めており、このような大学や「院友」のネットワークが働いたことも注目すべき点である。山名禰宜は、「参加した神職を目指す学生が全国各地で奉職することは、千度大祓を行っていることが全国にも伝わり、教化にも繋がると思った」と述べる。学生が参加することになった2回目は、学生以外にもいわき市内から30名、福島県内から20名程度の神職の参加があった。

その後、千度大祓は、2013年も7月15日に同様に開催された。神職は、いわき市内30名、県内20名、國學院大學の学生約50名の参加があった。また、総代などの氏子、約200名の手伝いもあった。開催に際しては、山名禰宜の個人的なコネクションによって、葬祭関係者のネットワークや、いわきコミュニティ振興協会が設営や音響を担当した。

千度大祓に関して、いわき大祓の会会長の大和田氏は、2013年の挨拶にて、千度大祓を記念碑的事業として続けることで、自然の脅威は防げなくとも、今回の災禍を未来に伝えることは、いわき神社界の務めであると述べていた。また、「仮に神主が集まらなくなったとしても、総代で何とかして現在の規模で10年間は続ける」と述べ、千度大祓の継続を切望していた。山名禰宜は、毎年開催していくことの意向を示唆し、「マンネリ化は怖いが、皆がもうやるべきことはないと思えた段階が復興だ」と述べている。

4.3 既存の祭礼——変化

千度大祓が催行される一方で、大國魂神社の既存の祭礼や、祭礼に関連する伝統文化に変化・復興がおこった。山名宮司、禰宜からは、それぞれの祭礼への影響について話を聞くことが出来た。

・例大祭

前述のように、豊間地区が津波の被害を受けたことや、原発の影響を鑑みて、2011 年の例大祭ではお潮採り神事と例祭、大和舞の奉納のみを行った。また、津波や原発の影響だけでなく、震災があった直後では、神輿渡御を行うような状態ではなかった。このような中で、お潮採り神事は、必ずやらなければならない神事であり、斎行を決めたと山名禰宜は述べる。

また、大和舞の奉納に関して、山名宮司は「天の岩戸舞と天宇豆女の2座が勤められることに意味がある」と述べる。宮司によれば、天の岩戸舞におけるスサノヲの狼藉は災害などを示すと言う。そして、その狼藉（災害）を収めるには、天宇豆女の舞によって、隠れた天照大神が天の岩戸より出てくることが必要である。だからこそ、「震災の直後であっても大和舞、特に天の岩戸の舞と天宇豆女の2座が勤められることが重要だ」と、山名宮司は述べる。

このような2011年に対し、2012年、2013年は震災前とほぼ同様の例大祭を催行出来るようになったと山名禰宜は述べる。流出した豊間海友会の法被も日本財団の復興事業による援助で揃えることができた。だが、宿元の遠藤氏の自宅も流されたことから直会が開催出来なくなってしまった。また、豊間海友会会長の鈴木氏によると、「仮設住宅等から車で豊間海岸へと来る為、飲酒なども出来ず祭礼自体が寂しくなった」ようである。

だが、2014年の例大祭では、新たな動きがあった。いわき市が施行する「いわき都市計画事業豊間震災復興土地区画整理事業」の工事が本格的に始まったことにより、豊間地区における渡御祭ならびに浜下りの安全確保などが難しくなったのである。この工事は、海岸に防波堤などを建設、整備するものであり、浜へと下りる道なども一時的に閉鎖されてしまった。そして、神社役員、豊間海友会の協議によって浜下りを中止することになった。このいわき市の土地区画整理事業は、2013年3月13日付けで事業施行が認可されているが、工事が本格的に開始されたのは2013年末になってからである[7]。しかし、浜下りは中止になったものの、お潮採り神事は、5月3日の午前11時より、氏子総代、区長、豊間海友会らによって斎行された。また、豊間浜にあるお潮採り神事の由来碑が工事によって移転しなければならないことから、豊間海友会会長鈴木氏の土地へと移転が決まっている。2014年は最後ということで、碑にしめ縄を張り、お潮採り神事に参列した全員で記念撮影を行った。

このように、浜下りを中止せざるを得ない事態になったことに対して、山名禰宜は「はしごをはずされた思いだ」と言う。そして、震災によって縮小せざるを得なかった2011年から、2012年、13年と震災以前と同様に斎行出来るようになったところで、再度中止することになったことは、「浜下りを行わないという前例になってしまうのではないか」という不安を吐露していた。この中止に関して、豊間海友会としても不本意であると、会員の方々がお潮採り神事で口にしており、神社側としても豊間地区としても2014年の浜下り中止は衝撃であったようである。

・豊間千道祭

豊間千道祭も、豊間地区の被災によって影響を受けた。まず、何よりも豊間の人々が参列しにくくなった。例大祭と同様に、豊間地区から仮設住宅等へと住居が移動してしまったことが原因である。震災以前は約50名の参列があったが、現在では約30名程度に減少している。

・樹魂祭

震災直後の2011年の鬼椿祭は、原発問題から野外でのコンサートは中止した。2013年より震災以前と同様の内容で行っているが、鬼椿餅の内容に変化があった。鬼椿餅は、お菓子を本物の鬼椿の葉で包んだものであるが、やはり原発事故に配慮して本物の葉を使わないものに変更をしている。また、鬼椿祭では震災以前より、いわき市内の樹木関係者の祈願も行っているが、祈願に訪れる関係者から、「大変だった」という話を聞くようになったと山名禰宜は語る。

4.4 伝統芸能の復興、活発化

祭礼に変化があった一方で、伝統芸能復興の動きが活発になったことも明らかになった。山名禰宜によると、2011年夏頃より、菅波地区青年会、大和舞伝承会へのイベント参加依頼が増加したようである。菅波地区青年会は、氏子地区である菅波地区の78世帯中約15名（2014年5月現在）が中心に参加する組織であり、じゃんがら念仏踊りや大和舞の踊り手の集まりである。また、青年会のメンバーが大人になると、大和舞伝承会へと移行するシステムになっているが、現在のところ移行したメンバーはいない。震災前より、菅波地区のプラットフォーム団体菅波伝承文化継承会を創設し、山名禰宜が事務局を担当している。この継承会は、地区全員を会員として会費も徴収している。また、菅波地区青年会、大和舞伝承会の両団体は神社の付属組織であるが、菅波伝承文化継承会は、伝統文化継承の為の団体である。

両団体が参加したイベントの中で特に大きなものとしては、2013年6月に福島県で開催された東北六魂祭2013や、同じく2013年6月に国立劇場で開催された民俗芸能講演において、じゃんがら念仏踊りを披露している。加えて同年には、大和舞伝承会が、ベトナムで行われた日本とベトナムの国交樹立40周年記念式典において、大和舞やじゃんがら念仏踊りを披露した。

このように、イベントへの参加、インタビューを受けるといった、外的要因の中で会員達が、伝統文化を継承することの大切さを理解するようになったのではないか、と山名禰宜は述べている。また、国立劇場での披露の際には、靖国神社においても踊りを修め、「自分の新盆の時には、子どもの世代に踊ってもらえる」といった、世代継承の意識が涵養されてきた、と山名禰宜は感じている。

5.　大國魂神社を取り巻く現状と問題

5.1 2014年までの大國魂神社

以上、2011年3月から2014年5月までの大國魂神社の活動と山名宮司、山名禰宜の活動を中心に、支援活動と祭礼を見てきた。ここで、大國魂神社を取り巻く現状を整理し、浮上してきた問題点を考えてみたい。

支援活動においては、保養プログラムの開催が主な活動となっており、既存の活動が利用されており、2011年以降、活動が継続している。2014年も8月に会津にて開催することが決定しており、安定した活動が展開されていると言えよう。安定した活動の背景には、既存の活動を母体とし、これまでのノウハウが生かされていた。

一方、祭礼では新たな祭礼の創造と既存の祭礼の変化が起きた。このように祭礼をめぐって、刻一刻と変わる状況に対して、山名宮司、山名禰宜共に、「祭礼の継続」の重要性を述べている。また、継続していくことに、「祭りの意味」、「神社の存在」を改めて確認したとも述べる。山名宮司は 2013 年の豊間千道祭において、祭礼は「魂の継承」であると挨拶で述べていた。また、祭礼を続けていくことに対して、山名禰宜は、「お正月が来るように、祭礼も行うのが自然なこと」だと述べ、「震災によって出来るもの（祭礼）、出来ないもの（稚児舞や神輿渡御）と選択しなければならないが、出来ることを行って、神へと向き合う」と語っていた。つまり、祭礼の内容が変化しても、祭礼の持つ意義や神へと向き合う姿勢は変わらない、と神職は感じていたのである。

また、「祭礼の継続」は、氏子らにとっても意味を持つものであった。豊間海友会会長鈴木氏は、例大祭や豊間千道祭を、「(地域の住民が) 集まるきっかけである」と述べる。豊間地区から仮設住宅等へ離散して生活をしている当時、知り合いや仲間と集まる場は限られていたという。復興協議会などでも集まることはあるものの、話すことは、「移転かかさ上げか、というような話が多かった」という。しかし、祭礼に集まることによって、震災以前の生活を思い出すことができ、元あった地縁を確認することが出来ているのである。

だが繋がりを確認出来る場である一方、「今までは祭礼や直会が終わっても皆と歩いて帰れたものが、車でサーッと散るように帰らなければならなくなった」と山名禰宜や鈴木氏は語り、このような様子を「寂しい」と述べる。だが、「寂しさ」という点があるにしても、氏子達にとって、祭礼が行われていることは、神社が「集まれる場」、「震災以前との繋がりを確認する場」として機能していることが確認できる。

また、伝統芸能は、復興のシンボルの1つとして、震災後にその活動を盛り上げてきた。そして、いわき外でのイベント参加などといった、様々な外的な刺激を受けたことによって、菅波地区青年会、大和舞伝承会の会員に、世代継承という新たな意識が生まれた。更に、神楽舞の持つ「災害を収める」という意味は、神職だけでなく、会員達にも理解されていたことが聞き取りから明らかになっている。

このように、大國魂神社の活動、特に祭礼を斎行していくことは、神職、氏子らの双方が祭礼の意味を再確認する場となり、伝統芸能は祭礼から活動の場を広げ、復興シンボルへと昇華、更に演じる意義が会員らに芽生えさせたと言える。

5.2 大國魂神社が抱える諸問題

しかし、様々な問題も浮上してきた。まず第1に「祭礼の継続」という問題である。山名禰宜は、祭礼を継続する一方で、「祭礼そのものを（今後も）継続していけるのか」という不安を感じていた。特に、豊間地区が壊滅的な被害を受け、住民が離散していることは、不安の一因だと語っていた。「豊間地区からの避難が長期化する中で、避難先で生活基盤を持つようになった人が、豊間地区へと戻ってくるには、津波と同等の大きな原因がなければ、戻ってくることはない」と山名禰宜は現状を分析し、「豊間地区と神社の関係が、崇敬者と神社という関係に変化してしまうのではないか」という可能性を危惧していた。

また、第2に「青年層の減少」という問題である。調査の中で、氏子地区である、菅波、山崎、荒田目の青年層の減少という問題が震災以前からあったことが山名宮司や氏子らへの聞き取りから明らかになった[8]。この問題の象徴的な出来事として、菅波地区は青年会が残っているが、他の２地区では青年層がいなくなり、この５年間で、青年会が機能せず、保存会として壮年層以上が運営している。また、山名禰宜や氏子らによると、豊間地区は青年層が多く、渡御祭では震災以前は約100 名程が集まっていたが、震災後は約 30人まで青年層が減ってしまったと述べる。震災以前は安定して青年層の確保が出来ていた豊間地区でも、青年層の減少という問題が浮上したことにより、震災以前からあった問題に対し、震災が更に追い打ちをかけたのである。

第３に、「時間経過の違い」の問題である。大國魂神社の氏子地区と豊間地区を取り巻く時間の違いが、祭礼の継続にも影響していると筆者は考える。前述のように、氏子地区は、大きな被害が出た地域ではなく、復興期の活動が展開されていた。しかし、豊間地区は 2014年５月の段階で災害公営住宅が完成しておらず、現在建設中の全棟の使用開始は2014年10月の見込みである[9]。また、2013年12月より、「いわき都市計画事業豊間震災復興土地区画整理事業」の工事が開始された。つまり、豊間地区は、〈被害の回復〉、〈人々の生活再建の為の活動〉が始まったばかりであり、復旧期の最中にあると言える。このような時間の違いの影響が、例大祭における浜下りの中止という形で顕在化したのであろう。

震災以降、「祭礼の継続」に意味が再確認され、伝統芸能の復興、という良い影響がみられる一方で、豊間地区と神社との関係が崇敬者と神社という関係へと変化するのではないか、と懸念がされてきた。そして、震災以前からの問題であった、「青年層の減少」という問題が震災によって問題の進行を進めていた。そして、「時間経過の違い」という被災地を取り巻く時間の差が顕在化することによって、「祭礼の継続」に黄色信号が灯ることになってしまっていた。以上のような、３つの問題に対し、大國魂神社はこれからも直面していかなければならないであろう。

おわりに

以上、2011年から2014年までに行った調査を基に、大國魂神社の被災状況や、神職らの活動を見てきた。支援活動というと、応急対応期における活動が想定されることが多いであろう。しかし、大國魂神社の活動や、神職らの活動をみていくと、祭礼を継続していくことは、そこに集う人々に繋がりの場を提供し、震災以前の地縁を確認する場として機能するなど、支援活動と見ることが出来るであろう。

このような支援活動は、今現在も継続されている。2014年以降も継続した調査を行っているが、「はしごが外された思い」をしながらも、神職や氏子達は、必死に祭礼の継続、繋がりの場を守っている。災害公営住宅の完成や護岸工事などの進展と、大國魂神社や豊間地区、豊間海友会を取り巻く環境は、変化し続けている[10]。祭礼のあり方もその環境に左右されながらも、継続しており、豊間での浜下りやお潮採り神事も、豊間浜の工事に併せながら、場所や規模などを変更しながら継続している。被災地に根付き、祭礼という場を守っている神社・神職の活動は、継続的な支援活動なのである。

注

1　2012年以前のいわき市内における、教団、宗教者の活動は、星野壮の報告を参照のこと (星野 2012: 69-76)。

2　2011年9月16日にいわき市庁で開催された、第1回いわき市復旧・復興計画検討市民委員会「資料 4-1 いわき市における東日本大震災及び福島第一原子力発電所事故に係る経過等」を基にした。http://www.city.iwaki.lg.jp/www/contents/1001000003985/simple/shimin_01_shiryo04-1.pdf　(2018年6月28日閲覧)

3　本章における、大國魂神社への調査は、2011年8月23日を初回に、2012年7月26日、2013年 8月21日、10月29日、2014年1月28日、5月3日、4日に行った。その後も継続的に調査を行っている。

4　犠牲者の数値等は、いわき市が発行している『いわき市・東日本大震災の証言と記録』に依った。

5　福島県神道青年会災害対策委員会の活動報告がHPに掲載されている。http://www.f-shinsei.com/shinsaitaisaku.html　(2018年6月28日閲覧)

6　國學院大學の学生が参加した、2012年の「千度大祓」の詳細は、國學院大學HP に掲載されている。http://www.kokugakuin.ac.jp/shinto/shin05_00137.html　(2018年6月28日閲覧)

7　「いわき都市計画事業豊間震災復興土地区画整理事業」については、いわき市HP に掲載されている計画公告を参照した。http://www.city.iwaki.fukushima.jp/machi/seibi/015722.html　(2018年6月28日閲覧)

認可は 2013年3月になっているが、整理事業の安全祈願祭・起工式は、2013年12月15日に行われることが『ふるさと豊間だより』2013年11月号に掲示されている。『ふるさと豊間だより』は、「ふるさと豊間復興協議会」が発行する月刊紙『ふるさと豊間だより』である。http://furusato-toyoma.jp/　(2018年6月28日閲覧)

8　2014年1月28日、5月3日、4日の調査による。

9　豊間地区の災害公営住宅に関しては、『ふるさと豊間だより』2013年12月号、

2014年1～3月号を参照した。

10　2014年以降、2015年1月28日、5月3日、4日、2016年1月28日、5月3日、4日、2017年2月11日、5月3日、4日、2018年3月3日と継続的に調査を行っている。

参考文献

稲場圭信2011『利他主義と宗教』弘文堂。

稲場圭信・黒崎浩行2013『震災復興と宗教』明石書店。

いわき市2013『いわき市・東日本大震災の証言と記録』いわき市。

いわき地域学會1988『いわき地域学會夏井地区総合調査報告』いわき地域学會。

浦野正樹・大矢根淳・吉川忠寛2007『復興コミュニティ論入門』弘文堂。

大矢根淳・浦野正樹・田中淳・吉井博明2007『災害社会学入門』弘文堂。

小川有閑2012「寺院間ネットワークと地域社会のつながり—浄土宗浜通り組青年会の活動から—」『宗教学年報』27: 85-91。

— 2013「伝統教団内の支援のネットワーク——浄土宗の事例から」『宗教研究』86(4): 834-835。

国際協力総合研修所2003『防災と開発——社会の防災力の向上を目指して』国際協力事業団。

齋藤知明2012「一宗教者の支援活動と宗教者意識—— 福島県いわき市冷泉寺の場合」『宗教学年報』27:77-84。

———— 2013「現地の宗教者の意識と支援活動—— 高野山真言宗僧侶を中心に」『宗教研究』86(4): 833-834。

菅磨志保・山下祐介・渥美公秀2008『災害ボランティア論入門』弘文堂。

寺田喜朗2013「新宗教の震災対応——創価学会と天理教の取り組みを中心に」『宗教研究』86(4):835-836。

西山志保2010『［改訂版］ボランティア活動の倫理—— ボランタリズムとサブシステンス』東進堂。

林春男2003『いのちを守る地震防災学』岩波書店。

藤井麻央2012「新宗教教団の震災対応と組織比較——天理教と創価学会を事例として」『宗教学年報』27:93-103。

星野壮2012「宗教者の活動の概況について——いわき市の場合」『宗教学年報』27:69-76。

———— 2013「地域構造と宗教分布——被災・避難地域と新旧宗教の立地」『宗教研究』86(4): 831-832。

山名隆弘2009『いわきのお宮とお祭り』いわきのお宮とお祭り刊行会。

第7章

福音系キリスト教会の支援活動

齋藤知明

はじめに

福島県双葉郡大熊町に建つ福島第一聖書バプテスト教会の牧師である佐藤彰は、東日本大震災における被災状況を「三重の被害」と表現した（佐藤 2011:13）。「三重の被害」とは、地震、津波、そして原発事故による放射能汚染のことを指す。この被災状況は、大熊町だけではなく、福島県の浜通り地方全体に広がっている。特に、今回の舞台となる福島県いわき市は、原発警戒区域からの避難者を多く抱えるという意味で、他の被災地とは特異である。本章は、そのいわき市において、ある福音系キリスト教会が震災時にどのような支援活動をおこなったのかを整理し、検討を加えるものである。

今回の震災に際して、キリスト教界は多くの支援活動をおこなってきた。キリスト教界の支援活動について、『カトリック新聞』や『クリスチャン新聞』などのキリスト教系専門紙や、日本キリスト教団出版局やいのちのことば社などキリスト教系出版社の出版物によって、数多く紹介されている。同様に、専門メディアを通じて、キリスト教界がこの震災をどのように捉えるかといった神義論的な議論や、キリスト教界が今後どのような活動をしていくべきかといったような提言も数え切れないほどなされている。

一方で、今回の震災におけるキリスト教界の震災支援活動について、外部の視点から検証したものは、震災から3年経過した時点において見ることはできなかった。それゆえ、阪神淡路大震災における事例までさかのぼってみたい。

阪神淡路大震災によって「心のケア」という語が一般に知られることになった。岡尾将秀・渡邊太・三木英の論考は、その「心のケア」という視点で、阪神淡路大震災における宗教者・宗教団体の支援活動を描いている（岡尾他2013）。論考では、天理教の支援活動の事例とともに、キリスト教系新宗教「ファミリー」の支援活動も挙げられているが、一貫して、それらの活動では宗教ならではの「心のケア」が模索された／おこなわれたと論じている。宗教ならではの「心のケア」の追及は曖昧のままであるが、宗教は「広義の心のケア」(精神科医療・心理療法の専門家以外が被災者の心に寄り添う活動）に加えて「救済」(慰霊や鎮魂、被災者の宗教性の回復）の可能性を探ることが宗教家の検討課題であるとして結ばれている。

上記論考では、その視点ゆえに、物質的支援よりも精神的支援こそが宗教が果たすべき支援の在り方であることが強調されていた。筆者は、宗教が従来から心のケアや心の問題に深くかかわってきたということに対して異を唱えるつもりはない。しかし、心のケアという視点のみで、宗教の支援活動の実態を活写できるかというと、それはそれで疑問を持たざるを得ない。先述した専門メディア内でも「救済」や「心」の問題は多く取り上げられている。だが、本稿はそれらとは一線を画しながら、「救済」や「心」だけでは収斂されないキリスト教会の支援活動の実態を描きたいと思う。

本論では、いわき市におけるキリスト教会の支援活動を検討するにあたり、グローバルミッションチャペル（別名・グローバルミッションセンター、正式名称・いわき平キリスト福音教会。以下GMCと略）の支援活動を対象にする[1]。GMCを対象とする理由は、①震災直後から支援活動をおこなった、②いわき市内のキリスト教会の支援活動のなかでも、大規模かつ継続的な支援をおこなっている、③NPO団体を発足させて活動をおこない、さらには情報を公開している、④震災以前より社会活動をおこなっている、の４点が挙げられる。教団単位ならばいざしらず、教会単位でこのような支援活動をおこなった／おこなっている教会は、寡聞にして聞かない。それゆえ、上記の特徴を持つGMCの活動をみることによって、被災地において一キリスト教会が果たし得た役割と、今後の課題を活写できるのではないかと考えた。

なお本章は、過去8回（2011年8月、12月、2012年6月、7月、2013年3月、4月、8月、10月）の訪問調査による知見やデータに基づき、2014年1月に書かれたものである。したがって、刻一刻と変化する被災地の現状と異なる場合があるかもしれないこと、本文内の時制が執筆当時のままになっていることを最初に付しておきたい。

1．いわき市におけるキリスト教

まずは、いわき市におけるキリスト教の伝来について概観する（いわき市編さん委員会編1978）。

いわき市へ、いつ、どのようにしてキリスト教が伝来したのか。江戸時代、いわき市にはすでにカトリックが入ってきたといわれているが、第2次世界大戦などによって資料が焼失・散逸してしまっており、不明な点が多い。1978年当時でいわき市には25の教会があるが、現存する教会では、1884年の平バプテスト教会が最初といわれている。次第に日本基督教団、日本聖公会、救世軍などの教会が置かれるようになった。

戦後は日本同盟基督教団、日本アッセンブリーズ・オブ・ゴッド教団、基督兄弟団などの教会が設置されたが、特にカトリック教団と東洋福音宣教会[2]が教勢を伸ばした。平カトリック教会は、当時仙台から水戸までの間にカトリック教会が無かったことから、1948年に相双地域も管轄する形で建てられた。その後、小名浜にも教会を作るなど発展をみた。東洋福音宣教会は福島県浜通り地方を中心に活動し、いわき市に開設されたのは6教会で、以後詳説するGMCも含めて、四倉、勿来、内郷、湯本、好間に教会が置かれた。また、平福音センターというキリスト教関係書籍販売店も設置され、現在ではGMCに併設されている。

さらに、いわき市でのキリスト教会の発展は、積極的な幼児教育にも起因している。教会の半数以上が幼稚園・保育園を所持し、1978年当時で11件あった（2014年時点で7件）。その他にも、開設当時から病院訪問や患者慰問など社会福祉活動をおこなったこと、生活保護世帯の家庭に対するイベントを開催したことなどが、いわき市におけるキリスト教会の特徴の一つとも言える。

2.　GMCと震災対応

2.1 GMCの成り立ち

次に、GMCの概略と震災に対する支援活動についてみていきたい。

GMCは、いわき市市街地にある単立教会であり、先述した東洋福音宣教会のエドウィン・クヌッツン宣教師によって1986年に設立された。クヌッツン師の帰国後は森章・アニケン夫妻が引き継いだ[3]。

現在GMCの牧使を務める森章氏は、1947年に北海道で生まれ、主に熱心な日蓮宗信者であった曾祖母によって育てられた。小学生の時に外国人の宣教師が町に来て、それ以来、日曜学校に参加した。中学生のときに洗礼を受けたが、当時は信仰や救いなどは深くは意識しなかった。

高校卒業後に、聖書学校に通うことになり、そこで「信仰に生きる生活」

写真7-1 グローバルミッションチャペルの外観

を見出していった。聖書学校卒業後はノルウェーに20年ほど在住し、教会音楽を習得した。

その後は、世界各国に宣教師として赴き、1989年頃にノルウェー人のアニケン夫人とともにいわき市に定住した。GMCの旧会堂は2009年に火事で全焼したが、日本だけでなく世界各国から多くの献金が集まり、半年後には教会員が所有していた元パチンコ店の建物を購入した。東日本大震災は、現教会の改装のためのローンが決まった矢先に起こったのであった。

GMCの現在の所属会員は計70人ほどで国籍は10カ国にわたる。震災が起きてからは放射能汚染の風評によっていわき市から避難者が出たため会員が減ったというが、今は新会員の加入が多く、震災前より増えているという。

また森氏は、震災前から「サマリア基金」という基金を設立し、経済的弱者の援助をおこなってきた。その基金によって、2003年にNPO法人「ゴールデンハープ」を設立し、社会福祉活動を継続しておこなっている[4]。

2.2 支援活動の展開—初動からNPO法人立ち上げ前まで

本節では、震災後におけるGMCの動向と支援活動を、震災直後、震災か

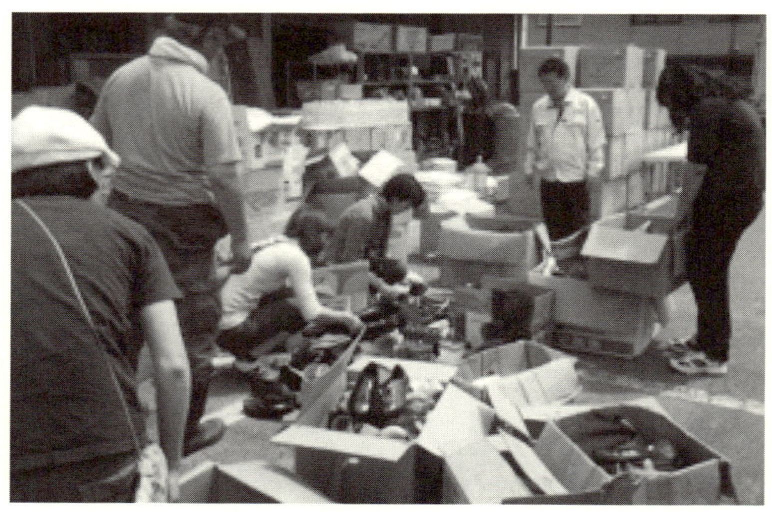

写真7-2　救援物資の仕分けの様子（GMC提供）

ら1年前後と2期に分けて記述する。

2.2.1　震災直後

2011年3月11日14時46分、地震が起こり、いわき市には15時に津波の第1波が到達する。陸上への浸水がみられた第2波が襲来したのは、15時半ころである。最大波高となった20時ころの第8波も含めて、深夜まで津波が幾重にも渡っていわき市を襲った。そしていわき市は、これまで日本が経験したことのない規模の原発事故に向き合うことになる。

GMCの動きはどうだったのか。震災当日、森氏は、牧師のかたわら務めている通訳の仕事で京都にいた。森氏がいわき市に着いたのは15日だった。教会は壁にひびがはいっただけであり、教会員の中には津波によって被災した家族がいたが、幸い全員が無事だった。

帰還後、地震や津波によって深い傷を負ったいわき市内をみて、今後どのように生きていくべきか分からぬまま呆然としているうちに、全国各地の教会から物資が送られてきた。それ以来、GMCは救援物資の中継点となる。16日には、さらに2ｔトラック2台分の救援物資が届き、以前から親交のあるアメリカの教会からは献金が送られてきた。救援物資の置き場に困ったが、礼拝堂に置くことを決めた。森氏は当初、礼拝堂に物資を置くことにためらいがあったが、祈りの中で「きれいな建物の中で、楽器で賛美することだけが礼拝ではない。必要がある人のところに物資をとどけることも礼拝だ。イエスの愛を持ってでかけるところに礼拝がある」と悟ったという。

森氏は、礼拝堂に物資を置き、動くことができる会員を集めて、感覚のみで仕分けをおこなった。16日の夕方には、さらに1台の2ｔトラックが来る。物資は毎日のように届き、一日10ｔ分が送られてくるという日もあった。仕分けした物資を、必要としている所へ届ければならないとの思いから、いわき市の災害対策本部に配送先について相談した。避難所はもちろんのこと、行政の目が行き届かないため物資が分配されていなかった特別養護老人ホームや私立の養護施設などにも運搬することになった。

この時点における行動によって、GMCが行政や市民から大きな信頼を得たといってもよいだろう。なぜならばこの時期、原発事故の影響によりいわき市から住民が避難し、市外からの流通が断たれ、物資不足が深刻だったなかで、GMCは町に残って物資の配給をおこなっていたからである。いわき市の資料によれば、いわき市は15日に有料自動車道を開放し市外への避難を促している。それにより、いわき市内から「人々が消えた」という（いわき市編2012: 33）。

そのような非常時に、GMCは多くの「動けない」被災者が待つ避難所や養護施設へと物資を届けにいった。このとき、頼りになったのはラジオ放送だったという。物資不足で困難を極めていた施設から連絡があったラジオ局が、「現在、物資が足りなくて困っている施設がある」と電波上で訴えていた。ラジオを頼ってGMCが物資を施設に持っていった際には、そこにいた人たちから泣いて喜ばれたとのことである。他教会の牧師たちが本部の指示によって避難していたなか、GMCは孤軍奮闘で支援活動を続けていた。

震災から2週間経ち、支援活動の基盤が整うと、GMCは2週に一度のペースでおよそ200〜300人に対する炊き出しをおこなった。あるときは、600〜700人のときもあったという。

またこの時期、インターネットやメディアによってGMCの支援活動が国内外に発信され、支援物資とボランティアの必要性が訴えられた。たとえば3月24日web発信の「クリスチャントゥデイ」や3月28日web発信の「東北応援団LOVE EAST」では、東京の教会から支援物資をGMCに運んだ際のGMCの支援活動といわき市の状況が伝えられている。それらによれば、①GMCに30名以上のボランティアが各地から集まっていた、②支援物資が行き届いていない南相馬市の避難所まで物資を運んだ、③行政の支援物資が不足していると同時に偏りがある、④70ほどあるいわき市直属のNPO団体はそれ自体では機能しておらず、GMCの支援活動に協力していた、⑤自宅に留まっている高齢者の状況を把握し必要な支援物資を届けることが喫緊の課題であることなどが伝えられた[5]。

避難所での炊き出しと並行して、被災者の肉体的・精神的な疲労も和らげたいとの思いで「洗足（足湯）」を開始した。この時期、灯油が不足してい

写真7-3　洗足（足湯）の様子（GMC提供）

たため、ある企業から提供してもらった薪で火をおこし、足湯用のお湯を沸かした（次第に温泉スタンドで温泉を購入するようになった）。足湯を行っている際に、被災者と被災体験や避難所生活について会話をするが、被災者の方々は感情を表に出さず淡々と話していたという。そのことに森氏は、様々な悲しみが被災者の心の奥底に深く閉ざされていると感じたそうだ。

4月以降は、教会を物資の引き渡しの拠点とし、6月には教会の名称に「生活支援センター」を併記した。一方で、「グローバルミッションセンター」という名称も継続して用いた。宗教色を薄めたこれらの名称のおかげで、行政もGMCに支援を要請し易くなり、教会と関係がなかった一般市民も物資を受け取りに多く集まったとのことである。市民から「グローバルさん」と親しみをもって呼ばれ始めたのもこの頃からである。しかしGMC側は、決して教会であることを隠したかったわけではなく、何の団体か問われた際にはきちんと説明したという。

また、震災直後から集まったボランティアは当時13カ国を超えていた。これは、森氏が震災以前より国際的な宣教活動をし、世界各国に森氏の知己が存在していたことに起因する。日本の窮状を知った世界中の人たちがボラ

表7-1　2012年7月25日の支援活動スケジュール

6時		朝のお祈り
8時半		ミーティング
活動	10時〜12時	好間仮設カフェ
	9時半〜	薄磯海岸清掃
	13時〜	泉仮設太極拳
19時		ミーティング
24時		消灯

ンティアとして来日を検討した際、自国の牧師からの紹介や、GMCのwebサイトを自身で見つけるなどして（GMCのサイトには英字版がある）いわき市にたどり着いたのだという。ボランティアのほとんどは、教会で寝泊りをした。その数は最大で1日130人を超え、文字通り「グローバル」に「ミッション」を携えてやってきた者が集う「センター」となった。

2.2.2　震災から一年ほど

2012年1月29日付の『クリスチャン新聞』に「33カ国ボランティア延べ1万人　神の愛を土台に村づくり提唱」というGMCの記事が載る[6]。タイトルからわかるように、震災から10か月でGMCには様々な国から多くのボランティアが集まった。一方で、活動内容は避難所の閉鎖と仮設住宅への移住に伴い変化していった。

この時期の主な活動は、①仮設住宅への移動カフェ、②薄磯海岸の清掃・草むしり、③仮設住宅での太極拳教室であった。筆者が訪問した2012年7月にはボランティアの数も落ち着き、支援活動は基本的に平日におこない、毎朝晩祈りの時間とミーティングの機会を持ち1日の予定と結果を報告し合うなど、適切な管理体制が構築されている様子だった。

筆者が支援活動に参加した7月25日の予定は、表7-1のとおりであった。ボランティアは複数の支援活動のうち、どれか1つを選択して活動する。カフェは、ワゴン車で移動して仮設の住民に無料で飲み物を提供する。海岸清掃は、津波被害が甚大だったいわき市平の薄磯地区を中心に、海岸に流れ着いたごみの収集と草むしりをおこなう。太極拳教室は、太極拳の講師が教会に属していることにより実現したもので、仮設住宅の集会場で住民に呼び掛けておこなう。

筆者も、太極拳の講師とアメリカから来ていたボランティア2名とともに太極拳教室に参加したが、住民は女性が5、6人集まっていた。1時間ほど汗を流した後は、中国茶を飲みながら住民と会話した。そこの仮設住宅には、GMCの他に近隣のキリスト教会がカフェという形で来ているという。GMCも含めていわき市内のキリスト教会が教会員以外の市民と接する機会は、震災前はほとんどなかったが、震災後はふれあう機会が増えたとのことである。

また、GMCはこの時期から薄磯地区のまちづくりに参画している。先述したとおり、薄磯地区はいわき市内で最も大きな津波被害を受けた集落の一つで283世帯787人が被災し、市内全死者（直接死）の3分の1を超える111人が亡くなった（いわき市行政経営部広報広聴課および『いわき市・東日本大震災の証言と記録』プロジェクトチーム編2013:35）。GMCは、震災直後から薄磯区民が避難していた避難所に物資を運搬し、そのつながりもあって避難所閉鎖後も壊滅した薄磯地区の復興に積極的に関わっている。

その一端が薄磯地区のまちづくりである。GMCが提案する都市計画は、行政が提案する山を切り崩してその土砂を用いて土地を埋め立て、そこに住宅を建てる都市計画とは異なるものであった。森氏は「自然を壊さず自然と共存する町を考えている。山を切り崩すのは最小限にして、山の上に住宅ユニットを作り、そこに風力発電も併設して自然エネルギーと共に生活する町」を作るように主張している。

このようなGMCの支援活動に対して、薄磯地区の住民はどのように思っているのだろうか。ある方はこう言う。薄磯地区に対する支援活動に関わった宗教者・宗教団体は修徳院（薄磯地区にある真言宗智山派寺院）・冷泉寺（小名浜地区にある高野山真言宗寺院）を中心とした真言宗青年僧グループとGMCのみであった。両者とも避難所からの支援活動を通じて新たに紡がれた人間関係であり、薄磯地区の人々は青年僧グループに親近感を持った一方で、GMCには当初キリスト教と外国人が多いということで警戒心を持っていた。しかし、GMCが宗教的側面を出さず継続的に支援活動をおこなってくれたことで警戒心は親近感へと変化したという。

一方で、GMC のこのような大がかりな支援活動を継続するにあたって、「教会」であることが足かせになってくる。震災直後の混乱期には GMC の支援活動に感謝していた行政も、やがて事態が落ち着き始めると、GMC の復興計画には聞く耳を持たなくなってきたという。さらに、今後も支援活動を続けていくのならば、行政や市民に対する団体の透明性を確保しなければならない、と GMC 自身が感じるようになった。

そこで GMC は、独自に NPO 法人を立ち上げることを決意する。

2.3 活動の理念――「信仰を押しつけない」

NPO の活動を紹介する前に、これまで挙げてきた活動がどのような思いでおこなわれてきたかについて触れておきたい。今回何度もインタビューを受けていただいた森氏は、「熱心な」や「信仰篤い」といった言葉では表現しきれないほどのキリスト者である。森氏の元には、その信仰心に惹かれて集まった若手の伝道者や世代を超えた多くの信者がいる。GMC が震災直後から支援活動をおこなうことが可能だった要因の一つに、イエス・キリストのように苦難に遭っている人たちを助けたいと思った人々が、震災以前から森氏の傍に集まっていたことが挙げられる。しかし、GMC の活動で最も注意していることは、決して信仰を押しつけないという点である。

活動当初の森氏は、自分はクリスチャンだから支援活動をやっていると自覚していた。しかし、ある人から「良いことをしているのだからキリスト教のことを言わなくても人はわかる」と言われ、“やってあげている”から“提供させてもらっている”という意識に変化したそうだ。それ以来、本当に良いものはわかるという理念の下、支援活動において神の話や伝道はこれまで以上に控えたという。森氏は、「本当に良いもの」の究極を「聖書」として捉え、「自分が何を言ったとしても世界は変わらないし、宗教の違いは大したことではない、ただひたすら神様に喜ばれる人になるのだ」という思いで活動を続けているという。

森氏は、支援活動によって布教をして信者を増やすつもりは全く無いとの思いを持っている。時には、キリスト教会だからということで被支援者から敬遠されることがあるとのことだ。その一方で、活動を通じて教会の活動に参加する人もいれば、キリスト教の話を聞きたいと言ってくる人も現れたという。震災以前よりも教会員が増加したことや、市民からの信頼感が増したといった薄磯区民の言は、その証左でもあろう。

3.　現在の支援活動――事業の「三本柱」

2012年7月、NPO法人「グローバルミッションジャパン」が設立された（前節の筆者訪問時はNPOの運営が本格化する前であり、GMCの名前で活動していた）。設立目的と活動内容は次のとおりである[7]。

わたしたちの目的
私たちは、国内外を問わず、被災された方々のために
災害支援、地域安全の確保、国際協力、経済復興をもたらすまちづくり
経済活動の活性化、雇用を生み出す取り組みなどのお手伝いを
人間の尊さを最優先にする真の愛に基づいて行い
さらに、被災した方々の生活向上また被災地域発展の向上に
協力することを目指しています。

わたしたちの活動内容
・まちおこしの企画
・イベントの企画、開催
・国内外の被災地での救援、支援
・被災した方々の精神的な支援
・物品販売
・地域の災害ボランティアの育成
・就労支援、就労情報の提供
・作業請負

・クロスカフェ

現在は、GMCの2階部分を事務局としながら、理事5名、監査2名、有給職員5名、アルバイト2名で運営している。理事長である森氏は、支援活動の現場に介入することは少なく、全体の活動を統括している。そして、行政や住民グループと交渉する役を中心におこなっている。

主に前線に立って活動をしているのは、有給職員の5名である。また、震災直後はいわき市を遠く離れた被災地でも活動をしていたが、現在はいわき市を中心に支援活動をしている。支援活動はNPO立ち上げ後、①うすいそ支援センターでの活動、②仮設住宅での活動、③避難生活を強いられた方の自宅の清掃やリフォーム作業、生活支援活動の3つの活動を柱にしながらおこなっている。

財政については、同じ福音系の他教会などから支援を受けるなどで賄っている。上記の活動のうち①に関しては、現在いわき市から助成を受けて活動をしている。行政からの助成をさらに受けるために、活動における宗教色を一層減らしていく予定とのことである。

これらの活動以外に、震災直後から国内外からやってくるボランティアのコーディネートを継続しておこなっている。現在でも国内外から民族や宗教宗派を超えた多くのボランティアがGMCに集まってきているが、2013年8月までに35から40か国、延べ2万人弱を数えた。

以下より、NPOを立ち上げ、活動の足場を固めたGMCがおこなっている中心的な3つの支援活動を中心に取り上げたい。その際、それぞれの事業のリーダーがどのような思いでおこなっているのかも論じながら、事例の考察を深めたい。

3.1 うすいそ支援センターでの活動

2013年時点の薄磯地区は、ほとんどの住宅が津波によって流され、建物の基礎だけが残っている状況である[8]。その更地の上に建つプレハブ小屋が、うすいそ支援センターである。

写真7-4　うすいそ支援センター外観

このセンターは、NPOの活動拠点として、2012年10月に薄磯地区のある有志の土地に設置された。ここでは特に行事やイベントをするということはなく、看板に「お気軽にお立ち寄りください」と書かれている通り、薄磯区民やいわき市民が集まることができる場所を提供している。

センターに立ち寄ると、NPOスタッフでうすいそ支援センターの活動リーダーである、チョウシミさんが声をかけてお茶を出してくれる。筆者もこれまで3度訪問したが、常に薄磯地区の住民の誰かしらが集まり、談笑していた。時には、別の教会の牧師や、薄磯地区の復興工事をおこなう業者も訪れるなど、多様な人間が集う場所である。実際に、センターを訪れた人の名前などが記帳されているノートをみても、平均して一日10人くらいが来ていた。また、修徳院において2013年3月11日に三回忌法要がおこなわれた際は、それに伴って、多くの団体が炊き出しなどに来ていたが、地元の信金職員とともにおにぎりを握り配給する本部としてセンターが活用されていた。もちろん、薄磯地区の住民や信金職員は、GMCの会員でなければキリスト教徒でもない。

チョウさんは、大阪府出身の韓国人で、元々は大阪にある教会の会員で

写真7-5　うすいそ支援センターの様子

あった。震災以前は旅行会社でツアーガイドをしていたが、震災以降仕、事が激減し待機を強いられていたところに、GMCでボランティアしないかというメールが知人から届き、いわき市に行くことを決意した。それまで一度も東北には降り立ったことがなかったが、居ても立ってもいられず、いわき市に向かったという。

GMCでは震災直後に多くのボランティアが集まった。そのなかでもチョウさんは、ごく初期のボランティアとして駆け付けた。当初は、支援物資の仕分けや避難所への物資配達を中心におこなっていた。しかし、国内外からのボランティアが増えたこともあり、物資を配達する施設への電話対応とボランティアのコーディネートをする役割を自然に担うようになったという。

当初は1か月を目処にいわき市で活動する予定が、GMCで活動をおこなっているうちに中心的役割を担うことになり、そのまま教会に定住することになった。

NPOを立ち上げてから、チョウさんは専任スタッフとして働き、センターを設置してからは、センターの常駐スタッフとして現在に至っている。薄磯地区の住民とは、支援物資の配達の際に避難所で初めて知り合い、避難所解散後もチョウさんは継続して住民と懇意にしていたという。

GMCが、NPO立ち上げよりも前に薄磯地区の支援を特におこなってきたことは先述したが、そのことに対してチョウさんは「まちづくりを通して、私たちはずっと薄磯のことを忘れませんよ、という意志を示している」と話す。たとえGMC側の提案が、市の意向に合わない、現実的ではないと言われても、「神様に祈って幸運を待つしかない」とのことであった。

センターは海の目の前ということもあり、海を見つめながら震災以前や震災当時の薄磯地区に思いを馳せていた薄磯地区の住民もいた。「震災当日は津波で海がおそろしかったけど、翌日はピタッと何事もなかったかのように穏やかな海だったんだよ」。薄磯地区の住民は海とともに生きてきたことが、話す内容から伝わってくる。その方々は口ぐちに「グローバルさんがいなかったら、いわきはもう駄目だったんじゃないの」と言った。それほど、震災直後におけるGMCの支援活動がいわき市民、特に薄磯地区の住民には大きな存在だったのだろう。

チョウさんは、いわき市での支援活動を通して信仰についても色々な変化があったという。震災当時は、困っている人たちに対して必要なこと・もので満たしてあげたいという思いで活動していた。しかし、いくら我々が息巻いて活動をしたとしても、受け取る側が快く受け取ってくれなければ意味が無いということに気付いたという。また、森氏から「人には『生きるための活動をする』という以外に『与えることによって幸せになる』といった本能がある」といった言葉を贈られてから、現在のように被災者と共有できる時間と場所を「与えてもらっている」状況に「ただただ感謝」するようになったとのことであった。

一方で、キリスト教会がなじんでいない集落に、拠点を置きながら支援活動をしていることによい感情を持たない人もいるという。他にも、センターにいると、薄磯地区の住民間の軋轢についても話を聞くことがあり、「色々めげることが多い」とのことだ。しかしそのようなときは、センターを出るとすぐに広がる海を見るという。そうすると「こんな美しい海岸線を間近に見ることができる職業につくことができて、こんなに幸せなことはないんじゃないか」と「神様に感謝する」のだそうだ[9]。

3.2 仮設住宅での活動

いわき市内各地に、原発避難区域にかかる自治体の仮設住宅が数多くあることは周知の事実である。帰郷することが思い通りにならない人たちの苦悩が、いかばかりかは計り知れない。

その人たちの苦悩を少しでも和らげようと、GMC が NPO を立ち上げてから始めているのが仮設住宅での活動である。立ち上げ前から移動カフェや太極拳教室などで仮設住宅の住民とは接していたが、立ち上げ後は太極拳教室と並行して、個別に家を訪問した後に、集会場においてサロン活動などをおこなっている。NPO スタッフで仮設住宅の活動リーダーである西小野健さんが、基本的に1人で仮設住宅を回っているが、外から来たボランティアがいれば一緒に活動している。

西小野さんは、福岡県北九州市出身で埼玉県の教会の会員であったが、2009年から伝道師として奉職する。震災直後はキリスト教系災害援助団体「クラッシュジャパン」に加入し、郡山市を拠点に1年半支援活動していた。

写真7-6　上荒川にある仮設住宅の集会所

2012年3月におこなわれた「福島未来会議」[10]でGMCと出会い、その年の4月に初めてGMCに赴き活動を開始した。震災後に福島県で支援活動することになったのは「神様から導かれたから」と話す。郡山市やいわき市での活動をするうちに、将来は福島県内に新しい教会を作ろうと決意しているという。

ここでの活動は、月曜日から金曜日までの午前か午後のどちらかに、楢葉町からの避難者が暮らしている仮設住宅を中心に回っている。筆者が共に回った上荒川の仮設は、全部で240世帯あり、高齢女性の一人暮らしが多く、たいていは家に籠もってしまっているのが現状だそうだ。仮設住宅にはいわき市社会福祉協議会の連絡員が常駐しているが、その方々と常に連絡を取り合うようにしている。連絡員に頼めば、ほかの団体とぶつからないように集会場利用のシフトを組んでくれるという。

活動に対する意識として、西小野さんは「住民といろんな話を傾聴して一緒に考えることを基本原則に考えている」と話す。ただ、帰還することを前提としながら住民と話をしているが、実際には帰還したくない人も多いように感じるとのことだ。活動内容については、すでに社協や住民と信頼関係を作っているので、行政からあれこれ言われることはなく自由に活動しているとのことである。

最近は、震災直後にはあまり聞くことがなかった震災について語る人も増え、体調不良や夜見る夢の話についても話してくれる人も現れてきたという。震災から3年が経とうとしている現在、状況が変化していることが読み取れよう[11]。

3.3 清掃やリフォーム作業、生活支援活動

本章の冒頭で述べたとおり、いわき市は三重の災害を被っている。震災以前暮らしていた家は、地震や津波によって傷を負い、放射能汚染によって帰還できずに放置されている。もちろん、放置された年月だけ家は朽ちていく。それゆえ、いざ一時帰還や生活を再開するとなったとき、震災以前とは異なる住居の容貌に人々は落胆するという。

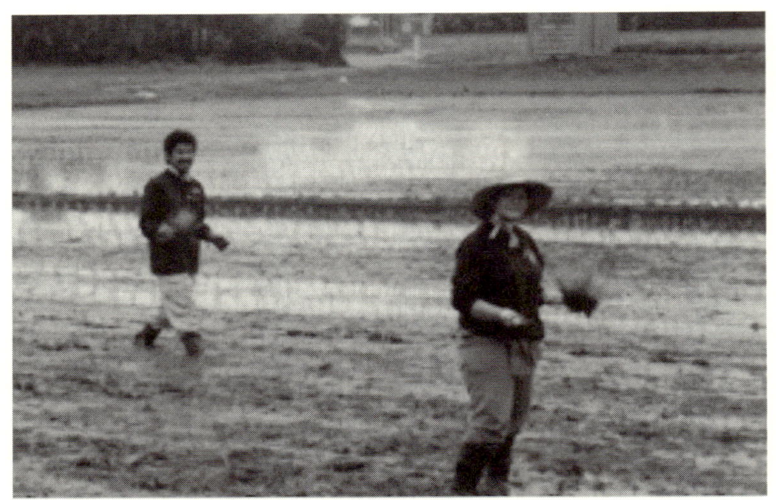

写真7-7　田植えのボランティア（GMC提供）

GMCは、NPOを立ち上げた際に、避難生活を強いられた被災者と放置されざるを得なかった被災住宅の原状復帰のために、住宅の清掃やリフォーム、解体、塗装などに関わる支援活動を開始した。

この事業のリーダーを務めるのは小野勉さんである。小野さんはいわき市在住で、この仕事の前はマンションの管理人を５年ほど務めていた。震災直前の２月に、妻子が近隣にある地元の教会の聖書勉強会に参加していた縁もあり、そこの教会の会員になる。震災後は、仕事を辞め、地元の教会の紹介によって、2011年４月からGMCのボランティア活動に従事することになった。

当初は、支援物資の避難所への配送をおこない、徐々に海岸清掃や、海岸沿いの半壊した家屋の清掃などを中心に作業していた。NPOを立ち上げてからは、「現場リーダー兼営業」として専任スタッフに就く。「現場」とは、いわゆる「なんでも屋さん」であり、困っている人の要望をかなえる仕事だ。

しかし、他の活動と異なる点は、作業に対して料金を取ることである。相談次第で料金を取らない場合もあるが、専門的技術の必要に応じて見積もりを取り、利用者に金額を提示することがほとんどだ。ただ、その金額は必要経費のみで、一般の業者と比較して廉価である。スタッフは、基本的に技術をもった専門のスタッフ（アルバイト）が2、３人で、それほど専門技術が要らない作業であればボランティアにも参加してもらっている。

この事業では、主にいわき市内で避難生活を強いられている原発避難区域／警戒区域の被災者から注文を受ける。なんでも屋ということもあり、仕事の種類は多岐にわたる。その内容は、原発避難区域で入られない住宅の清掃や補修、リフォーム、雑草や木などの伐採などが中心である。また、ログハウスの壁の修理や塗装なども受けたことがあったという。塗装の方法などは、それまで全く知識も技術も無かったため、一から勉強したと小野さんは語ってくれた。

筆者が話を聞いた日は、原発事故による放射能汚染の影響で、農業をやむなく諦めた楢葉町民の代わりに農作業をしてきたとのことであった。これは、改めて農業を再開したいという要望を受けて、無償でおこなっているという。2013年４月から開始したが、その頃の農地は緊急避難時のままで、片づけや雑草の刈り取りなどから始めなければならなかった。徐々に苗床作りや苗植えなどに進んでいったが、避難指示解除準備区域での農作業であるため、夕方にはいわき市に戻らなければならず、困難を極めたとのことである。

小野さんは、現場作業のことについて非常に詳細に話してくれたが、そこに自分の心情や信仰などは挟まなかった。この作業についても、教会のメンバーが中心におこなっているということは、あえて依頼主に言わないそうだ。

しかし、その言葉の端々には、並々ならぬ信念を感じることができた。「震災以後は、使命感を持って活動するようになった」「徐々に後継者を育成していきたい」など、被災者に寄り添っておこなう支援活動であり、特に回復・復興が目に見えてわかるこの「現場」の活動を心から大事にしていた様子がうかがえた[12]。

4.「教会」は何をしたか、なぜ可能だったか

これまで紹介してきた事業は、GMCの数ある支援活動のなかの一部であるが、改めて整理してみたい。

震災直後は支援物資の分配、炊き出し、足湯など避難所での活動が中心であった。避難所から仮設住宅へと被災者が移住した後は、NPOを立ち上げ、カフェや太極拳教室など仮設住宅での活動、薄磯地区の復旧・復興支援、そして原発警戒区域からの避難者の生活支援をおこなっている。

それでは、一教会がこのような大規模で、かつ長期的な支援活動をおこなうことができた理由とはいったい何か。無論、活動者たちの熱意がそれを支えたことは承知であるが、ここでは外的要因も合わせながら探ってみたい。

まずは、モノ・ハコ・ヒトという「資源」の活用と、活動を支える信仰心の存在が挙げられる。震災直後の非常時における場面からみていこう。この時期に支援活動を可能とした理由に、モノ・ハコ・ヒトを用意できたことが挙げられる。モノ・ヒトについては、森氏が国際的に活動する宣教師だったことに大きく依拠している。

震災直後、国内外から多くの人材や物資が森氏のもとに寄せられた。GMCには物資（モノ）が届き、物資を分配できる人材（ヒト）がいたのである。そして、教会という、物資と人材を収納する場所があった（ハコ）が元から備わっていた。

ただし、この3つは宗教特有の資源であるとは言い難い。たとえば、公的機関やNPO団体なども、程度は違えどモノ・ハコ・ヒトという3つの資源を持っていると言える。しかし、先述したように、震災直後のいわき市は原発事故の影響で危機的に物流が遮断していた。そのような非常時に危険を顧みずに支援活動をしたのがGMCであった。この時期の支援活動を支えたのが、「イエスの愛を持ってでかけるところに礼拝がある」というような信仰心であった。

現在に至る活動にもこれらの資源は活用されている。うすいそ支援センターなどは、現在の被災者のニーズに合わせた環境を用意し、NPOの多様

な活動を可能にした人材を揃え、教会という拠点となる基地を持っている。そして、これまで述べてきたことから、それらの活動を下支えする信仰心を垣間見ることができた。

次に、行政と協力した点が挙げられる。震災直後のGMCの獅子奮迅たる支援活動をみて、行政はGMCを信頼に足る存在だと気付いたのだろう。GMCは、行政の支援活動に対して、補完的な役割を果たしていたのである。しかし、事態が収まってくると、徐々に行政は宗教団体であるGMCと距離を取っていった。そこで、GMCはNPOを立ち上げることにより、行政との協力を継続し、活動を円滑に進めていったのである。

さらに森氏は、震災以前から社会的弱者を支援するNPOをすでに運営していた。そのため、震災後に「宗教」という枠を超えた支援活動を着想することができ、かつ、新たなNPO設立の際にそのノウハウを活かすことができた。震災支援を中心としたNPOの活動に対して、いわき市から助成金が出たことからも、GMCと行政が協力体制を維持していることがわかる。

最後に、市民からの信頼を得られたことが挙げられる。GMCの初期の大規模な活動により、避難所などでGMCのボランティアと市民との間に信頼関係が構築されていったことは先に述べた。GMCは、支援活動か布教であるかということは特に意識せず、「困っている人たちが何を求めているか」を活動の理念に据えて行動していた。そして、このような行動が市民には好意的に認識された。

この市民からの信頼が、以後の支援活動を市民が受け入れてくれる地盤となり、さらに需要に合致する支援活動を継続的におこなうことによって市民からの信頼が増す、という正のスパイラルが現状では成立したと言える。現在では、本論で挙げたNPOの主な３つの事業がそれを生む源泉となっていると言える。

第３章でも書いた通り、宗教者の支援活動について、同じくいわき市の高野山真言宗寺院である冷泉寺を対象に報告した。震災発生時〜震災から１年、という短い期間を検討したものだが、同寺が支援活動を円滑に進めることができた条件は、GMCのそれと似通っていたといえる。

つまり、①モノ・ハコ・ヒトという「資源」と、活動を支える信仰心の存在、②行政との協力、③市民からの信頼の３点のほか、震災以前から森氏がNPO の運営などで地域と密接だったように、その僧侶もいわき市内で市民向け講座の講師を務めるなど、地域との関わりをみることができた。

また、その僧侶は、震災以前よりブログを運営し、震災直後はいわき市の現状を発信していた。これも、GMC がサイトを運営し、震災直後に情報発信を常におこなっていたことと共通している。さらに、深刻な危機がいつ訪れるか不明であった震災直後の時期に、熱心に支援活動をおこなっていたことも同じであった。

このように共通する点が多い両者であるが、行政との協力方法や市民からの信頼を得た経路が異なっていたことには注意しておきたい。冷泉寺は、伝統宗教ということもあり、支援活動の際に市民や行政からの抵抗はほとんど感じなかったという。一方で GMC は、これまで見てきたように、震災以前は教会員以外の市民との交流は少なく、支援活動の際も市民からの抵抗を感じることがあったという。

井上順孝は、神社や寺院など、日本における伝統宗教以外の教団の支援活動は、それまで人々と深くかかわりが無かったために、市民から「布教」と認識され敬遠される可能性があると指摘する（井上2014）。GMC の活動に抵抗を感じた人は、もしかしたらそのように思ったのかもしれない。現在GMC の活動は、周囲から信頼を勝ち得た上でのものとなっているが、キリスト教会が教会員以外の被災者に対して支援活動をおこなうにあたり、この点が成功するか否かの分水嶺になっているのかもしれない。

おわりに

末文に、冒頭の問題意識と重ねながら、今回の GMC の活動を振り返ってみたい。

筆者は、震災直後からこれまで幾度か宗教者の支援活動についてインタビュー調査をおこなってきた。そこには、被災地が地元ということで支援活動をしている宗教者もいれば、被災地から離れて支援活動をしている宗教者もいた。インタビューをする際、ここまで論じてきたGMCの支援活動も含めて、筆者は宗教者・宗教団体特有の支援活動とは何かを常に念頭に置いてきた。従来の先行研究、たとえば『復興と宗教』では、いわゆる「心のケア」に焦点がおかれ、『震災復興と宗教』でも、同様に「心のケア」に主眼が置かれて議論が進んでいる（さらに稲場圭信は「心のケア」を超えた「丸ごとのケア」をみることができたと提唱している（稲場2013））。

しかし、今回のGMCの活動やこれまでインタビューしてきた多くの宗教者の活動内容を聞き、「心のケア」だけにはとどまらない支援活動をおこなっていたことに気付く。GMCの活動でいえば、震災直後は支援者の募集であり、支援物資の提供であり、教会を支援物資の仕分け所と支援者の宿泊所にすることであった。これは、教会が直接的・間接的に、モノ・ヒト・ハコを被災者に提供したといえよう。また、NPOを立ち上げてのまちづくりや農業支援などはもはや被災者の「心」の範囲を超えた「人生」に対する支援活動であるのではないかと考えられる。

ここでは、悲しみに打ちひしがれ、苦しみを背負ってどうにか生きている人たちへ共感するだけではなく、共に町や生活を再建するといった支援活動をみることができた。自身も被災者であるにもかかわらず、宗教資源を最大限に活用し、それでもなおできることを、ときには寝る間を惜しんで私財を投げ打ってでも支援活動する姿は「ケア」には収まらず、自分の人生を他者と共有するという意味で「シェア」と表現した方が適切であろう。

これまでインタビューした宗教者や活動者からは、「私のしていることは被災者の心のケアです」とは、ついぞ聞かれなかった。それよりも、「少しでもみんなの生活が楽になるように寄り添わせていただいている」「みんなのニーズをうかがいながら、自分ができることだけをしている」というように「心」のみにとどまることのない支援活動をしているという自覚を彼らは持っていたのである。

「ケア」と「シェア」は何が違うのか、「ケア」という概念にも「シェア」と同様の意味が含んでいるのではないか、といった厳密な議論は稿を改めたい。しかし、今回の震災における宗教者・宗教団体の支援活動を検討する際、宗教者・宗教団体の在り方を考えると同時に、宗教者・宗教団体を観察する側の視点も再考する必要があることを強調しておきたい。

注

1　いわき市内のキリスト教会で支援活動をおこなったのはGMCだけではない。たとえば、いわきホームチャペルや平カトリック教会などの支援活動は広く一般社会に発信されている。

2　1870年頃ノルウェーにおけるリバイバル運動を発端に起こった宣教会。当初は中国の宣教を中心におこなっていたが、1949年の中国の共産化に伴い日本宣教を開始した。1951年ノルウェー東洋福音宣教会と名称を変えた後に、福島県相馬市を拠点として、原町やいわき市で伝道を開始した。1963年に現在の東洋福音宣教会と名称を変更した（クリスチャン新聞編2005）。

3　『クリスチャン新聞』2012年10月14日号。

4　森氏によると「人間一人ひとりは神に造られたものでありかけがえのない存在だが、誰かに弾いてもらわなければ良い音は奏でられない」という理念で設置されたという。主に、老人や障害を持つ人の居宅介護や共同生活の援助、就労支援（パン屋の運営）などをおこなっている。

5　『クリスチャントゥデイ』2011年3月24日 http://www.christiantoday.co.jp/articles/6238/20110324/news.htm（2014年2月15日閲覧）、『東北応援団LOVE EAST』2011年3月28日 http://love-east.com/?p=23（2014年2月15日閲覧）。

6　『クリスチャン新聞』2012年1月29日号。

7　「活動・目的」『Global Mission Japan』 http://globalmissionjapan.com/vision.html（2014年2月15日閲覧）。

8　2013年12月16日から住宅の基礎の撤去作業が開始された。

9　2013年10月29日、うすいそ支援センターでのインタビュー。

10　キリスト教系NGOである「声なき者の友」の輪主催、福島県キリスト教連絡会共催で開催された20～30代の若者が福島の未来について考える会議。

11　2013年8月21日、上荒川仮設住宅集会所でのインタビュー。

12　2013年10月29日、GMCでのインタビュー。

参考文献

稲場圭信2013「震災復興に宗教は何ができたのか」稲場圭信・黒崎浩行編『震災復興と宗教』明石書店。

井上順孝2014「その活動は社会貢献か布教か」『中央公論』1562号。

いわき市行政経営部広報広聴課および『いわき市・東日本大震災の証言と記録』プロジェクトチーム編2013『いわき市・東日本大震災の証言と記録』いわき市。

いわき市編2012『東日本大震災から１年　いわき市の記録』いわき市。

いわき市編さん委員会編1978『いわき市史』第６巻、いわき市教育文化事業団。

岡尾将秀・渡邊太・三木英2013「阪神・淡路大震災における心のケア」稲場圭信・黒崎浩行編『震災復興と宗教』明石書店。

クリスチャン新聞編2005『クリスチャン情報ブック2006』いのちのことば社。

佐藤彰2011『流浪の教会』いのちのことば社。

第8章

新宗教教団の支援活動①
――天理教・いわき市の事例から――

藤井麻央

はじめに

本章では、2011年東日本大震災直後から2014年までの約3年間の福島県いわき市における天理教の救援・支援活動について、天理教の教団組織の特徴を分析の軸として論じる[1]。はじめに天理教の教団組織におけるいわき市の教団単位（教会、支部）の在り方を確認した上で、具体的な救援・支援活動を取り上げ、誰により（構成員）、どのように（仕組み）、何が行われるのか（内容）という活動の様態にみられる特徴を論じていく。具体的な活動内容については、いわき市に所在する天理教磐城平大教会（平字古鍛冶町）での聞き取り[2]のほか、教団の機関紙類による情報に基づき記述する。

本論に入る前に説明しておきたいのは、天理教の救援・支援活動は「ひのきしん」という教えに基づく行為であるという点である。天理教の信仰を持つ者にとり、救援・支援活動は困難な社会状況に働きかけるボランティア活動という意味だけでなく、「親神様」に日々生かされて生きている感謝の思いを「ひのきしん（日の寄進）」という報恩の行為としてあらわす宗教的行為でもある（金子2002: 233-234）。これは、天理教が備える災害救援部隊が「災害救援ひのきしん隊」（以下、災救隊とする）という名を冠していることに端的に表れている。いわき市で展開される有志の活動の名称にも「ひのきしん」が用いられるケースが多く、救援・支援に関する諸活動は「ひのきしん」として意味付けられていることがうかがえる。

また、奈良県天理市の教会本部では震災の翌日から真柱により「おねがいづとめ」が勤められるなど、教内は東日本大震災からの復旧・復興を願う「たすけ」の精神で満ちていた。この思いを教団として実行に移すのが「ひのきしん」に基づく災救隊の活動であり、義援金の募集と各被災地への寄付であった。しかし、こうした活動では吸収し切れない救援の思いが、信者120万人を有する天理教の中には存在していたであろうことが推察されるが、救援・支援活動を実際にどのように行っていくのかは、多くの信者にとり課題となったのではなかろうか。なぜなら、東日本大震災の被災地・東北は、本部及び教会数の多い関西地方や東京からは地理的に距離があり、加えて、東北には救援活動の拠点となりうる教会が関西や東京に比べると大幅に少ない[3]。今まで日本社会が経験したことのない福島第一原発事故の問題もある。例えば、1995年に経験した阪神・淡路大震災[4]とは被災状況が異なるだけでなく、天理教にとっては教勢や地理的条件においてもそれ以前の災害とは異なるアプローチが求められたといえる。

いわき市で展開される救援・支援活動は、以上のような「ひのきしん」や「たすけ」に代表される宗教的信念に基づき行われること、そして、全国組織である教団の状況を背景に展開されている一つの事例であることをあらかじめ指摘して、本論に移りたい。

1.　被災地いわき市の教団単位

1.1　教団組織における磐城平大教会の位置

天理教では国内と海外を含むおよそ17,000の教会を、教会本部－上級教会－部下教会という譜代的な主従関係に基づく堅固な教会制度により統合している（小笠原・福地：1983; 井上ほか1990: 134-135,144-146）。地方的単位である教会同士が信仰の導きという布教成果により統合されるこの組織の在り方は、森岡清美により親と子の関係に擬せられた「おやこモデル」と呼ばれ、近代に組織化が完成した天理教や金光教などの宗教にみられるモデルとされた（森岡1981）。「おやこモデル」の教団は地方的単位が親と子のタテに結合され、組織運営は分散型となるという特徴が挙げられる。一方、現代に組織化を完了した創価学会や立正佼成会は「なかま－官僚制連結モデル」とされ、信者や地方的単位がヨコに連なり、これを統制するために本部事務局の官僚制機構が発達する。その結果、集中型の組織運営を採るため、企画・実行能力の面では「おやこモデル」よりも勝るとされている。まずは、天理教の教団組織の中でいわき市の地方的単位がどのような位置にあるのかを、森岡のモデルを補助線にしながら説明していく。

いわき市には磐城平大教会が県内唯一の大教会として存在する。「導き系統制」により構成されるタテ線組織における磐城平大教会の位置付けであるが、磐城平大教会は本部直属の大教会であり、子に当たる部内教会を43分教会有している。また、磐城平大教会は、静岡県の山名大教会が1887年代後半に行った東北布教により1894年に設置された岩城平支教会（岩城平から後に磐城平と名称が変更）をはじまりとすることから、山名大教会が信仰の導きの親に当たる（磐城平大教会の歴史、及び教会系統については、天理大学おやさと研究所編1989）。しかし、その後磐城平分教会となり部内教会を増やして教勢拡大が図られたことから、1941年に大教会に昇格し、本部直属教会となっている。よって、現在のタテ線組織は、〈本部－磐城平大教会－43の分教会〉と表すことができよう。教会の親子関係は、山名大教会と磐城平大教会のように、県や地域を超えて結ばれている。磐城平大教会とその部内教会の関係においても同様であり、43の部内教会のうち、福島県内には23の分教会があるが、その他は茨城、東京などの関東近郊に点在している。

一方、地域社会において系統を異にする教会間を結びつけるものとして、天理教では教区制度が採られている。教区は各都道府県に置かれ、さらに教区は支部に細分化されている。このヨコ線組織において磐城平大教会は〈福島教区－いわき支部〉に位置づけられる。福島教区は8支部131教会で構成され、磐城平大教会の教会長・平澤勇一氏が教区長を務めている。教区内に大教会は磐城平大教会のみであり、130は分教会である。これらの分教会はいくつかの大教会の部内教会にあたるが、磐城平大教会の部内教会が23と最も多く、これに白羽大教会（静岡県島田市）及び山名大教会（静岡県袋井市）の部内教会を加えると、県内の教会の約半数を占めることになる。支部に目を移すと、福島教区の８支部のうち、東日本大震災の地震、津波、及び原発事故の影響が甚大だった沿岸部の浜通りには、いわき支部と相双支部が存在する。いわき支部はいわき市と双葉郡広野町、相双支部は相馬市・南相馬市・相馬郡と双葉郡（広野町、川内村を除く）を管轄している（天理教表統領室調査情報課編2010。表8-1の教会所在地についてもこの資料に基づく）。

1.2 被災状況

いわき支部には地震、津波の被害により教会活動を一時中断した久之濱分教会、東広野分教会、四倉分教会（いずれも磐城平大教会の部内教会）があり、また、建物が半壊認定を受けた教会も多数ある。一方、相双支部には、原発事故による避難区域に存する教会が5つあるが、いずれも磐城平大教会の部内教会である（表8-1参照）。いわき市における天理教の地方的単位である磐城平大教会及びいわき支部は、天理教組織の中で非常に強く原発事故による被害・影響を受けている組織単位ということになる。部内教会を含めた磐城平大教会の構成員（教会長、ようぼく[5]、信者など）の多くが何らかの形で、地震、津波、原発事故に伴う避難・放射能汚染・風評被害などの影響を日常生活及び教会活動で受けている。

表8-1　原発避難区域該当教会（2014年1月現在。いずれも磐城平大教会の部内教会）

教会名	所在	創立年	建物被害	避難区域指定	教会長の避難先
楢葉分教会	富岡町中央	1897	全壊	居住制限区域	いわき市仮設住宅
双葉分教会	浪江町北幾世橋	1903	全壊	避難指示解除準備区域	秋田県借り上げ住宅
小高分教会	小高区田町	1900	一部損壊	避難指示解除準備区域	茨城県水戸上市分教会
浪江分教会	浪江町権現堂	1914	一部損壊	避難指示解除準備区域	いわき市借り上げ住宅
双山分教会	浪江町小丸	1925	軽微	帰宅困難区域	（浪江教会長が兼務）

被害の状況について、具体的にいくつかみておきたい。まず、磐城平大教

会は、1952年に建てられた神殿が、地震の被害を受け、後に半壊の認定を受けた（被災状況については、聞き取りのほか、平澤2012)。よって、震災当日に信者数名が身を寄せたものの、大規模な避難所になることはなかった。震災翌日に原発事故が発覚すると、当時は避難圏内の情報が錯綜していたこともあり、女性や若者・子供を中心に、延べ200名程度がいわき市から天理市の詰所に避難、また、避難先として、教会の系統を越えて名乗りをあげた関東近郊の教会に身を寄せた信者もいた。翌4月に市内の企業や学校が再開するのに合わせて、多くの者は各避難先からいわき市に戻った。

発災直後は、地震による通信インフラの崩壊、原発事故による突然の避難勧告により、信者の安否確認や避難状況の把握は厳しいものとなった。特に、固定電話の不通は、携帯電話やインターネットに馴染みの薄い高齢信者との連絡手段を途絶えさせ、安否確認を困難なものにした。一方で、いわき支部では、2009年から取り組まれている教団の機関紙『天理時報』の手配り活動の配布網を利用して、安否確認や信者への物資提供も行われた(『天理時報』2011年5月15日；同2013年4月14日)。いわき市の場合は、2011年3月から約1か月程度の短期的避難をした住民が多く、中長期的に避難する者が避難区域の指定を受けた地域に比べれば少なかった。このため、支部というヨコ線組織が非常時にも機能したということになろう。

先に挙げた地震・津波被害を受けた分教会は、例えば久之濱分教会が有志の復旧作業などにより2011年12月に再開を果たすなど、震災から1年を経る頃から徐々に再開が進められた。だが、表8-1に掲げた避難区域に該当する分教会については立ち入りすら厳しい状況が2014年現在も続いており、教会再開の目途は立っていない。教会長や信者は県内・県外各地で避難生活を続けている。

浪江分教会の場合、教会長の平澤薫氏は原町と新潟へ避難後いわき市に落ち着いた。2013年より市内の借り上げ住宅に入居し、震災後に親教会である磐城平大教会に仮安置していた「目標（神体)」を借り上げ住宅に移したが、正式な鎮座手続きを経ていない仮の状態である。日々の「つとめ」についても、借り上げ住宅では宗教活動や楽器の演奏が禁止されているため太鼓を控えるなど、通常の儀礼行為ができない状態である。浪江分教会の信者はいわき市以外に避難しており、高齢者も多いことから、磐城平大教会ないし借り上げ住宅で分教会として祭典などを行っても参拝者はほとんど望めない。このため、教会長が各信者の避難先を月に１回程度訪ねている。また、浪江分教会とは系統も支部も異なる、信者の避難先に所在する教会に通うようになっているケースもあり、既存の教会制度を超えて信者の信仰を支える動きがみられる。通常は各支部に存在するようぼくの名簿が、震災後には支部間で共有されることもあるという。

以上の例からもわかるように、被災地であるいわき市、あるいは浜通りの天理教の地方的単位は、教会活動の基盤を整える作業が必要となっている。一方で、いわき市内で震災直後から救援活動を開始し、継続的に救援活動の基盤を担ってきた。磐城平大教会長・平澤勇一氏は、地震による大教会の一部立て替え、部内教会の被害の把握・対応、また、福島教区長として本部との連携などの震災に関連した諸業務を行う中で、いわき市内での救援・支援活動を支えている。平澤薫氏は浪江町の住民として、浪江分教会長としての日常生活が奪われ、避難先いわき市で生活・信仰基盤の再建を行う中で、後述する救援・支援活動の中核的人物へとなっていく。このように浜通りの地方的単位の状況が厳しい中で、被災者にむけた種々の救援・支援活動が継続的に展開されているのは、地域を超えた広範な支援者を獲得しながら活動が展開されたことにも要因があると考えられる。次より救援・支援活動を説明する中で、この点について明らかにしていきたい。

2.　有志による救援活動の開始－2011年

2.1　福島県内における天理教の救援活動の概要

天理教が福島県内で行った震災の救援・支援活動は２つに大別される。１つは災救隊の活動である。天理教の災害救援は1891年から始まり、災救隊は1971年頃より常設されている。各地域の行政や社会福祉協議会などの関連団体とも関係が構築されており、日本各地の地震、台風、水害などによる被害の救援に多数の実績がある（金子2002;「天理教災害救援ひのきしん隊」本部発行冊子）。組織としては、天理市を本部とし、各都道府県教区に災害対策委員会と災救隊が設置されており、本部と教区隊との間、隊員間での指示・連絡系統が体系化され、統制された動きの中で救援活動が行われている。東日本大震災では、岩手・宮城・福島の三県を中心に、発災直後より約4か月間で延べ18,621名が出動して救援活動が展開された（日本大震災における災救隊の活動の概要については、『天理時報』2011年7月24日；天理教道友社2012。宮城県での活動は北村2013）。福島県内では、福島教務支庁（福島市）、川桁宿営地（猪苗代町）、相馬宿営地（相馬市）の３つの拠点が設けられ、いわき市内を含む県内各地で、給水、炊き出し、がれき撤去などが展開された。

表8-2　有志による福島県内の中長期的支援活動

活動地域	中心人物	主な活動
浜通り北部 南相馬地区	猪苗代分教会長	仮設住宅支援、避難区域の片づけ、除染
浜通り南部 いわき市	浪江分教会長	仮設住宅支援、避難区域の片づけ
中通り北部 二本松市	安達支部長	仮設住宅支援、除染
中通り南部 白河市	北多摩西部支部長 須賀川分教会長	仮設住宅支援

２つ目は、有志による救援・支援活動である。福島県内で震災発生直後から2014年まで続いている長期的な支援活動に限って取り上げてみても、南相馬地区、いわき市、二本松市、白河市における４つの活動が挙げられる（表8-2参照）[6]。災救隊が教団組織に位置づけられた組織体であるのに対して、有志による活動はいずれも、東日本大震災を契機として生まれた、本部を介さない自主的活動である。また、活動内容についても、災救隊が豊富な出動経験や日頃の訓練に裏打ちされた、自給自足体制、重機を使用した大掛かりな作業などで災害発生直後に機動力を発揮したのに対し、有志による活

動では、震災当初は物資支援やがれき撤去作業が行われ、徐々に仮設住宅の生活支援に移行して、中長期的な活動が展開されている点に特徴がある。

福島県内で展開された２種の救援・支援活動は、組織体も異なれば、活動時期、活動内容についても異なっていた。このうち、いわき市においては有志の活動が特筆すべき役割を果たしてきた。次項より、この有志の活動の様態を明らかにし、その特徴について論じていくこととする。まずはこの活動が立ち上がる2011年の段階について説明していきたい。

2.2「いわきひのきしんセンター」における救援活動

磐城平大教会における救援活動として、はじめに水道を地域住民に開放した。震災直後、水が断水していることが地域住民にとって大きな負担となっており、地震発生後３日で水道が復旧した当大教会が解放することで、近隣住民が水を求めに訪れた[7]。また、全国各地から当大教会へ届けられる救援物資の仕分け作業の必要が生じたことから、「天理教災害救援支援所」を教会内に設け、主に物資支援の拠点とした。ここで集積された救援物資はいわき市の支援物資センターや各避難所へ届けられた。しかし、先述の通り、３月は原発事故の影響による避難者が多く、いわき市における天理教の救援活動が本格化するのは、一時的に避難していたいわき市民の多くが帰還した2011年３月末から４月にかけてである。

４月初旬、津波被害の甚大な四倉地区では住民によるがれき撤去が限界をむかえ、区長の一人であるＷ氏がいわき市のボランティアセンターに電話をかけたところ、対応したのが市内のボランティアセンターに所属する天理教の災救隊員だった。同じ頃、東京の牛込大教会が自主的に救援活動を開始するべく、先遣隊がいわき市に入り具体的な活動を検討していたため、牛込大教会を中心とする天理教有志が四倉地区のがれき撤去などの作業に当たることとなった。次第に四倉地区と天理教の支援者との間に作業場所や日程につき調整の必要性が生じたため、４月末に「いわきひのきしんセンター」が発足する。前述した避難区域よりいわき市に避難している浪江分教会長・平澤薫氏が取りまとめ役となり、磐城平大教会はがれき撤去作業に必要な道具や車両が置かれ、東京と四倉地区との中継地点となった。だが、事務所が具体的に設置されたわけではなく、磐城平大教会はあくまで活動の拠点、全国各地から届けられる物資の集積・管理・分配の調整場所、あるいは各地から訪れる有志の支援者たちの参拝場所として機能した。

ところで、宗教団体、殊に新宗教における救援・支援活動については、被災者との関係構築の難しさも指摘されている（稲場・黒崎2013)。「いわきひのきしんセンター」の救援活動では、四倉地区の地域住民が天理教の救援活動に対して示した好意的、親和的な反応がうかがえる。四倉町区長会が住民に発行する「がんばっぺ四倉」2011年６月号には、災害ボランティアの活動内容とともに、天理教ボランティアへの感謝が記され、また、区長W氏は天理教の雑誌『陽気』に寄稿するなど、非信者の立場から天理教の救援活動の印象や感謝を述べている（例えば、「特集 あの日あの時 大震災」『陽気』64(3)、2012年３月など）。あるいは、住民M氏から天理教に贈られた感謝状には、「一点の光を与えてくれたのは皆様です。ボランティア？ 半信半疑でいましたが（すいません）。天理教さんの結束力と機動力には私も含め町の皆が未だに驚いています」という率直な感想が述べられている（平澤勇一氏提供資料）。M氏は自身の店舗の泥かきなどを天理教有志が行ったことが縁となり、天理教有志の行う救援活動に参加するようになった。以上の２つは、地域住民（W氏、M氏ともにそれまで天理教とは接点がなかった）と天理教の有志との間に良好な関係が築かれた事例といえる。

「いわきひのきしんセンター」では、上記の四倉地区におけるがれき撤去などの復旧作業のほか、2011年８月までいわき市内に設置された避難所での炊き出しや物資支援、仮設住宅に被災者が移ってからは仮設住宅での物資支援や住民の交流イベントなども行われた。活動は当初５月までの予定だったが、四倉地区からの支援要請が継続されたことを受けて12月まで延長され、計143次隊、延べ2,829名が参加、2011年末に活動に区切りが付けられ、「いわきひのきしんセンター」という看板は下ろされた（DVD『2011東日本大震災いわきひのきしんセンター活動報告』（非売品）2012年１月。平澤勇一氏提供資料）。「いわきひのきしんセンター」は、生活再建にむけての

写真8-1、8-2　四倉地区における「いわきひのきしんセンター」の活動
（DVD『2011東日本大震災いわきひのきしんセンター活動報告』より）
左：作業の合間に「親神様」「教祖（おやさま）」を遥拝　　右：がれき撤去の様子

復旧作業、物資供給、避難所での緊急支援など、「避難救援期」（西山2005による阪神・淡路大震災に基づくボランティア活動の時期区分）とされる時期に行われる活動を担ったことになる。

2.3 救援を目的とする新規ネットワークの構築

「いわきひのきしんセンター」における四倉地区を中心とした救援活動は、東京から日帰りできるいわき市の立地により東京や関東の人々が中心となり、バスでいわき市を訪れ日帰りするという形が基本となった。活動単位としては、教会単位と個人単位が主なものとして挙げられる。まず、教会単位では、牛込大教会のほか、東京の都（みやこ）大教会、東本大教会などが挙げられる。いずれも磐城平大教会とは教会系統を異にする本部直属の大教会である。

次に、メーリングリスト（登録された複数の人に同時に電子メールを配信するシステム）での情報提供により集まった人々である。メーリングリストは東京の分教会（都大教会の部内教会）の後継者であるＴ氏が管理している。Ｔ氏は、アフリカで活動するNPOを運営するかたわら、震災直後より個人的に仙台市などに入りボランティアを行っていたが、5月頃よりいわき市での救援活動を主とするようになり、「いわきひのきしんセンター」のとりまとめ役である平澤薫氏とともに、いわき市での救援・支援活動の中核的人物の一人となった（Ｔ氏の活動については、『せんなか』（川中分教会誌）に詳しく記載されている）。「EARTH (Enjoy Action Remake Tenrikyo Hinokishin)」という名が付くこのメーリングリストには150名（2013年1月現在の人数（『陽気』65(1)、2013年1月）、その後も増加）を超える人々が、地域、教会の系統、立場（教会長、ようぼく、信者）を問わず登録されており、活動の日程等の情報を受けたメーリングリストの登録者のほか、登録者からの呼びかけに応じた人々（中には未信者も含む）が救援活動に参加した。

いわき市における救援活動の構成員に着目すると、救援活動の立ち上げ段階においては、いわき市唯一の大教会である磐城平大教会と、その教会長である平澤勇一氏のパーソナルな関係が機能したとみられる。いわき市での救援活動を行うべく真っ先に駆けつけた牛込大教会は、教会長夫人の出身教会の親教会にあたる。また、「いわきひのきしんセンター」のとりまとめ役となった浪江分教会長・平澤薫氏は、浪江分教会が磐城平大教会の部内教会であることに加え、平澤勇一氏とは従弟の関係にある。

しかし、2011年5月より、震災以前は磐城平大教会やいわき市とは接点がなかったT氏がいわき市での救援活動に加わったことで状況は変化しはじめた。以降はメーリングリストにより情報を得た支援者が増加し、教会の系統を超えた救援活動が展開されることとなった。メーリングリストにより、既存の組織体系にはなかった震災の救援活動を目的とする新規ネットワークが構築されたのである。メーリングリストのメンバーは、当初はT氏が自身の教会活動やNPOなどで築いた人脈が中心だったが、次第に震災救援で出会った人々の登録によりその数は増加した。教会系統や支部という既存の教会制度によらず、地理的にも離れた広範囲にわたる教団関係者の動員を可能にしたのは、近年急速に普及したインターネットのサービス機能の利用により、支援者間の情報の共有が迅速かつ円滑に行われたことが大きな要因として挙げられよう。

しかし、広範囲にわたる支援者の獲得の要因はメーリングリストやSNS（Facebook等でも情報が盛んに交換された）の存在にとどまらないと考えられる。注目したいのは、このメーリングリストの存在が、2011年5月の段階で教団の機関紙『天理時報』に掲載され、参加者を募っていることである（『天理時報』2011年５月８日）。『天理時報』をはじめとする教団の活字メディアには、震災による教内の被害状況、災救隊の活動のほか、「いわきひのきしんセンター」のような本部を介さない教内有志による草の根的活動も数多く掲載されている（いわき市での救援・支援活動を特集として大きく取り上げたものについてのみ挙げれば、「被災地リポート」『天理時報』2011年７月31日；「“被災者同士の交流”支援」『天理時報』2011年11月20日；「東日本大震災－被災地の今」『天理時報』2012年２月26日；「東日本大震災－福島県で展開される救援活動」『陽気』63(9)、2011年９月；「いわき市での復興支援(1)～(4)－つなぎ・つながる支縁」『陽気』65(5～8)、2013年５月～８月）。活動の状況を誌面で見た人々から平澤薫氏らのもとに連絡が入り、実際に活動に参加したケースも多数あったという。全国の教団関係者が購読している『天理時報』などによる活動の情報発信が支援者獲得に果たした役割も少なくなかったと考えられる。

以上は教内で震災を契機に構築された関係性であるが、教団の外部、つまり、いわき市の地域社会において、行政や社会福祉協議会などの救援活動に携わる人々、あるいは被災者との間にも震災を契機に関係性が生まれていった。また、活動に際しては赤十字奉仕団など他団体と協力をする場面もあった。こうした震災後構築されていく教団外の人々との関係は、教団内に構築された新規ネットワークに加えて、支援活動が中長期的に行われる大きな基盤となっていくこととなる。

3.　生活再建に向けた支援活動――2012年以降

3.1 仮設住宅における支援活動

2011年末に「いわきひのきしんセンター」としての活動が終了した後も、この活動の延長上にある天理教有志の活動は継続的にいわき市にて行われる。以下では、2012年以降の天理教有志の活動について説明していく。

天理教有志の活動は、先ほど説明した、メーリングリストにより構築された東日本震災の救援を目的とする新規ネットワークを基盤として行われている。「いわきひのきしんセンター」は事業化や組織化されることなく、2014年現在の有志の活動に引き継がれた。いわき市の平澤薫氏、東京のＴ氏といった活動をコーディネートする中核的人物は数名存在するものの、主にメーリングリストを活用したネットワークによる、「教友」のゆるやかな結びつきにより支援者が集められている。

震災から３年を迎えて活動は長期化しているが、継続的な活動を可能にしているのは、天理教内に構築された新規ネットワークだけでなく、天理教有志と地域社会の間に震災以降に構築された関係性である。2012年以降の活動は、後述するように仮設住宅での支援が主なものであり、こうした活動では仮設住宅の運営者（職員・管理人・自治会長など）及び住民、時には行政との連携が欠かせない。先述の通り、仮設住宅が設置された直後より「いわきひのきしんセンター」の活動の一環として仮設住宅への支援は行われており、仮設住宅との関係は長期的なものになっている。また、天理教の活動が大きく展開された四倉地区の住民との交流は活動終了後も続いており、個人的つながりから種々の依頼が入ることもある。

いわき市における天理教有志の主な活動内容として、①仮設住宅敷地内でのイベントの開催及び参加、②仮設住宅の集会所を利用した「陽気カフェ」の開催、③仮設住宅の住民への物資配布、④以上①②③を通じて知り合った被災者の引っ越しなどの手伝いが挙げられる。それぞれの活動内容を紹介しておきたい。

①の仮設住宅でのイベントであるが、これは仮設住宅の住民同士の交流を促進、あるいは住民に憩いの場を提供することを目的とし、「○○祭」などと銘打ち模擬店や出し物が行われるもので、各地の仮設住宅で様々な運営主体により数多く催されている。天理教有志の関わり方は、自ら開催の企画・運営を行う主催型と、仮設住宅や他団体が主催するものに模擬店を出店する協力型の２種類に分けられる。主催型としては、「ミニオリンピック楢はんピック」（2011年11月／楢葉町第８仮設住宅／牛込大教会＋磐城平大教会）、「おとなとこどものえんにち」（2012年８月／広野町中央台仮設住宅／Ｔ氏ら

＋錦江大教会＋磐城平大教会）などが挙げられ、協力型については、例えば「復興祈願祭」(2013年３月／広野町常磐迎仮設住宅／仮設住民委員会＋災害支援団体Ｇ）が挙げられる（『天理時報』2011年11月20日；『せんなか』85、2011年９月；『陽気』65(5)、2013年５月）。後者の協力型では、主催団体からの要請を受けて出店するケースがほとんどであり、天理教の活動が仮設住宅の支援者らの間で広く知られており、他団体との協力関係が築かれていることがうかがえる。

②の仮設住宅の集会所を利用したカフェ形式の活動も、イベントと同様の目的をもって数多く行われている支援活動の形態である。天理教有志の場合、2013年２月より平澤薫氏が「陽気カフェ」を開始したのを皮切りに、以降数多く開催されるようになった。初回は平澤氏の家族による手作り菓子により催されたが、次第にメーリングリストを通じて天理教有志に知られる活動となり、「いわきひのきしんセンター」と同様に教会の系統、単位（支部・教会・個人)、地域を超えた有志により行われるようになっている。また、四倉地区での支援活動を通して知り合った四倉の住民が親子で参加したこともあった。実施に際しては、天理教有志の活動希望日、活動人数、用意可能な菓子の数などと、仮設住宅の集会所の空き状況、住民数などのマッチングが平澤薫氏らによりその都度行われる。町の生活支援課や仮設住宅職員に実施許可を取る作業も平澤氏らが行っている。

③の仮設住宅の住民への物資の配布は、仮設住宅が設置された直後より行われ、その後も継続されている。日用品の不足という問題はないため物資支援の必要はほとんどないが、特に高齢者の引きこもり問題などが新たに発生していることから、住民とコミュニケーションを図るきっかけづくりとして行われている。震災から３年が経過しても各地の天理教会などから野菜・果物などの提供があり、個数の合う仮設住宅を選び、一軒ずつ手渡しする作業を平澤薫氏らが担っている。

以上の①②③の支援活動を通じて知り合い、比較的プライベートな関係性を持った人々に対して行われるのが、④の引っ越しなどの手伝いである。2012年８月に警戒区域が解除された楢葉町など、元の住んでいた地域への

復興絆喫茶
陽気カフェ
in常磐銭田仮設住宅談話室
皆さんの楽しいおしゃべりの場として、
コーヒー・ココア・お茶・ジュースや
おいしいお菓子・お漬物を用意してお待ちしてます。
気軽に遊びに来てください。もちろん無料。

日時
4月13日（月）
午後1:00〜3:30
天理教いわきひのきしんセンター

写真8-3　4月の「陽気カフェ」のチラシ
（平澤薫氏提供）

陽気カフェ
in高久第九仮設第二集会所
8月19日（月）
11：00〜13：00
皆さんの楽しいおしゃべりの場として
おいしい菓子と飲み物で
楽しいひとときを
過ごしましょう！
天理教東京教区王子支部

写真8-4　8月の「陽気カフェ」のチラシ
（平澤薫氏提供）

帰還を進める仮設住宅の住民の依頼を受け、避難中に荒れた住宅内の清掃、庭の草刈り、引っ越し作業を手伝うほか、仮設住宅からいわき市内の借り上げ住宅や購入した住宅への引っ越し、仮設住宅から仮設住宅への引っ越しなども行ってきた。この活動については、依頼者と支援者の間に十分な信頼関係がないと依頼できないことだと考えられるが、平澤薫氏やＴ氏のもとには月に数回の依頼が入る。帰還準備や引っ越しは、避難者にとりいつかは必要となる作業であり、特に高齢者などには大きな負担となるが、行政の支援の手が届きにくい部分でもある。被災者とのプライベートな関係を構築し、被災者が必要とする支援ニーズを汲み取ることは、活動が長期的に継続されてきたことで可能となっているといえよう。

以上の活動は、天理教の活動であることが明示された上ですべて行われている（写真8-3、8-4を参照。チラシ右下に天理教の名が入っている）。宗教団体が支援活動を行う際、教団名を掲げるか否かは団体ごとに対応が分かれ、いわき市での本調査においても団体や活動ごとに異なることがわかったが、天理教有志の場合、教団名を掲げることは震災直後から一貫している。これを売名行為とみるのは偏った見方ではないだろうか。「支援活動の際に宗教の話はしないが、宗教、あるいは天理教を嫌がる人が後から不快な思いをしないように、支援活動を受け入れるか否かを、あらかじめ線引きができるように教団名は明示している」という平澤薫氏の言葉からは、宗教団体（特に新宗教団体）の支援活動に対して一般の人々がはじめに示す警戒心を、あらかじめ意識した上での活動といえるだろう[8]。

3.2 有志による支援活動の特徴

以上、「いわきひのきしんセンター」の活動を継承して、いわき市内で続けられる天理教有志の支援活動の具体的内容をみてきた。次に、この活動の仕組みを分析し、その特徴について考察したい。

繰り返しになるが、この活動はメーリングリストにより構築された東日本大震災の救援・支援を目的とする新規ネットワークを基盤として、いわき市と関東近郊を中心とする各地の「教友」の結びつきにより行われている。活動単位も支部、教会、個人と多様な上、それを構成するメンバーも教会長、ようぼく、信者などと教内の立場も様々である。立地の問題から関東圏からの支援者が多いが、それに限らず教会数の多い関西から支援者が訪れることもしばしばある。この天理教有志の活動を図式化すると図8-1のように表すことができるだろう。

この活動の特徴は、次の２点に集約されよう。第１に教会制度に基づく統合システムによる関係性が希薄な点、第２に活動が事業化・組織化されていない点である。まず前者であるが、磐城平大教会の親・子の教会系統（導きの親である山名大教会とその系統教会、及び導きの子である部内教会）によるタテ線組織、並びに福島教区・いわき支部というヨコ線組織による結びつきは、この有志の活動を構成する要件ではない。また、活動の中核的存在と

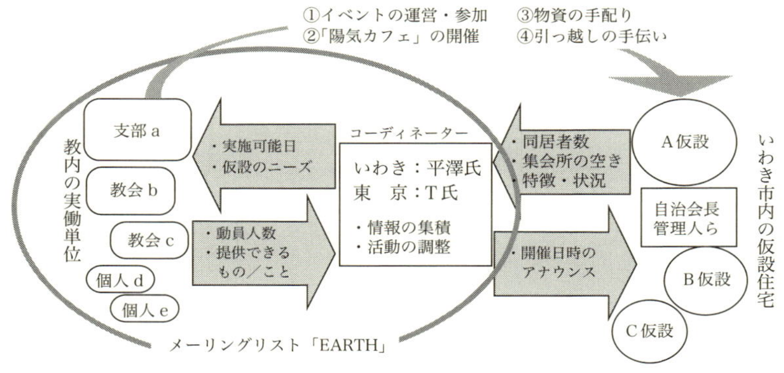

図8-1　2012年以降の支援活動のイメージ

なっている平澤薫氏とＴ氏についても、この活動を契機に知り合い、協力関係が結ばれたものであり、福島と東京という地理的距離に加え、教会系統も無関係である。

ここで、有志の活動における磐城平大教会が果たしている役割について触れおきたい。いわき市における救援活動の初動段階では、磐城平大教会が自ら救援活動を行うだけでなく、本部、系統教会、災救隊などの教団組織の活動の中継地点・調整役としての機能を果たしたといえる。しかし、2011年に「いわきひのきしんセンター」として行われた緊急的な復旧活動において、震災の救援を目的とする新規ネットワークが構築されて軌道に乗り、図8-1に示した活動の仕組みが継続的に動いていくことで、磐城平大教会が活動の先頭に立つことはなくなっている。もちろん、現地の大教会である磐城平大教会が震災直後の初動段階で救援活動の拠点となり、その後も全面的なバックアップ体制をとっていることをなくして、有志の活動の継続は困難だっただろう[9]。だが、「大教会」という存在が前景化はしておらず、むしろ作業に必要な道具や車両が置かれるハード面の拠点、かつ、信仰的拠り所として機能しているというのがふさわしいのではなかろうか。

次に、活動が事業化・組織化していないという特徴である。有志による支援活動は震災以降３年間継続して行われているが、その間に、事務所の設置、メンバーの固定・序列化などは行われず、組織化・制度化されていない。活動の名称すら定かではない。「EARTH」「陽気カフェ」などが場面ごとに使われ、また2011年末で終了している「いわきひのきしんセンター」も仮設住宅の職員らにわかりやすいという理由で使用されることもある（写真8-3のチラシはまさにその例である）。仮設職員などの外部との調整を継続的に行っている中核的メンバーは対外的には活動の顔となっているが、内部的には代表者ではなく、コーディネーター兼実動者という位置に止まっている。地理的距離をインターネット上のネットワークで縮めたゆるやかな体制が、活動開始直後から2014年まで続いているのである。天理教内で同じように災害救援機能を果たす災救隊と対比すると、中央集権的組織を備えた災救隊と、草の根的運動にとどまり組織を形成しない有志の活動では、その活動形態の違いが際立つ。

3.3 組織化されない有志の活動としての利点と課題

他の宗教団体によるいわき市内での救援活動では、当初は有志による活動だったものが、活動が中長期化するにつれて、何らかの組織が立ち上げられ事業化されるケースがみられる。例えば、グローバル・ミッション・チャペルでは2012年７月にNPOが立ち上げられている（第７章を参照）。また、浄土宗では2012年１月に災害復興福島事務所が設置され、浄土宗浜通り青年会という既存の組織を母体に運営される「浜○カフェ」(仮設で行うカフェ形式の支援活動）の後方支援に当たっている（第４章を参照）。浄土宗の場合、現地の支援活動を担うのは浜通りの寺院と他地域の青年会の構成員だが、運営は資金面や人材面において教団本部のバックアップ体制が敷かれている。これに比べ、天理教有志の場合は、活動資金は本部からの公式的な援助はなく、運営のための基金などがあるわけでもない。人材についても専従者はおらず、あくまで各々の自発性により活動が支えられている。従って、中核的メンバーは教会活動と並行しながら支援活動を続けており、時間的拘束や資金面での負担は大きくなっていると考えられる。組織化されない活動は当然ながら不安定な基盤の上にあり、将来的な見通しや事業計画があるわけでもないため、活動の継続性について不確定要素を抱え込んでいることになる。こうした問題は事業化・組織化されていない活動ゆえの難点であると考えられる。

一方で、事業化・組織化されていないことで生まれる利点もいくつか考えられる。まず、組織特有の情報伝達及び意思決定の煩雑さがなく、活動の柔軟性は高いといえる。これは、支援のニーズに対してきめ細かい対応を可能にしていると考えられる。次に、活動者それぞれの主体性が尊重されるという点である。この点については、事業化・組織化しなくとも継続的にコンスタントな活動を行うことを可能にしている一つのポイントであると考えられるので、やや詳しく述べておきたい。

説明のために具体例を一つ挙げておく。2013年６月に４日間、明城大教会（大阪市）の青年会員と中心とする13名が、いわき市の仮設住宅にて「陽気カフェ」などの活動を行った（『天理時報』2013年７月21日）。これは、明城大教会とっては「東日本大震災復興支援隊」の第６次隊としての活動であり、活動資金は同大教会が16年前から行う「たすけあいフェスティバル」の収益金であり国内外の支援活動に活用されている「たすけあい基金」の一部が充てられた。

つまり、「陽気カフェ」などはいわき市で行われる支援活動として見ればその活動の一コマだが、実動隊として参加する教会などの各単位にとっては、その教会活動の一環として把握されている。明城大教会の例でいえば「東日本大震災復興支援隊」として活動されていた。また、活動をコーディネートする立場にある平澤氏にとっては「陽気カフェ」の活動として、Ｔ氏にとっては「EARTH」の活動として把握される。活動の名称が定まらないのはここに起因する。ある一つの活動に対して、関与者の立ち位置により捉え方が異なるのである。

これは、活動を行う各単位がどの程度主体性を持てるかという点に関わってくる。特に、その時々に実動隊として「陽気カフェ」の開催などを行う教内の活動単位にとっては、活動が持ち寄り型のため、資金・人員・物資の調達を各自が自由に行うことができ、各単位の規模や状況にあわせた活動が可能となっている。すでに事業化された活動に参加するという関わり方より、自らが活動を構成するパーツであるということは、達成感やモチベーションの面で影響が出てくるだろう。

こうしてみると、いわき市で展開される天理教の支援活動は、様々な活動単位の複合体ということができるかもしれない。この活動の仕組みでは、コーディネーターの負担が重くなるのは避けられないが、活動総体でみれば、その時々にいわき市を訪れて活動を行う各単位に負担が分散されていることになる。

ただ、いずれの活動単位も天理教として活動する以上は既存の教団組織を外れることはできないので、活動を行うには支部や教会などの所属組織の中で一定の理解を得る必要がある。実際に教内には様々な声があり、「たすけ」

は被災地に限らず通常の教会活動を通じて可能であるといった考えを抱く人も存在する。被災地では日常生活を取り戻すのに時間を要するが、日本全体では非常時という意識が次第に薄れていく。支援活動が長期化することで、天理教の一員として、宗教者として、何を優先させるかという問題も生じうる。

おわりに

これまで説明してきたように、震災直後の救援活動の初動段階では、いわき市内の天理教の地方的単位である磐城平大教会がリーダーシップを発揮したが、中長期化する支援活動においては被災者支援を目的とする新たに構築されたネットワークが機能している。この新規ネットワークにおいては、天理教の教団組織の特徴とされる「導き系統制」によるタテ線組織と、教区・支部というヨコ線組織の教会制度によらない広範な支援者を獲得した。本章のはじめに示した「おやこモデル」との関係を述べれば、このモデルを特徴づける教会間の親・子の関係による結びつきは、いわき市で展開された有志の活動においては希薄といえる。一方で、トップダウン型の組織では困難と思われる、教内の各単位の自発的な動きによりこの活動は構成されるため、組織運営の分散という特徴がこの救援・支援活動を可能にした一つの要因として考えられる。天理教内で救援活動を専門的に行う災救隊と比較しても、活動を支えるシステム、活動内容ともに大きな相違点があることはすでに述べたとおりである。

いわき市において展開される有志の救援・支援活動を、天理教という教団単位で眺めたとき、教団としての救援・支援活動では吸収し切れなかった「たすけ」や「ひのきしん」の信念に基づく教内に存在する救援・支援の志向（需要）を、新規ネットワークの構築により実際の活動に結びつけることに成功した一つの事例であると考えられる。この活動の仕組みでは、活動を行う各地の諸単位は、無理や強制がなく支援の在り方（規模や回数など）を選択して活動に参加することができる。また、活動単位が多いほど負担は分散され、特に実動を被災地域以外の教団単位が担うことで、震災の対応を抱えるいわき市の地方的単位の負担は結果的に軽減されるかたちとなっている[10]。これらの点が、事業化・組織化されずに長期化する活動を可能とする構造的特徴であると考えられる。

さらに、この有志の活動はいわき市の地域社会に受容されたからこそ、長期化しているという面がある。新宗教教団である天理教の場合、地域社会との関係構築には、伝統宗教と比べて慎重な舵取りが求められただろう。一般の人々の新宗教に対する警戒心を取り払うことができていなければ活動は継続されなかった可能性もある。その意味で、初動段階から2014年まで継続的に活動現場で種々の調整を行い、また、被災者との関係構築に努めてきたコーディネーターが果たしている役割は大きい。いわき市内で展開される諸宗教団体の支援活動という枠組みでこの天理教有志の活動をみれば、全国組織の強みを活かしつつ、地域社会との関係を保ちながら展開される新宗教の支援活動ということができるだろう。

謝辞

本章執筆に際して、磐城平大教会教会長・平澤勇一氏、浪江分教会教会長・平澤薫氏にはインタビューのほか、資料提供などのご協力を頂いた。ここに深く感謝申し上げます。

注

1　本章は、拙稿「新宗教教団の震災対応と組織比較－天理教と創価学会を事例として」2012『宗教学年報』27、拙稿「天理教有志の支援活動」2014『宗教学年報』29を基に再構成と加筆・修正したものであるが、データは2014年当時のままとしている。

2　磐城平大教会での聞き取りは、2011年7月、2012年1月、2013年8月に行い、磐城平大教会長・平澤勇一氏、浪江分教会長・平澤薫氏（2013年のみ）に応じていただいた。

3　天理教の教会数は、過去30年ほど16,000後半から17,000前半で推移し、2004年から2012年までは17,141教会となっている（天理教表統領室調査情報課編『天理教統計年鑑』天理教教会本部）。このうち、東北６県の教会の合計数は約750だが、大阪、兵庫、東京では一つの都府県で1,000を超える教会を有しており、教勢は地域差がある。

4　阪神・淡路大震災における天理教の諸活動については、天理教表統領室調査情報課編1996巻末にまとめられているほか、岡尾2001に詳しい。岡尾2001は、教団としての被災地における救援活動や被災教会の復旧を取り上げ分析している。

5　「ようぼく」とは、本部で９度の「別席」を運び、「さづけの理」を受けた布教伝道の場における人材を指す天理教の用語である（天理大学おやさと研究所編1997）。

6　平澤勇一「いわき市での天理教の長期的支援」(宗教者災害支援連絡会2013年６月２日配布資料）より。また、各支援活動については、『天理時報』『陽気』に掲載されている内容も参照した。

7　３月末には「災救隊」新潟教区隊の給水車が各地を巡回したが、中には半日を費やし給水所から給水を受けていた地域住民もおり、泣いて喜ばれる一方で、ある住民から地区長に「宗教団体が活動しているので止めさせてほしい」とクレームが入り、給水活動を中断したということがあった。これは、宗教団体としての救援活動の難しさを示す出来事である。

8　宗教者の支援の在り方（ボランティア、宗教的行為、布教伝道などの関係性）や教団名を出すか否かについては議論がある（井上2014; 国際宗教研究所編1996)。平澤氏らへの聞き取りでは、いわき市での活動は布教とは切り離された活動であるということが説明された。原発事故の影響で復興のスピードが遅いいわき市の状況を勘案して、2013年の段階でも宗教色を出さない支援の形に徹しているということである。「こどもおぢばがえり」などへ被災者を連れて行く場合も別席話には参加させないなど、被災地を離れての保養という位置付けをとっている。これは、2012年になり他の被災地では仮設住宅で「陽気ぐらし講座」が開かれる状況などと比較すると、いわき市の活動ではかなり慎重な姿勢で臨んでいることがうかがえる。

9　被災地の教会としての在り方、また、救援活動の受け入れ側の立場については、平澤昭子「ふしにこもる親心ー東日本大震災を越えて」『みちのだい』173、2012年10月が参考になる。

10　いわき市では、市民と被災者との間にあつれきが生じており、他地域からいわき市に訪れる支援者の存在は支援活動の現場においてもプラスに作用している部分が少なくない。

参考文献

稲場圭信・黒崎浩行編2013『震災復興と宗教 宗教とソーシャル・キャピタル4』明石書店。

井上順孝・対馬路人・西山茂・孝本貢・中牧弘允編1990『新宗教事典』弘文堂。

井上順孝2014.1「その活動は社会貢献か布教か」『中央公論』: 1562。

岡尾将秀2001「教団としての救援、復興－天理教の阪神・淡路大震災」三木英編『復興と宗教――震災後の人と社会を癒すもの』東方出版。

小笠原真・福地真一郎1983.11「教団組織の研究――天理教の場合」『奈良教育大学紀要 人文・社会科学』32(1)。

金子昭2002『駆けつける信仰者たち――天理教災害救援の百年』天理教道友社。

北村敏泰2013『苦縁――東日本大震災 寄り添う宗教者たち』徳間書店。

国際宗教研究所編1996『阪神大震災と宗教』東方出版。

『せんなか』川中分教会HP　http://sennaka.holy.jp/（2018年11月25日最終閲覧）にも転載

西山志保2005『ボランティア活動の論理―阪神・淡路大震災からサブシステンス社会へ』東信堂。

平澤勇一2012「被災地からの報告－現状と課題」天理大学おやさと研究所編・刊『教学と現代VIII 東日本大震災における天理教の救援――全教あげての活動と今後の課題を考える』。

森岡清美1981「宗教組織――現代日本における土着宗教の組織形態」『組織科学』15(1)。

天理教表統領室調査情報課編1996『天理教統計年鑑 立教158年版』天理教教会本部。

天理教表統領室調査情報課編2010『天理教教会所在地録 立教173年版』天理教教会本部。

天理大学おやさと研究所編1989『天理教事典 教会史篇』天理教道友社。

天理大学おやさと研究所編1997『天理教事典 改訂版』天理教道友社。

天理教道友社『みちのだい』。

天理教道友社『天理時報』。

天理教道友社『陽気』。

天理教道友社2012『DVD　東日本大震災被災地へ　天理教救援・支援活動記録』。

第9章

新宗教教団の支援活動②
——創価学会・福島常磐総県の事例から——

寺田喜朗

はじめに

本章の目的は、東日本大震災における新宗教教団の支援活動の特質を考究することである。ここで取り上げるのは、福島県浜通りの創価学会（福島常磐総県）であり、緊急支援が要請されたタイミングから原発避難者のサポートまで、やや長めのタイムスパンを設定して検討を試みたい。

なお本章は、2つの研究領域に裨益することを企図している。1つは、災害をめぐる社会学的研究であり、この研究領域に宗教教団の事例を付加することによって研究史に厚みを加えたい。今ひとつは、宗教社会学的観点からの新宗教研究である。東日本大震災という未曾有の非常事態において創価学会はどのようなサポートを提供してきたのか、という問題を、他教団と対照させながら、被災者の語りを素材として検証してみたい。

1. 先行研究と本章の位置づけ

東日本大震災から約7年半が経過し、社会学者による震災研究も着実な蓄積を見せている（山下・開沼編2012; 田中・船橋・正村編2013; 金菱2013; 早稲田大学・震災復興研究論集編集委員会編2015; 長谷川・山本編2017; 関編2018）。災害社会学では、①緊急救援期、②避難救援期、③復旧期、④復興準備期、⑤復興・生活再建期等と局面（フェーズ）に区分して復興プロセスを論じることが多いようだが（大矢根・浦野・田中・吉井編2007; 稲場2013: 25）、東日本大震災は、広域・大規模かつ原発事故も加わった複合災害であり、(移住先・転校先でのトラブル・コンフリクト・孤立・いじめ・偏見差別等）被災地の生態的条件や被災者の属性によって対応すべき課題や困難性は大きく異なっている。分断され、不安定な状況が長期化する福島県浜通りをフィールドにした研究実践においては、被災地・被災者を一律に特定の局面（フェーズ）へ区分することには慎重な姿勢が求められよう。

当該地の地域コミュニティに着眼した研究では、震災前から過疎化・高齢化によって多くのコミュニティは危機的状況に置かれ、既存の町内会・自治会が組織的な避難誘導に機能したケースは稀だったという議論がある（吉原2013)。一方、原子力発電所は人口の少ないところに立地しているため、たとえば川内村では農業を核とした地域コミュニティは比較的温存されており、原発避難をめぐる対応に際しても一定の役割を果たした、という議論もある（鳥越編2018)。いずれにせよ当該地域では震災および原発事故によって多種多様な事態が現出したと考えられ、今後も継続的な事例研究の蓄積が望まれる。

一方、地域コミュニティに着眼した一連の研究を俯瞰すると、国・自治体(行政)、あるいは企業・民間業者・ボランティア・創発的ネットワークの復興事業や支援活動に論及がなされるのに比べ、宗教教団について十分な言及がなされていないことに気がつく（山下・開沼編2012; 田中・舩橋・正村編2013; 金菱2013; 早稲田大学・震災復興研究論集編集委員会編2015; 長谷川・山本編2017; 関編2018)。

たとえば吉田浩（経済学）は、自ら作成・実施した質問紙調査において「震災時に一番頼りになった人」という興味深い設問を用意しているが、そこに「家族・親戚」「町内会・近隣の人々」「職場の人々」「ボランティア・NPO」「消防」「自衛隊」「警察」「国会議員」等という項目を設けつつ「宗教教団の人々・宗教者」という選択肢はなかった（吉田2015)。なお、この吉田の質問紙調査（n=838）では、3.8％の人が「その他」に○を付けている。

これは「国会議員＝0％」「警察＝0.5％」「消防2.6％」「ボランティア・NPO＝0.7％」より多いスコアである。筆者は、そこに宗教教団を想定する人々がいたのではないか、と考えている。

大正大学宗教学研究室では、外部機関の関係者・研究者の協力を得ながら、福島県いわき市を中心に東北三県（岩手・宮城・福島）の寺院・神社・教会・新宗教教団・祭礼・モニュメント等を概ね一年に1～2度（2～4泊）のペースで調査してきた[1]。発災時から懸命に救援・支援にあたった宗教者・宗教教団を追跡してきた私たちの立場からすれば、宗教の関与に対する社会学者の言及が少ない現状は些か不本意だが、宗教研究者の側も情報発信不足という瑕があったかもしれない。なお個別の宗教者の活動や取り組みを描いた記事やルポルタージュは、主要全国紙を含め多数、報じられているが[2]、諸宗教の組織的な活動、教団という宗教的コミュニティが担った役割に言及したものは少ない。金子昭による新宗教教団の支援活動を総覧した論考は貴重な成果といえるが、網羅的である一方、それぞれの教団の取り組みについては断片的にしか触れられていない（金子2013）。

私たちは、2011～2018年の期間に、延べ40人程の創価学会関係者へ聞き取り調査を行ってきた。今回の論考では、福島県浜通りの福島常磐総県とよばれるエリアの支援活動に焦点を当て、その中でも原発事故によって避難生活を余儀なくされた広野町と富岡町の役職者の語りにフォーカスしながら創価学会の支援活動の特質を考えてみたい。依然、中間報告に止まる内容だが、今後の調査研究の課題を精査するためにもここで検討を試みたい。

2.　調査地と被害の概要[3]

福島県太平洋岸一帯は「浜通り」と呼ばれ、南部のいわき市と北部の相双地区に大別される。いわき市は常磐炭鉱の発展（最盛期は1950年代。炭鉱閉山は1976年）とその後の新産業都市としての発展に連動して形成された複合的な産業都市[4]であり（1955年時点で人口約35万）、震災前の2010年4月時点における人口は約34.3万人であった。震災発生後、約32.4万人

(2015年4月）まで減少するが、2018年4月には約34.3万人へと回復している。

一方、相双地区は、1960年代後半の電源開発以降、過疎化に歯止めがかかり、とりわけ双葉・大熊・楢葉・広野は、電力関連業の発展を見た地域である（2012年10月時点の人口は、地域全体で約18.2万人）。原発事故後の2011年4月22日、殆どの町村が警戒区域・計画的避難区域に全域あるいは一部が指定された[5]。2013年8月以降は、帰宅困難区域・居住制限区域・避難指示解除準備区域へと再区分されている[6]。

発災時、相双地区では震度6強を観測すると共に、新地・相馬・南相馬・浪江、いわき市内の四倉・小名浜等では最大15.5mの津波被害があった。県内の死者総数は4,075人だが（2018年8月現在）、うち直接死が1,605人、関連死が2,246人と認定されている（不明中、死亡届有224人・無2人）。新地町（直接死100人・関連死9人）、相馬市（直接死439人・関連死28人）、南相馬市（直接死525人・関連死508人）、浪江町（直接死151人・関連死423人）、飯舘村（直接死0人・関連死42人）、葛尾村（直接死0人・関連死39人）、双葉町（直接死17人・関連死150人）、大熊町（直接死12人・関連死123人）、富岡町（直接死18人・関連死429人）、川内村(直接死0人・関連死99人）、楢葉町（直接死11人・関連死138人）、広野町（直接死2人・関連死44人）等と震災関連死は、広域避難を余儀なくされた地域に多く見られる。2018年7月時点で、福島県外への避難者総数は33,517人、県内への避難者総数は10,836人と発表されている（計44,366人）[7]。

3.　新宗教の震災対応――導き系統制と地区ブロック制

筆者は、2012年9月に開催された日本宗教学会第71回学術大会（於・皇學館大学）において、森岡清美の組織類型（森岡1981）を参照し、導き系統制に基づくおやこ型の組織機構を有する教団として天理教と真如苑、地区ブロック制に基づくなかま・官僚制連結モデルの教団として創価学会と立正佼成会を事例に新宗教の震災対応の特質を探った（寺田2013）。

ここでいう導き系統制とは、導きのオヤと導かれたコの「自発的情愛的」な「温かいオヤコの関係」に基づくガバナンス機構を指しており、自発的で親身な世話・育成を期待できる一方、信者の居住が地域的にまとまっていない場合、連絡・指導のための時間的・費用的な負担が大きくなる欠点がある。多くの日本の新宗教はこのタイプの組織機構にある。

地区ブロック制とは、最寄り原則で信者を地域的単位に編成するローカル組織を中央本部が統制するガバナンス機構を指している。森岡によると「地区ブロック制による地方的単位の編成は、その地区内にあるオヤコ関係を温存しうるが、その地区外にはみ出るオヤコ関係を切り落とす」ことになる。「原理的にオヤコ関係を超える」ものであり、「個人的人情的つながりは比較的少なく、それだけに組織構成員間の粘着性が乏しい」。しかし「機関誌紙の配布、教学研修会・布教大会の開催を含めて、信者の連絡・訓練・動員のためには効率が高い」。導き系統制から地区ブロック制への切り換えを断行した教団はきわめて少ないが、「創価学会と立正佼成会がその稀な例である」と論じられる（森岡1981: 25）。なお森岡は、創価学会の組織改革は1956年、立正佼成会は1960年に実施されたと論じている[8]。

我々の調査によると2011年夏の時点で、天理教（国内信徒数は約119.1万人[9]）は、義捐金約9億2,100万円を拠出、災害救援ひのきしん隊を18,621人派遣、おぢば（天理市）へ避難者3,000人を受け入れ、真如苑（約92.7万人）は、義捐金を約1億6,200万円拠出、SeRV（真如苑救援ボランティア）を4,250人派遣、発災時に帰宅困難者1,059人を施設に受け入れた。一方、創価学会（約827万世帯）は、義捐金を約5億4,000万円拠出（SGIから1億8,000万円）、「かたし隊」他のボランティアを約25,000人派遣、発災時には42会館において約5,000人の被災者の受け入れを行い、立正佼成会（約270.5万人）は、義捐金を約5億円拠出、善友隊として8,500人を派遣、発災時には東北の教会のみで約420人の受け入れを行った。

筆者は、発災直後・応急支援の段階では、おやこ型・なかま型の組織機構に関係なく、本部主導の命令系統に基づいた対応・支援がなされ、復興の段階に応じて、おやこ型教団では次第に系統教会あるいは系統を超えた自発的会員ネットワークに基づいた支援体制への移行が見られるというアウトラインを示した。つまり、おやこ型教団となかま・官僚制連結型教団は、発災から数ヶ月が経過した時点において支援体制の分岐が見られ、時間の経過と共に自発的・分散的なヴォランタリー型（おやこ型）と計画的・断続的な組織主導型（なかま・官僚制型）へと分岐・移行していくと概括した。

その後、調査研究の進展に伴い、新たな研究関心が浮上することになる。福島県浜通りにおける震災被害において、とりわけ重要な意味をもっているのは広域避難を余儀なくされた人々（以下、原発避難者）への支援活動である。地震・津波被害と比べ、生活再建に向けたサポートの実態は報じられにくいが、震災関連死の問題に鑑みると捨て置けない重要な問題であることは論を俟たない。

聞き取り調査から、原発避難者の対応には教団毎に差異が見られることがわかった。立正佼成会と創価学会は、地区ブロック制の組織機構を有する大教団という点は共通しているが、両者の対応は異なっている。いわき市の立正佼成会の教会（平教会と磐城教会）では、相双地区の会員の受け入れ・支援を進めつつ、法座については、本音を語り合う場を確保するため、受け入れ側（いわき市に震災以前から在住する会員）と避難者側（相双地区からいわき市へ震災後に移住した会員）を分けて開催する方針を採っている。一方、創価学会では、当初から受け入れ側も避難者側も同じ座談会へ参加するよう促す方針を採っている。

筆者は、教団活動の方針の是非についてコメントすべき立場にないが、新宗教運動の心臓部とも言うべき小集団活動[10]の差異が、どのような面ではプラスに作用し、どのような面ではマイナスの作用を及ぼすかについては興味を抱いている。

以下では、既に公刊されている「潮」編集部編『東日本大震災――創価学会はどう動いたか』(2011年９月)、聖教新聞編集総局『負げでたまっか！』(2012年１月)、創価学会東北青年部編『「3.11」生命の記憶』(2016年３月)等も参照しつつ、創価学会の支援活動を検証していきたい。

4.　創価学会の震災対応――福島常磐総県と新世紀圏

4.1 福島県浜通りの被害状況

基礎情報として、発災以降の福島県浜通りの状況を概括し、その後、当該フィールドの創価学会[11]の教勢、具体的な救援・支援活動を聞き取り調査から再現してみたい。

2011年3月11日14時46分、東日本大震災（M9）が発生する。前述したように富岡・大熊・浪江・楢葉・双葉等は震度6強、いわき市は震度5強を観測する。14時49分に大津波警報が発令され、その後4波以上にわたって津波が押し寄せる[12]。同日19時3分、「原子力緊急事態宣言」が出され、21時23分に福島第一原子力発電所から半径3km以内の住民に避難指示が出される。

翌12日 5時44分、避難指示地域は半径10km圏内へと拡大される[13]。15時36分に福島第一原発1号機で水素爆発が発生、19時4分に避難指示は20km圏内へと拡大される。14日11時1分には3号機で水素爆発が発生、同日19時55分には2号機の原子炉が空焚き状態に陥る。15日 9時40分には4号機の原子炉建屋が出火し、半径20～30km圏内の住民14万人に屋内退避指示が出される。「安全神話」を信じ切っていた多くの住民は、心の準備をする間もなく避難を強いられ、「原発難民」（烏賀陽 2012）化を余儀なくされる。なお避難指示の圏外であったいわき市住民の多くも避難行動を取った。

その後、17～18日にハイパーレスキュー隊139人が派遣され、陸上自衛隊ヘリコプターからの放水が敢行される。原発事故の収束・鎮静化が図られたこの時期の浜通りエリアは、物流が途絶え（被爆を恐れ、運送業者が拒否）、ほぼ無人状態に陥っていた。

24日、通行止めの措置が執られていた東北道・磐越道が開通、物流が再開しはじめる[14]。4月に入ると漸次的にライフラインが復旧すると共に、新年度・新学期にあわせていわき市へ復帰する人々が増え、次第に（いわき市に関しては）都市機能が正常化に向かう。4月22日、20km圏内を警戒区域、放射性物質の累積量の高い地域を緊急避難準備区域（広野・楢葉・川内および田村と南相馬の一部）、計画的避難区域（葛尾・浪江・飯館および川俣・南相馬の一部）に指定する発表が行われる[15]。

4.2 福島常磐総県における救援・支援活動

いわき市および相双地区の範域を創価学会では「福島常磐総県」と称している。福島常磐総県には、約1万世帯の会員が登録されている。つまり概数で見ると、いわき市34万人＋相双地区18万人＝52万人の地域人口うち、創価学会員は約1万世帯という規模である[16]。このうち南側の（新地・相馬・南相馬・飯館を除く）相双エリア（浪江・葛尾・双葉・大熊・富岡・川内・楢葉・広野）は「福島旭日県新世紀圏」と称され、約1,600世帯の会員が登録されている[17]。なお「圏」とは、ブロック→地区→支部→本部の上位に当たる組織単位であり、圏の上位は、圏→分県→県→方面→中央となる。

いわき市の創価学会は、本震・余震において人的被害・建物被害はなかったが、3月11日夜には、約100人の被災者をいわき文化会館に迎え入れた[18]。被災者の中には学会員ではない人々もいた（四倉等で津波被害に遭った人々が会員の厚意によって身を寄せた）。着の身着のまま避難した人々が多かったため、地域の婦人部が連絡・手配し、周辺の会員宅から衣服や毛布を集めた。翌12日夜、原発事故報道を受け、いわき文化会館を離れ、50km圏外のいわき平和会館へ移動することにした。この時、避難・収容した人々は150人に増えていた。

以後、約10日間、いわき平和会館は、行政指定を受けていない緊急の避難所として被災者の収容・保護に機能する。150人のうち10数人は非会員だった。建物が頑丈で、食料の備蓄があることを知っていたので身を寄せたという会員が多かった。食料については、備蓄品だけでなく、周辺の会員が自宅から食材を持ち寄った。電気・暖房は使用できたが、水道は断水状態だった。そのため、近くの川からバケツリレーで男性陣が水を運び入れることが日課となった。女性陣は、限られた量の食材が150人全員に行き渡るよう工夫しながら調理した。飲用水や食料が限られているため、様々な工夫・手立てが試みられた。数日後、新潟からおにぎり6,000個の差入れが届く。これを皮切りに全国から支援物資が送られてくるようになる。公明党の議員の手配により、車両の通行許可が得られ、会員運転のトラックによって続々と県外から支援物資が運びこまれた。会館内では、互いに励まし合い、各人ができることをやり（看護師・トイレ診断士等の活躍）、集団生活を支え合った。

３月16日には、「心の財だけは絶対に壊されません。いかなる苦難も、永遠に幸福になるための試練であります」「断じて負けるな！　勇気を持て！希望を持て！」という池田大作名誉会長のメッセージが聖教新聞に掲載される。この言葉に感激し、勇気づけられた会員は多かった。聞き取り調査では、「身が震えるような感動」を覚えた[19]、「その一言を読んだとき、真っ暗だったこの胸に一筋の希望の光が（灯り）…本当にそうなんだっていう思いを実感した」[20]等という証言を得ている。

このメッセージが掲載された聖教新聞を片手に避難所をまわる会員も多かった。ただし、広域避難を余儀なくされた相双地区（新世紀圏）の会員の多くは、避難所を転々と移動している只中であったため、このメッセージにリアルタイムで接していない会員が多い。メッセージが届かない会員のために聖教新聞の記事を携帯電話に打ち込み、メール配信する会員も現れた（「がんばっぺ通信」等）。なお、この池田名誉会長のメッセージは、いわきのみならず大槌・釜石・石巻における聞き取り調査でも印象深く回想された。「心の財は壊されない」「蔵の財より心の財」は、学会員の集合的記憶ないしマスターナラティヴになっている。

３月22日、行政指定の避難所等に全ての人々をつなぎ、いわき平和会館での避難生活は収束した。その後も本部の指示を受けた応援職員が他県から断続的に派遣され、救援・支援活動に当たった。人海戦術で最も手間がかかったのが会員の安否確認だった。基本的には、携帯電話のメールを活用して連絡を図ったが、携帯電話をもたない会員やメールを利用したことがない会員もいるため、掌握作業は難航した。福島常磐総県すべての会員の掌握は、多数の応援職員の協力を得ながら、約半年という時間をかけて完了した。創価学会には「統監」とよばれるカード（会員管理システム）があるが、一部の役職者は、これを活用して各地の避難所や北海道から九州まで離散した会員の激励に出向いた。

並行して全国各地から送られてくる支援物資を同じく全国各地から参集する会員ボランティアの協力を得ながら仕分け・配布してまわった。（支援物資の給付を受けた）会員たちが避難所の人々や近隣住民（非会員）へ食料や物資を提供したケースも多かったようである。教団からの見舞金の調整・配布も進められた。倒壊した家屋の片付けをサポートする「かたし隊」ボランティアは、4月～5月の期間に実施され、その後は、津波被災地におけるボランティアに移行し、これは2011年12月まで続行された。

この間、相双地区から各地へ避難・移住した会員をそれぞれの地域の組織へ合流させる働きかけが進められた。避難所・仮設住宅・借り上げ住宅に避難・移住した会員へ声かけを行い、座談会・「フェニックス勤行会」（後述）をはじめとした教団行事への参加・合流を促した。会合に参加できない会員、参加する気が起こらない会員のところへは、役職者をはじめとした会員が何度も足を運んだ。聖教新聞の配布を名目としたり、教団からの見舞金の給付を理由として家庭訪問し、避難者を孤立させないよう配慮がなされた。声をかけることが憚られるような境遇の会員のところへは、時間をかけて接触を試み、寄り添った。役職者は共に涙を流し、様々な相談に乗り、激励に努めた。

2011年4月10日には、原発事故によって広域避難を余儀なくされた相双地区（新世紀圏・旭日栄光圏）会員のために第一回「復興祈念フェニックス勤行会」が催された。第1回大会は福島文化会館（郡山市）で開催され、関東圏へ避難していた会員を含む100人以上が集い、旧交を温めた。その後も猪苗代・喜多方・会津若松・東京信濃町の学会本部をはじめ、場所を替えながらフェニックス勤行会は続行された（2011年9月までに7回開催）。聞き取り調査の際、フェニックス勤行会の模様は、強い感動・感激をもって振り返られる。

なお4月17日には、いわき文化会館にて開催された勤行会（午前に福島歓喜県・午後に福島王者県）に池田名誉会長からのメッセージが寄せられ、4月22日23日には原田稔会長が喜多方平和会館と会津若松文化会館を訪問し、避難生活を送っている会員たちと面談を行った。原田会長は、5月21日にはいわき文化会館を訪問し、激励を行っている[21]。

5.　相双地区の役職者の語り

ここからは、相双地区の役職者の語りを紹介し、それを踏まえて創価学会の支援活動の特質を考えてみたい。以下に紹介するのは、福島常磐総県婦人部長の金澤清子さん（広野町：1947年いわき生まれ）と新世紀圏婦人部長の大野久美子さん（富岡町：1958年会津若松生まれ）の語りである。二人を含めた相双地区の会員・役職者へのインタビューは、少ない時にはオブザーバー（2人）含め5人、多いときにはオブザーバー（5人）を含め10人が同席する形で行った（それに対する我々聞き取りチームも少ない時で4人、多いときには7人でインタビューに臨んでいる）。一つの話題（とりわけ組織や指導に関する内容）に複数名が（ほぼ同時に）発話・説明する機会が多々あり、また話される内容にほぼ差異は見られないことから、以下の記名がない語りは、〈両名ないし複数名が話した内容〉として記載するものである。なお金澤さんと大野さんは、現場の責任者的立場にあった為、2013年9月17日における初インタビューの後も、半分オブザーバーのような形で、他のインフォーマントのインタビューにも同席して頂いている。そのため2018年3月5日の最終インタビューまで、約1年おきに（簡単に）近況を伺うことになり、結果的に経年的な語りの推移を観察することになった。

広野町在住の金澤さんは、いわき市の知人宅で震災に遭遇し、いわき文化会館・いわき平和会館へ避難した。その後、親せきの家を経て、いわき市の借り上げ住宅に入居し、避難生活を送った。2012年2月頃から広野町の火力発電所に勤める夫が広野町に戻り、翌年夏には金澤さんも広野町に帰還している。一方、（当時）富岡町在住の大野さんは、発災当日は双葉会館に泊まり（高齢の避難者の保護のため）、翌日以降、避難指示によって唐突に（故郷を捨てる覚悟も心の準備もなく）避難生活を余儀なくされた。川内村・郡山のビッグパレット等、７度転々とし、９回目の転居で、現在のいわき市の借り上げ住宅へ入居した（富岡町の自宅は帰宅困難区域内に所在する）。

まず、彼女らの語りのコンテンツを概括しておくと、彼女らの語りは、個人的な体験に関する語りと創価学会の活動や指導に関する集合的な語り（集団に共有されている内容を確認・説明する非個人的な語り）に大別することができる。ここでは、まず集合的な語りの一端を紹介したい[22]。

・「徹して一人を大切に」って指導されてるんですけど、一人の人をどこまでも大事にするのが学会ですから
・「自分のことより目の前の一人」って、指導されてますから
・同志の皆さんに守られた
・学会は最高の団体。どこにいても同志がいて、つながっていける。
・避難所でも必ず、同志が学会員を発見してくれて、様々な便宜を図ってくれるんです。
・全国、どこに行っても学会員がいるんです。必ず、手を差し伸べてくれます。
・「一人じゃない」「全国の同志が見守ってくれている」
・学会には色んな人（職業人）がいるんです。色んな特技をもっている人がいるから避難所でも大活躍なんです。
・こういうときにやっぱり思うのは、学会のつながりはすごい
・どこに行っても「創価家族の絆は一つ」
・今回の震災で改めて「学会のあたたかさ」を実感したわけです。
・学会は「励ましのネットワーク」ですから
・「創価学会があって本当によかった」って話になるんです。
・学会の会館は「地域社会への貢献の城」なんだよってご指導頂いてますから

以上は、創価学会の組織ないし「同志」とよばれる会員の励まし・連帯について語られたナラティヴの一部である。これらの語りについては、金澤さんと大野さんだけでなく、他のインフォーマントからもほぼ同じ内容が定型句のように語られた。また2013〜2018年まで時期を問わず、通時的に語られる。これらのキャッチワードは、『聖教新聞』の記事や見出しに掲載されているものが多い。

とりわけ金澤さんと大野さんのような役職者は、聖教新聞や『大白蓮華』に紹介された記事を家庭訪問の機会等で会員に話す機会が多い。話すうちに、表現や話形に馴致し、ナラティヴが定型化されていく側面がある。また一方、聖教新聞に掲載された記事を読み、自身の思いや考え、あるいは経験や記憶が一定のフレームに沿って構造化され、言語化が可能になっていく側面もあると思われる。聖教新聞をはじめとする創価学会のテクストと彼女らの語りは再帰的な関係にあるのである。

・学会員という立場がなかったら、(東電職員という立場だけだったら)心が折れていたってお話されてたんですが…

このように様々な境遇にある会員のエピソードを紹介するナラティヴもしばしば語られる。たとえば、上記のように会員の中にも東京電力や原発関連企業に勤めている人間が存在するが、会の内外において、心ない誹謗・中傷を受ける機会があったそうである。そういう際にも仲間がいたから、同志に支えられたから、自分ができることを誠実にやりぬこうと思えるようになった、という趣旨の体験発表があったそうである。この語りが座談会で披瀝され、それが他の会員からも印象的に語られるようになる。このように特殊な体験が会員たちへ共有される形で同悲同苦の共同体が形成されていく。座談会に参加すると、世の中には様々な境遇の人がいること、様々な立場があることを知り、自身の考えや認識が相対化される契機を得る。

聖教新聞に示された指導を自分たちに言い聞かせるように語るナラティヴ

もある。

・池田先生が「心の財だけは絶対に壊れない」って。「負けるな、勇気を持て、希望をもて」って、これを支えにして頑張ってこれた…
・池田先生が「蔵の財より心の財」ってご指導くださって。家をなくしても、財産をなくしても、心の財は決して壊れることはないって。
・池田先生が「頭をあげて胸を張れ」って。「人生は勝負だ。前を見て、希望をもって前進しろ」って
・池田先生から「一番苦悩した人ほど、一番、偉大な使命がある」ってご指導頂いているんです
・「耐え抜いた人に勝れるものはなし」って
・「あきらめない限り、希望はある」って、こうご指導頂いていて
・「婦人部は一家の太陽たれ」ってご指導いただいてるんですが
・学会では「冬は必ず春となる」って言いますけど
・「信心の光で破れぬ闇はない」って
・「タンポポの種のように飛んで行って、飛んで行った先で使命を果たす」、物事を前向きに捉えて、各自がその場で使命を果たすってことですけど
・学会は、人生の羅針盤みたいなものです
・私たちは、人生の師匠をもてて本当によかったな、と思うんです。

「池田先生」（池田大作名誉会長）への絶大な信頼と尊敬、指導やメッセージに対する感激や反芻もしばしば披歴される。いわきに限らず、他の被災地のインフォーマントからも「蔵の財より心の財」や「冬は必ず春となる」等の言葉は繰り返し語られた。

また御書（日蓮遺文）に記された教理と絡めて苦難を意味づけたり、不条理な現実に対峙する語りもある。

・すべてを「変毒為薬」できるのがこの仏法であり、信心だってご指導頂

いているんです。

・日蓮大聖人のお言葉に「人のために火をともせば、我がまへあきらかなるがごとし」(堀日亨編1952: 1598) ってありますね。結局、人のために一生懸命やってると思っていても、それで自分の前が明るくなってる。人を励ましてるつもりでも、それによって自分が励まされてる。勇気をもらってる。そういうのがやはりあるわけです。

・御書には「蔵の財よりも身の財すぐれたり身の財より心の財第一なり」(堀日亨編1952: 1173) ってあるんですが、私たちは「蔵の財より心の財」って言ってます。家をなくしても、財産をなくしても、心の財は決して壊れることはない。心の財が一番大切なんだよって。

・「願兼於業」「宿命を使命に変える」。必ずハッピーエンドになることが約束されたドラマの主人公。そう信じて困難に立ち向かうということです。

・「煩悩即菩提」、苦難をお借りしながら人間革命させて頂こうと。そう思えばすべてが感謝なんです。

ここまでに紹介した語りから諷示されるフレームは、不条理な現実を試練と受け止め、逆境・苦難に「負けない」(負げでたまっか！) ことを強調する〈勝利のフレーム〉、数多くの同志のサポートを得ながら「池田先生」の指導・激励に応えることを目指す学会家族の一員としての〈団結のフレーム〉、宿命を使命に変えて人間革命を目指す、苦難を乗り越えた人が皆を救える、苦しんだ人ほど大きな使命がある、という自らの人生に対する〈使命のフレーム〉等に分類することができるだろう。

一方、前向きな言葉だけが語られるわけではない。印象深かったものに以下がある。いずれも2013年9月17日のインタビューからの抜粋である。自分が果たすべき役割、役職者としての責任感が非常に強いことが読み取れる。

・なぜ自分が役を頂いているときにこんなことが起こってしまったんだろ

うって。どうしてなんですかって、思わず（長谷川副理事長に[23]）言ってしまったんです。(金澤さん)

・自分が役にふさわしい行動を取れているか。これを考えるんです。(大野さん)

・避難所の方からここに残ってって（懇願された）。だけど私は、そこの避難所の方々だけでなく、全体（新世紀圏）の安否を確認し、激励しなければならない立場。役を頂いてるから。後ろ髪引かれる思いでしたけど…(大野さん)

続けて個人的な見解が語られた内容を見ていきたい。まずは金澤さんから紹介する。以下も同様に2013年9月17日のインタビューからの抜粋である。

・創価学会をやっていない知り合いから、「あなたはやることがあっていいわね」と羨ましがられたことがあるんです。気が狂いそうだって。喋る人がいなくて、誰も訪ねて来てくれないって。そういう声を聞いたとき、ああ、私たちってなんて幸せなんだろうって。学会の組織に支えてもらって。もう来なくていいよっていうくらい次から次へと励ましの手が伸びて…。問題解決してなくっても、話をしただけで安心できるって部分がありますよね。だから、やはり対話っていうものが、どれだけ大切かって、こういう事態になって改めて痛感させて頂いたというのはありますね。(金澤さん)

・「あなたがた、色々補償でそういうお金が入ってくるからいいよね」って。最初のうちはそんな感じじゃなかったですけどね。だんだんそういう声が。「あなたたちがいるおかげで病院も混み合って。もうなんで早く帰んないの？」とか、そういう嫌がらせとか、嫌なことを言われた人が、広野町のメンバーにも結構いらっしゃるんですね。そういうね、人間の心って。人間のあり方というか、そういうことをね、考えさせられますよね。そういう時って、やはりもちろん希望とか安心とか与えられたらいいんでしょうけど、まずはそこを生き抜くっていうね。心の強さっていうか、前を向いてね。一歩でも二歩でも。そういう状況の時に進んでいける人生の哲学というか羅針盤というか、そういうものを頂いているのが私たち（創価学会員）の強みじゃないかなって思いますけど。(金澤さん)

続いて大野さんの語りを紹介する。上記のように2013年9月17日時点で、金澤さんの語りは、創価学会の強み、仲間のありがたさを物語るポジティヴな内容が多かったが、大野さんの語りにおいては、ネガティヴな心情が吐露される場面もあった。

・う〜ん。津波や地震ですべて無くした方々も本当に大変だったと思うんですね…。ただ…、私たちが違うのは…う〜ん…。家はある。行くこともできる。でも許可なく入れない。泊まることももちろんできない。ただ…、朽ちていく姿を見届けなければいけない…。極端な言い方だと、全部なくしてしまったら、そこから這い上がろうと、前を向こうと思えると思うんです。ですけど自分の意志とは関係がないところで。今、避難している状況があって。(踏ん切りがつかない中途半端な状態の中で)心が朽ちていくと言うか、心がずたずたになるって言うか…(涙)…
・自殺された方もいますし、仮設（住宅）で孤立状態の方もたくさんいます。私たちは、やはり励ましを。一人ひとりに。全国にバラバラになってしまっているので本当にもどかしいんですけど、自分たちができることは、目の前にいる方たちを励ましていくこと以外にないなって思っていて…。(大野さん)

大野さんは、2013年9月時点では、「わかっていても自分がなかなかその現実を受け止めることができない」と涙を流しながら現状を語っていた（大野さんの家族は、三人の子ども・夫・母親と一緒に暮らしていた）。またそういう自分を叱咤するかのように「できることは目の前の方たちを励ましていくこと以外にない」と述べている。

翌年以降のインタビューの際も、富岡町の話題になると感極まって落涙する場面がしばしばあった。しかし、2018年3月5日のインタビューの際には、ふんぎりが付いたような表情になり、以下のような語りを披瀝して下さった。

・5年目までは、私たちのこんな思いはわからないだろうって。いわきに行って、同じ学会の人でもわからないだろうって。だから何を言ってもムダだって思っていたし…。でも不思議です。これは何でだかわからないんですけど、4月のある日のことなんですけど、郡山の会合を終えて、家に向かう途中に、このいわき市も被災した。30km 圏内。で、その双葉郡の人たち、私たちを、約25,000人を受け入れた。久之浜とか四倉とか豊間とか、ああいう津波の被害を含めて被災地なんですよ。いわきも。でも、それにしても25,000人の被災者をいわき市は受け入れたんですね。そのことをふと思ったときに、このいわきの方たちの心の深さ、心の広さ、それを感じることができた瞬間、創価学会のいわきの人たちももちろんそうですけど、そうじゃない人も含めて、本当にありがたいな〜って、感謝の思いに変わったんですね。この5年目で。それからですね。私の思いがグンと180度変わったのは。月に一回座談会に参加させてもらってるんですけど、参加させてもらうごとに、いわきの方たちに感謝の心を述べることができるようになったんです。だから、こう、第二のふるさとというか…。
・何かこう、私たちは被害者っていう意識ですかね。それが変わった瞬間でしたね。受け入れてくれているいわきの方たちは、ヘンな言葉になってしまうけど傍観者というか、私たちをどんな風に見てるのかな、みたいな（そういう眼差しでいわきの人々を見ていた）。だから自分たちの方が被害者みたいな、そんな気持ちがあったんです。それが、対等って言うんですかね。同じなんだって。その瞬間だったと思うんです。感謝の心が湧き出たのは。これは私自身も予想していなかったことなんですけど。

・去年の９月から双葉郡に戻ってこられた方で新世紀圏が組織されたんですね。それで今は140世帯あまりなんですけど、戻った来られた方が。でも、今、金澤さんがおっしゃったように、今まで住んでいた人たちは、あらかた方向性を決めました。なので、戻ってこられた方、首都圏に今おられる方、地元の近くのいわきに住んでる方、ほとんどの人が人生の方向性を決めて舵を切ってるところなんです[24]。だいたい地元に帰る人たちは予想がつくわけです。理屈でいうと、これ以上は戻ってこれないし。発展ないだろうって理屈ではわかっているんですが。でも、未知数なところもあって。（除染）作業で来られた方とか（座談会に合流して一緒に活動しているし）、今度、富岡の図書館司書に採用が決まって、東京の女子部[25]の方が引っ越してこられるっていうニュースもあるし。男子部の方でも、作業で来られたけど、こっちが気に入ったって広野町に住民票を移された方もいるんです。いい意味で、予想だにしないことが起きることを信じ抜いて、今を生きてるってところですかね。

・本当にこの創価学会でよかったなって。創価学会でなければ、物事をこうポジティヴに考えられなかった。池田先生から激励を頂いたんですね。「信心で超えられない難など断じてない。乗り越えた人が皆を救えるのだ」って。私たち（相双地区のメンバー）に対する深いメッセージだったわけです。私たちがいろんな思いをして、故郷を追われて、いろんな経験したけど、そのことがあるからこそ人の痛みがわかって、同じ思いをしている人たちに光を照らすことができる。それが私の人生の使命なんだって。本当に私たちにとって震災は大成長の場だったって。心の底からそう思えたのは５年目からだったですけど。（大野さん）

6.　まとめと考察

新宗教教団は、共通の信念に基づいた我々意識・コミュニティ感情（community sentiment）を分有する集団社会という意味において一種のコミュニティと見なしうる。これまでの災害をめぐる社会学的研究では、宗教的コミュニティは必ずしも注目されてこなかったが、非常時における救援・支援活動において一定の役割を果たしてきたことは、本章の記述で了解されたであろう。

創価学会は、日本最大の新宗教教団であり、当該地においても地域人口の約5％というスケールのローカル・コミュニティを形成している。会員同士、かなり緊密に交流し、つよい信頼関係を結んでいる。それを可能にさせているのは、婦人部を核とした地域会員の日々の活動であり、とりわけ役職者の熱意と不断の献身が創価学会というコミュニティを下支えしている。

新宗教教団の支援活動に対しても一定の類型的把握が可能である。なかま・官僚制連結型教団は、その他の多くのおやこ型教団と比べ、大規模的で計画的な支援を可能にさせる体制を備えている[26]。この類型に合致する立正佼成会と創価学会は、国内外に教線を拡大させており、東日本大震災のような非常時には県外・国外からも物的・人的支援がなされる[27]。広域避難を余儀なくされた人々も、全国各地に遍在する会員達の支援・サポートを受ける。離散した避難者達は、もともと所属していた地域のスタッフによって安否確認（所在の照会）がなされ、避難先の地域においてサポートを受けることになる。疎外・孤立に抗するネットワークとして機能している。

ただし、最寄りの地方組織に加入させる原則をもつ立正佼成会と創価学会に関しても原発避難者の対応については差異が見られた。立正佼成会は、受け入れ側（震災以前からいわき市在住の会員）と避難者（相双地区からいわき市へ避難・移住した会員）の合流を避け、創価学会は合流を促す方針を採った。受け入れ側と避難者側には、悩みや不安、様々な利害、将来設計のビジョン等に大きな差異があることは述べるまでもない。

本章は、相双地区の二人の役職者の語りを取り上げ、検討の素材とした。なお二人の語りは、聖教新聞等に示された指導・激励に紐付けられた語り（マスターナラティヴ）が多く（教団テクストに掲載された表現や話形に馴致し、ナラティヴが定型化されていく側面と、教団テクストに枠づけられて過去が想起され、特定のフレームに即した形で体験が構造化・言語化される二つの側面がある)、語られる内容は、時系列によって変化する（故郷・居住地に対する思い等の）トピックと、しない（指導・激励・教義等に関する）トピックに大別される。一方、温度差も観察された[28]。広野の金澤さんは、2013年9月当時から前向きな発言が多く、学会のすばらしさを称賛するポジティヴな語りが多かったが、富岡の大野さんは、2016年前後までは不安定な心理が吐露される語りをしばしば見せていた。

合流する形の小集団活動は、分断され、孤立しがちな避難者に居場所とやりがいのある活動（役割行為）を与え、前向きで積極的な言葉のシャワーを浴びる機会を提供する。会員同士の結束を恢復し、震災後の現実への適応ないし新しい生活への橋渡しに機能している。アノミー状況に陥った人々へ、自尊感情と生きがいを育む貴重な場を提供したという意味において、避難者の心のケアにポジティヴな作用を大いにもたらしたと言えるだろう。

一方、苦難を分かち合い、同じ不安を共有する仲間同士で涙を流す、という感情放出の機会が抑えられたという意味では、マイナスの作用もあったと思われる。2013年当時、(避難者のみの集いである）フェニックス勤行会の様子が、強い感動（感情吐露）を伴って語られたのも、日々の小集団活動における疎外感、あるいは居心地の悪さのようなものの裏返しの側面があったのではなかろうか。ある種の痛みは、同じ境遇にある人々が集うことによってしか癒されない、ということがやはりあるだろう。相双地区といわき市の人々が直面した事態は大きく異なっており、いくら信仰上の同志といっても、補償その他の現実的な問題を忌憚なく話し合い、不安や不満を直截に分かち合うことは難しかったと思われる。

しかし、発災から「5年」が経った時期に、大野さんの語りに大きな変化が見られたことは注目に値する。大野さんは、それまで、いわき市の人々が「同じ」被災地でありながら多くの避難者を受け入れてきた「心の広さ」に思いが至らなかった。他人にとって当たり前のことになかなか気がつかないことがあるように、理屈でわかっていても納得できないことがあるように、大野さんは、いわき市の人々と避難している相双地区の人々とを「同じ」被災者だとは考えていなかった。大野さんは、富岡への帰還を諦めたとき、初めて「対等」な被災地として、いわき市を認識した。すると、いわきの人々の善意・厚意に「感謝の念が溢れてきた」。「第二のふるさと」としての愛着も湧いた。そして、双葉郡の同志のために何ができるか、という前向きな発想へ自身の思考を転換することができた。

つまり、この事例が示しているのは、避難者の心の傷の恢復には、相応の時間ときっかけが必要だということである。善意に溢れる仲間（同志）集団と接触・交流し続けることは、たとえ即効的な効果を発揮せずとも、心のわだかまりの解消に寄与し、強い安心感・信頼感、そして幸福感の醸成につながることがある。

避難者への支援・ケアのあり方は、短期的な効果・効用のみならず、中長期的なスパンからの検討が不可欠だろう。そして支援活動の持続可能性（財源・人材の確保）とセットで検討がなされるべきである。創価学会は、発災から７年半が経過した現在でも、避難者たちへきめ細かいサポートを提供し続けている。公的財源に依ることなく、「人のために火をともせば、我がまへあきらかなるがごとし」「自分のことより目の前の一人」という動機付けによって、多くの会員達がヴォランタリーで励まし活動に勤しんでいる。

以上、創価学会の支援活動の特質を検討してきた。創価学会は、限られた規模ながらも緊急時には（避難所として）行政機能を代行し、緊急支援物資を（被爆を恐れて運送業者が敬遠した）避難所に供給し、その後も大量のボランティアを断続的に全国から動員し、復興支援にあたった。そして、全国に離散した原発避難者たちを各地の地方組織につなぎ、居場所を与え、前向きで積極的な言葉（激励）に触れる機会を提供した。平時から人々を前向きな行動に駆り立てる集団として創価学会はあるが、東日本大震災のような非常時においては、平時以上にサポートのネットワークの重要性、かけがえのなさが自覚化される。

福島県浜通りは、原発避難者の生活再建という課題を抱えている。故郷を喪失した避難者達は、多くのものを失った。住宅、仕事、家族生活、人間関係・コミュニティ、商店街・医療機関等の生活インフラ、自然の恵み、先祖の記憶等、多岐にわたっている[29]。

かれらの生活再建に際しては、住宅、仕事、商店街・医療機関等といった生活インフラの復旧・復興と同時に、新たな人生の「意味」の恢復という課題があるだろう。新しい生活をスタートさせ、新たな土地で新しい人生を歩んでいく意味、これから続く今後の人生の生きがいを定置せねばならない。

筆者は、創価学会の支援活動のもっとも大きな特質は、経済的・物資的な支援以上に、被災者へ積極的に生きる意味を提供し続けている点にあると考えている。集合的な語りによって指導・激励が内面化され、特殊な体験の共有によって同悲同苦の共同体が形成されている。「蔵の財より心の財」「心の財だけは絶対に壊れない」「負けるな、勇気を持て、希望をもて」「あきらめない限り、希望はある」「宿命を使命に」「一番苦悩した人ほど、一番、偉大な使命が」「乗り越えた人が皆を救える」等、不条理な現実を受け止め、苦難・困難を試練と捉え返し、「人生に勝利する」ことを鼓舞するコミュニティとして創価学会は機能している。

以上あくまで中間的考察にすぎないが、創価学会の支援活動の意味論的な特質を見てきた。今後も注意深く、避難者達の生活と彼らへの支援、創価学会という宗教コミュニティの取り組みを見守っていきたい。

謝辞

金澤清子さん・大野久美子さんをはじめ、我々の調査に協力して下さった数多くの会員の皆さんに感謝致します。また現地調査にあたっては、創価学会広報室の井戸川行人氏、ならびに多くの現地スタッフのご理解・ご協力を頂戴しました。記して、衷心より感謝致します。

注

1　我々は、日本宗教学会第71回大会（於・皇學館大学／2012年9月7～9日）においてパネルセッション「東日本大震災後における〈いわき市〉と宗教」（第11部会）を企画し、筆者は「新宗教の震災対応――創価学会と天理教の取り組みを中心に」と題した発表を行った（『宗教研究』86巻4輯に要旨収録）。

2　宗教者の活動を扱った重要な成果に本書に収録された星野英紀の一連の研究と（北村2013）が挙げられる。また、宗教と震災復興をめぐる議論の基本文献として（稲場・黒崎編2013）がある。

3　地域概要については第1章を参照のこと。以下では、本章の理解に必要な基礎的情報のみを記述していく。なお、以下に記す人口や被災者の数は、いわき市 http://www.city.iwaki.lg.jp/www/index.html および相双ビューロー http://so-sobureau.yumesoso.jp/aboutsoso ーにて公表されている「平成23年東北地方太平洋岸沖地震による被害状況速報（第1744報）2018年8月6日8時00分現在、福島県災害対策本部」に記載された数値を記している（いずれも閲覧日は2018年11月26日）。

4　鈴木広は、日本の都市を江戸時代以前から都市的形態をとっていた都市（A）と近代以降に都市的形態を形成するに至った都市（B）を分け、さらに一つの巨大工場を中心に都市化が図られた都市（B- α）と複数の工場や産業が競合・併存する形で都市化が図られた都市（B- β）に分類した（鈴木1970: 16）。いわき市は、当初は、常磐炭鉱を中心としたB- α型の都市の性格を有していたが、その後、複合的なB- β型に変化を遂げたと見なすことができる。

5　警戒区域は福島第一原子力発電所から半径20km圏内を指しており、計画的避難区域とは、積算線量が1年間で20mSv超のエリアを指している。

6　帰宅困難区域とは、年間推定積算放射線量が50mSv超のエリア、居住制限区域とは、年間推定積算放射線量が20mSv超のおそれがあると確認された地域、避難指示解除準備区域とは、年間推定積算放射線量が20mSv以下になることが確認された地域を指す。

7　2011年の時点では、警戒区域・計画的避難区域・緊急時避難準備区域の指定エリアからの避難者は、約14.4万人に登ったとされる（高木2012: 306）。また、上記にあげた数値は、前掲「平成23年東北地方太平洋岸沖地震による被害状況速報（第1744報）2018年8月6日8時00分現在、福島県災害対策本部」によっている。なお当該地域住民の避難経路や避難生活の状況に関しては、高木竜輔と川副早央里の一連の研究が詳しいので参照されたい。（川副・浦野2015; 高木2012, 2017）等を参照のこと。

8　既に述べたように地区ブロック制は、「導き系統のいかんを問わず、地域ごとに最寄り原則で信者を地方的単位に編成しなおす」組織形態を指す（森岡1981: 25）。

『創価学会四十年史』には「30年以降（筆者注：1955年）、地域の会員をまとめた組織ができていた。これはブロック組織、地域というヨコのつながりを重視することからヨコ線といわれた」と述べられ、年表には「1955年5月6日東京都内にブロック組織しかれる」と記されている（創価学会四十年史編纂委員会編1970: 508・16)。『革命の大河 創価学会四十五年史』には、「この年（筆者注：1955年）から学会の組織に画期的な変化が起きた。それは折伏の教線の伸長がそのまま組織を構成した従来のタテ線組織に加えて、地域的ブロック（地縁組織）の構築が開始されたのである」とあり、「(筆者注：1957年8月）東京のブロック組織（地域ごとの連帯組織）が大幅に改革され、都内23区が総ブロックに分割され、総ブロック長、総ブロック委員が任命された」「この方式はさらに全国に広がられ、従来の折伏の教線をタテ組織とすれば、ブロック組織はヨコの組織として学会員全員の信仰をもれなく深める役割をはたすことになる」と記されている（上藤・大野編1975: 145, 164)。つまり、創価学会は従来のタテ線を温存しつつ1955年以降、他教団に先駆けて地区ブロック制を整備・確立させた。

近年、発表された創価学会研究において、「日本においては1970年、公布第二章の眼目の一つとして「タテ線」から「ヨコ線」への転換、―つまり地域ブロック制は導入された」「ブロック制への移行の時期」は「むしろ例外的に遅かったといえるかもしれない」(秋庭2017: 199, 256)、「多くの日本の新宗教がタテ線組織、擬制的親子関係を採る中で、日本の創価学会は1970年にタテ線組織から「ヨコ線組織」(ブロックシステム）に変更した」(川端・稲場2018: 108）との記述が見られる。これは、『新宗教事典』における「教団の組織 創価学会」の執筆者・中野毅が、「支部・地区・班・組」を「タテ線組織」と呼び、これが基調となっていた組織原理から1970年2月の「地域別のブロック組織が基本となる形態へ変更」された（中野1990: 142)、と解説したことに起因する誤解だと思われる。

折伏による導きのオヤとコの関係を「タテ線」と呼ぶ議論と「支部・地区・班・組」を「タテ線組織」と呼ぶ議論とは意味合いが異なっている。また「支部・地区・班・組」は「擬制的親子関係」に基づく機構ではない。創価学会の地区ブロック制導入は、日本の新宗教の中では例外的に早いタイミングだったのであり、1970年の組織再編のポイントは、折伏のオヤコ関係で結ばれたタテ線のつながりを完全に廃止し、組織系統をヨコ線に一元化したことにある。

9　以下、天理教・真如苑・立正佼成会の信徒数は、(文化庁編2017: 71,79,87) から。創価学会は（創価学会広報室2018: 22）から。

10　たとえば、創価学会において座談会とは「宗教運動高揚の場」であり、「学会全体を動かす源泉」と位置づけられている（創価学会四十年史編纂委員会編1970: 510)。新宗教の小集団活動については（寺田2018）も参照のこと。

11　いわき市の創価学会の拠点は、いわき文化会館である。1954年頃に教線が拡がり、教勢の拡大を見たとされる。福島支部の結成大会（於・郡山市民会館）が開催されたのは1958年である（13,000人が結集し、場外に溢れたとされる）。1960年のチリ津波の際は、池田大作会長（当時）が福島会館（現郡山平和会館・東北初の会館）を訪問している（聖教新聞編集総局2012: 304）。いわき文化会館が鉄筋化されたのは1977年のことである。

12　福島県内では県北部の新地町・相馬市・南相馬市において多数の犠牲者が出ているが、いわき市の久之浜・四倉・薄磯・豊間・小名浜等といった地域でも大規模な津波被害が発生した。

13　14時過ぎに第一原発1号機で炉心溶融が発生するが、この事実は5月15日まで公表されない。また政府発表は、避難者達に正確に届いていないケースが多かった。

14　その後も4月7日11時32分に宮城県沖を震源とするM7.1の余震が発生し、福島県浜通りも震度5強を観測する。4月11日17時16分にも福島県と茨城県で震度6弱の余震を観測している。いわき市における聞き取りでは、7日の余震の方が（場所によっては）地震の被害としては大きかったという話を聞いた。

15　野田佳彦（元）首相から「原子炉は冷温停止状態に達し、事故そのものが収束に至った」と発表があったのは11月16日。なお、2013年8月以降は、「帰宅困難区域」（年間推定積算放射線量が50mSv超の地域：富岡・大熊・双葉・浪江・葛尾・飯館・南相馬の一部で対象住民は約2.4万人）、「居住制限区域」（年間推定積算放射線量が20mSv超のおそれがあると確認された地域：南相馬・大熊・川俣・富岡・浪江・飯館・葛尾・川内の一部）、「避難指示解除準備区域」（年間推定積算放射線量が20mSv以下になることが確認された地域）の三つの区域へと指定される。「居住制限区域」は、将来的には住民が帰還し、地域社会を再建させる予定のエリアで、2017年3月の指定解除を目指して除染・インフラ復旧が進められた。ただし、2017年4月時点で大熊町の一部が依然、指定されている。「避難指示区域の状況」（ふくしま復興ステーション）http://www.pref.fukushima.lg.jp/site/portal/list271-840.html（閲覧日2018年11月26日）

16　仮に一世帯あたりの平均人員を2.4人とした場合、当該地域に約24,000人の会員が存在することになる。住民の約4.61％という規模である。

17　相馬市・南相馬市・新地町・飯館については「旭日栄光圏」という別な「圏」が組織されている。新世紀圏については、一世帯当たりの平均人員を仮に2.5人とした場合、相双地区には約4,000人の会員が存在したことになり、18.2万人（相双地区全体の人口）－12.2万人（新地・相馬・南相馬・飯館の人口）＝6.0万人。4,000人÷6.0万人を計算すると住民の約6.6％が創価学員だったという計算になる。補足しておくと、創価学会は、東京・大阪などといった大都市を中心として教線拡大を遂げた教団である。

18　なお、福島県内では、福島文化会館（郡山市）で約200人、福島平和会館（福島市）で約150人、相馬会館で約80人（相馬市）、原町文化会館（南相馬市）で約50人、被災者の受け入れを行った（「潮」編集部2011: 204）。

19　清水三郎・新世紀圏壮年部リーダー・圏長の言葉。（「潮」編集部2011: 90）にも収録されている。

20　唐木幸恵（1953年・南相馬市生まれ）常磐総県副婦人部長（当時）の語り。「言葉の力ってなんてすごいんだろう、励まそうというその心を伝えてくれる言葉ってなんてすごいんだろうって…そう思ったんです」。いずれも2013年9月17日いわき文化会館にて。

21　前後の動向は、（聖教新聞編集総局2012: 154, 180, 182, 276）を参照のこと。

22　なお相双地区の会員へのインタビューは、すべていわき文化会館で行っており、インフォーマントの選定は、創価学会広報室の井戸川行人氏に依頼し、現地の専従スタッフの協力・アテンドを受け、遂行されている。1回あたりの聞き取り時間は2～3時間である。なお、震災以前からいわき市に在住している会員と、相双地区（新世紀圏）の会員の聞き取りは、なるべく率直に思いを語って頂けるよう、毎回、日時を分けて行っている。また、語りについては、細かい言い間違いや繰り返し、意味が通りにくい箇所等は、筆者が修正し、発話の趣旨を重視するやり方で再構成した。

23　語りの前半部で「長谷川副理事長が来られて」という言葉があったのでこのように表記した。長谷川重夫（1941～）は現理事長。

24　2018年10月1日現在、富岡町に住民登録されている避難者のうち福島県内へ移住している人々は9,714人（4,733世帯）である。いわき市には5,848人（2,763世帯）、郡山市には2,251人（1,118世帯）が移住している。県外への避難者は2,627人（1,358世帯）であり、茨城県に517人（244世帯）、新潟県に153人（62世帯）、埼玉県に376人（186世帯）、千葉県に321人（160世帯）、東京都に409人（234世帯）、神奈川県に191人（115世帯）が移住している。「県内外の避難・居住先別人数【平成30年10月1日現在】」（福島県富岡町オフィシャルサイト）http://www.tomioka-town.jp/2222.html（閲覧日2018年11月26日）

25　創価学会の組織は、教学部や国際本部と並行する形で、青年部・婦人部・壮年部という年齢階梯型組織がある。青年部は、さらに未来部・学生部・男子部・女子部に分かれる。

26　天理教や真如苑のような大教団は、大災害時には一時的にトップダウン型の集権体制をとるが、これは例外的なケースである。無論、タテ線のみの（ヨコ線組織が全くない）教団は現実的にほぼ存在しないが、タテ線（あたたかい情愛関係）が個々人の善意・良識、あるいはマンパワーに依存しやすい傾向があるのに対し、集権的なガバナンス機構は、組織的・計画的な対応・支援を進めやすい。

27　支援物資については、簡易トイレ約6万点、衣類約2万400点、生活用品・介護用品約18万6,000点、飲料・食料品約29万6,000点、薬品類約4万600点、燃料（重油・軽油・ガソリン）約8,320ℓ等、計64万1,700点を提供した（聖教新聞編集総局2012: 353）。

28　同じ相双地区であっても、いわき市に隣接し、緊急時避難準備区域の解除が2011年9月30日になされた広野町と2017年4月1日になって（北東部を除いて）避難指示区域の解除がなされた富岡町とは置かれた状況がかなり異なっている。なお富岡町の帰還率は2018年3月現在で4.6％である。「県内外の避難・居住先別人数【平成30年10月1日現在】」(福島県富岡町オフィシャルサイト）http://www.tomioka-town.jp/2222.html (閲覧日2018年11月26日)

29　（高木2017: 98; 星野2014: 13-19）を参照。なお高木の議論は、それぞれのトピックを指摘した先行研究者の議論を具体的に引照したものであり、星野の議論は、浪江町の寺院へのフィールドワークに基づいた議論である。

参考文献

秋庭裕2017『アメリカ創価学会 <SGI-USA> の55年』新曜社。

秋谷栄之助編1999『旭日の創価学会70年』第三文明社。

稲場圭信2013「震災復興に宗教は何ができたのか」稲場圭信・黒崎浩行編2013『震災復興と宗教』明石書店：20-41。

上藤和之・大野靖之編1975『革命の大河 創価学会四十五年史』聖教新聞社。

烏賀陽弘道2012『原発難民　放射能雲の下で何が起きたのか』PHP新書。

「潮」編集部編2011『東日本大震災――創価学会はどう動いたか』潮出版社。

大矢根淳・浦野正樹・田中淳・吉井博明編2007『災害社会学入門』弘文堂。

金子昭2013「新宗教の活動」稲場圭信・黒崎浩行編『震災復興と宗教』明石書店：114-132。

金菱清2013『震災メメントモリ――第二の津波に抗して』新曜社。

川端亮・稲場圭信2018『アメリカ創価学会における異体同心』新曜社。

川副早央里・浦野正樹2015「複合災害下における被害の実相と被災者意識の生成・再編成――二重の分断線の渦中にある〈いわき〉に焦点を当てて」早稲田大学・震災復興研究論集編集委員会編・鎌田薫監修『震災後に考える』早稲田大学出版部：109-123。

北村敏泰2013『苦縁 東日本大震災 寄り添う宗教者たち』徳間書店。

鈴木広1970『都市的世界』誠信書房。

聖教新聞編集総局2012『負げでたまっか！』聖教新聞社。

関礼子編2018『被災と避難の社会学』東信堂。
創価学会広報室2018『Soka Gakkai Anuual Report 2017』創価学会広報室。
創価学会四十年史編纂委員会編1970『創価学会四十年史』創価学会。
創価学会東北青年部編2016『「3・11」生命の記憶』第三文明社。
高木竜輔2012「いわき市における避難と受け入れの交錯」山下祐介・開沼博編『原発避難論』明石書店：303-331。
高木竜輔2017「避難指示区域からの原発被災者における生活再建とその課題」長谷川公一・山本薫子編『原発震災と非難 原子力政策の転換は可能か』有斐閣：93-131。
田中重好・舩橋晴俊・正村俊之編2013『東日本大震災と社会学』ミネルヴァ書房。
寺田喜朗2013「新宗教の震災対応――創価学会と天理教の取り組みを中心に」『宗教研究』86巻4輯：835-836。
寺田喜朗2018「戦後の新宗教運動と教導システム」『本化仏教研究所 所報』創刊号：31-69。
鳥越皓之編2018『原発災害と地元コミュニティ』東信堂。
中野毅1990「教団の組織 創価学会」井上順孝・孝本貢・対馬路人・中牧弘允・西山茂編『新宗教事典』弘文堂：141-144。
長谷川公一・山本薫子編2017『原発震災と非難 原子力政策の転換は可能か』有斐閣。
福島民報社編2012『東日本大震災 原発事故 ふくしま１年の記録』福島民報社。
福島民報社編集局編2014『福島と原発３ 原発事故関連死』早稲田大学出版部。
文化庁編2017『宗教年鑑　平成28年度版』文化庁文化部宗務課。
星野英紀2014「原発難民と「ふるさと」と寺院」『宗教学年報』29号：1-20。
堀日亨1952『新編 日蓮大聖人御書全集 創価学会版』創価学会。
森岡清美1981「宗教組織」『組織科学』15-1号：19-27。
山下祐介・吉田耕平・原田峻2012「ある聞き書きから――原発から追われた町、富岡の記録」山下祐介・開沼博編『原発避難論』明石書店：57-90。
山下祐介・開沼博編2012『原発避難論』明石書店。
吉田浩2015「市民アンケートに見る東日本大震災直後の状況と今後への教訓」東北大学大学院経済研究科地域産業復興調査研究プロジェクト編『新しいフェーズを迎える東北復興への提言』南北社：188-198。
吉原直樹2013「地域コミュニティの虚と実――避難行動および避難所から見えてきたもの」田中重好・舩橋晴俊・正村俊之編『東日本大震災と社会学』ミネルヴァ書房：47-69。
早稲田大学・震災復興研究論集編集委員会編（鎌田薫監修）2015『震災後に考え

る』早稲田大学出版部。

第３部　震災モニュメントと宗教文化

10章

震災モニュメントの現在と今後

小林惇道・君島彩子・弓山達也

はじめに

本章は、東日本大震災を契機に、福島県いわき市内に建立されたモニュメントおよびそれに類する造形物について、私たちで実施した調査の結果を報告するものである。本調査の概要は後述するが、まずは調査対象としたモニュメントについての概念を確認しておく。

モニュメントとは、「一般には人、時代、事件などを歴史的・社会的に永久に記録するために作られたもの」とされる（下中編 1967: 816）。戦争や自然災害など多くの者が亡くなる出来事が発生すると、犠牲者の慰霊や復興を願うため、また、悲惨な出来事を記憶し後世に伝えるため碑や像といった造形物が建てられてきた。つまり、日本においても多くの碑や像がモニュメントとして建立されてきた歴史があると考えられる。

近年では、1995年に起きた阪神・淡路大震災において、多くのモニュメントの建立が確認されている。同大震災では、1999年に、「亡くなった方々への鎮魂とともに、生き残ったわたしたちが震災の経験を忘れず、次代を担う人々や後世に伝える、という決意」から震災モニュメントの位置を地図上で表示した「震災モニュメントマップ」が作成された。1999年当初、同マップには55か所のモニュメントが掲載された。その後、2000年には120か所、2001年には158か所と掲載数を増やし、2004年では236か所もの震災モニュメントの建立が確認され掲載されている（震災モニュメントマップ作成委員会・毎日新聞震災取材班編 2001）(NPO 法人阪神淡路大震災1.17希望の灯り・毎日新聞震災取材班編 2004)。

「震災モニュメントマップ」に掲載されているモニュメントの形状は、碑の類が多くを占めるが、碑以外の造形、地蔵・観音像や植樹、タイムカプセル、メッセージを刻んで商店街に敷かれたレンガ、保存処理された被災した橋脚など、実に多様である。また、モニュメントの設置場所は、まちの公園や街角、学校などが多く、建立者は個人や自治会、学校、企業、行政などと、モニュメントの設置場所や建設主体も様々であることが明らかになっている（三木 2001: 142)。さらに「震災モニュメントマップ」が発行されたことによって、地域の人びとに加え、地域外や当事者以外の人びとにモニュメントの存在を広く知らせることとなった。1999年からはマップに掲載されるモニュメントを訪ね歩く「震災モニュメント交流ウォーク」というイベントが行われている。三木英はモニュメントマップによって生まれたモニュメントを巡る行為を「巡礼の創出」であると述べている（三木 2001: 135-172)。

大きな被害を及ぼした阪神・淡路大震災では、数多くの震災モニュメントが建てられた。そしてモニュメントマップという新たな試みもあり、モニュメントは人びとにとって重要な意味をもつと認識されるようになったのである。

以上の阪神・淡路大震災での動向を踏まえ、犠牲者数の多さや被災地域の広さでは、歴史的にも最大級となった東日本大震災においても、多くのモニュメントが建立されているものと予想される。東日本大震災でのモニュメントを扱ったものとしては、宮城県仙台市から福島県南相馬市にかけて建てられた「慰霊施設」を調べた、鈴木岩弓による調査（鈴木 2013）がある。同調査によると、慰霊施設は30か所で、そのほとんどが津波で被災した市町村の寺院や地域の共有地、神社などといった「各地域の生活圏に点在する公共空間」にあり、すべてが犠牲者の慰霊のために建立されているという共通点があると指摘されている（鈴木 2013: 213-241）[1]。

しかしながら、2014年度末時点において、東日本大震災でのモニュメントについて、その全体像はわかっていない。そのため、本調査は、これまで本研究会で主にフィールドとしてきた、いわき市内に建てられたモニュメントの悉皆調査をめざし、実態把握につとめることを第一の目的とした。判明したモニュメントについての詳細は「いわき市におけるモニュメント等調査報告」(第11章）に掲載した。

本章においては震災モニュメントの概要を述べたうえで、本調査で確認されたモニュメントにどのような特徴があるかについて見ていく。さらに、本調査では、モニュメントの周辺部に位置するとみられる仮設の祭壇と塔婆の存在を確認した。そのため、それらがモニュメント化していく可能性についても論じたい。

1.　本調査について

本調査はまず、新聞記事やインターネットなどの情報に基づき、震災後、いわき市内に建立されたモニュメントの把握につとめた。加えて、2014年8月〜9月に、いわき市内の高野山真言宗、浄土宗、真言宗智山派、真言律宗、真宗大谷派、曹洞宗、天台宗、日蓮宗、日蓮正宗、臨済宗妙心寺派を中心に、仏教寺院209か寺に震災後に建てられたモニュメントの所在確認アンケートを発送し情報提供を求めた。寺院を対象にアンケートを行ったのは、宗教団体や宗教文化と地域コミュニティとの関わりを検討するという本研究会の大きな方針のもと、仏教寺院とこれまで継続的に関係を構築し、ラポールを形成してきたことに加え、寺院はコミュニティのなかで中心的な役割を果たすことも多く、市内に200以上ある寺院数は地域内でのモニュメントの実態把握の手段として適していると思われるからである。

調査は、同年9月7日〜8日と同月18日〜20日に実地訪問し、当該モニュメントの建立に主体的働きをした人物へインタビューを実施した。また追加で、2015年3月10日〜11日にも訪問調査を行った。この他に、不定期で行ってきた調査の情報も補足として使用した。なお、調査は主に上記の期間に実施したことから、2014年度末時点での情報に依拠している。本調査は、弓山達也（大正大学）・村上興匡（大正大学）・寺田喜朗（大正大

学）・齋藤知明（大正大学）・黒崎浩行（國學院大學）の教員、星野壮（大正大学）の講師、魚尾和瑛（大正大学）・小林惇道（大正大学）・小野澤真暁（大正大学）・長島三四郎（大正大学）・中村悟眞（大正大学）・高田彩（大正大学）・高橋麻美子（大正大学）・福井敬（大正大学）・藤井麻央（國學院大學）・君島彩子（総合研究大学院大学）の院生、奥田麻里奈（大正大学）の学部生による研究チームで行った[2]。

2.　いわき市内の震災モニュメント

まず、確認されたモニュメントの概要をそれぞれ紹介する。数字は「いわき市におけるモニュメント等調査報告」（第11章）と対応している。

①3.11希望の灯り

いわき平中央公園には、「3.11希望の灯り」というガス灯とその説明文が記載された石碑が建っている。この灯りは、1995年の阪神・淡路大震災での犠牲者の鎮魂と復興のモニュメントとして兵庫県神戸市東遊園内に建つ「1.17希望の灯り」から分灯されたものである。

灯りの設置にあたっては、震災時にボランティアに来ていた兵庫県の高野山真言宗僧侶からの提案で、真言宗智山派福島第一教区智山青年会（以下、福島第一教区智山青年会という）が中心となり、ロータリークラブや地元関係者とともに実行委員会を立ち上げた。2012年1月17日に神戸で分灯されたこの灯りは、福島第一教区智山青年会の僧侶を中心に、約1か月かけて各地域の智山派青年会等と協力して行脚して運ばれた。灯りは、2013年3月11日にいわきの地で点灯され、東日本大震災の犠牲者への鎮魂と被災地の復興祈念の意味が込められている[3]。

寺院に対するアンケートの調査の中で最も多く情報が寄せられたのが「3.11希望の灯り」であることから、いわき市の震災モニュメントの中でもシンボル的な役割を果たしていると考えられる。

②お題目寶塔碑

大久の日蓮宗法橋寺に、2013年４月、「お題目寶塔碑」が建てられた。これは、岡山県の日蓮宗僧侶が被災三県で、津波が到達した一番奥の場所にそれぞれ碑を建立することを発案し、建立されたものである。被災三県のうち福島県では檀家の犠牲者が多く出た法橋寺に、津波の到達地点として碑が建立された。碑には、震災での犠牲者の慰霊と、この悲劇を風化させてはならないとの意味が込められ、伊藤通明元日蓮宗宗務総長による題目が刻まれている[4]。

③クウェート・ふくしま友好記念日本庭園記念碑

小名浜のアクアマリンふくしまでは、津波によって水族館の９割の魚や生物が死滅する被害を被った。全国から多くの支援が寄せられたが、クウェートからの支援も多額に及んだ。その理由として、館長の安部義孝氏が以前クウェート科学研究所に勤務していたことがあったからである。そのつながりから、2012年３月に来日したクウェート国のザバーハ首長の訪問を受け、水族館の復興と科学技術の振興のための資金援助が表明された。アクアマリンふくしまでは、この多額の支援によって、水族館施設を拡充することが可能となったことに対しての謝意を表すために、クウェート・ふくしま友好記念日本庭園が整備され、2013年８月に「クウェート・ふくしま友好記念日本庭園記念碑」が建立された。

④東日本大震災記念碑

江名の江名諏訪神社には、震災の記憶を残すため、また、神社の復興が終わった記念の意味も込め、2014年３月に「東日本大震災記念碑」が建てられた。正面には復興を願って「興」の字が刻まれている。また、震災の記憶を伝えるため、地震の発生時刻が刻まれている。さらに碑の中央に、震災時に津波が町に押し寄せる様子を映したYoutubeの動画の一場面が、黒御影石にレーザー彫刻してはめ込まれている。津波が堤防を越える瞬間の映像を刻み、津波の恐ろしさを視覚的に訴えることで、文字で説明するのでは限界がある、震災と津波のすさまじさを伝えている。

⑤東日本大震災之慰霊碑

泉の日本道観（「気」のトレーニングを指導する団体）には、「東日本大震災之慰霊碑」が建っている。日本タオイズム協会（日本道観を母体とする一般財団法人）によって、2014年7月に建立されたこの碑は、支援を受けた台湾への謝意を表す意味と、震災で亡くなった人びとへの慰霊の意味が込められている。2009年の台湾の台風被害で日本道観が義援金を送ったことなど以前から台湾と交流があり、今回の震災では、台湾の小学校と道教の廟から義援金を受けた。碑は地球の形をしており、正面から見ると日本と台湾が見えるようになっており両国の関係が強調されている。

⑥東日本大震災復興祈願地蔵

大久の臨済宗妙心寺派宝林寺に、2012年12月「東日本大震災復興祈願地蔵」が建てられた。この地蔵は、震災以前、相双地区に住んでいた者が、祖母の死をきっかけに菩提寺をいわき市内に求めた際、祖母の菩提と、震災で親より先に亡くなった子どもたちへの供養のために、寄進したものである。親しみやすい容貌から、「なでなでしてね」との文字が石碑に刻まれている。

⑦祈り

平下高久の新舞子ハイツ（飲食・宿泊・娯楽施設）に、いわき中央ライオンズクラブによって「祈り」というブロンズ像が建てられた。いわき中央ライオンズクラブでは、ガバナーと呼ばれる都道府県代表の権限で、年に一回、地域に何かを寄贈することになっている。震災当時のガバナーであった坂本勇氏は、震災で亡くなった人びとを追悼するとともに、震災の記憶を後世に伝えるために、日展で入賞したいわき市出身の彫刻家小瀧勝平氏制作の「祈り」というブロンズ像を購入した。設置場所は各所と協議を重ね、薄磯で計画中のメモリアル公園に設置されることになった。メモリアル公園の整備が終わるまでは、新舞子ハイツの敷地内に仮設置されることとなり、

2013年5月に設置された。

⑧いざなぎ いざなみ

植田駅前広場に「いざなぎ いざなみ」像が、2013年5月に建立された。この像は、いわき勿来ロータリークラブ創立50周年記念事業として、震災の記憶をとどめるために建立されたもので、当初は勿来付近の海岸につくることが検討された。しかし、海岸の整備は未だ途中のため、以前ロータリークラブが時計塔を設置したことのある植田駅前に設置されることとなった。制作者はいわき市植田出身の彫刻家で東京藝術大学教授の北郷悟氏で、鎮魂と復興の意味が込められ、日本の創造神である「いざなぎ いざなみ」の像とされた。

⑨広島被爆桜

2012年10月、市立永崎小学校にソメイヨシノの苗木が植樹された。この苗木は、広島県の私立安田女子高等学校で1945年の原爆で被災を受けながらも花を咲かせ続けて、いつしか「被爆桜」と呼ばれるようになった桜の木を接ぎ木したものである。安田女子高等学校では、命の大切さを後世に伝え、生きていることの喜びを感じてもらうために2008年から全国の小中高校などへ贈ってきたが、広島と同じ放射能被害を受けた福島へ夢と希望を届けようと、この苗木が贈られた。

⑩東日本大震災 復興のさくら

地震による地滑りと地盤沈下によって体育館と校庭が大きな被害を受けた市立植田小学校では、震災で校庭のまわりの木々が失われてしまった。ようやく2013年8月に復旧工事が終了し、復興の記念として、2014年3月に3本の桜が植樹された。この桜は、震災で被災した教育環境が復旧した事実を伝えていくためのものとして「東日本大震災 復興のさくら」と名付けられ、建立経緯を記した石碑が隣に建てられた。

⑪がれき座

アクアマリンふくしまの駐車場付近に設置された「がれき座」は、2011年8月に館長の安部義孝氏の発案によって作られたものである。震災からの復旧工事を行った際に出たアスファルトのがれきを用いてステージが作られ、破損したアクリル板を利用し由来が記されている碑がその横に立てられた。「がれき座」は、海のよみがえりを願うもので、祭りの舞台として地域のイベントに利用され、震災の記憶を伝える場となっている。

⑫がれきのモニュメント

平沼ノ内の沼ノ内諏訪神社にもアクアマリンふくしま館長の安部氏が構想した「がれきのモニュメント」が設置されている。2011年8月に、地元の海岸から運ばれた砂が敷き詰められ、その上に、津波で破損した鳥居の破片と狛犬、石碑が配置された。2012年3月に、須賀山道山林という碑が追加された。これらの碑には、町の主力産業であった漁業再興への願いと、震災で得た教訓を代々受け継いで欲しいという願いが込められている。

⑬宝国寺 震災物故者供養塔婆

平北白土の浄土宗宝国寺には「宝国寺 震災物故者供養塔婆」が建てられている。これは、2011年8月から9月頃、東日本大震災物故者供養のために塔婆を建てたことに始まる。当初は、プラスチックの花立てを置き、塔婆を地面に立てていたが、その後、普段から付き合いがある石材店によって、墓地で用いる香炉や花立てが設置された。このことにより、塔婆が一時的な供養の場からモニュメント的な役割へと変化したとも指摘できる。

⑭久之浜 仮設祭壇

以前、いわき市久之浜の海岸沿いに、塔婆、花の植えられたプランター、題目が書かれた石、香炉などが置かれた祭壇があった。2011年7月頃には、すでに塔婆、花などが集中的に置かれた様子が確認され、2012年4月頃には、プランターや香炉が置かれ、大型化したことが確認できる。その他にも、様々なものが置かれ多くの人びとにとって祈りの場となっていたことがわかる。その後、2012年末から2013年初旬にかけての堤防工事により、祭壇は陸地に移動し、塔婆を中心とした簡素なものとなった。さらに、その場所も工事区域となったことから、祭壇に安置されていたものの一部が稲荷神社内に納められたようである。久之浜の祭壇は恒久的なモニュメントではないが、不特定の人びとによって様々なものが置かれ、自然発生的な祈りの場といえるものとなっていた。

⑮薄磯 仮設祭壇

薄磯にも砂浜へ降りる階段の上に、塔婆を中心に、花や供物、香炉などが置かれた祭壇があった。これは2011年5月11日頃、福島第一教区智山青年会が塔婆と香炉を設置したことにはじまる。2012年7月には、真言宗の塔婆に加え、題目の書かれた塔婆が建てられていることが確認できる。2013年3月11日には、木製の台座が追加されており、同年夏頃には、鎮魂と書かれた花入れが確認できることから、不特定多数の人びとの祈りの場となっていたと考えられる。また、薄磯の砂浜の中に建立された大型の角塔婆は、何もない砂浜の中で慰霊を行う際の目印となっていた。階段上の祭壇は、2014年3月以降、海岸の工事に伴い同じ薄磯地区の真言宗智山派修徳院の境内に移され、一部の塔婆などは整理されたようであるが、2014年度末現在、真言宗智山派青年会によって月命日にあたる毎月11日には回向が行われている。

3.　モニュメントの特徴

ここまで、調査で判明した15か所の概要を述べてきた。本章では、それらにどのような特徴があるかについて、5つの視点を例示する。

3.1 過去からのつながり

「3.11希望の灯り」は、今回の震災の犠牲者の鎮魂と被災地の復興祈念のためだけでなく、分灯を行うことによって、神戸の記憶や経験をいわきに伝え、過去に地震に見舞われた地域の経験を、復興へ向けて生かしていこうとする意思や、過去に被害を受けた地域からの応援や励ましのような意味合いが感じられる。

こうした過去からのつながりという意味では、「広島被爆桜」が、放射能被害という共通の災禍から未来を切り開いていく意味合いをもつと思われることと共通するであろう。大きな災禍を経験した地域間のつながり、既に復興を遂げた地域による励ましの印として、「炎」や「植物」といった分与可能なものが用いられたことはひとつの特徴といえる。

3.2 津波被害を伝える

震災の記憶をいかに切実でリアリティあるものとして後世に残していくかは、大きな問題である。震災遺構の保存、解体で論議があることはこうした問題の難しさを物語るものである[5]。

「お題目寶塔碑」は、津波到達点を伝えるために、到達点に建つ寺院に建てられたモニュメントである。また、江名諏訪神社に建てられた「東日本大震災記念碑」は、震災のすさまじさを伝えるためには文字では限界があるとして、津波が堤防を越える瞬間の画像が刻まれ、津波の恐ろしさを視覚的に訴える工夫がなされている。アクアマリンふくしま敷地内にアスファルトのがれきによって作られた「がれき座」や、沼ノ内諏訪神社に津波で破損した鳥居の破片と狛犬を用いて作られた「がれきのモニュメント」は、がれきを再利用することで震災や津波の記憶を伝える役割もはたしているものと考えられる。

これらのモニュメントは、発願者や関係者が津波や地震による被害をどのように後世に残していくかという課題の中で建設されたものであろう。阪神・淡路大震災では遺構や写真を用いた「神戸港震災メモリアルパーク」が整備されているが、復興途中であるいわき市においては個々の宗教施設や個人が主体となり、記憶の継承のため様々な試みが行われていることが明らかになった。

3.3 支援への感謝と友好のしるし

東日本大震災では、海外からの支援も大きかった。2013年8月設置された「クウェート・ふくしま友好記念日本庭園 記念碑」と、2014年7月に建立された日本タオイズム協会の「東日本大震災之慰霊碑」は、震災で支援を受けたそれぞれクウェートと台湾への謝意が込められている。支援に対する感謝を恒久的なモニュメントとして示す事によって、友好を示す意味も込められている。

3.4 社会奉仕活動団体による地元への貢献

ライオンズクラブとロータリークラブという、地元住民がメンバーとなり地域で社会奉仕活動を行う団体によって建てられたモニュメントには、犠牲者の鎮魂や震災の記憶を刻むことに加え、地域への貢献の意味が強いといえる。定期的に地域へ寄付する慣習がある中で、地域にとって大きな出来事であった震災に関連してモニュメントを設置するのは当然の行為であったのであろう。また、この二つのモニュメントは、奇しくも共にいわき市出身の彫刻家による作品である。地元出身の芸術家の作品を用いることによって、地元の苦難の中、地域への貢献をより鮮明に示すことにつながったといえよう。

3.5 桜を中心とするモニュメントとしての植樹

樹木が大きな出来事の事実や記憶を伝えていく意味を担うことは、注目される。「広島被爆桜」と「東日本大震災 復興のさくら」のように、今回の震災では特に桜に注目が集まっている。このほかにも、市立久之浜第一小学校では、2014年3月に「桜3・11学校プロジェクト」により桜の植樹式が行われ、次世代に震災の記憶を伝えために千年生きるといわれる江戸彼岸桜が植えられた（『ふるさとだより』No.35、2014年4月）。また、久之浜では、静岡県三島市の高校の募金により河津桜の苗木の植樹が行われた。これは久之浜を桜の町にするための第一歩としての意味があるという（『ふるさとだより』No.34、2014年3月、2頁）。いわき市が復興へ向けての情報発信のために発行している『ふるさとだより』には、「震災から2年を迎えたふるさとの“春”」、「東北地方に春を告げる復興へ希望の桜が開花」など、桜と復興を重ね合わせる記事が散見される。桜が復興へ向けての象徴となるのは、震災発生が3月と桜の季節に近かったことが関係しているからであろう。

このように今回の調査で、樹木を復興の記念や復興へ向けての希望とする動きが、少なからずあることが確認された。そして、樹木に意味合いを見出す例は、学校に多かった。ここには、木の成長を、次世代を担う生徒の成長や復興という将来へ向かう動きと重ね合わせて捉えようとしていると指摘できよう。

4.　祈りの場としての仮設祭壇と今後の可能性

本調査で、久之浜と薄磯において仮設の祭壇と呼ぶべきものの存在を確認した。現在は、撤去や移動を余儀なくされているが、現に人びとにとって祈りの場としての役割を果たしていたものである。

これまで行ってきた調査と聞き取りをもとに、断片的ではあるが、置かれているもの、大きさ、場所の変化が明らかになった。誰によって置かれ始められたかわからない久之浜のケースも、始めた主体が明らかな薄磯に関しても、多様で不特定の人びとによって、花や香炉、塔婆などが置かれ、徐々に祭壇化していった様子が確認できた[6]。

またここでは、宗教者の関与も注目される。塔婆が建つことによって宗教的な場所としての意味合いが出たことは、人びとにとって拝む場として強く認識されることにつながったのでないか。宗教者も宗教団体も複数が関与し、宗教や宗派に制約されない場となっていた。

こうした自然発生的な祭壇は、人工的な意図をもってつくられたモニュメントとはいえないであろうが、モニュメントへと発展していくきっかけになる可能性は大いにある。久之浜地区防災緑地設計ベース案では、「秋義神社を核として鎮魂の思いと次世代へ震災の記憶を伝えるメモリアルの場」とする計画もあり（「久之浜防災緑地づくりかわら版」5号）、秋義神社とそのすぐ隣に建ち祭壇が納められた稲荷神社付近が今後、モニュメント化していく可能性は十分に考えられる。

いわき市で最も犠牲者の多かった海岸線は、護岸工事が進行中で復興の道半ばである。モニュメントは「永久に記録するため」のものであり（下中編 1967: 816）、場所が確定できない中では、久之浜や薄磯といった仮設の祭壇、「祈り」のような仮設置のもの、「いざなぎ　いざなみ」のような当初予定していた場所とは異なる場所へ設置したもの、といった状況にとどまっているケースが見受けられるのも当然であろう。

本調査では寺院に対するアンケート調査を行ったこともあり、塔婆に関する情報が多く寄せられた。福島第一教区智山青年会では、毎月の月命日である11日に海岸沿い10か所に建てた塔婆をまわり回向している。僧侶中心の回向であるが、そこには地域の人びとの姿も観察される。塔婆という目印が設置されることによって、そこに祈りの場が生じているものと考えられる。

モニュメントを論じる際に、塔婆を考察の対象として取り上げるのは議論があるかもしれない。塔婆とは、民俗学者の五来重によると、元々、結界、霊魂の依代、仏や霊にささげる供養、という複数の意味をもっていた。それが現在では、供養としての意味合いがほとんどを占めるようになったとし、法要や儀式などで塔婆を建てることを「供養の捧物化した姿」と捉えている（五来 2009: 15）。本調査で、建てられた塔婆は、回向・供養のためであり、これが「永久に記録するため」のモニュメントと直接的には繋がるものではない。しかし、起源を遡ればインドで釈迦の舎利を納めるために建立されたストゥーパに由来し「塔」の一種ともされる塔婆が、モニュメントの建立を検討する材料になることは大いに考えられる。今回の調査で、宝国寺と福島第一教区智山青年会へのインタビューによれば、将来は石碑や慰霊碑を建てることも案としては考えられるとのことであった。

5.　おわりにかえて

本調査では、碑の類以外にも多様な形状が確認された。阪神・淡路大震災の事例を参照すると、復興が完了してからモニュメントが建立される場合も多く、調査時点の2015年は東日本大震災発生から4年あまりと、元の状況に戻るまでには至っていない。こうした中ではモニュメントの建立があまり進んでいないことが予想される[7]。特に、福島県浜通り地域は、原発事故の影響も大きく復興が遅れていることが課題となっている。

これまでの研究においては、震災モニュメントの建立後のみが研究対象となってきた。一方、本調査では、恒久的な震災モニュメントとは異なり、復興の工事等で移転しながらも、仮設の祭壇や塔婆が設置されたことを確認した。このことからは、恒久的なモニュメントを対象としただけでは見えてこない、多様な場での人びとの祈りをかいまみることができるのではないだろうか。

本調査で明らかとなったモニュメントは15か所で、そこから一般性を見いだすことは難しい。今回の調査はあくまで2014年度末時点で判明したもので、調査を今後も実施し、情報収集を行う必要があるとともに、地域の中での位置づけなど包括的な検討を行うことも必要であろう。本章はモニュメントの実態把握とともに、2014年度末時点の記録としての意味を強調しておきたい。

注

1　鈴木は震災死者のための石碑、像、木柱、五輪塔を「慰霊施設」とする。

2　調査者の所属は、2014年度末時点。

3　希望の灯りは、2012年3月に福島県南相馬市、同年11月に岩手県大槌町、2013年3月に宮城県川崎町にもそれぞれ分灯、建立されたが、いわき市の希望の灯りとの関わりはない。

4　宮城県には2013年3月5日に女川町、岩手県には2014年4月11日に大船渡市に、それぞれ建立された（『日蓮宗新聞』2014年4月11日）。

5　例えば、宮城県南三陸町の防災対策庁舎では、解体か保存かで多くの議論がまきおこっている（『河北新報』2015年2月23日）。

6　自然発生的に設置された仮設の祭壇は他の地域でも確認されている（大村哲夫「慰霊施設のあり方を考える」『中外日報』2013年11月9日）。

7　阪神・淡路大震災の研究では、震災モニュメントを復興のメルクマール、つまり標しとする成果が報告されている（越智・堀江・立木 2005）。

参考文献

NPO法人阪神淡路大震災1.17希望の灯り・毎日新聞震災取材班編2004『思い刻んで―震災10年のモニュメント―』どりむ社。

大村哲夫「慰霊施設のあり方を考える」『中外日報』2013年11月9日。

越智祐子・堀江啓・立木茂雄2005「まちの復興のメルクマールとしての震災モニュメント形成――地理情報システムを用いた形成要因の分析」『地域安全学会論文集』7: 79-86。

『河北新報』2015年2月23日。

五来重2009『葬と供養（下）五来重著作集 第十二巻』法藏館。

下中邦彦編1967『世界大百科事典21』平凡社。

震災モニュメントマップ作成委員会・毎日新聞震災取材班編2001『阪神・淡路大震災 希望の灯り ともして…』どりむ社。

鈴木岩弓2013「東日本大震災による被災死者の慰霊施設――南相馬市から仙台市」村上興匡・西村明編『慰霊の系譜』森話社。

『日蓮宗新聞』2014年4月11日（日蓮宗岡山県宗務所HP　http://blog. livedoor.jp/okayamasunlotus/archives/53910329.html（2015年3月31日閲覧））。

「久之浜防災緑地づくりかわら版」5号、福島県いわき建設事務所　http://www.pref.fukushima.lg.jp/uploaded/attachment/61327.pdf（2015年3月31日閲覧）。

『ふるさとだより』No.34、2014年3月、福島県いわき市。

『ふるさとだより』No.35、2014年4月、福島県いわき市。

三木英2001「巡礼の創出、聖地の出現」三木英編『復興と宗教――震災後の人と社会を癒やすもの』東方出版。

第11章
いわき市における震災モニュメント等調査報告

君島彩子・小林惇道編

表11-1　震災モニュメント等 一覧

No.	名称	所在地	設置月	形状
1	3.11 希望の灯り	平中央公園 (平三崎)	2013年 3月	ガス灯 石碑
2	お題目寶塔碑	日蓮宗 法橋寺 (大久)	2013年 4月	石碑
3	クウェート・ふくしま友好記念日本庭園記念碑	アクアマリンふくしま (小名浜)	2013年 8月	石碑
4	東日本大震災記念碑	江名諏訪神社 (江名)	2014年 3月	石碑
5	東日本大震災之慰霊碑	日本道観 (泉)	2014年 8月	石碑
6	東日本大震災復興祈願地蔵	臨済宗妙心寺派 宝林寺 (大久)	2012年 12月	石像
7	祈り	新舞子ハイツ (平下高久)	2013年 5月	ブロンズ像
8	いざなぎ いざなみ	植田駅前広場 (植田)	2013年 5月	ブロンズ像
9	広島被爆桜	市立永崎小学校 (永崎)	2012年 10月	桜
10	東日本大震災 復興のさくら	市立植田小学校 (植田)	2014年 3月	桜 石碑
11	がれき座	アクアマリンふくしま (小名浜)	2011年 6月頃	遺構 アクリル碑
12	がれきのモニュメント	沼ノ内諏訪神社 (平沼ノ内)	2011年 8月	遺構 石碑
13	震災物故者供養塔婆	浄土宗 宝国寺 (平北白土)	2011年 8-9月	塔婆
14	久之浜 仮設祭壇	久之浜海岸→ 稲荷神社・秋義神社 (久之浜)	2011年 7月頃	塔婆 プランター 題目石等
15	薄磯 仮設祭壇	薄磯海岸→ 真言宗智山派 修徳院 (平薄磯)	2011年 5月頃	塔婆 花入れ等
—	真言宗智山派青年会による回向塔婆	海沿い10か所	—	塔婆

図11-1　震災モニュメント等 地図

（調査報告をもとに作成：2014年９月時点、⑤東日本大震災之慰霊碑のみ2015年３月時点）

①3.11 希望の灯り

所在地	平中央公園（福島県いわき市平三崎 1）
素材・形状	石製の台座の上のガス灯（高さ約 2 m）と、説明文が記載された石碑（中にガスのメンテナンス装置が入れられている、高さ約 1 m）。 ガス灯の台座の下に、いわき市内の被災地域から集められた砂が筒に入れられ埋められている。
意味	東日本大震災の犠牲者への鎮魂と被災地の復興祈念。
建設時期	2013 年 3 月 11 日点灯式
建設主体と協力者	建設主体は、国際ロータリー第 2530 地区・いわき分区会員、「3.11 希望の灯り実行委員会」。 いわき市の「希望の灯り」分灯の主体は真言宗智山派福島第一教区智山青年会。
発案から建設まで	震災以前から真言宗智山派福島第一教区智山青年会と交流があった高野山真言宗兵庫青年教師会の僧侶らが、震災後、瓦礫撤去などのボランティアに来ていた。瓦礫の撤去が一段落したころ、高野山真言宗兵庫青年教師会から、神戸にある希望の灯りを、いわきにも分灯したらどうだろうという提案があり、これに真言宗智山派福島第一教区智山青年会も賛同した。 宗教団体による申請では市から許可が下りないので「3.11 希望の灯り実行委員会」を立ち上げることになった。メンバーは、地元のロータリークラブと、地元企業の関係者が中心となったが、真言宗智山派福島第一教区智山青年会もメンバーに加わった。建設費用は、一般企業からの協賛というかたちで募った。その際ロータリークラブからの多額の援助があった。 石碑の建立は「3.11 希望の灯り実行委員会」とロータリークラブが中心となり、「希望の灯り」の分灯は真言宗智山派福島第一教区智山青年会が中心となった。 分灯の際には「希望の灯り」を管理している神戸の「希望の灯りプロジェクト」(現「特定非営利活動法人　阪神淡路大震災 1.17 希望の灯り (HANDS)」) と懇意にしている高野山真言宗兵庫青年教師会が仲介した。 建立までの動き 2012 年 1 月 17 日　神戸の「希望の灯り」を分灯 2012 年 2 月 5 日　行脚開始、約 1 か月でいわき到着 2012 年 11 月 13 日　地鎮祭 2013 年 2 月 18 日　石碑完成 2013 年 2 月 22 日　ガス灯完成 2013 年 3 月 11 日　点灯式
灯りの行脚	2012 年 1 月 17 日、神戸の東遊園地の灯が分灯された。真言宗智山派福島第一教区智山青年会の僧侶が中心となり、その灯を行脚して徒歩でいわき市まで運んだ(曹洞宗僧侶の有志による協力もあった)。1 日 30 キロ（山道は 24 キロ）、全国各地域の真言宗智山派青年会等と協力して行脚した。2013 年 3 月 11 日、「希望の灯り」の点灯式が執り行われた。

石碑碑文

三・一一希望の灯り

この灯りは平成七年一月十七日午前五時四十六分に起きた
阪神・淡路大震災により犠牲となられた方々への鎮魂と地域復興の象徴である
一・一七希望の灯りを真言宗の青年僧侶により分灯　神戸より徒歩にて
いわき市まで運ばれたものである
平成二十三年三月十一日午後二時四十六分に起きた東日本大震災により
失われた多くの尊い命への鎮魂と甚大な被害を被った被災地の復興を願い
このたび多くの市民と国際ロータリー第二五三〇地区及びいわき分区
会員の支援により建立されたものである
平成二十五年三月十一日
国際ロータリー第二五三〇地区・いわき分区会員

3.11希望の灯り
石碑（手前）、ガス灯（奥）

撮影：魚尾和瑛（2015年6月7日）

ガス灯台座碑文

3.11希望の灯り（ガス灯）

撮影：魚尾和瑛（2015年6月7日）

悠久の昔より
この地に生きとし生けるもの
幾多の天変地異に遭うも
その都度、再生する
二〇一一年三月十一日午後二時四十六分
東日本大震災
かけがえのない生命が数多失われ
計り知れない深く苦しい
悲しみを受く
されど再び力の限り生き続ける
生きとし生けるものを
この灯りは包み込み
静かに見守る

その他

- 当初、市営公園であることや他宗派への配慮から、真言宗智山派の名前は出さない予定であったが、ロータリークラブの配慮もあり、石碑には「真言宗青年僧」という表記がある。
- 阪神淡路大震災の際、いわき市の真言宗智山派僧侶が神戸市で支援活動を行った。東日本大震災後は、その恩返しという意味もこめて神戸市の僧侶がいわき市で支援活動を行ったという。
- 2013年5月、第49回智山青年会全国大会結集福島大会において「3.11希望の灯り」前で法楽が捧げられた。
- 東日本大震災後に同じく神戸から分灯された福島県南相馬市、岩手県陸前高田市、岩手県大槌町、宮城県川崎町の希望の灯りとの関わりはない。

調査概要

調査日	2014年9月7日
調査者	黒崎浩行、魚尾和瑛、長島三四郎（本文文責）
対象者	猪狩弘栄氏（修徳院住職） 塩照晃氏（真言宗智山派智山派福島第一教区智山青年会会長）
場所	真言宗智山派 修徳院
資料	『朝日新聞』2012年3月7日、『福島民報』2012年11月14日、 『毎日新聞』2012年11月14日

「3.11祈りの集い」の様子（2015年3月11日）

主催　「3.11 希望の灯りプロジェクト」実行委員会

後援　いわき市、いわき市社会福祉協議会、富岡町、楢葉町、大熊町、浪江町、双葉町、広野町、NPO 法人ザ・ピープル、福島民報社、福島民友新聞社、いわき民報社、いわき商工会議所、いわき信用組合、国際ロータリークラブ 2530 地区いわき分区

毎年 3 月 11 日には、「3.11 希望の灯りプロジェクト実行委員会」の主催で、約三千個の願いの書かれたカップロウソクを灯し、祈りを捧げる「3.11 希望の灯祈りのつどい」が行われている。後援ではないが、真言宗智山派の青年会僧侶が有志として参加していた。

主賓の挨拶が終了後、用意されていたカップロウソクに灯りがつけられ、参加者は、その場でカップロウソクをもらい、並べた。カップロウソクは、「3.11 祈り」となるように並べられていた。

また「3.11 希望の灯り」の脇に置かれた机には、「東日本大震災物故者精霊位」と書かれた位牌が供えられ、焼香や献花が出来るようになっていた。

撮影：小林惇道（2015年3月11日）

調査概要

調査日　2015 年 3 月 11 日

調査者　弓山達也、星野壮、小林惇道、長島三四郎（本文文責）

場所　平中央公園

資料　三木英 2012「阪神淡路大震災被災地における宗教の『当時』と『いま』」『宗教研究』86(2): 421-446

②お題目寶塔碑

所在地	法橋寺（福島県いわき市大久町小久字大場 1-1）
素材・形状	直方体の石碑（高さ約 2.5m）
意味	東日本大震災で亡くなった方々の慰霊と東日本大震災の記憶を留めるため、津波の到達地点に碑を建立した。
建設時期	2013 年 4 月 10 日（碑文には、平成二十五年三月吉日建立とある）
建設主体と協力者	日蓮宗岡山県一心寺の住職中島妙江氏が主体となり、日蓮宗福島県宗務所、日蓮宗岡山県宗務所が協力。
発案から建設まで	一心寺の中島妙江氏は、東日本大震災という悲劇の出来事を絶対に風化させないために、特に被害の大きかった岩手、宮城、福島の三県の津波の到達地点に「お題目寶塔碑」を建立することを発案した。 2012 年、日蓮宗岡山県宗務所を通じて一心寺からいわき市の大寶寺に題目碑を建立したいという話があった。大寶寺の住職である小林智英氏は当時、法橋寺の代務住職であった。法橋寺では檀家に多くの被害があったことや、以前、岡山出身の住職がいたこと、また一心寺と同じく最上稲荷を祀るという縁があったことから、小林氏は、題目碑を法橋寺に建立することにした。そして大寶寺と法橋寺と関係の深い石材店の協力で、福島県内で産出の石材を用いて題目碑が造られた。 2013 年 4 月 10 日に「福島県東日本大震災三回忌慰霊法要並びにお題目碑開眼式」が行われ、岡山県宗務所管内教師、福島県管内教師、法橋寺・一心寺の檀家が参列した。
石碑碑文（正面）	南無妙法蓮華経 （伊藤通明元日蓮宗宗務総長揮毫）

お題目寶塔碑（正面）

石碑碑文
（背面）

鎮魂

東日本大震災 平成二十三年三月十一日 午後二時四十六分
津波は大久川を遡上し、いわき市水道局管理下の堰（久之浜町久之浜西一丁目）
付近まで到達。甚大なる被害をもたらした。
福島県犠牲者　三、〇五六名
いわき市犠牲者　四三二名
久之浜地区犠牲者　七六名
平成二十五年三月吉日建立
建立者 日蓮宗
日蓮宗福島県宗務所
日蓮宗岡山県宗務所
日蓮宗岡山県 一心寺

お題目寶塔碑（背面）

撮影：中村悟眞（2014年9月19日）

その他　・法橋寺の檀信徒が3月11日に参拝している。
・福島県内の碑建立の候補地として、いわき市と相馬市が考えられていたが、相馬市には他の慰霊碑建立の予定があったため、いわき市となった。

調査概要

調査日	2014年9月19日
調査者	弓山達也、魚尾和瑛、中村悟眞（本文文責）
対象者	小林智英氏（大寶寺住職）
場所	日蓮宗 大寶寺
資料	『日蓮宗新聞』2013年4月10日

③クウェート・ふくしま友好記念日本庭園記念碑

所在地	アクアマリンふくしま「クウェート・ふくしま友好記念日本庭園」 (福島県いわき市小名浜痣辰巳町 50)
素材・形状	鮫川石の天然石（いわき市内を流れる鮫川で採掘された石、高さ約 2m、重さ約 2t)
意味	クウェートと日本、福島県の人々の友好と、アクアマリンふくしまの東日本大震災からの復興へのクウェートの貢献を記念。
建設時期	記念碑は 2013 年 8 月 7 日に庭園内に設置され、2014 年 2 月 22 日、竣工式典終了後に「クウェート・ふくしま友好記念日本庭園」が開園し一般に公開された（碑の説明文の日付は 2014 年 2 月 22 日)。
建設主体と協力者	クウェート科学研究所とクエート政府の支援金により、ふくしま海洋科学館（アクアマリンふくしまの運営管理を行う公益財団法人）が主体となり庭園や碑が作られた。
発案から建設まで	2012 年 3 月に来日したクウェートのザバーハ首長から、ふくしま海洋科学館の復興と科学技術の振興のため、300 万ドルの復興支援金の寄付の申し入れがあった。アクアマリンふくしま館長の安部義孝氏はクウェート科学研究所に上席研究員として務めた経験があり、そうした繋がりからクウェート科学研究所が仲介し支援金の寄付が行われた。 ふくしま海洋科学館は支援金を活用し、屋外の自然体験の場として「わくわく里山計画」を推進し、復興の第一弾としてアクアマリンふくしまの入口前にクウェートへの謝意を表すために「クウェート・ふくしま友好記念日本庭園」を整備した。クウェート・ふくしま友好記念日本庭園はマダケの骨組みにクズをはわせた「くずのトンネル」や、クウェートの砂漠のオアシスの自然を展示する「砂漠は生きている」などの 8 つの展示から構成されている。 庭園竣工記念式典では、クウェートと日本両国の国歌斉唱の後、福島県知事、クウェートの駐日大使、安部氏の挨拶があった。

碑文

広く平和を願いたいという意味を込め、
アラビア語で「平和」を意味する
「سلام (サラーム)」と刻まれている。

クウェート・ふくしま友好記念日本庭園記念碑

碑説明文

サラーム
クウェート・ふくしま友好記念日本庭園記念碑

Monument for the Kuwait-Fukushima Friendship Memorial Japanese Garden
サラーム　アラビア語で平和を意味します。
クウェート国と日本国、福島県の人々の友情と、2011 年３月、大津波の被害をこうむったアクアマリンふくしま・ふくしま海洋科学館の復興へのクウェート国の貢献を記念して、鮫川石に彫りました。
Salam the Arabic salutation for Peace
In commemoration of the friendship between Kuwait and Japan and the contribution of the State of Kuwait towards the rehabilitation of the Marine Science Museum – Aquamarine Fukushima, following the tsunami in March 2011.
2014/2/22 Yoshitaka ABE

（アラビア語で記載された部分は省略した）

クウェート・ふくしま友好記念日本庭園
撮影：高橋麻美子（2014年９月18日）

その他

・アクアマリンふくしまでは、震災によって、電源と餌の調達が困難となり、2011 年３月末までに９割の海洋生物が死滅し、大型哺乳類などは他の水族館に避難した。
・クウェートは東日本大震災後、被災地のために 500 万バレル（400 億円相当）の原油の無償提供を行っている。福島県でも多くの復興事業にクウェートからの支援があてられたが、具体的にその効果が目に見えるものではないとの懸念もあり、記念碑と庭園の整備は、福島県としてクウェートからの支援を目に見えるかたちで表すという意図もある。

調査概要

調査日　2014 年９月 18 日
調査者　小林惇道、高橋麻美子（本文文責）
対象者　平野井徹氏（公益財団法人ふくしま海洋科学館事業調整グループリーダー）
大橋英恵氏（公益財団法人ふくしま海洋科学館 地域交流チーム）

場所	アクアマリンふくしま
資料	『福島民報』2013 年 6 月 14 日

④東日本大震災記念碑

所在地	江名諏訪神社境内（福島県いわき市江名字走出 162）
素材・形状	御影石製、高さ約 130cm の長方形の石碑
意味	震災当日の恐怖を忘れつつあるなかで、震災の記憶を残すため碑を建立した。復興を祈念して建立された碑であるが、諏訪神社の境内の修復が終わったこともあり、その記念という意味もある。
建設時期	2014 年 3 月 9 日に除幕式と復興祈願祭が行われた。
建設主体と協力者	江名諏訪神社の禰宜である江名氏が主体となり、同級生の石材店社長が協力する形で碑が建立された。
発案から建設まで	江名氏は、震災時、神社界は組織の問題もあり、なかなか支援活動ができなかったので、震災後、神社という立場でどうやって地域と関わっていくのが良いのだろうかと考え、2011 年 4 月頃から、震災の記憶を後世に伝えるために記念碑を建てたいと思うようになったという。神社の敷地内に慰霊碑はふさわしくないので復興を祈念する碑を建立したいと思い、同級生の石材店社長に相談したところ、碑の制作を援助するということになった。 碑の中央には、「震災時の写真」がはめ込まれている。この写真は 3 月 11 日の様子を映した動画から静止画をつくり、黒御影石にレーザー彫刻したものである。震災について文章で書き連ねても伝えられることに限界があるため、震災当日の写真を碑に入れることにした。動画を撮影したのは消防団員の男性であり、この動画は YouTube でも公開されている。

東日本大震災記念碑に彫刻された写真と同様のシーン

https://www.youtube.com/watch?v=ZQzi_oEvRP8（2014年9月30日閲覧）

石碑碑文（正面）　「興」の字は復興を願って江名氏が選んだものである。

東日本大震災記念碑（正面）

東日本大震災

興

故郷が被った災害を風化
させる事なく後世に伝へ、
被災した方々の一日も早い
復興を祈念し建立する。

平成二十三年三月十一日十四時四十六分発生

石碑碑文（背面）

諏訪神社被災修復協賛者名

（十四名の個人名）

特別協賛者
諏訪神社宮司　江名一彦
星の石屋代表　星野秀和
平成二十六年三月十一日建立

東日本大震災記念碑（背面）
撮影：君島彩子（2014年9月20日）

その他
- 江名諏訪神社では、兼務する神社も含めて７名の氏子が亡くなっている。
- 慰霊碑ではなく記念碑であるため参拝の対象ではない。
- 境内の灯籠は崩壊し、現在もそのままであるが、それ以外はほとんど復興が済んでいる。

調査概要

調査日　2014 年 9 月 20 日
調査者　村上興匡、君島彩子（本文文責）
対象者　江名守康氏（江名諏訪神社禰宜）
場所　江名諏訪神社社務所
資料　『いわき市ふるさとだより』2014 年 4 月号

⑤東日本大震災之慰霊碑

所在地	日本道観の広場（福島県いわき市泉町下川字萱手 79）
素材・形状	石製。（地球は縦横約 1 m、台座は縦約 1 m、横約 2 m） 陰陽の印と 2 匹の龍が描かれた台座の上に、地球型のモニュメントが置かれる形状。地球型のモニュメントは、正面から日本と台湾が見えるようになっている。
意味	震災で亡くなった方々の慰霊と、台湾からの支援への感謝のため。
建設時期	碑には 2014 年 7 月吉日と書かれている。
建設主体と協力者	早島妙瑞氏（日本タオイズム協会会長・日本道観現住持道長）、早島妙聴氏（日本タオイズム協会理事長・日本道観副住持道長）。
発案から建設まで	いわき市に総本部のある日本道観（「気」のトレーニングを指導する団体）は、震災によって被災を受けた。震災後、台湾の道教の廟（台湾首廟天壇、大観音亭興済宮）、ならびに台南市の小学校（下營區下營國民小學、麻豆區港尾國民小學、麻豆區北勢國民小學）から、義援金が届けられた。台湾とは、2009 年の大型台風の際に日本道観が義援金を送ったことなど、以前から交流があった。台湾からの支援に対して、2011 年 10 月に早島妙聴氏が台湾を訪問し、感謝の意を伝えた。このときの感謝の気持ちを形に残したいとの思いから、日本道観と代表者を同じくする日本タオイズム協会を主体として、震災から 3 年目を節目に「東日本大震災慰霊碑」を建立することとなった。
台座碑文（正面）	

東日本大震災之慰霊碑

二〇一一年三月十一日 東日本大震災において亡くなられた皆様へ、心よりご冥福を祈り、合掌いたします。

その苦難のときに、国境を越えて世界から差し伸べられた温かい援助に、心から感謝を申し上げます。

私たち日本人はその感謝を決して忘れることなく、世界の皆様と手を取り合って、あらゆる困難を乗り越え、人類未来を担う子供たちにより良い地球環境を残す決意を新たにし、この慰霊碑を建立いたします。

台座碑文（背面）

ご寄付に感謝を込めて、
臺灣首廟天壇の皆様
大観音亭興済宮の皆様
臺南市下營區下營國民小學の皆様
臺南市麻豆區港尾國民小學の皆様
臺南市麻豆區北勢國民小學の皆様
日本道観　道家道学院の皆様
早島寺の皆様

二〇一四年七月吉日
一般財団法人　日本タオイズム協会
会　長　早島妙瑞
理事長　早島妙聴

日本道観の広場（早島寺墓所）

撮影：長島三四郎（2015年3月10日）

その他

- 日本タオイズム協会（2013年設立）は、早島天来氏（1911-1999）によって設立された日本道観（1980年設立）を母体とする一般財団法人である。
- 早島寺は早島妙瑞氏が住職を務めている。

調査概要

調査日	2015年3月10日
調査者	弓山達也、星野壮、長島三四郎（本文文責）
対象者	須藤晃達氏（一般財団法人日本タオイズム協会評議員）
場所	日本道観、日蓮宗早島寺
資料	日本タオイズム協会 HP http://www.taoism.or.jp/（2015年3月10日閲覧）

⑥東日本大震災復興祈願地蔵

所在地	宝林寺本堂前境内（福島県いわき市大久町小久田沖98）
素材・形状	石製の地蔵像菩薩像、定印、結跏趺坐、葉の形の台座（高さ約1m）
意味	地蔵菩薩は地獄まで付き添い救済してくれる存在であるため、東日本大震災で親よりも先に亡くなった子供（水子）の供養のためにも地蔵菩薩の像を東日本大震災の慰霊碑として建立した。
建設時期	2012年12月吉日
建設主体と協力者	四倉の檀信徒の一人が発願。 四倉の石材店によって制作され、宝林寺に寄進された。
発案から建設まで	東日本大震災以前、相双地区に住んでいたドライバーの60代男性が、原発の影響により住んでいた場所に戻れなくなったため、四倉に土地を買った。その後、祖母が亡くなったために四倉の周辺に菩提寺を持とうと考え宝林寺の檀家となった。 祖母の墓を作る際に供養もかねて東日本大震災の慰霊碑を作ろうと考えた。仕事で車を運転している時に、たまたま見た地蔵のデザインを気に入り、そこから着想を得て、東日本大震災復興祈願地蔵を寄進した。 宝林寺の住職である日高久光氏が地蔵の親しみやすい容貌を気に入り「なでなでしてね」という文字を刻んだ石碑を地蔵の横に建立した。
石碑碑文	

東日本大震災復興祈願
ざぜんおじぞうさん
坐禅地蔵菩薩
平成二十四年十二月吉日

なでなで
してね

東日本大震災復興祈願地蔵

像容

東日本大震災復興祈願地蔵

撮影：高田彩（2014年9月19日）

その他
・寄贈者の氏名は本人の希望により刻まれていない。
・檀信徒が賽銭を置き、子供たちが親しみをもって地蔵に触れていく。
・宝林寺の境内には檀家から寄贈された仏像が多く祀られている。多くの仏像は東日本大震災とは関係なく寄贈されたものである。

調査概要

調査日　2014年9月19日
調査者　寺田喜朗、小野澤真暁、奥田麻里菜、高田彩（本文文責）
対象者　日高久光氏（宝林寺住職）
場所　臨済宗妙心寺派 宝林寺

⑦祈り

所在地	いわき新舞子ハイツ敷地内（福島県いわき市平下高久字南谷地16-4）
素材・形状	石製の台座の上に高さ1.75 mのブロンズ像。
意味	東日本大震災で亡くなった人々を追悼と、震災の記憶を後世に伝える。
建設時期	2013年5月、いわき新舞子ハイツ内に設置（仮置き）
建設主体と協力者	彫刻家小瀧勝平氏が制作したブロンズ像「祈り」をライオンズクラブガバナーの坂本勇氏が中心となり購入。
発案から建設まで	ライオンズクラブのガバナー（役員）は年1回､地域に何かを寄贈することになっている。震災が起きた年にガバナーであった坂本勇氏は永久に震災の記憶を残すため、形あるものを贈りたいと考えていた。 日展に入賞した彫刻家である小瀧勝平氏の「祈り」を見た坂本氏は、小瀧氏が彫刻作品に込めた思いに共感し、購入を申し出た。 小瀧氏は「祈り」を東日本大震災の犠牲者への思いを込めて制作した。「仏の姿をし、犠牲者の思いを表した玉が手の上で光をはなつ、また津波をイメージした光背など随所に犠牲者への思いを込めている」と小瀧氏は述べている（「いわきのニュース」より）。 最初は若い人にも見てもらえるように、若者の集まる公共的な場所に設置することを話し合ったが、宗教的造形である「祈り」を見た人に、思い出したくないことを想起させてしまうかもしれないという理由で断られた。最終的に薄磯の建設途中のメモリアル公園（市の土地）に設置することを申し入れしたところ許可された。メモリアル公園完成まで、いわき新舞子ハイツの敷地内に仮置きされている。

台座碑文（正面）

祈り（正面）

祈り
（坂本勇氏揮毫）

第59会年次大会記念アクティビティ
－祈り－
011年3月11日、東日本を襲った地震・津波・原発事故により多くの尊い生命が失われた。御冥福をお祈りし、あの日を忘れないために祈りの像を建立する。
2013年5月12日 ライオンズクラブ国際協会　制作者
寄　贈　332-D地区 地区ガバナー 坂本勇　日展会友
小瀧勝平

台座碑文（背面）

第五十九回年次大会記念アクティビティ
ライオンズクラブ国際協会332―D地区
（ガバナー坂本勇氏以下、二十一名の個人名）
ガバナーテーマ
ふるさと福島❤心はいつも一緒
アクティビティスローガン
元気と笑顔と郷土愛で復興

祈り（側面）
撮影：高田彩（2014年9月20日）

その他

・作者の小瀧氏はいわき市平在住で、「祈り」以外にもいわき市内に同氏の作となる公共彫刻が設置されている。以前、坂本氏は小瀧氏にいわきアリオス前庭に設置するブロンズ像の制作をお願いしたことがあった。坂本氏、小瀧氏ともに日展、いわき美術協会の会員である。
・観音や仏像に見える人もいるようだが、坂本氏は特定の宗教に関係するものではないと考えている。
・現在は、人目につかない改装中のプールの横に仮置きされている状態であるが、調査を行った2014年9月20日には、台座にお賽銭のように硬貨が置かれていたことから参拝者がいるようである。
・いわき新舞子ハイツは、スポーツ施設や温泉のある宿泊施設で、一般財団法人いわき勤労福祉事業団によって運営されている。新舞子ハイツは地震が発生後、滑津川を逆流した津波で浸水した。

調査概要

調査日	2014年9月20日
調査者	寺田喜朗、奥田麻里菜、高田彩（本文文責）
対象者	坂本勇氏（いわき中央ライオンズクラブ名誉顧問） 滝澤利一氏（いわき勿来ライオンズクラブ事務局管理副委員長）
場所	新舞子ハイツ
資料	「いわきのニュース」 http://local55.jp/local-news.jp/pwm/newsdetail-1004_29871.html（2014年9月20日閲覧）

⑧いざなぎ いざなみ

所在地	JR 常磐線植田駅前の広場（福島県いわき市植田町金畑 15）
素材・形状	高さ約 0.7 mの石製の台座の上に、高さ約 2 mのブロンズ像
意味	東日本大震災に対する思いを後世に伝えること、そして、鎮魂と復興を願って、日本の創造の神である「いざなぎ いざなみ」の像とすることが決定された。
建設時期	2012 年 10 月 8 日に除幕式
建設主体と協力者	いわき勿来ロータリークラブ創立 50 周年記念事業実行委員が発案。 彫刻家・北郷悟氏（東京藝術大学教授）が制作。
発案から建設まで	いわき勿来ロータリークラブが創立 50 周年を迎えるにあたり、記念事業を検討していた。そこで、2012 年初めに前年の大震災の記憶をとどめるモニュメントを制作建立する事を決定する。地元出身の彫刻家・北郷悟氏に制作を依頼し、「いざなぎ いざなみ」が作られた。彫刻の制作費用は、いわき勿来ロータリークラブ創立 50 周年記念事業実行委員が負担し、いわき市の「彫刻のある街づくり事業」からも補助を受けた。当初は海岸にモニュメントを設置することが検討されていたが、海岸は復興に時間がかかるため植田駅前に設置されることになった。
台座碑文（正面）	いざなぎ いざなみ 2012 北郷悟

いざなぎ いざなみ（正面）

台座碑文
（側面）

深い鎮魂と新たな創造を永遠に刻む
平成23年3月11日 東日本大震災の記憶忘れじ
「いざなぎ いざなみ」建立　平成24年10月8日
寄贈 いわき勿来ロータリークラブ
創立50周年記念事業
後援 いわき市／いわき市立美術館
いわき市彫刻のある街づくり事業

いざなぎ いざなみ（側面）
撮影：藤井麻央（2014年9月20日）

その他
- 2012年10月8日に行われた除幕式には、いわき勿来ロータリークラブ会員、北郷悟氏、いわき市勿来支所長、いわき市立美術館長、いわき市教育委員などが出席し、地元出身のパフォーマーにより「いざなぎ いざなみ」をテーマにしたパフォーマンスが行われた。
- いわき市植田町出身の北郷氏は、東日本大震災の犠牲者追悼と早期復興への祈りを込め制作した。北郷氏は、「日本全体に向けて被災地の思いを伝えるシンボルになればうれしい、言葉ではなく形で表現していくのが彫刻家の仕事なので、東日本大震災に対する思いを後世に伝えなければならない」と述べている。
- 「いざなぎ いざなみ」は植田駅前に設置される以前、国立新美術館で開催された「第76回新制作展」に出品された。
- 現在ロータリークラブでは1年に1回、像にワックスがけをするなど、維持管理を行っている。また北郷氏が地元に帰るたび、金粉を塗り直すなどの手が加えられている。
- 慰霊・追悼等の行事が催されることはない。

調査概要

調査日　2014年9月20日
調査者　小野澤真暁、藤井麻央（本文文責）
対象者　吉野文敏氏（いわき勿来ロータリークラブ創立50周年記念実行委員長）
場所　JR植田駅構内
資料　『福島民報』2012年10月9日、いわき勿来ロータリークラブHP　http://www.iwakinakoso-rc.jp/（2014年9月20日閲覧）

⑨広島被爆桜

所在地	いわき市立永崎小学校校庭（福島県いわき市永崎字川畑 207）
素材・形状	ソメイヨシノ（被爆桜が接ぎ木された苗木が植えられている）
意味	被爆桜から教えられた命の大切さを後世に伝え、一人でも桜の美しさにふれてもらうとともに、生きていることの喜びを感じてもらいたい。
建設時期	2012 年 10 月 29 日
建設主体と協力者	広島県広島市の私立安田女子高等学校から広島密教青年会、冷泉寺を通じて永崎小学校に贈られた。
発案から建設まで	安田女子高等学校（安田学園）は、1945 年 8 月 6 日の広島への原爆投下において、爆心地に近い場所にあり全焼。戦後、爆心地から 2.1 キロの現在地に移転した。旧陸軍の工兵隊の跡地では、何本かの樹木が残っていた。このソメイヨシノはその一本であった。広島市内には被爆した桜が何本か残っていたが、ほかの被爆桜はほとんど枯れていた。 安田女子高等学校の校長は、桜をよみがえらせ、命の尊さ、平和の大切さを学ぶ教育につながると考え、生徒会と卒業生の保護者および造園業者の協力を得て二世桜の苗木を、園芸部の畑で大事に育てた。2007 年から、安田女子高等学校の生徒会などが中心になって、全国の小学校、中学校、高校に苗木を送り、被爆桜の命を後世に伝えていく活動を始めた。 永崎小学校にもこの活動の一環として贈られたものであるが、聞き取りを行った教頭の片寄氏は、当時は永崎小学校に在職していなかったので、贈られた経緯は分からないとのことであった。
プレートの表記	為　東日本大震災復興記念 広島被爆桜（ソメイヨシノ） 贈　安田女子高等学校

広島被爆桜

撮影：中村悟眞（2014年9月19日）

その他

- 被爆桜は手入れを行っているというよりも、成長を見守っているという感じである。桜が植えられた場所は津波によって海水に浸かった場所であるためなかなか成長しない。
- 大きく育って欲しいが、児童だけではどうすることも出来ないので、教員でなんとかしなければならないと考えている。
- 永崎小学校では津波により校舎の１階部分が水没し、学校の備品が損失した。
- 2011年４月から2012年３月まで、近隣の江名小学校の教室を借りて授業を行っていた。児童達は１年間、他の小学校で過ごしていたので、永崎小学校に戻ってからは、開放感がありのびのびと学校生活を過ごしているように感じられる。
- 毎年３月11日には、防災教育の一環として全校生徒が体育館に集まり黙祷を行っている。

いわき市立永崎小学校

広島被爆桜

撮影：魚尾和瑛（2015年６月７日）

調査概要

調査日	2014 年 9 月 19 日
調査者	弓山達也、魚尾和瑛、中村悟眞（本文文責）
対象者	片寄敦氏（永崎小学校教頭）
場所	いわき市立永崎小学校
資料	「被爆桜を育てる広島の女子生徒」『中外日報』2010 年 8 月 5 日、永崎小学校 HP http://www.schoolweb.ne.jp/iwaki/nagasaki-e/（2014 年 9 月 19 日閲覧）

⑩東日本大震災 復興のさくら

所在地	いわき市立植田小学校校門脇（福島県いわき市東田町向山 3）
素材・形状	石製。台座の上に長方形の石碑。（縦約 90cm、横約 1m） 植樹された 3 本の桜の横に建立されている。
意味	「復興のさくら」と書かれている通り、震災から復興したことを記念して建設された。それだけでなく、学校の校舎や校庭など、「震災で被災した教育環境の復旧したこと」（角張茂氏談）との意味も込められている。
建設時期	2014 年 3 月に桜植樹、同年 4 月に記念碑建立
建設主体と協力者	植田小学校 PTA、そのうち特に造園業者と石材屋の保護者たちが協力した。
発案から建設まで	植田小学校校長の角張茂氏は、東日本大震災からの復興を記念して何か木を植えようと考えていた。2013 年 8 月、校庭や体育館の復旧工事が終了し、復興したことを記念して、桜を植えることになった。桜は毛虫などが出ることから、PTA などで反対されることが懸念されたが、昔からの住人が多いこの地域では、「学校といえば桜」という意見が出され PTA からの賛同を得た。また PTA の役員や保護者の中に造園業と石材屋の関係者がいたため、植樹、碑の建設の際に協力を得ることができた。桜を植えるなら 3 月ということで、入学式に花が咲くような木を、造園業の PTA 役員が選定し、入学式に合わせ、2014 年 3 月に 3 本の桜が植樹された。3 本の桜は、石碑を挟むように 1 本ずつと、体育館脇の 1 本が植えられている。

碑文

「東日本大震災　復興さくら」記念碑

東日本大震災

復興のさくら

平成二十六年三月植樹

植樹

復興のさくら

植田小学校校門と桜

撮影：長島三四郎（2014年9月8日）

その他　・植田小学校は、震災による巨大な地滑りと地盤沈下によって、体育館と校庭の3分の2が甚大な被害に遭った。幸い怪我人はいなかったが、校庭を囲んでいた木々などは失われた。

調査概要

調査日	2014年９月８日
調査者	魚尾和瑛、藤井麻央、長島三四郎（本文文責）
対象者	角張茂氏（植田小学校校長）
場所	いわき市立植田小学校
資料	植田小学校ブログ http://www3.schoolweb.ne.jp/weblog/index.php?id=0710080&date=20140402（2014年９月８日閲覧）

⑪がれき座

所在地	アクアマリンふくしま駐車場付近（福島県いわき市小名浜辰巳町 50）
素材・形状	津波で破損したアスファルトの瓦礫によって作られたステージ。 津波で破損したアクリル板を使用した碑（高さ約 2m）
意味	津波の被害を記録するもの。自然をよみがえらせる活動の一貫。
建設時期	2011 年 6 月頃（アクアマリンふくしまのウェブサイトの記載による）
建設主体と協力者	アクアマリンふくしま館長　安部義孝氏
発案から建設まで	「アクアマリンふくしま、よみがえる、再開館とがれき座興業開始」 あれから 100 日、私たちは復興計画と資金計画と時間と戦ってきた。傷だらけの 2 号埠頭の「指」にふたたびアクアマリンを輝かせることができるだろうか。この機会に、水族館へのアプローチに、駐車場の用途を変更して、広大な展示スペースを確保する構想を描いた。土木工事は、時として自然も破壊してきたが、今や、重機が地響きをたてて、傷跡をつくろっているのを見ると頼もしくさえ思える。新しい体験だった。傷だらけのままで、どのようにして開館するか。表通りからの地味なアプローチをどう飾るかは、災害前からの課題だった。沿道のツツジの植栽は津波で枯れた。その後にソバを播いた。アクアマリンアグリの花壇の金属フレームも津浪でばらばらになった。それらを組み立てて季節の野菜の種をまき、苗を植えた。はぎとったアスファルトのがれきを活用して「がれき座」の舞台を作った。ここを舞台にしたまつりが地域に生気を蘇らせることを期待している。がれき座の看板には、潮目の海の水槽内で起きた津波によって破損した隔壁のアクリル板を使った。 「館長からのメッセージ第 49 号（2011 年 7 月 15 日公開）」 （http://www.marine.fks.ed.jp/curator/no49.html）
アクリル碑碑文	がれき座 ～私たちの海をよみがえらせる～ その日、アクアマリンふくしまは津波の中にあった。このアクリル板は 黒潮と親潮をへだてる厚さ 6cm のアクリル板の破片です。 MARCH11、M9 の地震は黒潮と親潮の「潮目の海」の 2,000 トン の大水槽にも津波を起こし、巻き起こった大波が仕切り板を破壊し 突破した。親潮の魚と黒潮の魚が仕切り板を超えて交流していた。 外のアスファルトさえも波打って裂け目ができた。アスファルトを はがして、がれきの津波をつくった。アクリル板を「がれき座」の舞台 の看板にして、私たちの海をよみがえらせる祭りの場とする。 アクアマリンふくしま　館長　安部義孝 （英文は省略した）

がれき座（アクリル碑の後方がステージとなっている）
撮影：小林惇道（2014年9月18日）

その他　がれき座はイベントなどに使用されてきた。

2011年7月16日	タテタカコ LIVE
2011年7月17日	みや誠承太鼓（和太鼓）
	IBC サクソフォンアンサンブル
	本田みどり＆メタルバンドいわき（ジャズ）
2011年7月18日	モナコ 90000（ピアノ＆ギター）
	坂田明（サックス）
2011年10月9日	原口純子・相川理沙復興支援ライブ
2012年7月14日	箏アンサンブル雷神（琴、尺八演奏）
	AERIAL（エアリアル）
2012年7月15日	レイモミ小野フラスクール（フラダンス）
	大國魂神社　大和舞（恵比寿舞）
2012年7月16日	じゃんがら念仏踊り　上根本冷水青年会

調査概要

調査日　2013年9月17日
調査者　魚尾和瑛（本文文責）
場所　アクアマリンふくしま
資料　アクアマリンふくしま HP　http://www.marine.fks.ed.jp/（2013年9月17日閲覧）

⑫がれきのモニュメント

所在地　沼ノ内諏訪神社（福島県いわき市平沼ノ内諏訪原 403）

素材・形状　約 5m 四方の空間に地元の海岸から運ばれた砂が敷き詰められている。砂の上に津波で破損した鳥居の破片と狛犬、石碑が配置されている。

意味　町の主力産業であった漁業再興への願いと、震災で得た教訓を代々受け継いで欲しいという願いが込められている。

建設時期　2011 年 8 月 28 日、瓦礫による碑が完成。2012 年 3 月 11 日、沼ノ内区によって「須賀山道山林」という碑が追加された。

建設主体と協力者　大國魂神社宮司山名隆弘氏、アクアマリンふくしま館長安部義孝氏、沼ノ内区の役員

発案から建設まで　震災後、沼ノ内をどうするのかという漠然とした問題意識が区役員などによって共有されていた。沼ノ内区の役員は、沼ノ内諏訪神社の役員も多く、月次祭などで集まるとき、諏訪神社宮司を兼務している大國魂神社宮司山名隆弘氏にも、今後の沼ノ内についての相談を行っていた。
そのような中で役員から津波があったという記憶や、津波の被害を軽微にした安藤政長公が植えた松林の記憶を残すために、何か後世に伝えられるものを作成したいと山名氏に伝えた。そして山名氏が以前より懇意であった、アクアマリンふくしま館長安部義孝氏に相談をし、安部氏自らがモニュメントを構想・作成を行った。安部氏は、沼ノ内で震災以前捕れた魚を石碑に記し、ふるさとの海の復興を願った。また、砂を敷き詰め、地震の揺れによって破損した鳥居などが配置されていることについては、沼ノ内の海底をイメージしたものである。

石碑碑文（右側）

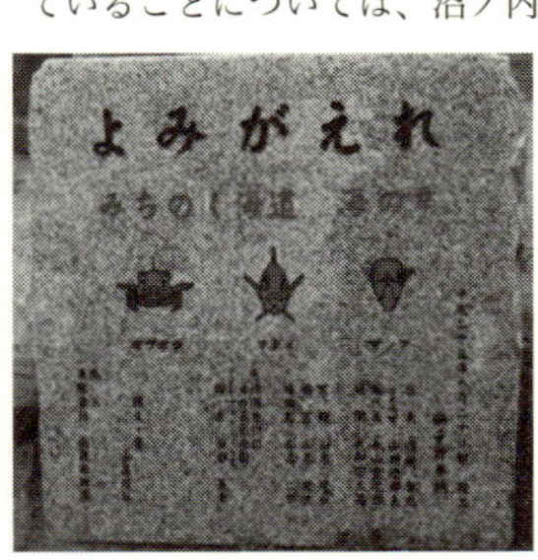

よみがえれ

みちのく海道　海の幸

ホウボウ　マダイ　サンマ

平成二十三年八月二十八日　竣工
獅子舞奉納
区長　遠藤欽也
区長代理　山廼辺邦夫
総代町　永山金次郎
顧問　大和田久高
宮司　山名隆弘
禰宜　山名隆史
権禰宜　山名二郎
魚顔図並びに者の景色原図
アクアマリンふくしま
館長　安部義孝
撰文・書　山名隆弘
施工
有限会社　高萩石材店

沼ノ内諏訪神社内の石碑群

撮影：魚尾和瑛（2013年10月29日）

石碑碑文（左側）

（石碑奥）
須賀山道山林
松露生え赤手蟹棲み黒松茂りニセアカシヤの花香る
浜汀磐城平藩主内藤政長公（法名道山永禄十一年〜寛永十一年）の
世植栽の道山林は東日本大震災の大津波から
人々の生活を護りたり　祖先の恩に感謝して
この碑を立つ
　平成二十四年三月十一日　沼ノ内区

（石碑手前）
東日本大震災の記
平成23年3月11日午後2時46分太平洋沖に巨大地震群発ついで
同3時27分より数多の大津波襲来す　為に海道の港湾之街轟々
甚大に被災せりその上さらに北方40粁に福島第一原子力発電所
事故発生して県民塗炭苦難にあえく磐城七浜の内
豊間は8割の家並流失壊滅して老若男女犠牲者85人
薄磯は全戸被災して犠牲者125人に及へり　沼ノ内の罹災
家屋は43戸犠牲者2人にとどまれり
豊間小学校の児童205人は高久小学校を借りて勉強す損壊
著しき豊間中学校の生徒120人は藤間中学校へ通学す
津波は弁天川を遡り諏訪神社境内に達するも被害は軽微
諏訪原地区の宅地難を免れしは須賀山松原の恩恵ならむ
大鳥居狛犬など倒伏するを速かに復旧しかつ国旗掲揚塔及び
安波神社に鳥居を新設す瓦礫と化せし石造物を配して
神前に渚の景色を作りぬ諏訪大神の御加護あって
母なる港に再び大漁旗はためくことを切に祈願し奉る

その他
・沼ノ内諏訪神社は、津波で約30cm程度浸水した程度であったが、地震の揺れによって諏訪神社の石の鳥居や狛犬が破損した。

調査概要

調査日　2015年6月7日

調査者　魚尾和瑛（本文文責）

対象者　山名隆弘氏（大國魂神社宮司）、遠藤欽也氏（沼ノ内区長）、安部義孝氏（アクアマリンふくしま館長）

場所　沼ノ内諏訪神社、大國魂神社

資料　『いわき市ふるさとだより（平地区版）』第5号（2011年10月21日）

⑬宝国寺 震災物故者供養塔婆

所在地	宝国寺（福島県いわき市平北白土上平 27）
素材・形状	石製の香炉付き塔婆立てに木製の塔婆（6 尺）。
意味	東日本大震災の物故者の供養
建設時期	2011 年 8 月から 9 月頃
建設主体と協力者	宝国寺住職　柴田祷宏氏。石材店が協力。
発案から建設まで	2011 年 8 月から 9 月頃、東日本大震災物故者供養のために塔婆を建てた。設置場所は、2010 年 9 月に亡くなった先代住職の新盆に向けて、歴代住職墓や戦没者墓の整理をした際に空いた、宝国寺の入り口横とした。隣には、永代供養塔や戦没者墓があり、墓地への動線にあたることから、多くの人が手を合わせてくれるだろうと考えた。 当初は、プラスチックの花立てを置き、塔婆を地面に立てていたが、その後、普段から付き合いがある石材店に、墓地で用いる香炉や花立てを設置してもらい、現在のかたちとなった。
塔婆	

震災物故者供養塔婆

その他　・2012年以降は、毎年８月18日の施餓鬼会の際に、新たな塔婆を建てて供養している。供養は基本的には住職一人で行っている。
・宝国寺檀信徒に直接の犠牲者はいないが、震災関連死で２名が亡くなった。
・住職によると、具体的な予定はないが、将来的に石碑を建立したい意向もあるという。

宝国寺境内（中央やや右が震災物故者供養塔婆）

撮影：魚尾和瑛（2014年9月18日）

調査概要

調査日	2014年９月18日
調査者	小林惇道、魚尾和瑛（本文文責）
対象者	柴田祷宏氏（宝国寺住職）
場所	浄土宗 宝国寺

⑭久之浜 仮設祭壇

所在地	久之浜の防波堤付近。但し、海岸線の工事に伴い被災した海岸付近で数回移動している。(福島県いわき市久之浜町久之浜東町)
素材・形状	塔婆、花の植えられたプランター、題目が書かれた石などが、次第に一箇所に（自然ないし作為的に）集約されたもの。プランターを並べ中央に線香を供える香炉が置かれ簡易的な祭壇の形となっている時期、塔婆のみが置かれ祭壇とは呼べない簡素な形態の時期など、形状は大きく変容している。
建設時期	2011 年 7 月頃、塔婆や花などが集中的に置かれる場所が確認され、その後、形状は変容を繰り返し、2013 年 11 月、海岸線の工事のために、祭壇は撤去されたようである。
建設主体と協力者	被災者・遺族・宗教者など多数の人々が関わったと考えられるが、主体となる人物はおらず自然発生的なものであったとみられる。
建設経過	2011 年 7 月 7 日、久遠寺法主が久之浜海岸を訪問した際、花束が手向けられた中に題目が書かれた石が供えられていた。 2012 年 3 月 13 日、慰霊と復興祈願の祈祷の際に、久之浜海岸沿いの道路に祭壇が存在したことが確認される。

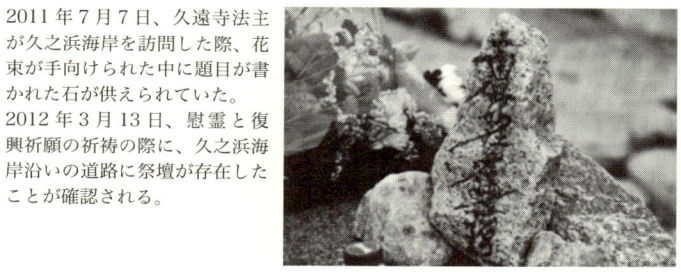

題目の書かれた石
提供：石川弘子氏（2011 年7月7日撮影）

2012 年 4 月頃、久之浜海岸沿いの道路の段差部分に、花を植えたプランターや香炉が並べられ祭壇は大型化した。聞き取りによると、最初にプランターを設置したのは平地区のキリスト教の関係者で、その後、塔婆や香炉が置かれるようになったようである。
プランターには「神のご平安を祈る」と書かれた木札が立てられる。プランターの周囲には、「南無妙法蓮華経　東日本大震災犠牲者」と書かれた塔婆、石、流木、造花、天使の置物、ベル、香炉、蝋燭立て、鉢植えの花、壷、石、折り鶴、果物、豚の貯金箱などが確認できる。

2012年末から2013年初旬にかけて堤防工事のため、久之浜海岸内で祭壇は移動した。
2013年3月11日、祭壇は海岸から陸地に入った場所に移動し、塔婆を中心とした簡素な祭壇となった。
2013年11月、祭壇があった場所が工事のため立入禁止となり、祭壇は撤去され、祭壇の一部は、稲荷神社内に納められた。
稲荷神社内の看板には以下のように書かれている。

神社内の看板

久之浜・大久の一日も早い復興を願い津波で犠牲になられた方々のご冥福を願っての祈りありがとうございました。ここ一帯は防災緑地帯になるため基礎の撤去が進んでいます。この前にありました祭壇は儀式を経て先日撤去いたしました。激励にこられた皆様のお気持ちに恥じぬよう復興に向け努力いたします。現在のところ稲荷神社は復興のシンボルとしてここに残る予定です。これからもお世話になります。

十一月吉日　東町区長

秋義神社と稲荷神社
撮影：君島彩子（2014年9月19日）

今後の見通し

久之浜地区防災緑地設計ベース案では、「秋義神社を核として鎮魂の思いと次世代へ震災の記憶を伝えるメモリアルの場」が計画されており、祭壇が納められた秋義神社・稲荷神社付近が今後震災モニュメント化していく可能性が十分に考えられるため、今後の動向を継続調査することとしたい。

調査概要

調査日	2014年9月19日
調査者	村上興匡、君島彩子、福井敬、藤井麻央（本文文責）
対象者	石川是法氏（日蓮宗妙経結社僧侶）、石川弘子氏（是法氏の妻）
場所	日蓮宗妙経結社
調査日	2014年9月20日
調査者	村上興匡、君島彩子
対象者	遠藤諭氏（遠藤建具店家具部門主任）
場所	遠藤建具店
資料	「久之浜防災緑地づくりかわら版」5号（2014年3月10日）　http://www.pref.fukushima.lg.jp/download/1/hisanohama.kawara.5.pdf(2014年9月19日閲覧)

⑮薄磯 仮設祭壇

所在地	薄磯地区の海岸へ降りる階段の上（福島県いわき市平薄磯北街） その後、修徳院（福島県いわき市平薄磯中街 100）へ移動。
素材・形状	防波堤上の柵を利用し塔婆を立て、その前に石製の香炉が設置されていた。その場所に花や供物などが次第に集積されていった。また祭壇からも目視できる砂浜上に角塔婆が立てられている。
建設時期	2011 年 5 月、最初の塔婆が立てられた。
建設主体と協力者	最初の塔婆は真言宗智山派福島第一教区智山青年会によって建てられたものであるが、その後、日蓮宗や立正佼成会などが塔婆をあげるようになり、被災者・遺族・宗教者など多数の人々が関わったと考えられる。
防波堤の仮設祭壇	2011 年 5 月 11 日頃、真言宗智山派福島第一教区智山青年会が塔婆と香炉を設置した。 2012 年 7 月 12 日、真言宗智山派による塔婆以外にも題目の書かれた塔婆が立てられており、この場所が智山派青年会以外の人びとも祈りを捧げる場になっていたようである。

撮影：黒崎浩行（2012年7月12日）

2013 年 3 月 11 日、木製の台座が追加され、その上に香炉が移動している。また 3 月 11 日ということもあり多くの花が備えられている。

梵字の書かれた塔婆と題目の書かれた塔婆が立てられており、多宗派による回向の場となっていたようである。

撮影：齋藤知明（2013年3月11日）

2013 年夏頃、鎮魂と書かれた花入れが木製の台座の前に設置されている。

油性マジックで文字が書かれた塔婆が増えていることから、様々な関係者が回向を行っていたものと予想される。

酒瓶、貝殻、玩具、小さな仏像も確認できる。

撮影：君島彩子（2013年8月20日）

砂浜上の角塔婆

2012 年夏、砂浜に「福島県犠牲者追善供養」と書かれた角塔婆が建てられる。背面には大安吉日と個人名が書かれている。

撮影：黒崎浩行（2012年7月12日）

2013 年 8 月 31 日、全日本仏教青年会によって砂浜の上の角塔婆前で海岸法要が行われた。
角塔婆は個人が設置したものであるが、何もない砂浜の中で慰霊等を行う際の目印等になっており、祭壇同様に花等が手向けられている。

撮影：小林惇道（2013年8月31日）

修徳院の仮設祭壇

2014 年 3 月以降、海岸線の工事に伴い、防波堤上の祭壇は整理され、同じ薄磯地区にある修徳院（真言宗智山派）の境内へと移された。台座、香炉、花入れ等は同じものが使用されているが、題目の書かれた塔婆は確認出来ない。
真言宗智山派青年会によって毎月 11 日に回向が行われている。（次頁を参照）

撮影：魚尾和瑛（2014年9月7日）

調査概要

調査日	2014 年 9 月 7 日
調査者	魚尾和瑛（本文文責）
対象者	塩照晃氏（真言宗智山派福島第一教区智山青年会会長）
場所	薄磯海岸

真言宗智山派青年会による回向塔婆

場所	・久之浜漁港近くの岸壁（福島県いわき市久之浜町久之浜） ・コメリハード＆グリーン四倉店裏の堤防（福島県いわき市四倉町東） ・修徳院境内（福島県いわき市平薄磯字中街） ・寶蔵寺の蔵の中（福島県いわき市平豊間寺前） ・江名港の左奥（福島県いわき市江名北町） ・永崎海岸沿い（福島県いわき市中之作勝見ケ浦） ・海星高校の脇にある網工場（福島県いわき市小名浜下神白館ノ腰） ・小浜海水浴場の脇（福島県いわき市小浜町渚） ・岩間の薬師堂の前（福島県いわき市岩間町岩下） ・鮫川大橋下の畑の中（福島県いわき市錦町竹の花近く）
形状	卒塔婆（6 尺のものが多い）がブロックや石などで支えられて置かれている。
意味	震災で亡くなった人々の回向のため。また、震災の記憶を忘れないためとの意味も込められている。
時期	建立時期は、それぞれ異なる。詳しい建設時期や順番は不明。
主体と協力者	真言宗智山派青年会。高野山真言宗、立正佼成会なども一部地域で回向の場としている。
発案から回向まで	修徳院の瓦礫撤去が終了した頃に、塔婆供養が開始された。 月命日である毎月 11 日には、全 10 か所の塔婆を行脚してまわり、施餓鬼の作法で回向している。僧侶以外の一般の参加者もいるが徐々に減る傾向にある。ただし、僧侶たちが毎月回向するのを塔婆の前で待っている人びとは各地にいる。
その他	・一般の方の中には、参加するたびに涙を流す人がいる。 ・地域住民の反対があったため塔婆を建立しなかった地域もある。 ・塔婆の多くが海岸線の工事などに伴い移動している。 ・薄磯には、工事に伴う移動を避けるため修徳院境内に塔婆が建立されている。 ・豊間には、寶蔵寺の蔵の中に塔婆があるため確認できなかった。 ・永崎には、台風で流され塔婆が建てられていないため、海岸沿いの竜神様の祠で回向している。 ・錦町には、いわき市市議会議員の所有する畑の中に厚意のもとで設置されている。

2014 年 9 月 7 日現在

塔婆

久之浜の塔婆

四倉の塔婆

江名の塔婆

岩間の塔婆

撮影：長島三四郎（2014年9月7日・8日）

調査概要

調査日	2014 年 9 月 7 日・8 日
調査者	黒崎浩行、魚尾和瑛、藤井麻央、長島三四郎（本文文責）
対象者	猪狩弘栄氏（修徳院住職）
	塩照晃氏（真言宗智山派福島第一教区智山青年会会長）
場所	真言宗智山派 修徳院

海岸回向の様子（2015年3月11日）

概要　2015 年 3 月 11 日、真言宗智山派福島第一教区智山青年会による塔婆回向の同行調査を行った。回向はふたつの班に分かれ行われ、久之浜、四倉、江名、永崎、豊間の 5 か所で回向を行う 1 班に同行した。2 班は小之浜、小浜、岩間、須賀の 4 か所で回向を行った。

当日は 1 本の塔婆を各地に運び、回向の際に建てていた。読経後は塔婆を戻し、他の場所でも同じ塔婆を使用し回向を行っていた。

参加者　真言宗智山派福島第一教区智山青年会を中心に東京、神奈川、名古屋の智山派青年会や成田山交道会から約 30 名の僧侶が参加。

浄日寺

9 時 00 分頃、浄日寺に智山派青年会の僧侶が集合。確認作業後 2 つの班に分かれた。同行した 1 班は 14 名、2 班は 13 名の僧侶が参加。9 時 30 分、車に分乗し、それぞれの班が各地域へ出発した。

久之浜

10 時 10 分頃、久之浜に到着。
塔婆を建て回向を行った。僧侶が塔婆の前で読経、海へむけて洒水（しゃすい：浄水で清める作法）。

四倉

10 時 30 分頃、四倉に到着。
久之浜同様に回向が行われた。四倉では、一般人の方が 9 名ほど参加し、僧侶のすすめにより塔婆に線香をあげ手を合わせた。またテレビ局による取材撮影も行われていた。

江名

11時00分頃、江名に到着。
回向が行われた。

永崎

11時30分頃、永崎に到着。
回向が行われた。

豊間

11時50分頃、豊間に到着。
豊間では、寶蔵寺の本尊と弘法大師像に向けて読経を行った後、塔婆を建て、他の所と同様に回向が行われた。

修徳院

撮影：長島三四郎（2015年3月11日）

12時00分頃、修徳院に到着し、2班と合流。
14時00分、「東日本大震災物故精霊追善法要」開始。修徳院での参加者は、僧侶が約40名、一般が約100名、報道関係者が約10名。法要では、読経とともに、薄磯区長、修徳院総代、いわき市長、修徳院の猪狩住職からの挨拶があった。
読経の最中に焼香。
14時46分、海の方角へ黙祷がささげられた。

調査概要

調査日	2015年3月11日
調査者	星野壮、長島三四郎（本文文責）
対象者	塩照晃氏（真言宗智山派福島第一教区智山青年会会長）他

第12章

福島県浜通り沿岸地域の復興と神社

黒崎浩行

はじめに

2011年3月11日の東日本大震災の発生から、本章執筆時点で7年4ヶ月が経つ。この間の福島県浜通り沿岸地域の復興に向けた動きの中で、神社がどのように関わっているかを探るのが、本章の目的である。

3月11日午後2時46分に発生した地震とその後の津波が、福島県双葉郡大熊町・双葉町に立地する東京電力福島第1原子力発電所を襲った。設備・機器の破壊に加え、全電源喪失により冷却困難となった原子炉の炉心が露出、損傷し、建屋が水素爆発を起こし（1号機が12日15時36分、3号機が14日11時1分、4号機が15日午前6時）、放射性物質が広範囲にわたって拡散した（東京電力福島原子力発電所事故調査委員会 2012: 25）。福島県浜通り沿岸地域の住民は、津波被害に遭いながらも、政府から出された指示を受けて、あるいは自ら危険を察知して、避難行動を開始した。その後、避難指示区域の再編、また避難指示の一部解除を経て、現在に至っている。

この間、被曝を避けるための広域避難や水・食料の供給などの支援、あるいは避難元への帰還や生業の再生の支援など、民間レベルでさまざまな動きがあった。ここで、確認しておきたいことがある。こうした多方面の動きに対して、それに反対する立場から批判する言論が見られる。本章はそのような議論を行うものではない。なぜなら、批判は本来、このような事態を引き起こした原因者に対して向けられるべきであり、それぞれの現場に関わる人びとの努力をくじき、これ以上の分断を深めるようなことに与するべきではない、と考えるからである。

それでは本章では何を議論するのか。櫻井治男は、神社が福祉文化の資源としての役割を担えるものとし、神社が「自然的環境」・「文化の伝承・創造環境」・「人的・社会的組織環境」を備えていることをその理由に挙げる（櫻井 2002: 170）。このたびの事態は、こうした理由のいずれもが大きく損なわれた状況であると考えられる。それでもなお、地域の再生・復興に向けて神社が何らかの役割を担えるとするならば、それはどのような条件下で、どのような事柄においてなされうるのか。本章ではそれを探り、それを通じて、東日本大震災・原発事故以前にもあった公害などによる環境破壊下の神社および宗教文化の歴史（太田　2014a, 2014b）、あるいは今後起こりうる可能性についても比較検討のための視野を拓くことへとつないでいきたい。

なお、本章では、この７年の間に筆者が現地調査を行い、または支援活動に参加することを通じて現場に接することができたかぎりでの事象を中心にとりあげる。筆者の見識の狭さや、行動の時間的・空間的な限界により、重要でありながら言及することのできなかった多くの取り組みが存在すると思う。今後このような主題での調査研究、あるいは記録保存がより充実していくことを望む。

1.　先行研究および報道・記録

本章がとりあげる事例のいくつかに関しては、すでに先行研究がある。

植田今日子は、原発事故後も中断されることなく規模を縮小して行われた祭礼として「相馬野馬追」を、2004年10月に発生した中越地震において旧山古志村の「牛の角突き」が継続された事例とあわせてとりあげ、こうした祭礼を、過去から予測のつかない未来へと流れる「直線的時間」において、「ハレ」と「ケ」との周期的な繰り返しからなる「回帰的な時間」を被災した人たちが取り戻す意義があったものとして論じている（植田 2016: 130-163）。

また、魚尾和瑛は、いわき市平菅波に鎮座する大國魂神社を事例として神職に対する聞き取り調査を継続的に行い、神社および神職が祭礼の継続や、「千度大祓」など新たな行事の創造に取り組みつつも、青年層の減少、神社の氏子地区と沿岸の被災地域とで流れる時間の違いなど、課題があらためて顕在化している状況を描き出している（本書第6章）。

東日本大震災・原発事故に際しての神社・神職の被災状況や地域の復興・再生に向けた活動に関しては、『神社新報』が継続的に現地取材、報道を重ねている。その集大成ともいうべき、『東日本大震災　神社・神職―被災の記録と復興』（神社新報社 2016）には、被災した、あるいは支援にかけつけた神職の証言が多数収められているほか、各県の神社の被災状況についての情報・写真が網羅的に掲載されている。本章が対象とする福島県浜通り沿岸地域ももちろん含まれている。

太田宏人による『皇室』誌での2011年から2015年にかけての連載「被災地神社［復興］ルポ」も、被災地域の神職および氏子への丹念な取材により、困難な状況下での復興の祈りの姿を浮かび上がらせている。いわき市久之浜（第2回・第5回）、南相馬市原町区萱浜（第5回）、南相馬市鹿島区と相馬市磯辺（第5回）、南相馬市鹿島区と小高区（第8回）、相双地区全域（第9回）、南相馬市小高区（第10回）、富岡町（第13回）、また本章では触れられないが重要な関わりをもつ相馬郡飯舘村（第1回・第3回・第4回・第5回・第11回）や葛尾村（第12回）などの神職・氏子、および各地から支援に訪れた神職の経験がとりあげられている。2015年以降は、日本文化興隆財団ウェブサイト上にコラム「故郷の場所　被災地の神社をめぐる情景」[1]として続編記事が掲載された。

また、本章でも触れる福島県の民俗芸能に関しては、懸田弘訓を団長とする民俗芸能学会福島調査団がいちはやく網羅的な調査を行い、その成果が『福島県域の無形民俗文化財被災調査報告書2011～2013』[2]として公表されている。

こうした事例研究や報道・記録がより広く参照され、被災地域の復興に関心をもつ人びとが当事者性をもって受けとめ、活動や施策に広く活かしていくことが望まれる。しかしそれを阻害するような状況がある。それは、冒頭にも述べたように、原発被災地域および人びとが幾重にも分断されていることである。除本理史・渡辺淑彦らは、東京電力から被害者に対しての賠償の線引きにより生活再建の困難な人びとが生じていること、また、国の避難指示区域見直しならびに帰還促進のための除染・インフラ復旧・風評被害対策などの施策の中で、住民の避難・帰還の選択に相違が生じている実態を分析している。そして、こうした「不均等な復興」の状況を改善するため、賠償格差の是正、避難・帰還の多様な意思決定を支援しつつ地域コミュニティや自治体が存続するための方策の検討、生産から検査までの体系だった放射能対策などの提案を行っている（除本・渡辺編 2015）。

本章ではそこまで議論を進めることはできないが、少なくとも、これまでの地域復興に関わる神社・神職の動きが、「避難」と「帰還」の狭間で、その両者をめぐる複数のベクトルを包含してきたことを示していきたい。

2.　祭りの継続と神社の再建

2.1 干拓地の稲作農業再生への祈り―南相馬市鹿島区・山田神社―

2012年2月26日、福島県南相馬市鹿島区北海老の、太平洋にほど近い高台に、熊本県立球磨工業高校の生徒たちが実習用に作った祠が、「山田神社」の仮社殿として設置された。本節では、そこに至るまでの経緯と、その後の5年半の動向を振り返り、そこから見出される事柄を記す。

山田神社は八沢干拓地の総鎮守とされる。八沢干拓地とは、南相馬市鹿島区と相馬市の境界ともなっている矢ノ目川排水路を挟んで東西4.6キロメートル、南北1.0キロメートル、面積350ヘクタールにわたる地域で、もとは「八沢浦」という沼地であった。ここを米作の農地とするため干拓する事業を興したのが岐阜県養老郡出身の実業家、山田貞策であった。泉州岸和田の出身で、蒸気タービン式排水機の技術を持つ出崎栄太郎を招き、官有地の買収、漁業権の譲渡などの交渉を経て、1907（明治40）年に八沢浦干拓事業を開始した。排水設備の工事は困難を極め、11人の犠牲者を出しながらも、1934（昭和9）年には300町歩の水田に約6,000俵の収穫を得られるまでになり、1935（昭和10）年、八沢干拓成功記念の式典を磯の上公園で行った。同公園には記念碑と山田翁の銅像が建てられた。その後、1940（昭和15）年の皇紀2600年に際して農民が費用を拠出して磯の上公園に神社を創建し、社号を「山田神社」とした。1963（昭和38）年に相馬市蒲庭字孫目の排水機場隣接地に遷座し、1983（昭和58）年には八沢干拓創業75周年を記念して檜材銅板葺の本殿を造営した（八沢干拓土地改良区・山田神社遷宮祭執行委員会［1983］1993）。

八沢干拓地は、2011年3月11日、排水機場付近の相馬市蒲庭字孫目から南相馬市鹿島区北海老字釜舟戸・港口にわたる港行政区の集落ともども津波に襲われ、46人の住民が犠牲となった。干拓地全体が海水に覆われ、山田神社の社殿も流失し、また高台で避難所にも指定されていた磯の上公園にも津波が到達し、そこに避難した人も流された。

福島第1原発で事故が発生し、付近で放射線量が上昇したのに伴い、政府は順次避難指示区域を拡大していき、12日の時点で半径20キロメートル圏内の住民に避難の指示、半径20～30キロメートル圏内の住民に対して屋内退避の指示を出した。また、南相馬市は市外への住民集団避難を開始し、また市内に救援物資が入ってこなくなった。こうした危機的な状況を経て、4月22日には、福島第1原発より半径20キロメートル以内の警戒区域、20～30キロメートルの緊急時避難準備区域、半径20キロメートル以遠で事故後1年間の積算被曝線量が20ミリシーベルト以上となる可能性のある計画的避難区域の3つに避難区域が分けられた。鹿島区の北端に位置する八沢干拓地はそのいずれにも当たらず、危険を感じて自ら避難した人も多くいたが、原町区、小高区に比べると多くの住民が自宅へと戻っていった。ただし、津波により自宅を失った人は戻ることができず、市内外での避難生活を続けることとなった。

こうした中、八沢干拓地を運営する八沢干拓土地改良区は、農地の再生を期して、まずは神に祈ること、そのための山田神社の再建を希望していた[3]。山田神社跡の瓦礫撤去は富山県・石川県・福島県神道青年会のボランティアが同年8月に行った（森・八沢干拓土地改良区 2012）が、震災直後から

3か月間、南相馬市へボランティアに来ていた熊本県天草郡苓北町の志岐八幡宮宮司、宮崎國忠氏が再建に向けた支援を約束した。そして、熊本県立球磨工業高校、熊本県人吉市の青井阿蘇神社およびその関係者の協力を得て、2012年2月、磯の上公園への仮社殿設置へと至ったのだった。当日は、宮崎宮司、青井阿蘇神社宮司・福川義文氏ほか同神社関係者、球磨工業高校の教員・生徒たちが設置作業を行い、山田神社の氏子である八沢干拓土地改良区の理事・職員らが参列して遷座祭が行われた。

これ以降、毎年4月23日に山田神社例祭が、伊勢大御神宮司・森幸彦氏の斎主、氏子の参列のもと行われている。祭典当日およびその準備には埼玉県在住の神職や、さまざまな分野の芸術家が近くの農家民宿に宿泊しつつ協力し、終了後は北屋形公民館で直会を行ってきた。

2015年5月3日には日本文化興隆財団のコーディネート、日本財団の支援により「みんなの鎮守の森植樹祭」が行われ、その後、日本財団の支援により本格的な社殿が再建されることとなった。球磨工業高校から寄贈された仮社殿は、本殿の中にまるごと納まるように設計された。また、干拓事業および津波の犠牲者の霊をまつる慰霊舎、および社務所もあわせて建設された。2016年9月10日に遷座祭が行われた後、9月11日に竣工奉祝祭が斎主・森氏、副斎主・宮崎氏により氏子参列のもと行われた。2017年からは、4月23日の例祭の後の直会を、新しい社務所で行うようになった。

八沢干拓地は、行方不明者の捜索、瓦礫・土砂の撤去、塩害対策、排水機場の復旧、ため池の放射性物質の測定・除去を経て、300町歩すべての農地の復旧に向けて、2013年度から5年計画で大規模圃場整備事業を開始した。2017年度時点では5割の作付けが達成しているという[4]。

これまで、干拓地の復興と神社の再建、祭りの継続とが並走している様子をうかがってきた。一方、震災前に八沢干拓地で働く人びとが住み、住民の多くが犠牲となった港行政区は、災害危険区域に設定され、2016年3月に解散した[5]。山田神社の新社殿竣工を報じた9月11日のNHKニュースは、竣工祭に参列した港行政区の元区長へのインタビューを放映した。その男性は、被災後は八沢干拓地を離れ、現在は営農に加わっていない。その内容は、津波による犠牲者の存在と、干拓地を離れた人びとの存在にあらためて気づかされるものとなっていた。

先に触れたように、新しい拝殿の右脇には、犠牲者をまつる慰霊舎が設置されている。また、2012年2月に球磨工業高校から仮社殿とともに寄贈された白木の鳥居に、絵師の「はと」氏が、鎮魂の意を込めて57羽の鳩の絵を描いた。この鳥居は新社殿竣工にあたり境内に登る石段の手前に移設されて、現在も見ることができる。このような象徴的モニュメントは、復興の歩みの中で置き去りにされかねない震災の犠牲者の声を媒介するものとなっているように思われる。

2.2 子どもたちが参加する祭りの復活―いわき市久之浜・四社合同神幸祭―

3月11日、いわき市沿岸部の北端に位置する久之浜町の大久川河口付近では、5.92メートルの津波が襲い、国道6号線の海側で64%の家屋が全壊し、41人が死亡、関連死で3人が亡くなった（いわき市 2013: 30）。久之浜町は、15日に政府が出した屋内退避指示の範囲内である30キロメートル圏内にあったが、それより前の13日に、いわき市長は独自に久之浜・大久地区の住民に対して自主避難を要請した（同：73）。

多くの住民が避難し、物資の供給も滞る中で、久之浜に鎮座する諏訪神社は、地域外からのボランティアを積極的に受け入れ、瓦礫撤去などの活動を行う拠点となった（太田 2011: 107）。また、全国各地の神社関係者から福島県神社庁に寄せられた支援物資も諏訪神社に届けられ、地域の人へ配布した（同：108）。

久之浜では、後述するように被災して流失した神社や、海岸近くにあって奇跡的に形を留めた神社があり、その復旧、保全に神社関係者が協力していったが、それに加えて、久之浜で毎年5月4日に地域住民をあげて行われてきた「四社合同神幸祭」の再開が果たされた。東京都台東区に鎮座する下谷神社の阿部明徳宮司らがこれを支援しており、筆者も2013年5月以来、学生を帯同して参加している。

四社合同神幸祭とは、諏訪神社、津守神社、星廼宮神社、愛宕神社の氏子がそれぞれの神輿を担いで渡御するもので、あわせて町内会から子供神輿と山車が出て、大勢の子どもが参加し、楽しむ行事となっている。その子どもたちに金魚すくいやヨーヨー釣り、射的など、縁日の出店を体験してもらおうと、阿部宮司が東京・埼玉の神社関係者に呼びかけて支援を行っている。

津波被害と原発事故による不安の中、子どもを抱えた世帯が久之浜にどれくらい戻ってくるのか、また戻ってきた子どもたちが被曝を避けながら祭りに参加することができるのか、2012年の段階では懸念する声があったという[6]。だが、2013年の祭礼は無事に行われ、100人をゆうに超える子どもたちが親とともに縁日を楽しんだ。

2014年以降も同じ形で神輿渡御と縁日が、区画整理事業の進行に伴い少しずつコースや御旅所・縁日会場などを変更しながら継続されてきた。2017年春には区画整理された土地に新たな商業施設「浜風きらら」がオープンし、住宅の建設も進んでいる様子がうかがえた。

2.3 境内を整備し住民の帰還を待つ―いわき市久之浜、富岡町ほか―

こうした賑やかな祭礼の復活・継続に先立って、2011年から2012年春にかけて、流失・破損した久之浜の神社の復旧・修復が神社関係者などによって進められていた。

星廼宮神社は久之浜の市街地中心部に鎮座していたが、津波により完全に流失した。また、金ヶ沢地区の見渡神社も流失した。阿部宮司らは、この両神社のために仮社殿を寄贈した。2012年5月26日には、KTSK（傾聴に取り組む宗教者の会）のコーディネートにより、福島県神道青年会、日本文化興隆財団、國學院大學の教員・学生有志が参加参加して星廼宮神社の境内清掃を行った。

このとき星廼宮神社宮司を兼務する高木美郎・諏訪神社宮司は、「いまだ復興の道筋が見えず、住民の生活設計の見通しが立たない中、これから住民が戻ってくるにせよこないにせよ、神社を清浄に保ち、祭りを継続していくことが「ふるさと」を守り、それがコミュニティの絆を徐々に戻していくことにつながるだろう」、と見通しを語った。

避難区域の再編と縮小は人びとに「ふるさと」への帰還の可能性をもたら

す反面、賠償や避難者支援の打ち切りを伴って、避難を継続するか帰還するかの苦しい選択を迫るものとなっている。また、仮に帰還しても生業の継続や近隣の助け合い、医療・福祉などのサポートが十分得られない場合、その生活は厳しいものとなる。こうした状況については除本理史・渡辺淑彦らが川内村での事例を詳細に検討している（除本・渡辺編 2015）。久之浜での神社・祭礼の維持の取り組みは、帰還に伴うリスクの軽減とコミュニティの再生を図るものであったと言えよう。そしてこの取り組みは原発事故が完全に終息するまで続いていくだろう。

政府は、2017年3月31日に双葉郡浪江町で、4月1日に双葉郡富岡町で、避難指示解除準備区域と居住制限区域を解除した。帰還困難区域を残しつつも、それまでの全町避難の状況から、部分的にでも帰還が可能な状況へと変化した。両町でも、前述の阿部明徳宮司や、全国各地の神道青年会有志をはじめとする神社関係者が、福島県神道青年会の案内により、被災し立ち入りが制限されている地域の神社の復旧・清掃作業を行ってきた。(太田 2013)

筆者も田村貴正・初発神社（浪江町鎮座）禰宜の案内を受けて、太田宏人とともに、2014年11月23日に、富岡町・大熊町・双葉町・浪江町、および楢葉町の神社を訪ねた。その中の1社、富岡町上手岡の麓山神社は、川内村と富岡町をつなぐ幹線道路である小野富岡線（県道36号線）沿いに鎮座しており、2014年2月22日に再開通した常磐自動車道常磐富岡インターチェンジの付近でもある。訪問時、麓山神社は社殿・鳥居に大きな損傷があり、境内の石垣が崩れ、また除染土を詰めたフレコンバッグが積まれている状態であった。

それから2年後の2016年11月26日、麓山神社を再訪し、社殿の修復と境内の整備が完了したことを確認した。これは同年9月10日に完了したものであった[7]。境内には新たに「震災復興記念碑」が建てられていた。碑文の内容は、次のとおりである。

東日本大震災、福島第1原子力発電所事故

平成23年3月11日午後2時46分頃、三陸沖に震度7クラス、マグニチュード9.0

の巨大地震が発生、この地震による波高10メートル以上の巨大津波が東日本を襲い　富岡川河口附近での津波は21.1メートルを記録。
この巨大地震と津波により福島第１原子力発電所で水素爆発事故が発生、
事故評価尺度レベル７の最悪の原発事故となる。
これにより双葉郡内全ての町村が全域避難を余儀なくされ知人、友人、親類を頼り
全国各地へと一時避難をした。
水素爆発による広範囲且つ大量の放射性物質の放出は、人体や環境に重大な影響を
及ぼすという人類史上これまでに経験のない未曾有な事故となった。
避難当初、町民は学校の体育館、公共施設及び借上げ住宅等を避難先とし、
着の身着のままの生活を余儀なくされた。
その後県内には仮設住宅が出来、仮設での生活が始まるもそこには問題点も多く
慣れない生活となった。
仮設生活が２～３年過ぎる頃から長期避難を予見し住宅購入が目立ち始めた。
こうした中、平成26年７月に環境省による除染工事が上手岡地区も着手され、
復興への第一歩となった。
麓山神社では境内、鳥居、石積みなど構築物の大部分が被災し除染と修理工事は、
相当困難な状況を極めた。しかし、この困難な状況を復興に対する強い思いと
地区町民の結束を以って見事に乗越え修復を行った。
ここに皆様方の御協賛、御協力により麓山神社を復興した証として記念碑を建立する。

平成28年９月吉日　　宮本皓一撰文

碑文は震災・原発事故の発生から避難行動、避難先での生活の厳しさ、2014年7月からの上手岡地区の除染工事、神社境内の修復の経緯などにわたっている。震災・原発事故の被害とその後の避難生活の痛み、苦しみに寄り添う姿勢がうかがえる。

他方で、瓦礫撤去・境内清掃はなされたものの損壊した社殿には手つかずとなっている神社もある。また、帰還困難区域の神社は雑草に覆われ、獣害のリスクも伴う。

3.　原発避難と民俗芸能の継続

3.1 請戸の田植踊

原発避難と、その後の展望が見えない状況の中、被災地域に伝承される民俗芸能を、避難生活の中にあっても継続、継承していこう、またそれを支援しようという動きが各地で見られた。

双葉郡浪江町の苕野神社の例祭「安波祭」で奉納されてきた「請戸の田植踊」もその1つである。請戸の田植踊については筆者も別稿（黒崎 2014）で言及しており、またその復活を支援した山名隆弘・大國魂神社（いわき市鎮座）宮司による証言（山名 2016）、東京文化財研究所無形文化遺産部が企画した第7回無形文化遺産研究協議会「記憶・記録を伝承する―災害と無形の民俗文化―」での大山孝正（福島県文化財センター白河館）による経緯の報告（大山 2012）などがある。このほかＮＨＫも数回取材し、番組を放映してきた。

避難生活を続ける中での継承の困難さと、それでも続けることの意義、またそのための工夫については、大山の報告に詳しい。具体的には、映像のデータベース化やアーカイブス化を通じた練習のサポートと、避難先での上映会実施などによる「心の復興」への寄与などが挙げられている。

政府は、2017年3月31日に浪江町の避難指示解除準備区域と居住制限区域を解除した。これには苕野神社の氏子区域である請戸地区も含まれる。しかし、請戸地区は津波で被災し、災害危険区域の指定を受けたため、元の場所に住宅を再建することはできない。もし浪江町内に帰還するならば、整備中の町営住宅などに入居することになる。

毎年2月に、福島市内の浪江町民が住む仮設住宅団地で、苕野神社の例祭「安波祭」が継続されてきた。しかし仮設住宅の居住期限が2018年3月までとなり、2017年2月19日がその最後の機会となった。この先、安波祭のみは苕野神社の鎮座地で斎行することが可能だが、それが今後の祭り・芸能の継続を保証するものではなく、また県内外で避難生活を継続している浪江町民にどのように届くのかという問題を抱えることになった。

3.2 熊川稚児鹿舞

双葉郡大熊町は全町民が避難生活を続けている。また、環境省は、福島第1原子力発電所の南西側一帯を除染廃棄物の中間貯蔵施設予定地として、用地買収交渉を地権者と行っている。この場所には、宗教法人格を持つ神社が6社鎮座している（酒井 2016）。

大熊町熊川に鎮座する諏訪神社では、氏子により「熊川稚児鹿舞」が奉納されてきた。雄3頭、雌1頭の鹿（獅子）と、野猿と呼ばれる道化役1人が、囃子方の演奏のもと舞う神事芸能である。氏子宅の長男の小学生を中心に鹿役が選ばれ、4年間ないし5年間、練習を重ねながら舞を務める慣わしとなっていた（いわき地域学会 2015: 37）。

2011年3月11日の地震と津波により、諏訪神社は倒壊し、氏子たちは町外の各地で避難生活を送ることになった。熊川稚児鹿舞も継承が危ぶまれたが、2012年8月に郡山市で保存会の会議が開催され、議論の結果、復活へ向かうこととなった。鹿役の子ども4人が選ばれ、2013年春に、会津若松市の仮設住宅で練習が再開された。その後、いわき市好間の仮設住宅でも練習が行われるようになった。2014年7月に会津若松市で行われた「おおくま・甲和会合同夏まつり in 長原」で、神事の後に復活奉納が実現した（夏井 2015）。

2015年7月18日、熊川稚児鹿舞の練習見学会が、いわき市のワシントンホテル椿山荘で開かれた。このときは、各地で避難生活を送っている熊川地区住民を中心に50人近くが集まり、公開練習を見届けた。いわき市沿岸部の江名諏訪神社や沼ノ内諏訪神社にも獅子舞が伝承されている。前出の山名宮司によれば、熊川稚児鹿舞といわき市の獅子舞との交流を深め、いわき市内の諏訪神社の例祭などに熊川稚児鹿舞の奉納を受ける計画を進めているとのことであった。

以上のように、避難生活を続ける中での神事芸能の継続は、将来の帰還まで芸能を継承するという意味ばかりでなく、各地で避難生活を送る人びとの現在の心のよりどころという新たな意味をすでに帯びていると言える。そのことを十分に理解した上での支援が求められるだろう。

むすびにかえて

櫻井の指摘する、神社が福祉文化資源となるさいの前提となる3つの環境、「自然的環境」・「文化の伝承・創造環境」・「人的・社会的組織環境」が大きく損なわれた状況の中で、その回復を行う、あるいはそれを願う動きが福島県浜通り沿岸地域の神社においてなされてきた。それは将来の「帰還」へ向かうベクトルと重なるとまずは言える。しかし、それは容易なことではない。一方で、現在の「避難」にも寄り添い支えるような動きがそこに伴ってきたことも垣間見られる。そして、避難の継続に対する公的な援助が縮小していく中、こうした動きも岐路に立たされている。

このような状況に対して、本章は何か決定的な提言を示せるようなものでは全くない。ただ、まずは本章を読んでいただくことを通じて、現状認識のより幅広い共有を願うのみである。

＊　本章は、拙稿「福島県浜通り沿岸地域の復興と神社」(『神道宗教』第249号、2018年1月）をもとに改稿したものである。

注

1　http://www.nihonbunka.or.jp/column/list（2017年11月18日閲覧）
2　http://mukei311.tobunken.go.jp/fbox.php?eid=10168&s=o（2017年11月18日閲覧）
3　2012年4月23日、但野幸一・八沢干拓土地改良区理事長より聞き取り。
4　2017年9月7日、但野幸一理事長より聞き取り。
5　「さようなら港行政区　南相馬市鹿島区　震災影響、市内初の閉区」『福島民報』2016年2月22日。
6　2012年5月26日、高木美郎・諏訪神社宮司より聞き取り。
7　「富岡・麓山神社　復旧祝う」『読売新聞』福島地域版、2016年9月11日。

参考文献

いわき市2013『いわき市・東日本大震災の証言と記録』いわき市。

いわき地域学会2015『熊川稚児鹿舞が歩んだ道――福島県双葉郡大熊町』いわき地域学会。

植田今日子2016『存続の岐路に立つむら――ダム・災害・限界集落の先に』昭和堂。

太田宏人2011「被災地神社［復興］ルポ　第2回　青年神職は希望の道標」『皇室』52: 106-111。

―――― 2013「被災地神社［復興］ルポ　第9回　故郷の場所と仲執り持ち」『皇室』59: 107-112。

――――2014a「故郷の場所（その3）廃村の神社」日本文化興隆財団。http://www.nihonbunka.or.jp/column/detail/100124　（2017年11月18日閲覧）

――――2014b「「廃村後も故郷に埋葬された」という事実」『仏教タイムス』2014年10月23日。

大山孝正2012「民俗資料・記録の活用に向けて－福島県の被災地から－」独立行政法人国立文化財機構 東京文化財研究所『第7回無形民俗文化財研究協議会報告書　記憶・記録を伝承する－災害と無形の民俗文化－』東京文化財研究所無形文化遺産部。http://www.tobunken.go.jp/ich/wp-content/uploads/07mukeikyogikai_report.pdf　（2017年11月18日閲覧）

黒崎浩行2014「復興の困難さと神社神道」国際宗教研究所編『現代宗教2014』: 227-248。http://www.iisr.jp/journal/journal2014/Kurosaki.pdf（2018年6月29日閲覧）

酒井正直2016「帰還当て無き強制避難――30年～40年」神社新報社編『東日本大震災　神社・祭り――被災の記録と復興』神社新報社。

櫻井治男2002「神道福祉研究の展開に関する一考察――福祉文化と神社神道に関して」桑原洋子教授古稀記念論集編集委員会編『社会福祉の思想と制度・方法』永田文昌堂。

神社新報社編2016『東日本大震災　神社・祭り――被災の記録と復興』神社新報社。

東京電力福島原子力発電所事故調査委員会2012『国会事故調　調査報告書』国会。

夏井芳徳2015『熊川稚児鹿舞――福島県双葉郡大熊町』いわき地域学会。

森幸彦・八沢干拓土地改良区2012「山田神社仮社殿設置のしおり」。https://www.evernote.com/shard/s8/sh/9fb042ff-7090-41ae-8e32-addd429733

2f/1d7526b85c2edbec1d742ec66bdade20/res/2cda2245-8b5c-41db-8db7-9dc14c8bc6b4/ 山田神社仮社殿設置のしおり .pdf （2017年11月18日閲覧）

八沢干拓土地改良区・山田神社遷宮祭執行委員会［1983］1993『八沢干拓の歩み』八沢干拓土地改良区・山田神社遷宮祭執行委員会（1983年初版）。

山名隆弘2016「神事芸能の心は残った」神社新報社編『東日本大震災　神社・祭り―被災の記録と復興』神社新報社。

除本理史・渡辺淑彦編2015『原発災害はなぜ不均等な復興をもたらすのか――福島事故から「人間の復興」、地域再生へ』ミネルヴァ書房。

第13章

民俗芸能と新しい祭り

弓山達也

1.　本章の目的・対象・方法と研究の背景

1.1 研究の目的

本章の目的は東日本大震災後にいわき市内で生まれた、いわゆる「復興イベント」「支援復興イベント」「復興祭」（以下「復興イベント」と総称）の関与型調査を通じて、①復興イベントがどのようにして宗教的な祭りの性格を帯び、②またどのようにしてそれを後退させるのか、その担い手、シンボル、パフォーマンスに注目して特徴を明らかにすることである。復興イベントには物販や防災フェスティバルのような純粋に世俗的なものや、追悼祭・慰霊祭のような宗教そのものがあるが、主に世俗的／宗教的双方の性格を有するものを取り上げ論じてみたい。

調査地であるいわき市にはこの地域に伝わる民俗芸能であるじゃんがら念仏踊り（以下「じゃんがら」）がある。じゃんがらは、江戸初期に現いわき市で始められた太鼓と鉦、そして、歌と踊りによって演じられる新盆の踊念仏で、現在、約100団体がこの民俗芸能を伝承しているという（いわき市総合図書館配付資料2016: 1）。また現いわき市出身の浄土宗僧侶袋中上人が17世紀に沖縄にじゃんがらを伝えたことが、エイサーの起源になったとも言われているが（福島県1964: 872; 長尾他2008: 41）、いわき固有の、そして震災の慰霊追悼を担う民俗芸能として各種の復興イベントで、しばしばこの民俗芸能が新盆とは関係なく演じられてきた。しかし、じゃんがらは復興のシンボルとなると同時に、この民俗芸能をめぐって地域に不協和音がささやかれることも観察され、本章では③民俗芸能を中心とする復興イベントが、地域復興に棹さす機能だけを有するのかも検討することになる。

1.2 研究の背景

周知の通り、デュルケム (1975: 393) は、宗教の最も原初的な形態をトーテミズムに求め、ここで「宗教的観念が生まれたと思われるのは、この激昂した社会的環境における、その激昂そのものからである」とした。言い換えれば、集合的生活の凝集性が聖なる宗教的観念を生みだすという、宗教が社会生活の所産に他ならないことを示したのである。こう考えると、市民の「復興イベント」に、どのような社会的な諸条件が加わると宗教性を帯びた祭りになるのかを吟味することは、宗教社会学上、極めて重要な作業といえよう。

デュルケムの議論を引き継ぎつつ、祭りの研究に携わる芦田徹郎（2001: 29）は、祭りの構成要素を「聖中心」「非日常性（儀礼性と祝祭性）」「共同性」「周期性」「催事性」とする。同様に三木英（2015: 62）も「聖性」「周期性」「非日常性」「共同性」を指摘する。世俗的な復興イベントでも失敗をしない限り、一定の「非日常性」や「催事性」はあるだろうし、それが回を重ねれば自ずと「周期性」は備わってくる。しかし「聖性」「共同性」を醸成するには、何らかの仕掛けが必要となり、そこが「復興イベント」と「祭り」を分かつ分水嶺となると考えられる。宗教的な祭りに宗教性（聖性）があるのは当然として、デュルケムはもちろん、芦田、三木が、祭りに動員や共同性といった統合的機能を見出しているのは自然なことといえよう。特に阪神淡路大震災後の祭りや巡礼を検討した三木は、そこに「被災者の連帯」(同前：60-82）や「共同性の感覚が強化されていくことを実感」(同前：110）するとみなす。それが地域に根ざした民俗芸能に由来するものならば、より一層統合の機能は強まるといえよう。震災後は多くの民俗（芸能）研究がそれを明らかにしている。そしてこれらを整理するならば、民俗芸能の被災地における機能は「励まし」「価値観の共有」「共同性の再獲得」といえる。

例えば「励まし」について、大山孝正（2012: 153）は避難先で継承される民俗芸能・行事が「先行きの見えない避難生活を送る住民にとって、大きな励み、心の支えとなっている」と指摘。林勲男は「地域コミュニティが将来も持続していくという期待」(2014: 38)、特に震災直後は「「被災者に元気を与える」あるいは芸能をつうじて「地域に絆を取り戻す」などの効果を期待」(2011: 29）につながると述べる。また「価値観の共有」について、東資子（2015: 78）は「民俗芸能は地域と人びととのつながりを目に見えるかたちで示すことのできる貴重なアイコン」とし、教育に取り入れることで「住民がひとつの価値観を共有する」という。植田今日子による（2013: 57）避難生活の「直線的時間」から年中行事が「来年の今頃」や「次回の祭礼」といった「回帰的時間」を取り戻すよすがとなるという論旨も価値観の共有とみていいだろう。

総じて「傷ついた地域社会を再生させる契機」(橋本裕之2016: 127)、「コミュニティをつなぐ最大の力」(同2015: 196)、「人々が地域に集い郷土芸能のために地域へ戻るという潜在的機能」「地域を支えるチカラ」(見市建2013: 97)、「地域コミュニティの連帯感を高めるのに重要な役割」(二本松文雄2013: 224)、「ワレワレ意識ネットワーク」(金菱清2014: 58）といった「共同性の再獲得」を民俗芸能に見ていると言ってよい。ただ民俗芸能が共同性や価値観に関わるからこそ、そこにはウチとソトといった意識が顕在化したり、個々の価値観が露わになって、そこに葛藤が生まれたりすることもあるに違いない。本章ではそうした民俗芸能がコミュニティに対して危機や分断を促す潜在的な逆機能も有していることにも言及していく。

1.3 研究対象と方法

本章で対象とするのは、いわき市小名浜で2016年・17年・18年のゴールデンウィークに開催された「どんとやれ！　大漁旗」(以下「どんとやれ！」と略）という住民団体「東部会」[1]による復興イベントである。小名浜は戦後漁港として、またその後、貿易港として発展したが、東日本大震災時、津波が沿岸の商工業施設を襲い、関連死を含む死者９名を出す被害があった[2]。現在では主要施設は再建され、地域には新たなショッピッグモールが2018年に6月に建設された。

さて「どんとやれ！」は、この地域で1950年代中頃生まれの世代が、自分たちが還暦を超え、新たな地域との関わりと地域の復興を目指して企画したものでる。名称は1954年に泉町・江名町・小名浜町・渡辺村が合併して磐城市となった時のご当地ソング「磐城ドンとやれ」に由来し、往時の街の賑わいを再現すべく大漁旗を小名川に飾り、また地元高校生にも協力を仰ぎ、2016年は5月3日、17年は5月3日〜4日、18年は5月5日に開催された。

筆者は本書執筆者たちと同地区周辺に2011年夏から調査に入り、本書各章が示すように被災者の宗教施設での避難状況、震災モニュメントの建立状況、街づくり会議等に関する聞き取り調査を行ってきた。そしてこの復興イベントにはボランティアとしても関わり、復興イベントとその事前・事後の主催者会議や参加高校生の催し物練習・演舞披露などに参加してきた。筆者はこうした本来デタッチメントを旨とする研究対象にあえて接近し、時に協働し、時に目標や価値を共有しつつ調査を進めるアプローチと調査実践を関与型調査と呼び、現在も調査を継続している。

2. 「どんとやれ！」の流れと構成要素

2.1 基本形

「どんとやれ！」を一番大がかりだった2017年の流れにそってみていこう。復興イベントは5月3日・4日開催だが、3日は準備・前夜祭の色彩が強く、約200枚の大漁旗が小名川河口付近に川を横断する形と水門に掲げられ（写真13-1）、18時にライトアップして、夜からは水門近くの割烹の駐車場で映画会となる。4日は同駐車場で10時に開会宣言が行われ、和太鼓と琴の演奏（写真13-2）、それにフラダンス、じゃんがら（写真13-3）、これに起源を持つと言われる沖縄のエイサーが続き、11:45から午前中の和太鼓からエイサーまでがもう一度繰り返される。小名川を挟んで対岸では7つの農業・漁業関連団体、4つの高校、市場女性部からの飲食物の出店が立

写真13-1　小名川にかかる大漁旗

写真13-2　和太鼓の演奏

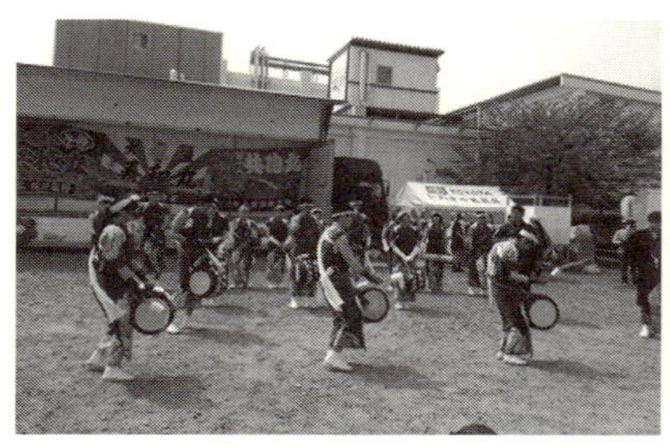

写真13-3　じゃんがら念仏踊り

写真13-4　高校生たちの物販

ち（写真13-4）、主催者がプロの露天商を排したため、復興を謳う地元農水産物を中心とした品揃えとなった。

2016年・18年の「どんとやれ！」との比較をしてみると、16年は大漁旗の数は約150枚、出店は割烹駐の車場で飲み物の販売のみ、出し物も和太鼓、じゃんがら、フラダンスだけであった。しかし注目すべきは、16年の「どんとやれ！」会場が地域の氏神（諏訪神社）神輿渡御の御旅所になっていて、ちょうど午前と午後の出し物の入れ替え時に次々に地区の神輿、神主に神馬、見物人が到着し、会場が祭礼時の神社の境内のような様相を呈したことである（写真13-5）。18年は新たに往時を偲ぶ写真パネル展示が行われたものの、大幅に規模は縮小され、大漁旗は70枚、会場となった旅館駐車場に飲み物と数点の飲食物の販売で、出し物は一切なくなった。

2.2 構成要素とその変化

冒頭に述べた通り、復興イベントと祭りを分かつものとして聖性と共同性

月ぎめ定価2150円　1部110円(消費税込み)
(第三種郵便物認可)振替口座(郡山)4・4028
いわき民報　(夕刊)　平成28年(2016年)5月7日(土曜日)　第21299号　(12)

いわき民報は地域の応援団です

わがまち情報コミュニティー

いわき民報社
〒970-8026　いわき市平字田町63-7　FAX (0246) 23-8275

本社編集部は地域の身近な話題をお待ちしております。
☎23－1666

神輿行列、大漁旗掲げる

小名浜鎮守諏訪神社の例大祭

816年の伝統を誇る小名浜鎮守諏訪神社(小名浜諏訪町、小名川祐輝宮司代務者)の例大祭「神輿渡御(みこしときょ)祭」が2、3の両日、小名浜の中心市街地や漁港近郊で催された。3日の本宮祭では、重さ約2㌧の千貫神輿を担いだ神輿行列などが港町を練り歩き、地元の安寧や発展とともに震災犠牲者の鎮魂、漁業のいち早い復興を祈願。今年は初の試みとして約150枚もの大漁旗が小名川に掲げられ、地元の住民をはじめ多くの市民、行楽客の姿でにぎわいをみせた。

(10日付で写真特集)

今年は神輿運行総奉行に作山栄一さん(59)、指揮頭に長谷川一久さん(63)が就任したのをはじめ、例大祭役員を一新。今春国学院大を卒業し、本格的に神道の道を歩み始めた小名川宮司代務者(23)を支えようと、例年より多い240人もの担ぎ衆が参加し、本神輿の車輦(しゃれん)、千貫神輿、子ども神輿が次々と境内を出立した。

神輿行列は、わかぎ幼稚園の年長児29人による稚児行列とともに小名浜地区の住宅地や繁華街を練り歩いた。小名川宮司代務者の父で先代の故・清彦氏の同級生が多く在籍する「小名浜東部会」の計らいで、神社のそばを流れる小名川の河口付近約200㍍区間に約150の大漁旗を掲揚。さらに神輿が休憩する老舗割烹(かっぽう)店「割烹一平」の駐車場では小名浜、いわき海星高の生徒による和太鼓、フラダンス、じゃんがら念仏踊りが披露され、祭りの雰囲気を味わい、色とりどりの大漁旗がはためく中、威勢の良い「ワッショイ!」の掛け声とともに練り歩く千貫神輿の行列をひと目見よ

小名川に掲げられた150本もの大漁旗のそば[illegible]いく神輿行列

行楽客が見守る中、勢いよく千貫神輿をもむ担ぎ手たち[illegible]き・ら・ら・ミュウ

写真13-5　第1回「どんとやれ！」を伝える『いわき民報』2016年5月7日

があげられる。ここでは「どんとやれ！」の聖性を、それを表象するシンボル（神輿などの宗教的なシンボルや大漁旗など）に置き換え、その共同性を、そこで繰り広げられるパフォーマンス、そしてパフォーマンスの担い手に注目し、この復興イベントを検討する。

【シンボル】「どんとやれ！」のシンボルが大漁旗にあることは間違いない。往時の賑わいの記憶が出航・帰航にともなう大漁旗に求められ、震災とその後の風評被害による水産業の衰退[3]の克服や社会発信のシンボルとして、大漁旗以上のものはなかった。ここに2016年においては神社例大祭の神輿という地域のシンボルと、それに代わって2017年には地域の農水産物という復興のシンボルが加わってくる。だが2018年は大漁旗のみとなる。

【担い手】主催の東部会は祭礼になると神輿渡御を担い、中心メンバーが住職をつとめる寺院を会場に毎月の会合を持ち、地域に関する勉強会を重ねてきた。やがて寺院の除夜の鐘を地域住民とつき、新年を迎える復興イベントが行われたが、会の内外から異論が出され規模を縮小。そのような中で中

心メンバーの高齢化にともない担げなくなった神輿をヒントにそれを迎える行事として「どんとやれ！」が提起されたのは自然なことであった[4]。2016年の開催メンバーは東部会会員20名前後に、会員の家族と知り合いのボランティア、地域住民、関連企業社員、高校生各10～20名だったのに対して、2017年は会員20名前後にボランティア約60名、高校生170名となる。18年は東部会メンバーとその家族以外は、外国人技能実習生と筆者らボランティア約10名の手伝いとなった。

【パフォーマンス】 2016年・17年では、復興イベントで時折見かける地元セミプロや芸能人を呼んでのパフォーマンスではなく、交渉に手間がかかり、準備・移動も負担しなければならない高校生が主体となった。その背景には、東部会の会員の共通の体験として、中学生時代の漁船の出航・帰航の際の鼓笛隊体験があったという。2016年は旧常磐ハワイアンセンターや映画「フラガール」という、いわきの代名詞であるフラダンスとじゃんがらがパフォーマンスの両輪であった。しかし、じゃんがらについて、例大祭（神事）に仏事を行うこと、古い漁業関係者が仏事を避けることもあって違和感などが表明され、企画時から懸案事項にもなっていた。2017年にはパフォーマンスの数や種類が増え、じゃんがらの注目度は相対的に下がったことが否めない。そして2018年には、このじゃんがらの演舞も姿を消すこととなった。

3. いわき市内の復興イベント

「どんとやれ！」の基本的性格をシンボル、担い手、パフォーマンスから検討すると、当初、寺院での寄り合いや神社との共働、大漁旗とともに集客となった神輿、じゃんがらという民俗芸能など、宗教的色彩が強かったものが、2017年には神輿がなくなり、じゃんがらの位置づけも他のパフォーマンス群の中で相対化されていくのが判る。2018年は11月開催の第10回世界水族館会議（アクアマリンふくしま）に合わせて商業施設（水族館に隣接するいわき・ら・ら・ミュウ）での開催が打診され、その方向で協議が進められていたが、方針の相違により、一時は開催が危ぶまれることとなった。議論が続けられた結果、東部会としてできるだけ（他団体への協力依頼は行わない）ということで開催が決まり、それが規模の大幅縮小となったという。

さていわき市には「どんとやれ！」と同様に震災後に開始された復興イベントがいくつかある。ここではそれらを検討し、「どんとやれ！」の位置づけを検討してみたい。

3.1 宗教者、宗教施設による復興イベント

開始当初から宗教的な性格が濃厚なものとして、「慰霊祭」「追悼祭」があげられる。例えばいわき市沿岸部を巡拝するかたちで真言宗智山派青年会による回向がある。これは月命日である毎月11日に全10か所の卒塔婆を僧侶が行脚してまわるものである[5]。担い手は僧侶であり、シンボルは卒塔婆、パフォーマンスは巡拝と読経で、開始当初から変わることはない（第11章参照）。

毎年、3月11日前後には各地で追悼行事が行われるが、浄土宗僧侶袋中上人開山の寺院である菩提院が深く関わる「復興エイサーいわき」（同実行委員会主催、2012年開催時は「復興じゃんがらエイサー」の名称であった）も、その一つである。パフォーマンスでもあり、慰霊のシンボルでもあるじゃんがらと、そこから派生したとされるエイサーが前面に押し出され、温泉街である湯本やいわき駅前のメイン会場のほか、寺院、追悼会場を廻るかたちのパフォーマンスとなっており、宗教色が濃厚である。担い手は、東京・沖縄のエイサー団体といわき市のじゃんがらの継承会であるが、開始前から会場に集う観客も重要な担い手である。エイサー団体との関わりは震災前からで、じゃんがらとエイサー共通するルーツである袋中上人ゆかりの菩提院が2010年から関係を作ってきた（写真13-6）。

3.2 市民団体による復興イベント

NPOなどの市民団体が主催する復興イベントもある。例えば小浜海岸で

は毎年3月11日に開催される勿来まちづくりサポートセンターが展開する「なこそ希望のプロジェクト」(写真13-7）と「おぢや元気プロジェクト」というNPOが主催する「復興祭」が開催される。ここではNPO関係者が中心となって地域住民と僧侶が共働して、パフォーマンスは年によって異なるが、電飾への点火、人形浄瑠璃、和太鼓などの催し物が見られる。シンボルは海に向かって設えられた祭壇であり、またおぢや元気プロジェクトの設えた簡易休憩施設にたなびくメッセージを書いた黄色い旗が注目を集める（写真13-8)。おぢや元気プロジェクトは新潟県中越大震災をきっかけに小千谷市で結成され、東日本震災後、浜通り各地に「心の駅」を設置し、2011年7月に小浜海岸に心の駅をオープンし、翌年から復興祭を開催している。

久之浜で開催されている「花供養」(千日紅の会主催）もこうした市民の

写真13-6　菩提院でのエイサーとじゃんがらの演舞

写真13-7　なこそ希望のプロジェクト

写真13-8　おぢや元気プロジェクト「心の駅」

写真13-9　3・11希望の灯り

復興イベントである。花供養は久之浜で行われた多様な祈りの姿を主婦層の団体である千日紅の会が束ね、2012年の一周忌では、全国から花を募る形でシンボルとして献花台を設け、パフォーマンスとしてフラダンスや読経などが行なわれた。その中でじゃんがらを担当したのは、2011年8月に地域の盆踊りが中止される中、地区内寺院僧侶を招いてじゃんがら供養を行い、同月27日の奉奠祭花火大会で演舞を行ってきた青年会を担い手とする大久自安我楽継承会であった。比較的イベント色が強い千日紅の会とじゃんがらを追悼行事としてとらえ返えそうとする継承会が袂と分かち、継承会自体は2016年には近隣の四倉での海岸供養の演舞となった。一方、千日紅の会は2018年には海岸から内陸部にはいった「ハイジの里山」と呼ばれる個人敷地での開催となり、海岸で行われる地域の復興イベントからプライベートな性格が強まっていった。

3.3 行政・公立学校による復興イベント

これまでの復興イベントより公的な性格が強くなるものとして「3・11希望の灯り」(同プロジェクト実行委員会と福島県いわき地方振興局主催）がある。「希望の灯り」は僧侶らによってもたらされた阪神・淡路大震災の「1.17希望の灯り」の分灯をロータリークラブがシンボルとしての献灯台を建立し、いわき市平中央公園に設置したものである。パフォーマンスとして毎年3月11日に近い日曜日に参加者や道行く人々がカップローソクに願いを書き（写真13-9)、祈りを捧げる。献灯台は公園の隅にあり、またカップローソクもメッセージに注目しない限り、公園のライトアップにも近いといえる。

復興イベントを主催している訳ではないが、数多くの復興イベントにじゃんがらの出張演舞を行っている県立いわき海星高校にも言及したい。同校は震災により壊滅的な被害を受け、廃校がささやかれた時期があったという。生徒も2名が犠牲となった。こうした中、震災前年に留学生向けの出し物披露のために行っていたじゃんがらに関わった生徒たちが2011年7月に、亡くなった生徒の供養ためチームを再結成した。そして同校が保有する海洋実習の練習船公開にあわせてじゃんがらを初披露し、8月の初盆には遺族の前での演舞となった（菅原2016: 55）。2011年度に18回のじゃんがら披露があり、その後、2012～15年度は40～50回、小名浜を中心に海外を含む各地の復興イベントにて演舞を行っている。筆者は2016年8月にいわき駅前での他のじゃんがらサークルとの披露に練習から同行した。沿道はもちろん横断歩道橋からも人びとが注視し、手を合わせて見守る人びとの姿も観察することができた。県立高校という制約があることが想像されるが、民俗芸能というパフォーマンスが醸成する共同性や慰霊供養の聖性が確認できるといえよう。

4.　復興イベントが祭りになるとき

4.1 生成するナラティブ

これまで触れた復興イベントの多くに僧侶が関わり、読経といった宗教儀礼も行われている。しかし担い手としての宗教者やパフォーマンスとしての宗教的行為があるからといって、その復興イベントが宗教性を保持する訳ではない。能作文徳（2015）は、グローバル化によって引き起こされた自分とは無関係なモノや断片化した諸関係に満ちた現代社会において、自分も含む人とモノといったアクターがネットワークを修復するとき、ナラティヴが生まれるとする。彼は料理でたとえると、野菜は単なる物質ではなく、履歴やプロセスが内在しているという意味でアクターであり、農家や料理人の努力などをテレビで知ることによって、食材を巡るナラティヴが視聴者に届けられるという[6]。

同じことが復興イベントにも言え、宗教者、宗教的シンボル、宗教的なパフォーマンスは、確かに復興イベントが聖性や共同性を保持するうえで重要であるが、注目しなければならないのは、こうしたアクターのネットワークであり、そこで生み出されるナラティヴであろう。さらに言うとこうしたナラティヴが各アクターを結びつける働きも持っている。

「希望の灯り」では、神戸の震災モニュメントから僧侶が805キロを28日間かけて徒歩で分灯したシンボルとしての「灯り」のエピソードは年々後退し、「キャンドルナイト」の復興イベント名が前面に押し出されている[7]。「花供養」では地域のじゃんがらが袂を分かったことが象徴的である。この地域のじゃんがらは一時期途絶え、2004年に継承会が復活させている。東日本大震災で久之浜は約50名の死者を出し、継承会も避難生活を強いられ、その中でじゃんがらによる慰霊活動が行われた（遠藤他2015: 69）。こうした記憶とナラティヴの担い手のじゃんがら継承会が抜け落ちる中、全国から贈られた生花による供養が、それに取って代わり、やがてプライベートな復興イベントになっていった。いずれも聖性を保持するシンボル（灯り）やパフォーマンス（じゃんがら）の意味が後退し、共同性を醸成することが難しくなっている。

逆に宗教者が関わらなくてもいわき海星高校のパフォーマンスには通りすがりの人びとが手を合わせ、教室に貼られた演舞への感想を見ると「お年寄りの中には涙して、見ておられる姿」や「若く尊い祈りの真を注ぎ込んだと賞賛」があったという。生徒の演舞に聖性と共同性を見出しているといえよう。それは民俗芸能としてのじゃんがらを生徒らが舞うというだけなく、震災当日、自宅にいたにかかわらず高齢者救援に関わり、福祉施設に向かった先で命を落とした生徒のエピソードが心震わす共鳴板になっていると考えられる。筆者が「どんとやれ！」のボランティアとして交通整理をする中で、ある来場者は演舞を見て「可哀想にね。あそこの高校生、死んじゃったんだよね」とつぶやいた。また高校生と移動の車に同乗して車中から遊びに出かけるであろう若者の姿を追いつつ筆者が「君らは夏休みなのに大変だよね」と語ると、隣の生徒が真顔で「夏休みに遊んだりするより（じゃんがらを舞うことの方が）カッコいい」と言った。担い手としてのいわき海星高校の生徒、パフォーマンスのじゃんがらが、復興イベント会場ごとのシンボルをともない、上記の能作の言葉を使えば、各アクターのネットワークが修復され、ナラティヴが生みだされ語り継がれる。ここにおいて復興イベントは祭りになると考えられよう。

4.2 民俗芸能が醸成する／阻害する聖性と共同性

「どんとやれ！」はどうであろうか。2016年に、神輿の担ぎ手を引退した世代が、神輿を迎える形で大漁旗を掲げ、そこにじゃんがらやフラダンスという、いわきを代表する民俗芸能やショーが展開された。その中で筆者は来場者の声を収集し、港のかつての賑わい、復興への思い、じゃんがらを打つ高校生への労りの言葉を聞いた。特に上記のようにじゃんがらを担当するいわき海星高校への地域の人びと（水産業関係者には同校の卒業生が多い）の思いは特別なものがある。しかし2017年は神社との連携が解消され、じゃんがらの位置も他の高校生の出し物の中で相対化され、さらに2018年はじゃんがらもなくなり、聖性の一角は崩れ、シンボルとしての大漁旗と往時を偲ぶ写真パネルと担い手である東部会の同世代性のみが共同性を支えていると考えてよい。結局は実現を見なかったものの、国際水族館会議で「どんとやれ！」が大規模に開催されていたとしても、そこに掲げられた大漁旗をはじめとする各アクターが、東部会という集団以上の共同性を示すナラティヴを紡ぎ出すかは心許ない。

被災地の復興イベントは純粋に世俗的なイベントもある反面、死者の記憶をともない、震災直後には、宗教者が正面に出ずとも星、海、花といった自然物、ロウソク、花火、鐘の音といった人工物が、それほど大がかりなシンボル操作を経なくても聖性を帯びやすかった。筆者も、はじめていわき市の調査に入った2011年8月、寺院境内で花火を見ながら、そこに家族を亡くした子どもたちもいることを知り、じゃんがらの音を背景に、花火大会でありながら、参加者と厳粛な追悼の時間を共有することとなった。こうしたイベントは、担い手とシンボルとパフォーマンスに宗教的資源（僧侶や遺族の喪服の姿、死者を表象するろうそくや花、読経・祈り・民俗芸能など）を得て、それを有機的に組み合わせ（ネットワーク）、ナラティヴを紡ぎ出すことによって、人びとをつなぐ共同性を可能にしてきた。逆に一般に「風化」と呼ばれる聖性・共同性の後退（祭りが復興イベントになる）はこうしたネットワークの一角が崩れ、単なる僧侶の姿、個々の背景の不明な献花や祈り、踊りやショーが寄せ集めとなったときに生じるといえよう。じゃんがらのような死（者）に関わる民俗芸能は、特に力強いネットワークの力を持っていることが確認されよう。

ただ本章の事例を追う中で、先にも触れたように筆者は「どんとやれ！」開催前から、じゃんがらがある種の共同性の阻害要因になっていることも聞いていた。それは地域の氏神の神輿を迎えるにあたって、仏事である盆に行うじゃんがらは相応しいかどうかという議論であった。同時にこの地域の神輿渡御の際は寺院を通過する際にはかけ声を小さくするなどの習わし、漁業関係特有の仏教への距離感、そもそもこの地域が神葬祭地域と隣接しているという声も聞かれた。つまり地域の民俗芸能といえども、そこには仏教や伝統に対する職業、居住地域、居住歴等ごとの特有の距離感、個々人の関わりの度合いがあり、新しい復興イベントに民俗芸能が登場することによって、逆に価値観の相違が露わになっていく構造が見られた。

もっともじゃんがらをめぐる葛藤は震災時に起こったことではない。平田公子と降矢美彌子（1994）はじゃんがらを伝える93団体にアンケートを実施し、そのうち36団体から回答を得ている。それによると新盆の対応として、33.3％が時間や宗教上の理由で断られるなどの対応の変化が起きたと回答し、じゃんがらの将来について保存させたいが困難が多いが63.9％、発展すると思うが0％となっている。つまりじゃんがらをめぐる葛藤や、継承する、発展させる困難さは四半世紀前にはすでにあげられており、それが震災後、じゃんがらが復興のシンボルやパフォーマンスとして脚光を浴びることによって顕在化したといえよう。

本章で見てきた「どんとやれ！」は、地域の祭礼との連携、大漁旗に象徴される漁港としての最盛期の往時の記憶、慰霊行事のじゃんがらという民俗芸能が重なる形で聖性と共同性を獲得するに至り、復興イベントというより祭りと呼ぶに相応しい装いで出発した。しかしこうした諸要素が後退・欠落していく過程で、祭りより地域の復興イベントに落ち着くに至った。その中でもじゃんがらは聖性や共同性を高めるうえでも重要な役割を果たしたが、この民俗芸能がかえって地域の葛藤や統合の危機を顕在化させる要因にもなりうることも判った。もちろん復興イベントの祭りとしての性格と、当該イベントの復興の意義とは無関係であり、祭りの性格がなかろうとも、復興イベントの意義はいささかも減ぜられるものではないことを付記しておきたい。

注

1　発足は1991年で会員は28名。神輿渡御支援、除夜鐘撞き、地域の勉強会などを行ってきた。中心メンバーには製麺、物流業、整骨院、寺院など自営業者が目立つ。

2　小名浜の避難者数はいわき市災害対策本部日報によれば最大時（2011年３月12日）4840名であった。東部会メンバーの寺院にも20名の避難者数が記録されている。

3　小名浜の漁業経営体数は24（2008年）から４（2013年）に減っている（いわき市農林水産部水産課2017: 2）。

4　神輿渡御との連動は、東部会が助成を仰いだ「市制施行50周年記念事業計画書」にも「「神輿渡御」に合わせ」「「地元のお祭り」に改めて目を向け」と明記されている。

5　北から久之浜漁港近くの岸壁、コメリハード＆グリーン四倉店裏の堤防（福島県いわき市四倉町東）、修徳院境内（平薄磯字中街）、寶蔵寺の蔵の中（平豊間寺前）、江名港の左奥（江名北町）、永崎海岸沿い（中之作勝見ケ浦）、いわき海星高校の脇にある網工場（小名浜下神白館ノ腰）、小浜海水浴場の脇、岩間の薬師堂の前、鮫川大橋下の畑の中（錦町竹の花近く）である。

6　「テレビ番組で農家が汗水を垂らして食材を育て、料理人が試行錯誤の調理法で渾身の一皿を生み出すのを知るときに、ブラックボックス化されていた食材の履歴やプロセスの一部が開けられて、食材をめぐるナラティヴが視聴者に届けられる」（能作2015）。

7　キャンドルナイトは現在では福島県下６か所で開催され、全体の統括を福島県地方振興局が担当し、そのちらしには、僧侶のエピソードは記されていない。

参考文献

芦田徹郎2001『祭りと宗教の現代社会学』世界思想社。

東資子2015「民俗芸能の継承に学校が果たす役割」『民族学』152。

いわき市総合図書館配付資料2016「じゃんがら念仏踊りの歴史展」。

いわき市農林水産部水産課編・刊2017『平成29年度　いわき市の水産』。

いわき市文化活用実行委員会・刊2013『じゃんがらブック』。
植田今日子2013「なぜ大災害の非常事態下で祭礼は遂行されるのか」『社会学年報』42。
遠藤諭・橋本裕之・日髙真吾2015「鼎談　震災から学ぶ伝統芸能の役割と「感謝と祈り」を伝える活動」『民族学』152。
大山孝正2012「地域崩壊で問われる「民俗」の意味」『日本民俗学』270。
金菱清2014『震災メメントモリ』新曜社。
菅原孝夫2016「伝統芸能の底力――高校生のじゃんがら念仏踊り」『詩人会議』54。
デュルケム ,É.1975『宗教生活の原初形態』（上）岩波書店。
長尾順子・三宅茜巳・加藤真由美2008「1A5 デジタル・アーカイブを用いた地域間資料の教材化」『年会論文集』24。
二本松文雄2013「東日本大震災後の福島県相双地方の社会と民俗」『民俗文化』25。
能作文徳2015「建築におけるアクター・ネットワークとはなにか：《高岡のゲストハウス》」10＋1 web site (http://10plus1.jp/monthly/2015/02/issue-04.php) 2017.10.31アクセス。
橋本裕之2015『震災と芸能――地域再生の原動力』追手門学院大学出版会。
橋本裕之2016「無形民俗文化財の社会性」『追手門学院大学地域創造学部紀要』1。
林勲男2011「民俗芸能の被災と復興にむけて」『民族学』138。
林勲男2014「災害復興における民俗文化の役割」高倉浩樹・滝澤克彦編『無形民俗文化財が被災するということ』新泉社。
福島県編・刊1964『福島県史』23。
見市健編2013「シンポジウム　日本大震災と岩手県沿岸の民俗芸能」『総合政策』15-1。
三木英2015『宗教と震災』森話社。
平田公子・降矢美彌子1994「いわきの「じゃんがら念仏踊り」伝承の実態について」『福島大学教育実践研究紀要』26。
福島県いわき市教育委員会・刊1989『いわきのじゃんがら念仏調査報告書』。

第４部　住民避難の町から

第14章

原発難民と「ふるさと」と寺院

——福島浜通りの寺院檀信徒調査より——

星野英紀

1. 浜通り相双地域と仏教寺院

1.1 相双地域とは

相双地域とは福島県浜通り地方の旧相馬郡旧双葉郡地域のことである。東日本大震災でこの地域は広い範囲で地震、津波、そして原発事故に被災した。

大規模災害とは、被災者たちからあらゆるものを奪う。とくに地震、津波に加えて放射能汚染を伴った今回の大災害は、すべてを「剥ぎとった」、「むしりとった」といった表現が適切であろう。その喪失を分類すれば以下のようになるであろうか。

1）環境の喪失	住環境や田畑、海であるが、今回は放射線被害による環境の喪失
2）身体の喪失	近親者や友人の死や負傷、避難生活中の心身の疾病発病、持病悪化
3）経済的喪失	家屋、土地など財産、生業・収入の喪失
4）社会関係の喪失	共同体、場所縁（地縁）、人縁（血縁を含む）の喪失
5）意味的喪失	生きがいや希望の喪失、支えていた世界観の喪失、たとえばイメージとしての故郷とその風景の喪失

東日本大震災では住民ばかりでなく宗教家も同様の被害者であった。僧侶は本堂、諸堂、客殿、庫裡、本尊など崇拝対象、法要に必要な衣、袈裟、什器類を地震と津波で奪われるか、あるいはそれらをすべて置いて避難先に行くことになった。僧侶であろうともその活動にふさわしい場所と手段は必要であり、かつ檀信徒は四散してしまったわけで大変な苦境に直面させられている。

事態を正しく把握するために私が調査を始めた2012年秋以降に最初に着手したことは真言宗豊山派所属避難寺院を中心に10ヶ寺以上の聞き取り調査であった。ちなみに相双地域には103ヶ寺の仏教寺院があり、うち21ヶ寺が真言宗豊山派寺院で、地域では最大寺院数宗派である。原発事故発生後、避難指示が出された豊山派所属寺院は11ヶ寺であるが、現在もこの11ヶ寺は元地に戻れない。フィールドワークはいままで数えきれないほど経験してきたが、調査対象地に赴けない調査（放射能汚染のため）は初めての経験であり、かつ避難先でのインタビューなども調査者である私に土地勘が全くないということで、なかなか厄介であった。

そうしたなかで相双地域浪江町の農村地帯にあるB寺の全面的協力を得て、檀信徒へのアンケート調査を行うことができた。本章はそのアンケート調査結果の一部を手がかりに論を展開していきたい。檀信徒への個別聞き取り調査も並行して行い続けており、その成果もここでは活用している。

もとよりこのアンケート調査は原発難民の全体像を語っているとはいえない。回答者は一寺院の檀信徒であり男性が圧倒的に多い。定年後の年金生活者が多い。子育て世代、勤労世代、若者層の回答者は圧倒的に少ない。これは寺が把握している避難民の住所と代表者の氏名が一家の高齢者となっているからである。ただしだからといってこの結果が難民の一部の意見だけしか反映していないとは言えない。年齢、性別を超えた難民の多くに当てはまる部分もあるし、問題を考察するきっかけとなる貴重なデータをこのアンケートは提供してくれる。さらに若い層へのアンケート、聞き取りも行う予定であるが、極めて拡散して居住しているので、手法を修正して試みるつもりである。

1.2 浪江町とB寺の概要

浪江町は原発立地町村である双葉町の隣接町であり人口は約2万人である。浪江町は東西に長く広がり、東は太平洋に面し西は阿武隈高地へと連なっている。東西では海抜で500 mの高低差がある。沿岸部では漁業と農業、中央の平坦地では農業、山間部では林業、牧畜、農業が主要な産業である。このバラエティは本章では重要な意味を持っている。つまり住民の「ふるさと」観に少なからぬ影響を与えているはずだからである。

東日本大震災後は全町避難地域になり、町の仮役場は現在二本松市にあるが、旧浪江町民は二本松市を中心にかなり拡散して居住している。

B寺檀信徒の現居住地は次の通りである。南相馬市4.2％、相馬市2.5％、二本松市15.9％、いわき市12.7％、福島市17.7％、郡山市9.9％、それ以外の福島県内15.2％、福島県外21.6％。拡散が著しい。二本松市に仮役場

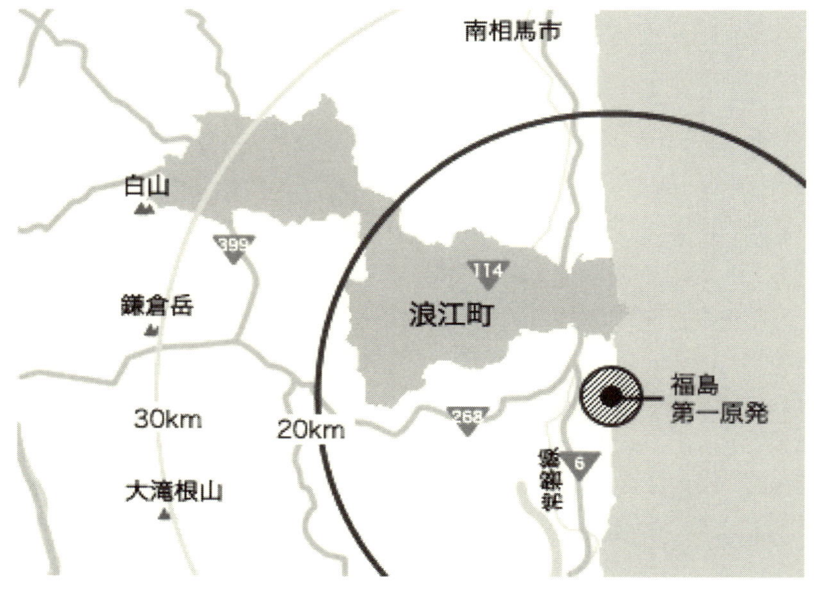

図14-1　浪江町とその位置 (http://somayaki.biz/ より引用)

がある浪江町の住民と同様に、B寺の「檀家圏」もほぼネットワーク上の存在である。

B寺は海岸より8キロほど内陸に入っていて、寺も檀家も津波の被害は少なかった。B寺住職は2011年3月12日夕方の避難指示により相馬市へ避難した。浪江町全体も3月12日には避難要請が出て、それ以降住民の一時立入以外は禁止された。その後、浪江町は2013年4月1日に警戒区域再編となり、沿岸部が避難指示解除準備区域、山間部が帰還困難区域となり、その中間が居住制限地域となった。B寺付近は居住制限地域となり昼間の訪問は許可されるようになった。しかし境内はいまも毎時10マイクロシーベルトの高い放射線があり、居住どころか立ち寄りにも不安を感ずる現状である。檀家圏も一部は帰還困難地域になった地域もある。B寺も地震の被害の後片付けがままならぬままほぼ3年間放置されてきたわけで、本堂、客殿（新築）、庫裡とも現状では居住や法務使用はまったく不可能である。

さてB寺住職は2011年相馬市内に法務執行用を兼ねた一戸建ての住居を入手した。しかし手狭なため年中行事は行えず、少人数の法務や位牌開眼などのみ行っている。葬儀は避難している檀家の居住地域に出かけていく。片道数時間かけて自らドライブしていくこともしばしばある。寺からは檀家に四季の連絡をとったり電話をかけたりしてコンタクトを絶やさないようにしている。2012年後半には納骨堂を設置し、檀家希望者に開放している。

私が実施したアンケート調査は、全体で34問と回答者の属性を問う欄からなる。34問のうち19問が大震災以前と以降の生活全般に関わる問いで、残り15問がB寺との関係、墓、仏事などに関わるものである。2012年暮に檀家にアンケートを送付し、2013年1月いっぱいに返送してもらった。発送総数は451通で返送数は287通であり、回収率は63.6％であった。回答者の属性は83％強が男性であり、年齢層は最も多いのが60歳代で38％、70歳代が26％、50歳代が20％となり、回答者の一般的イメージは<u>男性で壮老年層</u>ということになる。

本章では具体的に以下の3点について特に考えてみたい。つまり1）檀家層が、元地とそこの菩提寺B寺に対していかなる関係を持ち、どのような思いを抱いているか、2）避難寺院の将来的見通しはどのように考えられるか、3）原発避難民の現況は私たちの近未来にどのような意味を持っているか、の３点である。

2.　元地への強い思い・・場所縁、人縁、寺縁[1]

2.1 寺縁

B寺檀家においては、ほぼ全員（98％）が墓地をB寺境内か浪江町町内に持っている。ただし、境内外の町内墓地が全体の86.6％、それに対してB寺境内の墓地は11.7％である。境外墓地が多いのはこの地域の普通の形態である(浪江町史編纂委員会 2008: 77)。さらに大震災以前の居住地を聞いたところ回答者の94％が浪江町であった。つぎに、それぞれの家が何代以前からB寺の檀家であったかを尋ねたところ、４代以前より檀家であった者が54％、３代前からが25％と回答し、檀家のほぼ80％が3代前以前からの檀家であった。このようにB寺檀家圏は地域的に集約しており、急激な入れ替わりは少ないことがよく分かる。ついで避難後の今の住まいに仏壇と位牌があるかどうかを聞いてみた。「ある」は77％であった。しかし仮設住宅を訪問した限りではほぼどこの家も簡易仏壇と位牌を安置していたように見えた。東日本大震災発生以前の業種を聞いたところでは、農業、建設業がそれぞれ多く20％台である。兼業農家も多いと思われる。なお無職と回答した人も多いが、それは高齢者が多いことに関連していると考えられる。東電関連の仕事についていたという人は震災前で12％強、現在も東電関係と回答した者は15％であった。

つぎに元地に戻るとした場合の条件を聞いてみた（図14-2)。「戻る気なし」と答えた人が287名の回答者のうち87名で約30％になっている。これは2013年１月頃のアンケートであるから、現在はさらに高まっているはずである[2]。戻る気持ちがあっても、無条件ではない。インフラの整備と除染の終了が最も多い。戻るという人も大半が条件付きである。しかし除染も、インフラ整備完了予定日も定かではない。

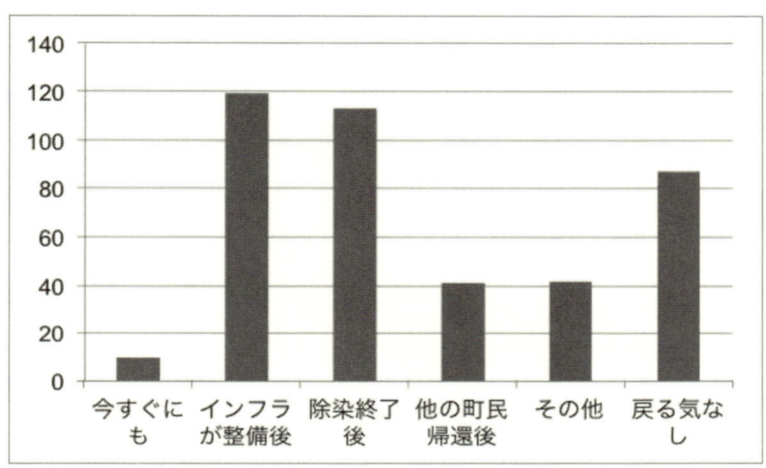

図14-2「戻る条件」と「戻らない決意」

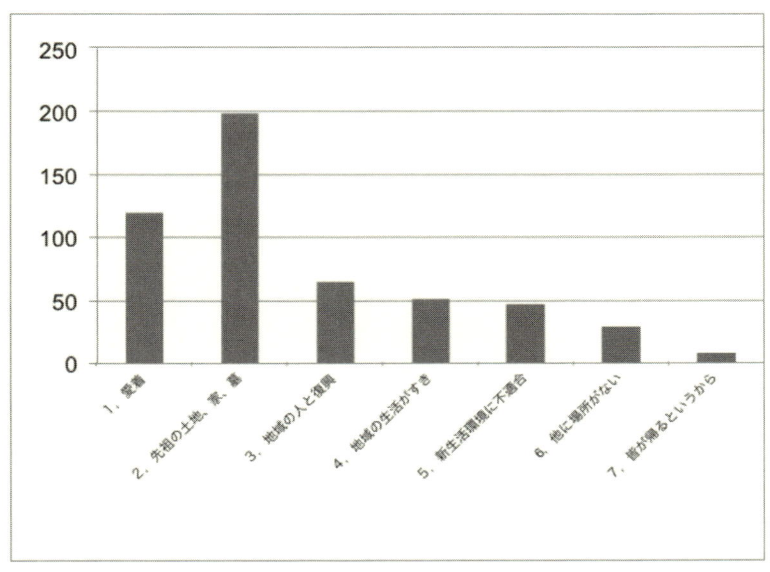

図14-3　戻りたい理由

つぎは、戻りたい人の「戻りたい理由」である。問18「「戻りたい」というお気持ちがある場合、それはどのような理由でしょうか（複数回答可）」

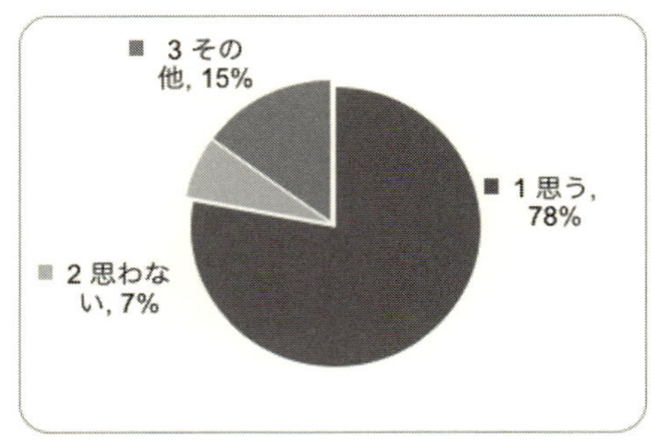

図14-4　B寺には元地で活動してもらいたいと思うか

である（図14-3）。回答肢は「1，暮らしてきた町に愛着があるから」「2，先祖代々の土地・家・墓があるから」「3，地域の人たちと一緒に復興していきたいから」「4，地域での生活が気に入っているから」「5，見知らぬ土地、生活環境変化に不安があるから」「6，他の場所に移るあてがないから」「7，家族や他の町民が帰るといっているから」「8，その他」の８つである。その結果のグラフは図14-3である。

「2，先祖代々の土地・家・墓があるから」がトップで、つぎは「1，町への愛着」である。ちなみに同趣旨の質問はすでに福島大学災害復興研究所のアンケートでも行われており、ここでも１と２の選択肢が上位２位を占めている。土地、先祖への強い愛着が見て取れる。

つぎにB寺には元地に戻って寺院活動をしてもらいたいか、という質問をしてみた。「B寺さんにはいずれは元の場所でお寺の活動をしてもらいたいとおもいますか」。求めた回答は「1，思う」「2，思わない」「3，その他」である（図14-4）。

この問には78％の人が、元の土地にB寺は帰って欲しいという。自分自身は条件さえ整えば戻るという人が70％以下なのに、それより８ポイント以上多い人がB寺には戻ってもらいたいという。この差をどのように考えたらいいのであろうか。

住民にとっては先祖、墓がかつての地域共同体での生活の一部であることはすでに問18でみた。先祖、墓、仏壇、位牌などを守ってくれる人は僧侶であり寺院である。「ふるさと」を形成する有力な一部分として、先祖、墓そしてそれを守護する僧侶がいると考えられる。B寺避難檀家の「ふるさと」観念を支えている有力な因子として、場所縁と人縁、それと〈寺縁〉が指摘できると考えている。〈仏縁〉ではなく〈寺縁〉がよりふさわしいと思う。

人々の寺への思いは、伽藍、墓地、僧侶というような形象的、具象的イメージで構成されていると感ずるからである。日々の生活のなかの寺であり、生活のなかの仏教である。

2.2 元地復帰への多くの希望

このことをさらに読み取るために、回答者の多くから寄せられた自由記述を参考にしてみよう。今回のアンケートでは、B 寺への期待、要望という形で「自由記述欄」を設定し、かつ個々の問いのなかにも選択肢によっては記述をお願いするような回答欄がいくつもある。非常に多くの回答者がさまざまなことを記している。人々の複雑な心境を探るために、それらのおもなものを紹介してみよう（下線は星野）。

⑴ お寺のごく近くに居があり、よりどころとしての寺は重要なところなので再興していただき住民の安心の場としていただきたく切望致します。（男性、60歳台）→寺縁

⑵ 私達は先祖様に生かされているのだから、再編後小野田の地に戻りまた、色々むずかしい事案が山積していると思いますが、私達の「B 寺」であってほしいと願います。とにかく除染を最優先していただき、戻れる状況を関係機関に強く要望するということが大事だと考えています。生まれ育った土地を捨てる訳には絶対いきません。宜しくお願いします。（男性、50歳台）→人縁、場所縁、寺縁

⑶ これからが大へんだろうけど、元の場所に戻ってもらいたいと思います。みんなですみたいね！　何時も心配ありがとう。（性別、年齢書込無し）→場所縁

⑷ 住宅、宅地、農地、墓、何れも自分が取得、建設した財産であるから。（男性、70歳台）

⑸ 原発安全神話を信じようと、それを前提として地域づくりにたずさわっていた。本心は安全でないことを知っていたのに、流されたその罪滅ぼしとして率先して町に戻り除染を支えたい。（男性、60歳台）

⑹ 私は檀家でもあり総代でもありました。又、寺周辺の植木の手入れもしていました。裏山（花見山）の手入れにも参加していました。今のB寺周辺の線量が高いので行って見るのも大変です。早急に除染が出来れば元の姿にしたいものです。（性別、年齢書込無し）→寺縁

⑺ こころのよりどころです。何らかの方法でも、時間を要しても、元の場所で戻って頂きたいと念じております。（男性、60歳台）→寺縁

⑻ 2013年の3月頃には居住制限地域になり、柔軟な立ち入りが出来る様になるので、早く除染をして頂き復興を早めて頂きたい。（男性、70歳台）

⑼ 現在、孫の遺骨が埋葬出来なく困っています。早く除染をして戴き部落の皆さんが揃って浪江の家に帰り、元の生活に戻りたいです。先祖代々の墓地に埋葬してやりたいです。（男性、70歳台）

⑽ 除染が済んだら一早く帰ってほしい、お寺やお墓は心のよりどころだから。（男性、60歳台）→人縁、寺縁

⑾ 自分自身子供の時、青春時代、成人に、家族のため、地域のため働き、一木一草の想い出、また先祖伝来のお墓の守り、その人生が忘れられない懐かしさがある。どうしても帰りたいしB寺の檀徒としても支え合ってB寺の長い歴史に添っていきたい。（男性、70歳台）→人縁、寺縁

⑿ 自然豊かな、産まれ育った風景の懐かしいも、心が穏やかに成る自分の故郷浪江の地（小野田地区）に、住職さんと帰り、出来れば元の生活を取り戻し、これからも代々とお世話に成りたいと思います。（男性、40歳台）→寺縁

⒀ 原発事故に依る放射能汚染で受けた被害（復興の遅れ）の賠償請求をして、不足の分は檀徒全員で少しずつ、復旧して行きましょう。何時も住民と共に歩んで欲しい。（男性、80歳台）→場所縁、寺縁

⒁ 長年、祖父、祖母、母の代から、自分の父親の代まで、いろいろとありがとうございました。父も早いもので4年がたちました。汚染地域なので長くかかると思いますが、B寺さんには、元の場所でいろいろ

な活動ができる様、心からねがっています。体には気を付けてがんばって下さいます様、心よりおねがいいたします。(男性、50歳台) →寺縁

⒂ 住職様には、震災後母、夫が亡くなり本当にお世話になっています。二人が落ちついて寝れる場所を早く準備して頂きたいと思っています。まだお世話になりますが、B寺住職さんの様な方が近くにいて下さると思うと心の支えに成ります。(女性、50歳台)

⒃ 御住職さまにはお元気であられます様、私達は願っております。そして故郷へ無事帰還できますよう切に願っています。その時にはご先祖様に報告できます事を遠くで避難生活をしながら家内中で思っています。私達のこころの“ふるさと”であるお寺さまです。どうぞお元気でいて下さい。(男性、60歳台) →寺縁

3.　現実を前に決断を迫られる寺と檀家

3.1 放射線量の壁

多くの人が旧地域共同体の復興を願っているが、想いと現実はなかなか一致しない。厳しい事態を皆が認識している。B寺との将来の関係を憂う人々も決して少なくない。

そこで、先にも見た、問16「あなたが東日本大震災以前のお住まいに戻るとしたら、次のどの条件が整ったらでしょうか。(複数回答可)」のグラフを見てみよう (図14-2)。

「戻るつもりがない」という人は87名である。30％である[3]。ではあとの人は戻るつもりがあるのか、といえば、条件が整えられればの話である。「インフラの整備が整ったら」「除染が終了したら」「他の町民が帰還した後」が大多数の条件である。インフラ整備、除染終了でないと「他の町民」は帰れない。インフラ整備、除染はいつ終わるのか。しっかりした見通しはない。つまり「戻る意思あり」の人も、いつ戻れるのかは現状ではほぼ分からない。では戻る意思のない人々に、その理由を訊いたものが、図14-5である。

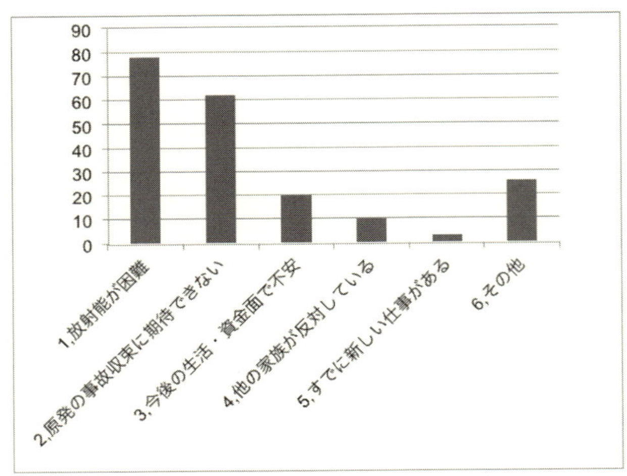

図14-5「戻る気のない」理由

回答肢は次の6つである（複数回答可)。「1，放射能汚染の除染が困難だと思うから」「2，原発の事故収束に期待できないから」「3，今後の生活・資金面で不安だから」「4，他の家族が反対しているから」「5，すでに新しい仕事があるから」「6，その他」。

図14-5の通り、「除染が困難だと思う」と「原発事故が収束しないと思うから」が多い。これは逆にいえば、除染が終わり原発事故も収束すれば考えを変える可能性を示唆する。除染が終わり原発の危険がなくなればインフラも整備され、人が戻る可能性は高い。有り体にいえば、問16の「戻る意思のある人」、問17の「戻る気のない人」のいずれもが同じ状態を求めていることになるのではないか。つまり、除染とインフラ整備が一定水準に達すれば、ほとんどの人が戻るということだと思う。ただしインフラの意味するところは多様である。

3.2 帰郷にネガティブな意見

以下、帰郷に否定的ないし懐疑的な住民の意見を記述欄から拾い上げ例示してみよう（下線は星野)。

⑴ お寺の本堂、住家も地震の被害が大きかったあげく、数多くの石柱や墓の被害もすごい。住職さんには多くの檀信徒をかかえ、東奔西走で大変なご苦労のことと思います。現在地での復興が理想ですが、放射線量が高く不可能な時には、他地区に移転されても良いのではないかと思う。(男性、60歳台)

⑵ 雇用問題が改善されたら（現在の仕事とも含めて）戻る。(男性、40歳台)

⑶ B寺は、現在の場所は汚染地域なので、別の場所で活動してほしい。(男性、50歳台)

⑷ 住民が安心して住める場所でB寺があればいいと思う。あと、20年も30年も原発が収束しないのであれば、ほかの地いきに拠点を置いて活動したほうがいいのでは、と思います。(男性、50歳台)

⑸ 今後お墓をどうするか悩んでおります。浪江町には住めないので、いわき市に家を建てることにしました。それに先祖の墓を守って行けない、年老いて車も運転出来なくなる、無縁仏になるし心配で住職さんにお願いするしかないです。(男性、70歳台)

⑹ 避難生活のため今後のことが心配です。B寺さんには、父がお世話になっております。母は高齢で一緒に避難中です。もし母が他界した場合には、父、母の永代供養をお願いできるのでしょうか。私が元気なうちはともかく息子（長男）の代になった場合、負担が重いかなと思っております。長男の仕事も決まらずなんで、出来ればそのようにお願いしたいと思っております。仮本堂ということで落ち着く所が決まらない場合は無理でしょうか。(女性、60歳台)

⑺ 戻れない区域と思うので、他の土地を探している。(男性、60歳台)

⑻ 若い人達はもどらないので長男の近くに住んだ方が理想かなと思う。(男性、70歳台)

⑼ 同居していた長男家族が子供が小さいので当分戻らないので、今後は決めかねてます。(男性、60歳台)

⑽ いずれの日にはお墓も今避難している千葉県の方へ移したいと考えていますので、その時はアドバイス等お願いします。（男性、60歳台）

⑾ 息子達が栃木に生活している。（男性、70歳台）

⑿ 私達の地域、帰宅困難から10年先に帰村できても80歳の高齢になり、現実、浪江町大堀での生活は困難と思われます。避難先での生活の方が知り合いも多くなり、生活の基盤が出来てきました。（男性、70歳台）

⒀ 県外に移住した場合、お寺を変えたい思いがあるが、良いだろうか。（男性、50歳台）

⒁ 帰れない時は、お墓はどうなるのですか。（男性、70歳台）

⒂ 町の復興に期待できない。企業が戻るなど雇用確保（が難しい）を考えると、戻れない。汚染土壌を考えると、双葉郡に仮置き場を設置せざるを得ないと避難民は考えている。（男性、60歳台）

⒃ こう云う情況（原発事故）になってからは、他の地に住む人が多くなってくると思うし、檀家を離れて行く人が多くなると思う。自分の代で終りと云う人も居ると思う。淋しい事ですが、それはそれとして今現在の檀家に対して全力で力を注いで下さい。たまにどこかの葬儀で住職さんの顔を見るとホッとする様に、私達に心の安らぎを与える事に務めて下さい。（男性、50歳台）

⒄ 帰還後も生活補償をしてくれたら。（男性、50歳台）

⒅ 納骨も出来るような設備をもったお寺にしてほしいと思います。（男性、40歳台）

⒆ 先代住職から後継され、自然を愛し裏山を自ら花見山にしようと切り開き、又客殿を新築なされ、檀家の皆さんにとって心癒される菩提寺となされた住職さま、どんなに心を痛めていらっしゃることかとご察し申し上げます。私自身、寺で育ったひとりとして無常の悲しみを感じえます。放射性物質と共に生きていく道を否応なしに歩むことになってしまった今、お檀家さまが帰還し以前のように多くの人々と接することが出来ますでしょうか、長い道のりゆえ難しいのではないかと思いま

す。（自分の元家には）地震で瓦がおち、現在は雨漏して、住める状態の家ではなくなりました。又、孫と同居のため原発、放射能を考えると無理と考えています。（男性、70歳台）

⒇ 子供や孫達が安心して暮らせない所には、帰れない。（女性、50歳台）

㉑ 除染したとしても孫たちが遊びに来ない所に住んで、家庭菜園などできずで、何の楽しみ、生きがいがあるのかと考えた時に、戻る気がなくなる。（女性、60歳台）

㉒ 墓石が倒れたままになっているので一時立入のたび心が痛む。東電の方で墓石を元に戻してほしいです。その声を伝えてほしいです。この先墓をどうするか、、。永代供養も考えています。（無記名）

㉓ 生活の拠点が現住地になった為。（男性、50歳台）

㉔ 孫達のことを考えるから、安全な場所にいたい。（男性、60歳台）

4.　まとめ

4.1「ふるさと」志向と菩提寺のイメージ

以上から感じ取ることができるのは、生活のため家族のために元地帰還には消極的でありながら、その底には、墓、先祖を通して「ふるさと」への思いが根強いことである。つまり原発難民は帰郷派、移転派いずれの立場でも基本的には「ふるさと」への思いがきわめて強いのである。

外国人の日本研究者たちによると、日本人全般に亙ってふるさとへの思いは大変強く、「故郷（ふるさと）主義」というこの国のイデオロギーではないかと呼べるほどで、「故郷を愛さない人は日本を愛さない、国民失格と言わんばかりである」(トム・ギル 2013: 201-238)。この点は、今回調査のデータを見ても肯ける。その例として、私の集めた調査データではなく他者の二次資料であるが、同じ浪江町避難民ふたりの言葉を紹介してみよう。ふたりとも津島地区（旧津島村）がもと居住地である。津島地区は浪江町山間部にあり、B寺地域より車で小一時間かかる地域である（旧津島村が浪江町に合併したのは1956年である）。

> 祖々父母が、祖父母が、さらに父母が愛した津島（浪江町の山側の地区）の地、家、山々、小川、地域や親戚の人々とのつながり。なによりも父母が愛した100年を超える大きな家と庭、父が丹誠込めた植木。兄弟が喧嘩しながら遊んだ傷だらけの古い家、柱や壁、障子戸、そして煤で焦げた天井！
>
> この一切を失ってしまうことを思うだけで目頭が熱くなる。そんなことがあっていいのか。いまだ家のなかには父母や兄弟、先祖が残した思い出の品がたくさんある。それら一切を失った根無し草の生活を強いられるとすれば、これほど理不尽なことはない。「今野秀則さんのノート」(今野 2013: 44-45)[4]

> 私たちの町浪江は、正月には何十艘もの漁船が大漁旗をなびかせて船出し、3月下旬には田んぼのあぜ道で200個ものフキノトウが採れ、東京に住む夫の兄弟たちに送っていた。4月の初旬には泉田川の土手の桜並木の下で、部落のお花見の宴、5月の新緑の季節には苗市がにぎわい、里山のふもとでは町の産業である大堀焼きの30あまりの窯元のせともの市が開かれ、近隣の町まちから大勢の人々が集まってきた。7月にはアユ釣りの人たちで賑わい、秋には黄金の波打つ田んぼ、泉田川の河口の簗場では70センチもある鮭の群れを2艘の舟が引く網で捕る様子に歓声を上げる大勢の観光客、そういう自然豊かな町に私たちは住んでいた。「門馬昌子さんのノート」(門馬 2013: 132)[5]

この文章から浪江住民の「ふるさと」の具体的イメージが少しずつ明らかになってくる。ふるさとはそのイメージが具体的であればあるほど強い感情を沸き立たせる。

ただし、本章で問題にする原発難民たちの「ふるさと」観は「ふるさとは遠きにありて思ふもの」(室生犀星）とかあるいは「兎追いしかの山、小鮒釣りしかの川、いかにいます父母、」という唱歌「ふるさと」の歌詞から窺えるような、遠方から「ふるさと」を眺めるという感傷的レベルにのみ留まるのではない。それは実生活に密着した「ふるさと」である。「終の住み処」として現実に生活していた生活空間としての「ふるさと」である。定年を迎え、子育てなどの家族への責任からも相対的に解放された日々を送っていた「ふるさと」なのだ。ある難民のひとりは「原発は自由を奪った」という表現をした。自由というやや抽象的な表現がインタビュー時に現れた時には私も一瞬戸惑った。しかしその意味は原発事故によりそれまでの住み慣れた場所での「自分のペースでの暮らし」を突然奪われ、四畳半二間のまるでビジネスホテルの一室がごとくの仮住まいに押し込められたわけで、50坪の建坪はあるような元の家で、家庭菜園的作物作りを楽しみ、隣組の人々と随時おしゃべりや墓まいり、釣りを楽しみ山菜やキノコ狩りを行い、部落の盆踊りを楽しんだ、あの平穏な日々を奪われたのである[6]。人生晩年のふるさとでの生活は“心地よい日常”だったのである[7]。

いまひとつここでの「ふるさと」観で確認しておきたいことは、「ふるさと」というとき、具体的にどの地域、範囲をイメージしているかということである。結論的にいえば、それは戦後に度重なって行われてきた町村合併による広域化された地域ではなく、現在でも地元の人々が慣れ親しんでいる「部落」「区」「大字」「小字」「隣組」というような、近代以前あるいは近代初期以来の小規模で限られた空間を基本的には指すのではなかろうか。傍観者、見物人としての「ふるさと」ではなく、参加感のある「ふるさと」なのである。そこで人々は濃密なミクロコスモスを作っていた／いるように思う。それは仮設住宅の人間関係にも見て取ることができる。私が仮設住宅で会ったある婦人は、仮設での親密な人間関係を指して「(仮設住宅の中に）まるで新しい部落ができたよう」と語っていた。そこは300世帯ほどが入っている仮設である。ほとんどの住民が浪江町の人々である。ちなみに多くの仮設住宅は元地が同じ町村出身者で固められているのが普通である[8]。

このように難民であるB寺檀家の「ふるさと」を支えているものは場所

縁、人縁、それも具体的に見える形での場所縁、人縁であり、その縁が何代も先祖代々継承されてきており、それの儀礼的側面が先祖祭祀、供養であり、寺院がそれを管掌している。この菩提寺との縁を私は寺縁と呼びたいということは先述した。近隣という場所縁であるヨコ軸、先祖代々という人縁であるタテ軸を価値的に支えているものが寺院なのである。伝統地域共同体ではしばしば生ずる村内あるいは近隣村の他家との婚姻関係を通じて、ヨコとタテが結びあっていく。こうした姻戚関係により、菩提寺が執り行う先祖供養は儀礼を通してヨコとタテを結合していく。このことで共同体の一体感はなお強化される。つまり伝統的地域共同体を景観的にも機能的にも支えてきたものの一つが菩提寺である寺院なのだと考えられる。浪江町小野田地区という伝統的共同体のなかで、B寺はランドマークとして確固たる地位を檀信徒のなかで確立していたといえる。

4.2 寺院の将来像

しかしいまやB寺は地域共同体のイメージあるいは景観としての寺院の役割をはじめそれまでの多くの機能を果たせなくなりつつあり、現在では携帯電話とFAXという電子上のネットワークの菩提寺となりつつある。B寺のような寺院には今後どのような方向が考えられるのであろうか。難しい問題であるし、状況は変化しつづける（警戒区域の再編がその最たるもので、これはかなり曲者である）。とりあえず現時点での個人的見通しのようなものを記してみることにする。それには大別して二つの可能性があるように思う。

①　新取得地への移転

新たに境内地を求め、そこに寺を移転する方向である。「新たに」というのは浜通りの放射線量の低い土地を求めるということであり、従来からの檀家を対象するものである。これには用地確保の費用が必要である。そして墓地用地を確保する必要がある。ただし墓地用地取得には新境内地近隣既住住民との了解、共存が前提である。

この方法がスムーズに行くと、檀家にとって環境的喪失の回復、経済的環境（仕事の確保等）の回復はある程度は達成されるかもしれないが、「ふるさとの寺」という感覚（場所縁、人縁、寺縁）が復活することは簡単ではない。

新用地への移転の場合、次世代檀家層との関係確立と維持をどうするかはかなり大きな問題である。つまり、子供、孫たちにとってはその地は誰のふるさとでもないからである。

② 旧境内地への帰還

50歳台以降の「ふるさと」価値観濃厚の人々を対象に寺院活動を展開する。その場合でも旧伽藍の修復費用には相当の費用が必要となる。ただし、線量の抜本的改善がなければ、旧地は「強制的過疎化」による限界集落化が生ずる可能性は大きい。実際、遠方地へ避難している若い層からは「帰りたいのは年寄りばかり」、「そういう人たちの声ばかりマスコミは伝えている。私達世代は、早く帰りたくても、解除されても帰れない理由があることをちゃんと報道して下さい。」という声もある (NHK 報道取材班 2012: 177, 179)。新規檀家の獲得なしでは檀家数は尻つぼみなることは避けられないかもしれない。

4.3 原発難民と避難寺院の現状から読み取るべきこと

私はこの論文で、寺院が浪江町の住民の一部にとってはよりどころを提供する役割を果たしていたことを明らかにしたつもりである。

しかし現実にはこのような共同体における宗教施設の意義、換言すればソーシャル・キャピタルとしての寺院あるいは宗教施設の役割に対しては、行政サイドはほぼ無視することが普通である。その理由の一つは、政教分離原則の民主主義社会においては宗教への公的援助は不可能であるという原則論である。しかし伝統的社会においては宗教がソーシャル・キャピタルとして重要な役割を果たしていることは世界的に見ても決して珍しいことではなく、形式的な政教分離論では大切な点を見落としてしまうことが多い。

さらに仮に行政サイドがそのことに気づいたとしても、目に見えない文化力つまり「ふるさと」観というような世界観や意味論に関わる問題は数値化しにくく、そのため行政援助の基礎データを作成しにくいという点がある。しかし中越地震では堂宇等の社会的機能を認め、迂回するかたちではあったようだが宗教法人への公的援助が行われたという例もある。

日本的共同体は自然と先祖と一体となった共同体であり、独立した市民を構成単位とする近代西欧的な共同体とはいささか異なったものであるという指摘はかねてよりある(青木 2011: 50-51)。日本の山村に居住している哲学者内山節は日本の伝統的地域共同体は「自然と人間の共同体としてつくられている。それだけでなく、生と死を包んだ共同体としてつくられているのである。つまり、生きている世界だけではなく、死後の世界をももっているのが、日本の共同体である。」と主張する(内山 2010: 72, 93)。いささか神秘的表現が過ぎる感もあるが、しかし日本の伝統的共同体がヨコの関係の総体だけではなくタテの関係性をも包含している、という意味であれば妥当な指摘だと思う[9]。

日本の伝統的共同体は封建制維持の片棒を担いできた面もあったが、人々はそれに依拠しその絆を大切なものとしてきた面もあり、その結果、大危機の時には力強いサポートシステムとして有効に機能する場合もしばしばだった。このようにプラスとマイナスの二面性を持つのがそもそもソーシャル・キャピタルであるはずである。ボランティアといえば国境、言語、年齢を超えたボランティア活動がとかく注目されるが、伝統的共同体自体が内包している場所縁、人縁という絆組織も忘れてはならない。

日本の伝統的地域共同体は、近代以降多くの社会科学者たちにとって基本的には封建遺制であって改変されるべきもの、個人の自立を中心とした市民社会によって取って代わられるべきものであった。確かに、過去の日本的伝統的共同体は、一部の思想家たちが賞賛するほど温かさと助け合いの世界に終始しているわけではなかった。根深い差別意識や階級意識、一部権力者による封建的支配や人間関係の厳しいしがらみがあった。「「家」や村には目には見えない「掟」というものがある。そういう「掟」に背いた人間に対して、家も村もとても冷たい。村を離脱する運命の人間が、個人の自己実現のために、家や村の土地をお金にかえるという行為は、とてつもなく罪深いことだという規範、あるいは掟があった」(山内 2011: 90) と、農村で育った社会学者は述べている。

ただし、3月11日以降、絆の重要性が強く叫ばれたのは、現代社会の孤立的人間関係の問題点がはっきり露呈してきたことへの痛切な反省であろう。阪神淡路大震災でも避難先での孤独死が問題とされた。それが特に東日本大震災後に強調されたのは、福島第一原発事故が現代社会にもっとも枢要なエネルギーである電気供給源がかくも脆いものであり危険なものであったことを人々が知ったからである。先端的物質文明の限界を体感し、自己の独立や自由の脆さを知ったからである。

社会を支える絆とは具体的にいかなる働きをするものか。それには人を束縛する面と人を支える面とがある。都市より農漁村の方が絆は強いが、それは前近代や農漁村のほうが住みやすい世界であるということにイコールではない。ただし、社会を崩壊させるような大災害にあったときには絆のポジティブな面が強く出る。しかし逆に、絆の強さが束縛を生み個々人の行動を過度に規制し、ひいては開かれた共同体の発展、展開を抑制することにもなる。

日本のように災害の多い国家においては、人間同士のサポート体制が重要である。それは、阪神淡路大震災、中越地震、東日本大震災を通して多くの識者が指摘し被害者の多くが体験したことである。それならば、自由独立の個人を最善とする近代的社会観を多少とも修正する必要があるのでないか。その場合、絆にはタテの絆とヨコの絆がありそれは両々相まって初めて強い効果を持つこと、絆という関係にはある程度のしがらみや厄介さがつきものであることも覚悟しなければならないと思う。

タテ軸とヨコ軸に加えて、さらに文化つまり地域の歴史や文化という価値観を共有することも絆形成の要件であるように思う。それは浪江で伝統的地域共同体の一部を形成する檀家圏にとってのB寺の存在がそうであるし、先の浪江町津島住民のノートに出てくるような毎年の花見、鮎や鮭の捕獲、陶芸など、あるいは盆踊りや神社のお祭りなど、繋がりを持つ家々の何代もの世代が育んできた“歴史文化”の世界であり、地域に身近に生きる歴史文化の世界である。これらの多くは江戸期相馬藩治下および近代初期に整えられ育成されたものである。すなわちいまほど中央集権的ではない時代に醸成された地域文化である。国民国家化、国際化、グローバル化という流れのなかの大都市では存在そのものが苦戦を強いられることの多かった地域文化のことである。

このような観点から自らのことを振り返り「私にとってふるさととは何か」と自問すると、個別の地域性や歴史、文化を乗り越えることを近代の中心的価値として是認して生きてきた感のある私自身の至らなさに、忸怩たる思いを禁じ得ないところである。

注

1　場所縁とは伝統的な地縁の意味を、人縁（ひとえん）とは伝統的な血縁を包含するものである。しかし地縁、血縁はやや使い古された語義を感じさせて、かつ克服されるべき前近代性を持つニュアンスを多分に含んでいるように思えるので、場所縁、人縁の語を用いた。

2　2013年秋には「元地に帰らない場合でも国が買い取る方針」という報道がなされた。

3　2011年9-10月に実施された福島県災害復興研究所のアンケートによれば、浪江町避難民で「戻る気はない」と回答した人は23.7％であった（福島県災害復興研究所 2012）。浪江町が2012年6月に町民におこなったアンケート調査（浪江町編 2012: 15）によれば「戻るつもりはない」が27.8％であった。時間が経過していくのに従って、%が上がっているのがわかる。

4　今野秀則は65歳の元県庁職員。

5　門馬昌子は69歳の主婦。

6　2013年5月22日、福島市仮設のYHさんの言。

7　YHさんは、だからこの事態を作り出した原発関係者が「今回の事故は想定外」という言い分は許せないという。

8　福島市M仮設住宅にて（2013年5月22日）。

9　「平成16年の新潟県中越大震災などでは指定寄附金制度は適用されなかった

が、新潟県知事を理事長とする財団法人新潟県中越大震災復興基金を通じて、行政から直接ではなく迂回する形で、「鎮守・神社・堂・祠」の復旧のため補助金が拠出され、19年の新潟県中越沖地震でもこの制度が引き継がれている」(『中外日報』社説、2012年6月23日号)。

参考文献

青木勝2011「中山間地ではなぜ共同社会が大事にされなければならないか？——旧山古志村の経験から（新潟県中越地震）」山崎丈夫編著『大震災とコミュニティ—復興は“人の絆”から—』自治体研究社。

内山節2010『共同体の基礎理論——自然と人間の基層から』農山漁村文化協会。

NHK報道取材班2012『それでも、生きる。——NHK報道取材班が聴いた被災地3000人の声』イーストプレス。

今野秀則2013「今野秀則さんのノート」大和田武士・北澤拓也編『原発避難民　慟哭のノート』明石書店。

トム・ギル2013「場所と人の関係が絶たれるとき——福島第一原発事故と被災者たちの「その後」」トム・ギル、ブリギッテ・シテーガ、デビッド・スレイター編『東日本大震災の人類学——津波、原発事故と被災者たちの「その後」』人文書院。

浪江町編2012『浪江町復興計画　付属資料篇』。

浪江町史編纂委員会2008『浪江町史』別巻II「浪江町の民俗」浪江町発行。

福島県災害復興研究所編「平成23年双葉8か町村災害復興実態調査　基礎集計報告」第2版。

星野英紀2016「被災地寺院の4年8ヶ月」『大正大学研究紀要』101:154-175。

門馬昌子2013「門馬昌子さんの（59歳）のノート」大和田武士・北澤拓也編『原発避難民　慟哭のノート』明石書店。

山内明美2011『こども東北学』イーストプレス。

コラム「寺院復興と経営手段」

Ｂ寺は2015年暮れに浪江から20キロメートルほど北の相馬市に、当面の居住と宗教活動に資するため別院を建てた。ただしこの建物は土地購入から建築費まで総ての費用を住職個人負担で行った。その建物の一部を宗教法人に賃貸借関係を結ぶという形をとった。この経緯については別稿を用意し詳しく論じた（星野2016）。

浪江町のＢ寺周辺は警戒地域を解除され、現在は居住が許されている。しかしいまだＢ寺および檀家圏は帰還困難地域に近く、そのため居宅の裏山等は除染作業が不完全であり、依然として放射線量が高く住民たちの帰還ははかばかしくない。

それでもなおＢ寺住職ＳＨ師はこのたび浪江町の旧本堂、客殿、庫裏を取り壊し、新しい本堂、庫裏等を建立した。しかし、線量が高く寝泊を含む居住はなかなか難しいということから、本拠はこれからも相馬市の別院におき、浪江のＢ寺に通うという方法をとるようである。浪江のお寺には墓地があり、檀信徒も墓参り等に来るのであり、法事等もその本堂で行う予定である。さんざん振り回された原発事故であるが、なんとか寺のあり方を少しでも元の形に戻したいという檀信徒と住職の思いを一歩進めた形である。なお、別院とは違い今回の本堂再建は被災賠償金などを中心としすべて寺有金で賄ったという。ＳＨ師のご健闘をお祈りしたい。

第15章

原発被災寺院と原発難民

星野英紀

東日本大震災での仏教僧侶の活躍についてはマスコミにも取り上げられ多く触れられてきた。その一つに北村敏泰『苦縁—東日本大震災　寄り添う宗教者たち—』(徳間書店、2013年) がある。ごく普通の僧侶たちの尊い活動がドキュメンタリータッチで鮮やかに描かれている。

本章では、そうした僧侶の活動を具体的なデータをもって明らかにしていこうとするものである。その例として取り上げるのは、相馬郡双葉郡浪江町MA寺のA師である。真言宗系寺院である。

まずは3・11から数日間の浪江町の動静を簡単に記述してみよう。浪江町は、原発立地自治体である双葉町の北隣りに位置する。北隣りということもあって飛散する放射能の大きな影響を受けた。浪江町は大震災発生後翌日には全町避難を始めた。原発爆発の放射能飛散情報がもたらされたからである。MA寺A師はまず12日には浪江町山間部のT地区に避難した。多くの浪江町民もT地区に逃れた。一時はT地区に一万人以上の人が集まったともいわれている。普段は1,500人ほどの山村である。しかし数日後T地区も放射線量が高いということからさらに西方への避難を命じられた。これ以降、浪江町は2013年3月末日まで全町に渡って許可なく立ち入ることが禁止される。町役場は二本松市に仮庁舎を設けて、町民は福島県中通り地方を中心に四散した。

A師は12日夜T地区一泊後、さらに福島市などの親戚宅を数日泊まり歩く。そして混乱のなか、3月18日は新潟空港から妻の実家のある北海道に避難する。4月6日に再び福島県に戻り、7日に福島市の借り上げ住宅に取りあえず落ち着く。そこからＡ師の宗教活動は開始される。

原発から20キロ圏内の他の僧侶、宗教家はみなＡ師と同様に、事故発生から遅くとも数日以内に居住地からの避難を命じられた。そのため宗教活動に必要な経典、法具、袈裟衣、檀家名簿等をそのまま寺において来た僧侶が多い。これは一つにはすぐに戻ることができるという推測があったからでもある。さらに檀家と信者の間で相互に連絡を取ることもままならなかった。ちなみにＡ師のように一時、親戚、法類等の寺院に身を寄せていた被災僧侶は少なくない。かれらは法務を行いたくとも道具もなく情報もなくまたガソリンもなかったのである。

原発事故で避難を強いられた寺院・僧侶数はどのくらいに上るだろうか。いわゆる浜通りには120ヶ寺以上の寺院があるが、その中で被災寺院の集まりがいくつかある。真言宗被災寺院の「対策の会」の18ヶ寺、浄土宗寺院を中心とした「有志の会」の18ヶ寺、曹洞宗寺院40ヶ寺から構成される「賠償会議」、本願寺派寺院の７ヶ寺のグループなどあり、それを合わせるだけでも83ヶ寺となる。ただしこの中には20キロ圏外のお寺も入っているようであり、すべてが被災寺院といえるのかどうか、その点は今後確認をしていく必要があろう（星野英紀2013a）。いずれにせよ、50ヶ寺を超える寺院が原発事故避難させられていることは確かである。

さて４月８日から始まったＡ師の菩提寺住職としての活動であるが、まずは檀家の連絡先、居住地の把握が必要となった。当時の被災者確認の最前最速の方法は携帯電話であった。しかし檀家の携帯電話番号を知っている住職、住職の携帯を知っている檀家、というのは当時極めてまれであった。そこで仮住まいの住所を知っていた僅かの数の檀家を訪ねて、別の檀家の連絡先を知るという泥縄式の方法、新聞に出る葬儀広告（福島県では地方紙に一般人の使用する訃報欄があり、これは多くの年配読者が目を通すところ）を見て、知り合いの葬儀に来る檀家から他の檀家の消息や携帯番号を知る方法、などを駆使しながら、檀家名簿を新たに作り始めた。Ａ師は新聞にも広告を出したとのことであった。

こうして次第に檀家の消息がつかめるようになった。地震直後は避難場所を転々としていた檀家たちも同年8月ぐらいになると、仮設住宅や借り上げ住宅に入り、とりあえず定まった住まいを持つようになった。仮設住宅は被災地域の同じ町村や字、地区の人々を同一の仮設住宅群にある程度まとめて居住するようにしたので、23年夏終わりごろにはどの被災寺院も多くの檀家の住所、電話番号を掌握できるようになった。檀家も菩提寺住職の連絡先を知ることになった。

そのようにして法務が再開されていったのであるが、MA寺では日々の法務を「寺務日誌」に記録している。1ヶ月分がB4見開きの「寺務日誌」(寺院関係に普通に流通しているタイプ）に記されている。施主名、葬儀、法事、墓地開眼など法要の目的と内容、執行日時、斎場など執行場所、執行場所までの車の走行距離、などが簡潔に記されているのみであるが、地震直後から2年間ほどの異常な事態のなかでの僧侶の活動をうかがい知るには貴重な資料である。本稿ではその資料を第一次資料と用いて、当時の僧侶の活動を分析してみたい。もちろんA師のご了解を得てのことである。ただしこの「日記」はハンドライティングのメモ的性格のもので判読しにくい文字もあり、それゆえ誤読もあり得るし、また多少の誤記も予想される。であるから、この資料は、当時の寺院活動の全体を眺めるということで利用することにする。なお記録として私の手許にあるのは、2011年3月から2012年12月までの1年10ヶ月分である。ただし2011年3月は地震の発生、避難などで法務記録はゼロである。

「寺務日誌」を1）葬儀数、2）通夜・枕経数、3）四十九日忌・百日忌執行数、4）その他の法事数、5）位牌・仏壇の開眼数　6）納骨・墓地開眼、墓地抜魂（立て直すためのいわゆる「魂抜き」)、6項目に分けて月ごとの統計を取ってみたものが、下記の表15-1、表15-2である。

MA寺の檀家数は900件であるという（住職がマスコミ関係にも公表している)。檀家数に比しても8ヶ月間で81件の葬儀数は多い。この数字には津波犠牲者だけはなく、避難生活を始めてから亡くなった方々もいる。ただし、ここには表れない葬儀未執行の方もいるはずである。

6月から9月の間に葬儀数が多くなっているのは、多くの人がこの頃に避

表15-1　葬儀、通夜・枕経、四十九日忌・百日忌、その他の法事、位牌・仏壇開眼、納骨・墓地開眼・抜魂の執行数（2011年4月～12月）

	1，葬儀執行数[1]	2，通夜・枕経	3，四十九日忌・百日忌	4，年忌法事[2]	5，位牌・仏壇開眼	6，納骨・墓地開眼、抜魂
4月	3	2	0	0	0	0
5月	8	0	0	0	0	0
6月	12	0	4	1	1	0
7月	17	0	1	0	1	0
8月	7	3	0	0	0	0
9月	13	0	0	1	2	0
10月	8	0	0	4	7	0
11月	7	0	0	4	2	0
12月	6	3	3	5	3	0
合計	81	8	8	15	16	0

注(1)火葬のみ、密葬、授戒、近隣寺院による執行代行等の表記を含む。
注(2)他に新盆供養2件あり。

難先を転々としたのちに仮設、借り上げなどにひとまず落ち着き先が決まった時期と一致する。内々だけでも葬儀をすることができるようになったということであろう。

つぎに目につくことは、通夜の執行数、四十九日忌・百日忌の執行数が極端に少ないことに気づく。火葬するのがやっとであったこと、親族等や隣近所への連絡が物理的にも心理的にもできにくい状況であったこと、火葬後、何日も経過した後だったこと、などが理由として推測できる。遺骨の安置先の問題は当事者にとってますます深刻な問題となりつつある時期であった。

納骨先の問題は６）納骨・仏壇開眼の数に表れている。墓地も当然立入禁止であったので、自分の家の墓地に納骨ができない。その場合はどうするか。お寺（仮寺務所）に預かってもらう、家に仮安置する、納骨堂に預ける、帰郷をあきらめて新たに墓地を求める、というような方法がある。仮寺務所に預ける以外の選択肢は、寺院に将来の離檀につながるのではないか、という不安を与えることになる。

つぎに2012年1月～12月を同じデータでみてみよう。

2011年と比較して、葬儀数は半減した。それに変わって通夜、枕経数が増加し、法事数も増えた。位牌、仏壇開眼が増加したのは、たとえ仮設に住まっていても、精神的に落ちついた、あるいは落ち着きたいと願ったことによるのであろうか。2012年になって納骨、墓地の修復が進んできたことを

表15-2　葬儀、通夜・枕経、四十九日忌・百日忌、その他の法事、位牌・仏壇開眼、納骨・墓地開眼・抜魂執行数（2012年1月～12月）

	1）葬儀執行数	2）枕経・通夜執行数	3）四十九日忌・百日忌執行数	4）法事	5）位牌・仏壇開眼	6）納骨・墓地開眼・抜
1月	1	2	0	1	2	0
2月	3	1	0	3	1	0
3月	2	2	1	9	6	0
4月	9	5	0	9	2	0
5月	3	2	0	9	7	1
6月	3	0	0	10	3	6
7月	5	4	1	9	6	3
8月	2	0	0	9	2	8
9月	3	2	0	9	5	10
10月	5	5	0	3	2	1
11月	5	3	1	10	5	3
12月	2	0	0	5	4	3
合計	43	26	3	86	45	35

表15-2は表す。2012年内には警戒地域の再編は行われなかったので、浪江町は依然と警戒地域であった。MA寺の檀家の一部は南相馬市の一角にあるので、そこの住民たちはお墓まいり、納骨、修復に着手したのであろう。

以上のことから、2011年4月から2012年12月までの数値だけをたどってみると、MA寺は次第に順調な復興をしているようにも見える。葬儀数の安定、通夜、枕経の復活、法事数の急速な増加がそうであるし、位牌、仏壇開眼、納骨、墓地開眼なども檀家の生活が落ち着きを取り戻していることを示している。ただし大震災前の数値がないので、比較ができない

ところが、MA寺が行っていた旧正月の村の不動堂での不動護摩、秋彼岸の時の鬼子母神祭り、12月の虫供養といった行事は、震災以来再開していない。MA寺本堂や村のお堂が使用できないこと、人々がすべて避難してしまっている、ことなどの理由である。村祈祷といったコミュニティを基盤にした祈願行事が全滅していて再開の見通しはついていない。コミュニティが復興しないかぎり、そうした集団的祈祷行事の将来は悲観的である。年中行事で唯一行っているのはお盆・施餓鬼法要であるが、MA寺の場合、福島市、二本松市の二会場で斎場ホールを借りてお盆時期に行なっている。

伝統的な葬儀は個人的な人生儀礼であるとともに、集落全体がかかわる集

表15-3　法務についての走行距離（単位はｋｍ）

	2011年	2012年
1月	?	459
2月	?	738
3月	?	1,395
4月	1,150	1,232
5月	843	686
6月	1,268	1,365
7月	2,062	1,153
8月	686	1,320
9月	866	1,498
10月	1,150	1,002
11月	462	1,281
12月	701	1,428
計	9,188	13,557

団的な儀礼であった。大震災によって、葬儀の集団的側面がそげ落ちてしまい、個人的家庭的な人生儀礼となってしまった。いわば葬儀の「私化」である。しかし、僧侶の存在は欠かせないし、僧侶は福島県内はもとより埼玉、東京方面でも葬儀の依頼さえあれば出かけていくので、避難先の住民も従来から菩提寺僧侶に葬儀を依頼する。僧侶はその場合、自分で車を運転していく。遠方の場合は通夜に行き、その地に一泊をして葬儀を終えて帰宅という場合もある。いずれにしても、形式は出張僧侶である。「寺務日誌」には法務で駆け巡る走行距離数が記されている。これは「営業に必要なガソリン料」を東電に請求できるから、億劫がらない僧侶は記録をしている。MA寺のA師も「日記」に記録している。2年間の走行距離を月ごとに集めたのが次の表15-3である。

月平均で2011年が約1,021キロメートル、2012年が約1,130キロメートルとなる。これもまた比較するデータがないのであるが、日本の普通の僧侶の走行キロからいえばかなり多いのではなかろうか。

いずれにせよ、寺を基盤とした僧侶の生活が大きく変わっていることは確かである。葬儀においてもかつては浪江町内あるいは隣接の南相馬市内の斎場での葬儀であったのが、大震災後は寺にとって葬儀は遙か遠くの斎場まで出向くということになっている。

誤解を招く表現であるが、企業の営業担当者に一部似ているようにすら感ずる。

コミュニティの崩壊、未再興がコミュニティレベルで行われる寺行事に壊滅的打撃を与えていることは既述したが、葬儀、法事のような滅罪的宗教活動にも序々に影響を与える可能性が濃い。葬儀はもちろん法事もある程度コミュニティの行事でもあったからである。

それが故人、家族中心の行事になってしまったら、先祖代々のコミュニティの寺院に依頼する必然性も希薄になる。もともとこの地域は寺院に付設の墓地ではなく、村の所々にある共同体墓地が普通である。さらに、親と子、子と孫が同一空間に一緒に過ごしていないばあいは難しい問題がおこる。地元に仕事がないばあい、子供たちは都会へ出る。そうなると、ふるさとの寺、墓への愛着は薄れていく。世代間の継承がスムーズに行かなくなる。

葬儀は個人的儀式でもありながらコミュニティ行事的側面も取り込んできたのは、世代間継承の難しさを乗り越える葬式仏教が生み出した巧みな方策であったともいえる。新宗教でももっとも喫緊な問題は信仰の世代継承である。葬儀の私化はかねていわれていることであるが、その都会的現象と同じことが別の要因で福島原発被災地域に起りつつある。

浪江町は2013年4月1日に避難地域が再編成され、三種の地域に分割された。「帰還困難区域」「居住制限区域」「避難指示解除準備区域」である。MA寺の檀家圏の大半は「避難指示解除準備区域」とされた。それは、放射線の年間積算線量が20ミリシーベルト以下となることが確実であると確認された地域であり、当面の間引き続き避難指示が継続されるが、復旧・復興のための支援策を迅速に実施し、住民が帰還できるよう環境整備を目指す。今後は環境整備がなされ除染が行われ、インフラの整備が開始されるわけである。

しかしMA寺およびMA寺檀家が旧地へ帰り以前のような日常生活を送れるようになるにはまだまだ時間がかかりそうである。まずは除染であるが、除染の場合、除染した土壌などをまず当該市町村に仮に保管することになっており、まずその仮置き場を自らの市町村に選定する必要がある。そして1年、2年とかけて家屋、田畑などの除染を行う。その後インフラ整備ということになるわけで、たとえ避難指示解除準備区域となっても人が住めるようになるにはかなりの時間がかかる。さらにかりにインフラ整備ができたからといって旧住人が帰還するということにもならない。放射能への潜在的恐怖は残るし、何よりも労働人口に関しては仕事がなければ帰宅が実現できない。

同じ浪江町の別の寺院の場合であるが(星野 2013b: 74-80)、そのお寺では2013年初頭で檀家の70％が帰還希望であった。いますぐにも戻りたいと声を大にして語る檀家にも会った。MA 寺の檀家も同様であろう。寺の檀家の多くは60歳以上の高齢者であり、年金などでふるさとを終の住み処として暮らしていたのである。それゆえ、当然旧地帰還を希望しているに違いない。しかし2013年11月には「政府が帰還断念者には移住支援を検討する」[1]という方針が報道された。ますます帰還意欲をそぐことになる可能性が大きいと推測する。MA 寺は古い由緒を持つ古刹である。MA 寺住職はこのような古刹が別のところに移転するというようなことは考えられないと言う。

最後に本章をまとめてみるとつぎのようになろう。

1）MA 寺の２年間の法務状況を通してみると、葬儀、年忌法要などの実施状況は次第にノーマルになっているようにみえる。

2）護摩供など、コミュニティを巻き込んだ祈願法要的な儀式は壊滅的である。

3）葬儀、年忌法要は震災前では多分にコミュニティ的性格をもっていた。しかしコミュニティ的側面が剥り落された今、葬儀、年忌法要は家庭的レベルの行事となる傾向がみられる。葬儀の私化。

4）コミュニティ・菩提寺・墓地という連関が崩れた今、葬儀のやり方（菩提寺との関係を含む）が世代継承されていくかどうかは不透明である。ただし、若い層、子育て年齢層も福島中通り、いわき市など福島県内の周辺市町村に住んでいる人々も多いので、現在の老年層が居なくなった後も急速に菩提寺離れをしていくとは限らない。

5）私見としては、MA 寺旧地周辺は「避難指示解除準備区域」と指定されているので、MA 寺としては何年か後の元地復帰を具体的な方向として見据えることがベターだと思う。

6）寺と檀家のつながりについて一言添えておきたい。コミュニティが崩壊したので、寺の旧来からの総代世話人体制が機能しなくなった。そのため、やむを得ず寺と檀家が直接的に結びつくようになった。その結果、寺と檀家の距離がある点ではかつてより近くなったということは指摘しておきたい。

注

1　「帰還断念　移住支援を検討」 朝日（夕刊）2013年11月5日。

参考文献

北村敏泰2013『苦縁――東日本大震災　寄り添う宗教者たち』徳間書店。

星野英紀2013a「原発被災寺院への賠償が進まない訳」『寺門興隆』(2013年3月号）興山舎。

――――2013b「原発で故郷を離れた者に菩提寺とは何か」『寺門興隆』(2013年11月号）興山舎。

コラム「大震災で葬儀は一気に大都市傾向？」

ＭＡ寺の地域は2017年３月31日に避難指示が解除された。つまり居住が許されたのである。しかしまだまだ住民の帰還は少ない。住職Ａ師もまだ本拠を福島市の仮本堂に置いて、ＭＡ寺に通う日々ある。住民の多くは福島中通りあるいは浜通りの南相馬市などの復興住宅や自前で入手した家に住んでいる。それゆえ、基本的には法務の遂行は、いまも二本松市や南相馬市へ住職が福島市から車で通うという形である。村や字行事である正月の村の不動堂での不動護摩、あるいは鬼子母神祭り、虫送りなどはいまも行われていない。

葬儀の場合、コミュニティを巻き込んだかつての葬儀の形式ではなく、家族中心の形をとっている。東京など大都会での「葬儀の私化」と同様のスタイルである。住職は「現在の当主がいる限りＭＡ寺の檀家でいるだろうが、その後はわからない」という。離檀者はいまのところ１％未満だという。ＭＡ寺は住職後継者も得度を済ませ、僧階取得を目指している。

ＭＡ寺は先代住職より原発については批判的目を注いでおり、現住職も時候の挨拶文、檀家への案内文、行事の表白（行事の目的を述べる導師の文章）には必ず、激しい口調で原発反対の表現を組み入れている。このお寺は反原発の伝統があるとも言える。1970年頃から浜通りに東北電力による第三の原発「浪江・小高原発」が本格的に計画され、漁業補償、一部用地買収まで進行したが結局建設中止された。その反対運動のリーダーであった舛倉隆はＭＡ寺の世話人でもあった（恩田 1991）。

参考文献

恩田勝亘1991『原発に子孫の命は売れない―舛倉隆と棚塩原発反対同盟23年の闘い』七つ森書館。

第16章

高台復興住宅建設と行政・住民・菩提寺

星野英紀

1.　原釜地区の被害

調査対象の場所は福島県相馬市原釜・尾浜地区である（以下、原釜地区という）。JR 相馬駅から直線で４キロほどの海岸地区である。この地区の漁協は東北有数の規模を誇り、全国的にも著名である。水揚げ漁の多いものは、カレイ類全国２位、いかなご全国２位、ズワイガニ９位、たこ類１位などとなっている。年間水揚げ量は震災前で50億円と言われたが、このたびの大津波で壊滅的打撃を受けた。

当日の地震震度６弱（市役所震度計）といわれる。しかし地震そのものから起因する人的被害はほとんどなく、死者数でいえば原釜・尾浜地区を含む相馬市全体で１名であった。ただし津波の被害は甚大で、原釜地区だけで死者163名（震災前の地区住民4,144名）に上った。気象庁のデータに依拠した相馬市の発表によると、最初の津波到達時刻は15時50分頃で、高さ9.3メートルとなっている。しかし住民たちによれば10メートルを優に超えていたという。海岸の地形や構築物によっても差が出るのであろう。

この地区で生活をしていた人は4,000名以上に上り、漁師ばかりではなく、観光旅館、釣り客旅館、地元スーパーをはじめとする多くの店舗や家屋があった。単なる「漁村」という風情を越えていた。

倒壊家屋や冠水家屋など使用不能になった建物が70％を超えている。また漁師も、漁船遺失・損壊の被害は甚大なものであり、かつ原発事故で通常操業が不可能となりいまだ試験操業のみである。

図16-1　原釜地区および相馬市

〈自治体の動き〉

地震発生直後に相馬市対策本部ができ、同年６月には相馬市復興対策会議が発足、同会議はほぼ２週間に一度の割合で開催されている。この会議が相馬市復興の具体的な立案と実施を進める会議となって今にいたっている。復興対策会議の流れと動きは市広報を通じて情報開示されている。また広報記事を中心にまとめた相馬市災害対策本部編『平成23年３月11日発生　東日本大震災の記録』はいままで第４回まで発行されていり、大震災以来の動きが克明にわかる。(『第１回　中間報告』2011年10月刊、『第２回中間報告』2012年４月刊行、『第３回中間報告』2013年４月となっている。『第４回中間報告』は2014年６月発行された)。

表16-1　原釜地区（尾浜を含む）家屋の被災家屋状況および数

	流出・倒壊	冠水家屋				計
		浸水家屋（100%）	推定床上（70%）	推定床下（30%）	浸水無し	
原釜	530	179	125	54	221	1,109
尾浜	416	764	535	229	444	2,388

表16-2　相双漁協原釜支部内の漁船被害

	地震被害で使用不能となった隻数	地震以前の隻数	備考
底曳き船	29隻	9隻	地震後、新造3隻
小型選	204隻	68隻	

原釜地区に対して行政が決定した最初の重要なことは、原釜地区を「災害危険地域」と定め、住宅をはじめ夜間の宿泊施設建設を認めない地域と認定したことである。災害危険地域とは、とくに東日本地震を機会に制定されたものではない。「建築基準法」の第39条に定められたものである。それに基づき、相馬市は2011年7月21日の市議会臨時会で「相馬市災害危険区域に関する条例」を定め、直ちに翌22日施行した。建築基準法第39条に基づく建築制限の条例化は東日本大震災では初めてと伝えられている[1]。該当した地域は相馬市海岸部の6ヵ所であるが、原釜地区、尾浜地区はそのうちの2ヵ所に入った。これで両地域の住民たちはここに夜寝泊まりのできる自宅兼作業場を建てることができなくなったのである。

伝統的には漁業従事者は職住一致の生活形態であった。深夜に漁に出て早朝漁港に帰還し、魚を市場に出し、後の作業を家族に託し、そのあと一休みしてから、自宅の庭で網の補修や整理をしたり明日の出漁の準備をしたりする典型的な職住一致の世界だった。職住分離はその伝統的生活に一大転換を求めるものであった。ただし行政は浜や港近くに漁労倉庫や加工工場を作り、港を整備することで漁業の継続を方針として打ち出した。「災害危険地域」に指定された旧住宅地は国が買い上げるということで住民に了解を求めた。

そして市当局は防災集団移転促進事業等を活用し、居住するための住宅を建設する案を具体的に提案した。防災集団移転促進事業とは「災害が発生した地域又は災害危険区域のうち、住民の居住に適当でないと認められる区域内にある住居の集団的移転を促進するため、当該地方公共団体に対し、事業費の一部補助を行い、防災のための集団移転促進事業の円滑な推進を図るもの」であるが、東日本地震大震災は特例によりこの事業に国が全面的に後押しした。

相馬市はこの結果、住宅団地を建設することになった。住宅団地の計画は「災害危険地域」条例制定と並行して復興会議で具体的に検討されていたに違いない。市当局の報告書によれば、2011年10月13日には早くも馬場野地区の「災害公営住宅の建設工事公募に係る業者ヒアリング」が行われている。(第4回中間報告、89頁)。この公営住宅団地は現在では市内9ヵ所に及んでいる。2014年6月現在ですでに完成したものは5ヵ所となっている。戸建て、長屋、アパート、分譲用宅地などさまざまであるが、数十世帯から百をこえる世帯が住む団地ある。

ただし9ヵ所の住宅団地計画は当初から同時スタートしたものではない。対象土地の権利関係などからさまざまな検討がされた。団地建設の決定には遅れたものもある。

その遅れのなかで住宅団地計画に加えられたものが、ここでの原釜地区の住宅団地2ヵ所（荒田住宅団地と南ノ入住宅団地の二ヵ所である[2]。）それが市の住宅団地整備計画に組み入れられた経緯には以下の通りの住民の動きがあったのである。

2.　東部再起の会の動き

「東部再起の会」(以下「再起の会」）とは相馬市東部地域（原釜、尾浜などの地区を指す）に何代にもわたって住んできた住民有志が、東日本大震災後に設立したまったくの、任意団体である。

東部再起の会の住民たちはもちろん前記の市提案を基本的には受け入れたのであるが、原釜地区のなかには、海に近いところに住みたい、壊滅した原釜地区をなんとか近くに違う形でも復興したいという強い要望がでてきた。

そこで設立されたのが東部再起の会である。

その発足の話が何人かの人びとの間で出てきたのは、東日本大震災後の1ヶ月半ぐらい後だったという。つまり2011年の5月ごろである。津波に原釜地区が壊滅的打撃をうけ、同一場所でのそのままの復興が「災害危険地域」指定により無理そうだというような話が住民に出てきたころのようである。

「再起の会」の初期からのメンバーの一人に理髪店経営のT氏があった。避難所を巡り、理髪のボランティアをしながら、人びとに原釜地区再興の思いを説いたという。人びとが避難所から仮設住宅へと移転していくなかでも、再興の仲間を募った。

東日本地震では東北三県を中心に何千戸という仮設住宅、何百という避難所が開設されたに違いない。避難所では、避難民同士が遮蔽する壁もなく居住するという状況であった。学校の体育館や空き教室、公民館の会議室などを利用したからである。仮設住宅にしても大人一人に与えられるスペースが四畳半というプレハブ住宅であり、劣悪な環境といってよく、さまざまな身体的心理的な問題を生ぜしめてきたことは知られている。

しかし反面、基本的には元の地区の人々が同一の避難所や仮設住宅街に入るように配慮されたことが、人々のストレスを軽減することになった[3]。避難所や仮設がかつての村共同体の再現のようで、その面では「楽しかった」と述懐する被災者の耳の声は良く聞く。慰謝料や賠償金もあり当面の生活はなりたった。避難民や仮設の住民達は、おしゃべりに費やす時間は十分にあった。

ふるさと再興の夢を説くT氏の姿をみて、行政を動かすには仲間が必要だと助言する人もあり、毎日毎日、再起の会発足へ勧誘に歩いた。やはりリーダーも必要だと考えついて、会長候補に適任という人物に白羽の矢を立て、渋るのをようやく内諾を得た。そうして2011年6月23日には「再起の会」設立会が開催された（ちなみに第1回総会は2012年1月である）。

その時に国、県、市に対して嘆願書に署名を添えて提出した。2011年6月末のことである。その文章のなかに、ひどい被害を受けた自分たちたちであるが、それでもなお東部地区民は復興をめざす。その際には「まず海が見え、潮の香りのする安全な地域に住所を構えたい」という文章が嘆願書にある。「私たち東部地区民は、集団で移転して新しい東部地区を再起」したいと結んでいる。以下、その文を紹介してみよう。

> 三月十一日東日本地震は私たち東部地区を一瞬にして飲み込んだ。津波は多くの尊い家族・財産を奪い、住み慣れたふる里を破壊し、悲しみと絶望のどん底に陥れた。さらに福島原発放射能事故の収束の見通しさえ、いまだ立っていない。現在、私たちは被災者として避難生活を余儀なくされており、三ヶ月を過ぎた今も将来に対して大きな不安を抱えた日々を過ごしている。しかし、それでもなお、東部地区民は復興を固く信じ、新たな東部地区として、共に助け合って困難を乗り越え、励まし合って団結して立ち上がろうとしている。そのためには、まず海が見え、潮の香りのする安全な地域に住居を構えたいという地区民全員の強い要望がある。
>
> ここに私たち東部地区民は、新しい東部地区として再起すべく、相馬市を始め、福島県、国に対して、安全な土地の確保と建設を、地区民の署名を添え強く要望する。
>
> 相馬市長　立谷秀清様
>
> 平成二十三年六月　吉日　　東部地区再起の会[4]
>
> 世話人一同（下線は星野）

同年６月25日には「東部地区再起の会」設立会が、相馬市綜合福祉センター「はまなす館」で開催された。地元選出の国会議員、市議会議員も１名ずつ呼ばれている。

この設立会が開催されたのは、市議会で前述の「相馬市災害危険区域に関する条例」が可決施行された７月21日をさかのぼること約１ヶ月前である。つまり、このことから、原釜の災害危険区域指定は、住民間では津波襲来後の早い時期から情報として行き渡っていたことがわかる。

その情報伝達の方法はもっぱら伝統的な手法であった。先述の通り、避難所や仮設住宅での「人から人へ」「人と人」による直接コミュニーケーションによる活動が、「再起の会」の根本的活動方法であった。つまり「東部再起の会」の活動手段は圧倒的にアナログ的であった。これに加えて携帯電話による頻繁なコミュニーケーションも大きな武器となった。実際のところ、東日本地震における被災者間のコミュニーケーション手段として携帯電話の役割は強調してあまりあるものである。

このような圧倒的なアナログ・コミュニーケーションの根底にあるのが漁師地区特有の濃密な人間関係である。漁船用の電子機器が発達した今では行われなくなったが、かつては原釜地区では毎日午後に〝長老会議〟が行われていたという。漁師の長老格が集まり、今までの経験知を駆使しながら明日の出漁の可否を決めた。その結果は、地区のシンボルである笠岩付近に旗を立ててコミュニティに知らしめたという。農業従事者間にも人的関係の濃厚さは存在している。しかし漁業従事者間のそれは格別である。海は漁師全員の共通の労働フィールドであるし、また田畑と比較して格別の危険性を伴うところである。漁師間の連帯感は農業従事者と比べてはるかに強い。これは原釜地区に限らず漁師町ではどこにでも見られることである。

かつての生活共同体として原釜には、他の漁師地区と同様に漁師たちの家が密集して建てられていた。東日本地震襲来直前でも、家毎に施錠をすることは無かったという。

大津波襲来の翌年の2012年1月19日には「東部再起の会」第1回総会が開催された。この時点での会員数は236名となっている。もっともこの数字は正確には236世帯と読んだほうが適切である。世話人たちによると、236世帯の家族構成員数を算出すると約1,360人になるという。

世話人たちによると、再起の会は会員にアンケートを配ってどの辺りに移転したいかという意向調査なども行ったという。その結果、旧居住地から数百メートルの距離にある、標高10数メートルの高台の2カ所（荒田地区、南ノ入地区）への移転を希望する人が一番多く、そこの土地の買い上げと造成を市当局に申し入れた。

それより重要なことは2012年1月の第1回総会の議案には、集団移転先として荒田地区と南ノ入地区の２ヵ所に絞ることが提案され議決されているのである。前年の８月、11月の「再起の会」資料には移転先候補として、荒田地区、南ノ入地区を含む３〜４ヵ所が挙げられている。だから１月総会に２ヵ所に絞られたのも基本的にはアナログ手法が用いられたのではないか、と推測される。こうした総会結果を会は市当局に申し入れた。

しかし市はなかなか首を縦に振らなかったという。対象土地が民有地であり、地目が農地であるため地権者の数が総面積に比して大変多いからである。買収交渉が容易でないと市は踏んだようである。荒田地区が地権者102名、208筆、南ノ入地区が地権者40人、85筆であった。ちなみに広さでいうと荒田地区が東京ドームの約1.5倍の広さ、南ノ入地区がドームの0.75倍である。

被災者が新たな生活の場について、色々と要望を出すのは他県、他地域どこでも同じに違いない。この原釜地区の高台災害住宅用地確保に関して、ユニークなのは地元民が用地獲得の手助けをしたこと、それを市当局も積極的に受け入れたことである。このことについては相馬市のHPにも以下のように明記されており、市当局が住民の協力を公に認めていることがわかる。

> 東部再起の会：荒田及び南ノ入地区の用地取得に際し、一緒に交渉していただくなど、事業進捗に協力して頂きました[5]。

復興の担い手は莫大な国の復興予算を現場に生かしていく自治体である。災害危険地域の指定を実務的に進めるのは行政であるし、その地域の買い取りを進めるのも行政であるし、高台の災害住宅用地の買収、造成、頒布、新しく出来る街作りのイロハを指導するのも行政である。この作業に住民の人びとが関わるのは実はなかなか難しい。住民の能力の問題という意味ではない。莫大な金銭がからむこと、個人の権利関係にかかわることなので公平性からいって公が関わらざるをえないからである。ちなみに当該二地区の宅地造成に対して要した費用は２カ所合計で土木工事だけで約８億７千万円である。さらに集合住宅の建築費などを加えると、優に10億円を超える総費用となる。多くの場合、こうした状況のなかで住民は要望はしても、計画、買収な、実施などの一連の作業に参加することはなかなかできない。

では原釜地区はどうだったのか。地権者が多かったこと、地目が農地のため地元の地権者がかなりの数をしめたことから、市職員より地元の人間である再起の会のメンバーがまず地権者に、候補地の買い取りの承諾に一軒一軒歩いたことであった。漁師町特有の緊密な人間関係があり、地権者の多くが子供時代からフェース・トー・フェースの関係にある、小学校、中学校も同窓、同級、漁業を通じて祖父、父、子供と同業であったよしみ、これらは地元地権者への最初の訪問には、職務上のこととして市役所の担当者が出向くよりもはるかに効果をあげた。実際に市役所と東部再起の会関係者との間では「用地交渉の進め方について」という役割分担の文書（2012年4月）が共有された。そこには「対象地の地権者で、東部再起の会員や声をかけられる人に対して、市が提示する買収単価で、土地の提供に協力するかを確認する作業、その際、地権者自身が対象地に移転を希望するかを確認」する作業は、東部再起の会の担当と明記されている。その段階で第一段階の承諾書にサイン、認印を貰った家も少なくないという。

東部の会の世話人に対して「造成地入手に便宜を図って貰うつもりだろう」などと陰口を叩く人もいたようであるが、かれらは「東部地区再興の思い」一筋の行動だったという。実際、上記の相馬市のＨＰにあるように、再起の会の活動は自利的行為ではなかったことは証明されているであろう。一途な思いから起因する行動にありがちな、「うむを言わせない雰囲気」が一部にあったという声も聞いたが、活動の方向自体を鈍化させたり停滞させるものではなかったようである。

相馬市が手がけた他地区の移転計画より遅く始まった原釜地区の高台造成計画ではあったが、住民らの理解もあって、2012年6月1日の記録では、両地区併せて地権者の90％以上が同意するというスピードであった。これには「再起の会」メンバーが2011年夏頃から、非公式に地権者に譲渡をお願いしていたという経緯がある。

さらに2012年12月には住宅用地の入居希望者抽選会も行われた。2013

年５月からはいよいよ造成工事の業者入札が行われ、６月からは造成工事が開始された。現在造成工事は終了し、2014年９月からは個人住宅が建設され始め、市が建てる災害公営宅地（貸家、アパート）の建築が開始されるまでに至っている。

津波以降３年半が経過しているので、当初の申込者が辞退したり、個人住宅数が減り、市による共同住宅が多くなったりしているようであるが、大きな支障や変更はなさそうである。また津波被害前の住居数の10分の１以下を収容するに過ぎないのであるが、多くの新造成地住民が漁業を復活させたいという人びとであり、災害危険地域には新たな漁労倉庫が建てられている。いまだ試験操業の段階であることが当地の漁業にとって大きな問題であるが、漁民の人々は原発の放射能漏れがとまれば数年のうちに漁業は再開できると考えているようだ。

3.　犠牲者慰霊行事

住宅用地の開発もすべて東日本大震災という未曾有の大災害に起因する。東部地区は多数の津波犠牲者をみた。だから復興工事も「元を取り戻す」という意味で復興と慰霊の意味が強い。その意味では住宅団地建設と慰霊行為とはいわば表裏一体である。

相馬市全体の津波犠牲者は450人を超える。市は無宗教式による、毎年３月11日に慰霊祭・追悼式を行っている。現在までの市主催のものは以下の４つである。

1) 2011年９月10日　相馬市東日本大震災慰霊祭＠スポーツアリーナそうま。
2) 2012年３月11日　相馬市東日本大震災追悼式＠スポーツアリーナそうま。約720名出席
3) 2013年３月11日　相馬市東日本大震災二周年追悼式＠スポーツアリーナそうま。
4) 2014年３月11日　相馬市東日本大震災三周年追悼式＠相馬市民会館

第1回は「慰霊祭」としているが第2回以降は「追悼式」といっている。これは同時間に東京で行われる天皇皇后出席の追悼式を会場の大スクリーンで映し出すため国にならって追悼式としたという。これらの市による公式慰霊、追悼式以外にお盆時期に花火大会、盆踊り大会（震災以前からのもの）なども慰霊と銘打って行っている。

さらに2014年3月津波犠牲者の多かった原釜地区と磯部地区にそれぞれ1基ずつの立派な慰霊碑が建立した。予算は1,900万円ほどという。

東部再起の会にとっても先述のごとく慰霊は重要なことである。特に住宅団地造成工事もすでに完成に近くした今となっては、「再起の会」の大きな行事は、慰霊の灯籠流しを行うことである。住宅団地建設と慰霊とはどのように結びつくのか。実は、「再起の会」は発足当初より、慰霊のための灯籠流しを行うことを目的としていた。それは2011年6月の「再起の会」設立会の会議議案の中に「灯籠流しについて」が挙げられていることからもよく分かる。復興住宅建設運動と慰霊とはどこで結びつくのか。

福島県をインタビューしていくと、多くのことが慰霊行為と、少なくとも感情的なレベルで、結びついていることに気がつく。

たとえば、東日本地震以降に反原発運動にかかわっていった某女史は「多くの方々が亡くなり、いまも関連死がどんどん増えている。生き残っていることに一種の申し訳なさを感ずるのです」。彼女に同道して160人以上の津波犠牲者を出した浪江町請戸地区を訪れた時、民間人が建てた慰霊施設（観音像および多くの卒塔婆などが供えられている）に、彼女はお線香と供物を供えながら、合掌し長い祈りを捧げた。彼女の遠縁である親族がこの地区で津波の犠牲者になっているのである。浜通りではほとんどの人が彼女と同じように身内に犠牲者を抱えており、さらに関連死という形でそれが増えている。彼女に限らず福島浜通りの人々の間では「ふるさとと親しい人を奪われた」という感覚が強く共有されており、この強固な情動、情緒的コミットメントを抜きに浜通りの被災者を理解することはできない。

福島では原発反対運動であろうと、住宅団地建設であろうと、その根底には、本人たちが意識しょうとしまいと、慰霊、追悼の強い感情が深く根付いているのをひしひしと感ずる。

こうして「再起の会」の灯籠流しが行われることになったわけであるが、ところが、灯籠流しは8月お盆時期に相馬市内（原釜より2キロぐらい市内）でも地震以前から行われていたし、また当の原釜地区でも漁協の灯籠流しも行われていた。

しかし「再起の会」はあえて8月お盆時期に自らもまた灯籠流しの催しを行うことにした。漁協の灯籠流しと「再起の会」の灯籠流しも開催時期も場所もほぼ同じである。しかし漁協の灯籠流しは海難事故犠牲者慰霊のために始められたといういきさつがある。そのため東日本大震災のそれとは趣旨が違うというのが「再起の会」の考え方であった。高台での住宅建設という原釜再興と目的達成の象徴的儀式として「自分たちの灯籠流し」を行いたかったのかもしれない。

「再起の会」の第1回灯籠流しは2011年8月12日に行われた。関東方面より数十人の僧侶および「千響」という太鼓演奏団体の参加もあった。場所は津波被害にあった原釜の漁協セリ場だった。読経と太鼓のコラボが行われた。

ただしこの「再起の会」の灯籠流しは当初より3年間のみ行うということであったので、2013年夏をもって終了した。そして原釜地区3カ所（津神社境内、摂取院境内、長命寺管理墓地入り口）に高さ6尺ほどの慰霊碑を建立した。灯籠流し開催に際して集めた協賛金などの残金で建立したという。慰霊碑は市建立のものと比べれば小規模である。しかし灯籠流しにきても拝むところが無いと言う声をよく聞いた、と「再起の会」幹部はいう。市の慰霊碑建立も同様の声があったことも建立の一因であったように市関係者は証言する。この流灯会も第3回目の2013年8月でもって終了するということになっていたが、実は2014年8月31日に第4回が行われた。

以下、「再起の会」関係の慰霊祭をまとめると以下のようになる。主催はいずれも東日本大震災仏故者慰霊流灯会実行委員会実行委員会である。僧侶数十人の読経と太鼓演奏がいずれもついている。

「再起の会」の流灯会には大勢の僧侶（ボランティア参加）が参加するこ

表16-3　「再起の会」関係の慰霊祭

開催年月日	名称	協賛団体	開催場所
2011 年 8 月 12 日	第 1 回東日本大震災仏故者慰霊流灯会	相馬双葉漁業協同組合(協力)、(株)アイエム	相双漁協相馬原釜支所市場内
2012 年 8 年 19 日	第 2 回東日本大震災仏故者慰霊流灯会	同上	同上
2013 年 8 月 16 日	第 3 回東日本大震災仏故者慰霊流灯会	同上	同上

と、太鼓の演奏が行われるという、かなり派手なパフォーマンスをあったので、来場者にはただの慰霊祭、追悼式、流灯会よりインパクトの強いものになったようである。ここで忘れてはならないことは、先にも触れたが、原釜地区津波犠牲者の多くが原釜地区にある真言豊山派寺院摂取院の檀家である点である。摂取院の原釜檀家地区が津波で壊滅しても寺はかろうじて津波被害から逃れることができた。そのため一時、摂取院本堂は160体ほどの遺骨安置場となり、マスコミで何回も報道されたほどである。住職は津波の数日後から1ヶ月以上相馬市火葬場に張りつき、檀家、非檀家区別なく棺前供養、炉前供養に明け暮れた。さらに檀家のなかで若い女性が死者の霊に取り憑かれて相談を受けるというような経験をし、あらゆる犠牲者の慰霊をすることの必要性を強く感じたという。東日本大震災仏故者慰霊流灯会実行委員会を設立し、摂取院住職の「再起の会」発足の呼びかけ人の一人であり、檀家関係者の推薦もあり、実行委員長に住職が就任した。

「再起の会」役員と流灯会実行委員会の役員は相当数が重複しており、流灯会の相談会が摂取院の客殿で行われることも何度もあった。あるいは約500～800の灯籠作りの準備の現場などでも再起の会と流灯会の役員を兼ねる人びとが大勢いた。その結果、流灯の準備をしながら再起の会の土地取得交渉の相談が混じり合うことも頻繁であった。

灯籠流しの準備は灯籠作りからポスター作り、寄付集めまで手作りで行うため、関係者が準備に何日も関わる必要がありきわめて手間の掛かる作業である。しかしそれが住民たちの結束固めに寄与してことは確かである。

津波に被災し避難所そして仮設住宅等に入り、仕事につくこともできず日々時間がある上に、ふるさと復興の土地確保事業にも参加し、かつ共同の慰霊作業である灯籠流しの準備などの共同作業に参画し、その準備の段階でさまざまな相談で菩提寺に集まるというような、いわば図らずも生じた共有時間、空間を利用し、かれらは津波以前にはなかったような緊密な人間関係を築いていった側面があったように読み取れるところがある。「住職と以前はこんなに親しくなかった」、「原釜には一緒に住んでいたが、「再起の会」の活動以前には、皆と挨拶する程度でこんなに親しくなかった」、「寺の坊さんがこんなにやるとは思わなかった」というような、絆の強化を感じたという声は色々な人々から聞き取ることができる。

4.　伝統仏教寺院と地域社会

摂取院は〝普通の〟寺である。つまり震災が起こる前まではごく普通に先祖祭祀、死者祭祀を執り行い、地域の仏教行事を行っていたという意味である。原釜地区は漁師が主な住民とは言え、21世紀日本における人口４万人の都市のなかの一地域である。檀家と地域社会がまったく一致しているような閉鎖されたコミュニティではない。そこには商店街もあり、伝統仏教以外の信者も普通にいた。摂取院は、近代以降の日本のどこにでも見かける仏教寺院である。特にかねてより社会的活動が顕著であった寺院ではない。それが東日本大震災によって震災者慰霊という強い感情を共有することで、檀家との結びつきが強まったといってよい。「再起の会でお寺との縁が深くなった。」「お寺と本気で付き合うようになった」、「この津波によって、再起の会によって、お寺との縁が深くなった」、「震災の前はこれほど寺と親しくなかった」、「漁師同士間でもこの津波で親しくなった人は何人もいる」という声はたびたび聞いた。社会の基盤ではあるが、すでに埋もれてしまっていた寺檀関係と伝統仏教寺院の役割が、未曾有の大震災によって表面に浮き上がってきたといえるのではないか。潜んでいたソーシャル・キャピタルとしての寺院の存在が図らずも再び浮き彫りになったのではなかろうか。こういう場合の絆とはすでにそこにあったもの、あったが埋もれていたものが、大災害によって再度顕在化したという一面が顕著であるといえよう。

注

1　『福島民報』記事、2011年7月20日。

2　相馬市臨時議会は2013年5月28日、南ノ入、荒田の二カ所の住宅建設工事の請負契約を可決している。(『福島民報』2013年5月29日)

3　ただし、同一町村ないでも、補償額の違いが出てきて、同一町村住民同士でも微妙な雰囲気が出てくることもある。

4　この会は当初は「東部地区再起の会」と自称していたが、残されている資料によれば、2011年11月ごろから「東部再起の会」となっている。

5　「相馬市住宅再建瓦版第1号　平成25年4月1日発行」相馬市役所HP https://www.city.soma.fukushima.jp/ (2014年8月7日閲覧)

参考文献

原釜・尾浜・松川郷土史研究会編1999『ふるさとのあゆみ――漁業篇』原釜・尾浜・松川郷土史研究会刊行。

――――2001『ふるさとのあゆみ――浜のくらし』原釜・尾浜・松川郷土史研究会刊行。

コラム「復興公共事業と住民参加の難しさ」

大きな災害が発生すると多くのボランティアが災害地に出かけるようになった。東日本大震災に私の周囲の若い人々も津波により堆積されたがれきや土砂の撤去に福島県や宮城県に出向いた。すでに老齢期に入っていた私たち夫婦は「みんな行くよね」などと、いささか肩身の狭い思いに似たものを感じたことを覚えている。共同体構成員としてまことに好ましいことである。

しかしごく初期のボランティア活動期を過ぎると、被災地外の人々はもちろんのこと当該住民にとっても、町作りになどに参画することはかなり難しいことになる。東日本大震災クラスの大災害になると、国を挙げての復興ということになる。莫大な復興資金が導入され、市町村レベルはもちろん中央省庁から官僚が各地に長期派遣されて、復興計画の立案、中央省庁との交渉、莫大な復興資金の運用、管理などをそのほとんどと行政が仕切ることになる。とても民間有志による復興計画などなかなか入る余地がないのが普通である。建築基本法に基づく「災害危険地域」指定は国が指定するわけで、指定以降、従来の住民はその地区に寝泊まりする生活が法律上禁止されてしまう。一時が万事、国、県、市町村行政の主導で復興が進む。荒っぽく表現すると、せいぜい都市計画を専門とする都市工学の学者たちが市町村に委嘱され修復の知恵袋の一端を担う位ではなかろうか。それゆえこの相馬市原釜の住民参加型住宅計画推進は、ささやかではあるが住民参加型復興の一例ではないだろうか。そこに伝統的な共同体維持機能を持つ仏教寺院もその一端を担ったということであると私は思う。なお原釜地区の漁業は次第に復活しており、汚染をチェックする魚介類の種類も減少しているとのことである。

第17章

震災からの復興と宗教文化の行方

星野英紀

1. 新しい住宅に住むことと復興を実感すること

東日本大震災発生からすでに4年半が経過した。福島県下の、大地震、大津波と原発事故という多重被害を被った地域でも、“風化”が進行しつつある感じがする。それは、復興が進んでいるからと考える立場もあろう。ただし、筆者は必ずしもそう考えていない。まだまだ課題は山積であるし、復興が進んでも次々と新しい問題が出てくる。そのあたりをここでは語ってみたい。お断りしておくが、私の震災情報はほとんどを福島県下の被災地から得ている。なかでも原発事故避難の人々を中心に考えていきたい。

フィールドでの実感として、2014年ごろから、原発被災地での再興を諦めて、仮設住宅を出て新たに家を構える人々、そして被災地以外の場所に居を構えていた息子世代と同居を始めた人々が目立ってきたのである。その傾向はますます進んでいる。2014年といえば震災後すでに3年を経過していた。彼らは心底から故郷を捨てたのであろうか。いやそうではない。少なくとも数十年は帰れないということから、別の地を選んだのである。できればふるさとに帰りたいのである、と私は確信する。

次の文は彼らの抱く鮮明なふるさと感を綴った文章である。この住民は浪江町出身者の被災者である。

> 私たちの町浪江は、正月には何十艘もの漁船が大漁旗をなびかせて船出をし、三月下旬には田んぼのあぜ道で二百個ものフキノトウが採れ、

> 東京に住む夫の兄弟たちに送っていた。四月の初旬には泉田川の土手の桜並木の下で、部落のお花見の宴、五月の新緑の季節には苗市がにぎわい、里山のふもとでは町の産業である大堀焼きの三十あまりの窯元のせともの市が開かれ、近隣の町まちから大勢の人々が集まってきた。七月にはアユ釣りの人たちで賑わい、秋には黄金の波打つ田んぼ、泉田川の河口の簗場では七十センチもある鮭の群を二艘の舟が引く網で捕る様子に歓声を上げる大勢の観光客。そういう自然豊かな町に私たちはすんでいた。三十八年働いてやっと自分の物になった我が家、その隣に借りた畑でいろいろな野菜を作り娘に送り、孫が三歳になったら自分の手で野菜をもぎ取る経験をさせようと楽しみにしていた。庭には三十七年前に娘の誕生を記念して植えた柿の木が三百個ほどの実をつけていた（大和田・北澤編 2013: 132）。

豊かな自然、人々が集いあう宴や祭り、自慢の郷土文化（瀬戸物市）などが、ふるさとの具体相なのである。このふるさとこそ住民が帰りたい世界、住みたい世界なのであろう。

だから立派な堤防ができ、新しい被災者用の復興公営住宅ができ、旧居住地跡地に立派な緑地公園ができたとしても、直ちにふるさと復興となるわけではない。

私はここ１年半ほど相馬市漁師地区である原釜尾浜地区の被災者用の復興公営住宅建設を何度も訪ねてきた。地元の漁師有志たちが、相馬市に働きかけコラボして、旧居住地の海辺が見えるところに、公営住宅地域を完成させた。2015年春、その公営住宅が完成し、入居式が終わったという知らせを聞き、祝意を表すこともあって訪ねてみた。

そこでいささか驚いたことがあった。モダンなツートンカラーの戸建てと集合住宅の家並みが続いている。それはきれいである。大都市近郊の住宅街と見まごうばかりの家々である。そういう住宅が建つことはむしろ当たり前かもしれない。日本国中どこでも、新しい家を建てるといえば、多くの人が大手の住宅メーカーを利用する。だから現代風の住宅街が漁師地区に建ったからと言って何の不思議も無い。ただ、この住宅団地を作るのに、大きな推進力になった漁師たちの任意住民組織「東部再起の会」のアピール文にある「海が見え、潮の香りのする安全な地域に住居を構えたいという」という文から私が抱いていたメージとは、もう少し「潮っぽい」家々だった。網を干し、魚の薫りのする漁師町だった（職住分離となったので、新環境では魚のさばきや網の世話は自宅から離れた海岸沿いの漁労倉庫で行う）。旧漁師地区の復活とは、モダンなサラリーマン住宅とは異なるものを想像していた。しかしそれは私の勝手な想像で、元気のいい漁師の人々とたびたび話している間に私が作り上げていたイメージであり、私の思い込みだったのであり、新しい住宅団地ができあがったことは誠に結構なことである。

ただし私はこのモダンな家々をコミュニティとしてつなぎ合わせるのはどのようにするのだろうと思った。何を原理として生活空間を共有する住民たちが相互に関係し合い、生きていくのだろうと思った。

ある社会学者がそうした私の疑問を如実に語っている。彼によれば、被災コミュニティの復旧・復興は、自然科学系とくに土木工学的な知識と技術が優先されることがほとんどであった。その場合、復興の中味も、土木工学的に良いものということになる。しかし、被災コミュニティの復興には、ハードだけではなく、ソフト面への配慮・工夫が必要なのである。彼はそこで、象徴的復興という考え方が大切だという。

> 象徴的復興という考え方の前提には、人々が「これで復興したな」という実感が得られなければ、土木工学をはじめとする客観的な基準では復興しているとみなされたとしても、復興は達成できていないという認識がある。復興は人びとの象徴的な意味体系のレベルで実現されるものなのである。それゆえ、人びとの復興感を獲得するためには、象徴的なレベルで復興を作り出す儀礼への製作論的視点の整備が必要となる（山 2006: 153）。

換言すれば、堤防や土盛り、新しい家の建築だけではコミュニティの復興にはならない。ふるさと復活を描く被災者たちが「復興感」を抱く町になるためには、文化や歴史が必要である。意図的、人工的でない自然がなければならない。文化がなければならない。伝統がなければならない。山氏が、象徴的レベルの復興と言うとき、宗教、宗教的なものの復興をも指していることは明らかであろう。地域の祭り、親族同士の先祖の祭り、墓参りなどが公営住宅街に自然な形で実現しなければ、終の棲家とはならないのではないか。地域の食文化、酒文化などもそうである。そうしたものが復興されないとすれば、新住宅地区は、文字通り「仏造って魂入れず」ではなかろうか。一部の識者は次のように言うかもしれない。新しいコミュニティには新しい社会関係の原理が導入されるはずである。伝統的な社会原理に固執する必要は無い。しかしどうもそういうことではなさそうである。行政は、復興住宅の運営には仮設住宅の自治組織のノウハウを活用し、当面、自治会組織を作ることにしたという。

その仮設住宅には、いかにして避難民たちを割り振り居住させていったか。2011年夏ころから入居していったが、基本的には住民の希望を聞いたのである。まず、市、町、村をまたがったいわば地域越境型仮設住宅地は作らなかった。つぎには住民たちの強い希望を聞いて、同一行政区住民をできるだけ同じ仮設住宅に住むように配置した（行政区とはいわゆる地区、かつての大字）。つまりA町は、仮設住宅Aにできるかぎりア町の同一行政区の人々を割り当てるようにした。もちろん一仮設住宅を単一行政区で独占というようなことはできなかったが、結果としてC仮設は○○行政区の人が多い、D仮設には○△行政区の人が沢山住んでいるというようなことになったのである。つまり仮設も地縁という〝古くさい〟原理を仮設コミュニティの統合原理の一つに置いたと考えることができる。だから、新しいモダンな復興住宅に仮設の自治会のノウハウを援用したというのは、元々の集団原理を新たな復興住宅にも活用しているということにならないであろうか。従来からの地縁関係が仮設住宅に引き継がれ、それが新しい復興住宅街にも踏襲されてきているということである。

2.　ふるさとと先祖

多くの人たちの願いは、できることならば「ふるさとへ帰ること」である。ふるさと帰還願望の根幹をなしているのは、先祖である。流された住宅復興が遅れても墓をまず直したい、原発事故直後の高い放射線量のなかでも防護服を着てでもお盆の墓参りがしたいと訴えた住民は非常に多い。

3年前に行なった浪江町のB寺檀家アンケートによれば、回答のあった檀家二八五軒の半分以上が現当主の祖父母以前からその土地に住んでいると回答した。つまり「自分の代から」が7.4％、「父母の代から」が14.7％、「祖父母の代から」が25.3％、「それ以前から」が52.6％だった。何代もの世代を継承しながら地区に暮らしていた人が半数以上に上ることがよく分かる。昭和40年ぐらいまで、婚姻も同一地区内、同一町村内、近隣町村内で行われていた。複数世代にわたっての重層的親族関係は珍しくない。

先祖という血縁は震災直前までのコミュニティの中核をなすネットワークなのであり、コミュニティそのものといってもいい。その先祖を守ってくれるのが寺であり、その点で寺は檀信徒にとってきわめて重要な役割を果たすことになり、その機能を果たすことが寺には期待される。僧侶にとっては、その期待感こそが僧侶を僧職に邁進させる原動力である。原発被災地の場合、僧侶もまた被災者であり、自坊を追われ、避難所に入ったり、法類の寺や親戚に避難した。高い放射線量のところの寺の住職は「これでお寺も終わりか」と思ったという。しかし避難先や仮役場事務所などで檀家に出会うと、檀家が大変喜んでくれ、是非お寺を再興してくれと頼まれ、大いに力になったという。

以下、寺への強い期待感をB寺檀信徒へのアンケート自由記述欄からいくつか抜き出してみよう。(2012年12月末実施のアンケートより)

(一) 私達は先祖様に生かされているのだから、再編後小野田の地に戻りまた、色々むずかしい事案が山積していると思いますが、私達の「B寺」であってほしいと願います。とにかく除染を最優先していただき、戻れる状況を関係機関に強く要望するということが大事だと考えています。生まれ育った土地を捨てる訳には絶対いきません。宜しくお願いします。（男性、50歳台）

（二）私は檀家でもあり総代でもありました。又、寺周辺の植木の手入れもしていました。裏山（花見山）の手入れにも参加していました。今のＢ寺周辺の線量が高いので行って見るのも大変です。早急に除染が出来れば元の姿にしたいものです。（性別、年齢書込無し）

（三）現在、孫の遺骨が埋葬出来なく困っています。早く除染をして戴き部落の皆さんが揃って浪江の家に帰り、元の生活に戻りたいです。先祖代々の墓地に埋葬してやりたいです。（男性、70歳台）

（四）除染が済んだら早く帰ってほしい、お寺やお墓は心のよりどころだから。（男性、60歳台）

（五）想い出、また先祖伝来のお墓の守り、その人生が忘れられない懐かしさがある。どうしても帰りたいしＢ寺の檀徒としても支え合ってＢ寺の長い歴史に添っていきたい。（男性、70歳台）

（六）自然豊かな、産まれ育った風景の懐かしいも、心が穏やかに成る自分の故郷浪江の地（小野田地区）に、住職さんと帰り、出来れば元の生活を取り戻し、これからも代々とお世話に成りたいと思います。（男性、40歳台）

（七）長年、祖父、祖母、母の代から、自分の父親の代まで、いろいろとありがとうございました。父も早いもので四年がたちました。汚染地域なので長くかかると思いますが、Ｂ寺さんには、元の場所でいろいろな活動ができる様、心からねがっています。体には気を付けてがん

ばって下さいます様、心よりおねがいいたします。(男性、50歳台)

これらは多くの同趣旨意見の一部にしか過ぎないのであり、自由記述欄には連綿と書き綴られていく。私はこれらを最初に読んだとき、住民には、寺縁というようなものがあると感じた。仏縁というよりも寺縁とした方がいいように思う。ふるさとという〝風景〟と〝生活〟のなかに欠かせない寺院というニュアンスである。だから菩提寺は、自分たちは帰れなくとも、ふるさとにあってほしいのである。そして寺同様に強い感情移入が注がれるのが、墓地である。先祖の埋葬されている土地だからである。

浪江町請戸地区では400戸あまりの住宅がほぼ完璧に津波に破壊され、200人ほどの津波犠牲者、行方不明者が出た。そこには地区民の共同墓地が二ヵ所あった。当然流失した。請戸地区は原発まで約7キロという地点で、放射線量への恐怖もあり、2014年夏までがれき処理すら終了しなかった。町は海岸から2キロほどの高台の大平山に復興住宅と墓地をつくる計画を立てた。住民の新墓地造成への思いは大変強いものがあった。先祖への思慕と津波犠牲者の埋骨希望のためにであった。行政はそれに応え、2015年春には共同墓地を完成した。400区画である。すでに2015年夏で九割の使用者が決定しているという。せめて先祖と津波犠牲者だけでも早くふるさとに帰してあげたいということであろう。

強く熱い信仰心が宗教の根幹にあるという見解は納得できるし、教祖・開祖の聖なる言葉、それに基づいた教えの体系の実践こそが信仰であるという立場はよく理解できる。ここでの先祖への根強い思い、自然と先祖と菩提寺が解きがたくつながり合っているような世界は狭義の意味で宗教とも信仰とも呼ばないかもしれない。だからここでは宗教文化と呼んでおきたい。

3.　原発事故でコミュニティは崩壊

“コミュニティの中の寺”はどうなったか

表17-1　法務執行走行キロ数

	2011年	2012年
1月	?	459
2月	?	738
3月	?	1,395
4月	1,150	1,232
5月	843	686
6月	1,268	1,365
7月	2,062	1,153
8月	686	1,320
9月	866	1,498
10月	1,150	1,002
11月	462	1,281
12月	701	1,428
計	9,188	13,557

コミュニティは先述のごとく住民避難で機能しなくなった。ではコミュニティと密接な関係のあった寺は、どうなったのか。「これでお寺もお終いか」と思った僧侶もいた。その後、寺の法務はどのように変わったのか。寺の運営はどうなったのか。寺院経済は大丈夫なのか。

一般に寺院の行事は、宗派にもよるが、催される場所でいくつかに分けられる。寺の本堂や客殿で行われるもの、大字、小字単位で行われる行事、個人宅で行われるもの、などがある。今回はそのいずれもが大打撃を受けているのであるが、大字、小字単位のものはほぼ壊滅的な被害といっていい。ここでは、インタビュー協力を得たのは真言系寺院と浄土真宗寺院であるから、その場合を中心に考えてみたい。

大字、小字にあった、新年祈祷護摩とか大般若経転読会などは壊滅となって行われなくなった。寺で行われていた行事で、禅宗系や真言系、浄土宗系などで行われている施餓鬼会は、8月のお盆前後に町の葬祭ホールを使用して開催している場合が多い。新盆の家だけを集めて新盆合同法要などと銘打っている寺もある。真宗系寺院の報恩講は、やはり会場を借りて開催されている。しかしどの宗派も、参列者数は震災前と比べると減少している。

檀家、門徒個人宅で行われていたお盆の棚経、真宗系の月参りなどは、行わないか、希望者の家のみを訪ねるということのようである。檀家、門徒の居住地が拡散してしまったからである。

被災による避難者居住地の拡散は、寺の組織運営に大きな影響を与えた。それまで総代世話人は各字や地区から選出されるのが伝統であった、寺の総代、世話人が、地区代表者としての機能を果たさなくなったことである。さまざまな意味で寺と檀家との連絡役であった世話人がその役を果たさなくなったのである。

そのことで何が起きたのか。寺と個々の檀家が、直接的に関係を結ぶことになったのである。震災後、寺と檀家の間は、むしろ近くなったという声が寺側からも檀信徒側からも聞こえてくる。総代とか世話人など寺のお世話役が介在しなくなった。

寺は遠く離れている檀家にとってどのような意味を持っているのか。震災後の寺・檀家関係の大変化にもかかわらず、檀家、門徒にとってお寺が必要となる時は、葬儀、法事の時である。坊さんのいない葬儀はあり得ないし、頼む僧侶は先祖伝来のお寺の僧侶であってほしい。

すでに数十年前から福島浜通り地方においても、通夜、葬儀は○○葬祭ホールで挙行されるのが通常であった。避難後も、近くの葬祭ホールで葬儀や法事が行われる。依頼を受けた僧侶は、自ら車を運転して通夜、葬儀に出向く。これはいまも続いている。出張法務といってもいい。関東一円ぐらいであれば、僧侶は主に車で法務に出向く。

浪江町の真言宗系寺院MA寺住職の協力で法務日誌を拝見することができた。そこには震災後約二年間の出張法務先が記されており走行距離が書き添えられている。それは出張後、東電にガソリン代を請求するためである。それを2年間にわたり整理したのが表17-1である。多いときで1ヶ月2,000キロ以上の走行である。ただし、別の寺院僧侶は1ヶ月6,000キロを超えることもたびたびであり、平均して月5,000キロは走り、それは今も続いているという（会津若松市に避難したA寺の場合）。法務で車を一台乗りつぶしたとも言う。

いずれにせよ、避難したといっても多くの檀家は浜通りのいわき市や南相馬市あるいは中通りの郡山市、二本松市、福島市に居住しているので、訪問できない距離ではない。法事や葬儀の執行を通して檀家・菩提寺の関係は今後少なくとも、数十年は継続するのではないかと考えられる。ただし、今後、月5,000キロという車走行に僧侶が数十年耐えられるかという問題はあるかもしれない。2015年に入ってから、雑談風のやりとりのなかで何人かの僧侶に確認してみたが、布施収入はほぼ東日本大震災以前の水準に戻ったという。

しかし仏事の仕方には変化も見られる。葬儀および法事の、いわば私化ともいえるような現象である。以前は、人が亡くなった時、その死亡通知を地方紙に掲載することはごく普通のことであったが、震災後はそれを遠慮する人々が増えたという。また福島県は一周忌などの法事に大勢の人を大勢の人を招待することはごく普通であった。100人～150人の招待客などは普通だったという。しかし震災後、葬儀、法事に多くの人を招待することは下火になったという。

これは負担をかけることへの施主側の遠慮という面があったが、コミュニティの分解による、従来の幅広い人間関係の断絶でもある。かつての同一村内、隣接村同士といった距離的関係が、車で往復数時間というような関係になってしまい、次第に人間関係が疎遠になってしまっている傾向があるようだ。都市で生じた仏事の私化に見られる傾向である。

昨年ぐらいから仮設住宅、借り上げ住宅を出て、戸建ての家を新築、あるいは購入する人が顕著になった。20世帯未満の小規模仮設住宅は閉鎖になったところもあるという。新たに家を入手すると仏壇も新規購入したり古い仏壇を移転する。その時に菩提寺住職に入魂の儀式を頼むのが通例である。古い仏壇の抜魂、入魂の儀式への依頼も数的には相当数あるという僧侶もいる。

さらにここ数年の傾向としては、寺が分院、別院を作るということがある。放射能汚染地域へは、いつ帰ることができるか分からない。そのため、避難した檀家の多い土地に、寺のブランチを設けて、とりあえず法務を執り行うという方針である。分院を求めた、あるいは計画中という寺院は、現在のところ、真言系、浄土真宗系でそれぞれ2割～3割以上に上るようである。

福島市に別院を設けた某寺の場合、もと古武道道場を入手し、別院とした。法事等を行うには十分なスペースがある建物である。ただし墓地を作ることはできない。放射能汚染のため納骨のできない檀家のために、数十という遺骨を預かっている。また別の寺院は檀家の移住者が多いいわき市に分院を設けて法務を行おうとしている。また原発立地町村のA寺は、中間処理施設用地になることになった旧境内を諦め広野町に寺を移転する決断をし、すでに第一次工事に着手してほぼ完成をみている。土地確保から本堂、客殿、墓地の建築には数億円の資金が必要である。この点の詳細は、稿を改めたい。いずれせよ、こうしたことを進めるには檀家の意向や理解が不可欠であり、まちがうと離檀者続出というリスクを伴わないとは断言できない。寺としては大仕事である。また逆に居住制限が全面解除になった地域では、寺院のもと地への帰還が始まる。

別院、分院を建立するにせよ、寺を移転するにせよ、住職の決断、未来への意欲が重要な鍵となる。もともとそれぞれが独立した宗教法人であり、それぞれの寺の独立性、自立性は高いのであるが、この復興という大仕事にはまず僧侶の意欲や個人的資質がかなり左右する。そして寺の規模もまた復興を左右する大きな要因でもあろう。檀家数が十分でなく震災前から兼業を必要とした住職や僧侶にとっては、この大震災は耐えきれないような大打撃となっているように思える。

寺は今後も継続していけるのであろうか。強い先祖供養意識は少なくとも次世代の住民にも基本的には継承されていくと思う。それゆえ現世代、次世代の40～50年間ほどは先祖供養を主体とする被災地寺院経営は継続されていくように思える。しかしそれ以降はどうなるかは推測できない。

先に、寺院経済の根幹である布施収入は震災以前の段階にまで回復基調であると記した。仮にこのことが真実であるとしても、寺には色々な檀家、門徒との接触、交流がある。各種の年中行事、法話会、座禅会、詠歌講、あるいは書道教室や音楽教室などなどの開催、境内整備を進めることによる檀家との交流の促進など、数多くの活動がある。それらが檀家の分散、本堂、客殿の使用不可により、ほとんど活動が休止したままである。大きな課題である。

そしてさらに危惧されることは、社会学者たちがリサーチでよく指摘する事実つまり東日本大震災以降、家族がばらばらに別れて暮らすことが多くなったことである。かつては三世代家族がきわめて普通の形であったものが、せいぜい二世代家族形態になった。世代分離といわれる現象である。ある調査によれば、震災前はもっとも多かった三世代家族が半減していると報告されている。宗教文化の伝承という点ではこれは、深刻な影響をもたらす可能性がある。

ただし将来に対する予測不可能は、被災地ばかりでない。50年あとの日本宗教の全体像自体、予測不可能なところが多いようにも見える。加えて、寺院後継者の問題はより深刻かもしれない。今後除染が進んで、ある程度人が住めるようになっても、若い住民同様、寺の若い後継者は、健康上の理由から、寺にて結婚生活、子育など家庭生活を営むことできるかどうか、不安を感じているシニア僧侶は少なくない。

4.　神社もまた、ふるさとに不可欠の“景色”

神社はある意味では、寺院よりも遙かにコミュニティとの結びつきが強い。それだけに、今回の東日本大震災および原発事故によるコミュニティの破壊と移転、分散は、より深刻なことになっているように思える。

寺の場合は別院、分院の設置とか寺の移転ということがあり得ることは述べた。しかし神社の場合には別の土地に動く、あるいは他所に別院（別社）を作るという考えはない。

神様の分霊を別に祀るということはあり得るのだが、神社関係者によれば、浪江町の神社が福島市に分社を開くというようなことはあり得ないという。その土地その土地にすでに神社があるからであろう。

神職たちのご教示によると、お宮を維持するための収入は、一般的にいって正月の初詣およびそれに関連する行事だという。氏子や見物人、観光客にとっては、神輿や山車、夜店が並ぶ祭礼が楽しみであるが、経済的に神社を支えるものとは言いがたい。コミュニティが消えることで、正月の初詣が無

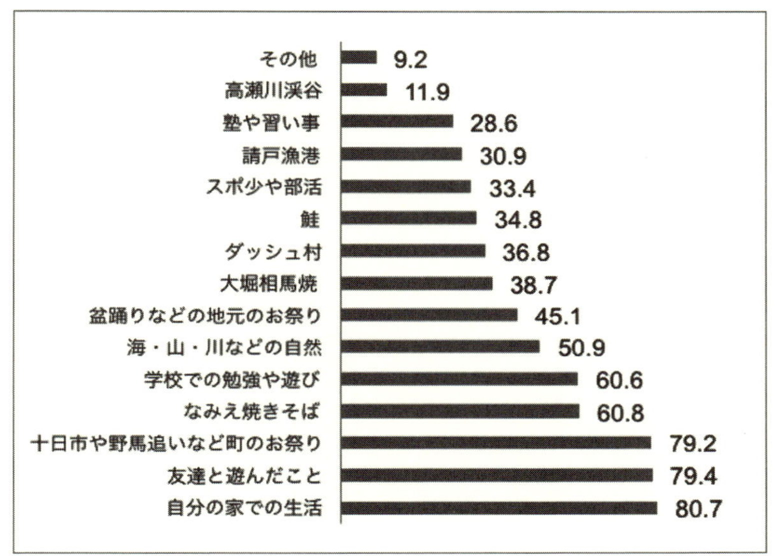

図17-1　「町の子どもアンケート」問11の結果（浪江町HPより）

くなったのは大きな痛手である。

住民が移転先で購入した住宅地の地鎮祭依頼、新築時のお祓いなどの神務もあり、それなりに忙しい神職もいるが、地鎮祭は氏子にとって一回限りのものであり、周年的におこなわれるものではない。その点では不安定である。

私も福島でいろいろと話を聞くなかで、神社には一般的に他宗教でいう信者名簿、檀家名簿に対応する氏子名簿というものが存在しないことを知った。行政区の住民が記載された住民名簿が神社の氏子名簿となるようである。その行政区に寺があれば僧侶も記載されているし、クリスチャン、創価学会員も含まれていることになる。神社とコミュニティが表裏一体であることがそこに現れている。

コミュニティの崩壊は年中行事の崩壊を招く。しかし人気のある年中行事は移転先で復興する。その一例を挙げてみよう。浪江町の十日市である。

十日市は浪江町の町部で毎年年末に行われていた。「歳の市」的な性格を持つ祭りとされている。本来は浪江神社によって明治初期に始められた祭である。浪江町の人々に人気の祭であった。たとえ2012年に行われた町役場による「復興に関する町の子ども向けアンケート」（浪江町の子ども1,697人対するアンケート、回収率71.7％）のなかでは、問11「浪江町と聞いて思い浮かぶこと」という問いに対して、「十日市や野馬追い」は第3位に列せられている。

十日市は、浜通りの著名な祭りである野馬追いとともに、子どもたちにも慣れ親しんでいた祭りであることがわかる。

この十日市の歴史は次の通りである。「国道を中心に商業の振興を図ろうと時の里正（村長）齋藤是利は、明治六年、出羽神社（現浪江神社）の祭日である陰暦3月10日、10月10日に「鎮火を祈り繁栄を祈念して」市を開くことを県に請願し許可され、権現堂地内に市をたてたことに「十日市」は始まる。名称は祭日の初日十日に由来する。もともとは祭典が行われた。出羽神社の旧社地新町に神輿の渡御となる。市神としての出羽神社を迎えて市が始まるのである。」（浪江町町史編纂委員会編『浪江町史　別巻Ⅱ　浪江町の民俗』浪江町発行、2008年3月、248頁）。震災以前は、3日間の開催で20万人の人々を集めたという。浪江町は飲食店の数が人口比で全国第2位という時代もあった。商工会会員の事業所が1,000を越えていたような賑やかで活発な商店街だった。

この十日市は、2011年の津波の年に、早くも役場移転先の二本松市で、浪江町商工会を基盤とした「復興なみえ町十日市祭運営委員会」が中心となり再開された。浪江町民がそれだけ期待していたということだろう。それ以降も毎年11月には開催されている。しかしそこに神社の祭という姿は見られない。

とにかく十日市は再開され、住民には好評だった。「広報なみえ」の記事をみると、当日アンケートによれば98％が震災の年の十日市開催を「大変よかった」あるいは「よかった」と回答、80％の人から「ぜひ来年も開催してほしい」との要望が寄せられた。しかし、神輿もなく、祭壇もなく、神職の姿もなかった。宗教色が消えた。商工会と、震災後に生まれた「NPO

法人新町なみえ」の主導で祭りが再開されたという。ただしそれは東日本大震災で一気に「非宗教化」されたというのではなく、近年次第にその傾向が顕れていたのであろう。もともと商業振興の意味が濃厚で、「歳の市」的性格が強かった。しかし、東日本大震災発生以前には、会場に神輿が飾られていた。しかし震災後はそれも無くなった。大震災→コミュニティの崩壊→非聖化という流れを読み取ることができる。

浜通り地域には、神葬祭を行う家が一定数ある。神葬祭については震災前と同様に行っているようである。僧侶と同じで、車で葬儀執行に行くのが普通の形である。この地域は寺に直接隣接している境内墓地は少なく、境外墓地の数が圧倒ではあるが、仏式葬儀が圧倒的な数であり、神葬祭はその意味ではマイノリティである。

東日本大震災で広く注目されたことは民俗芸能の再興が津波被害者たちを元気づけるという役割を果たしたというニュースであった。東日本大震災と民俗芸能再興に関する研究論文集もある。祭りは人々に強い情緒的高まりを促す。それは「ふるさとの寺」などにはない、迫力のあるパワーを持つ。ただし、福島原発被害地のようにコミュニティ全体の崩壊が生じた場合は、それは当てはまらない。祭りが、物理的に破壊されたコミュニティの回復までなし得ることは不可能である。

浜通り地域の被災神社は40数社にのぼるようであるが、全国の神職たちの激励と応援はあるものの、今後に向けて道を探ろうという意欲を持つ神社は3割ぐらいではないかという話も聞く。

寺院でも神社でも共通なことであるが、神職側の意欲、責任感、経済的な裏付けの確立が復興への道を歩み出す大きな要素であることは間違いない。若い層の宗教者が中枢になるべきであろう。30年後、40年後などという遠い先を考えるのは、60歳台以降のシニア宗教者層では、あまりにもリアリティを欠くのではなかろうか。

5.　請戸（うけど）田植踊を巡る複雑な状況

請戸地区とは、浪江町の海岸地区であり、古くから海運と漁業でならした地区であった。江戸時代は年貢米を江戸に盛んに送った港であるし、近代は浪江町の焼き物「大堀相馬焼」を海外に輸出し大いに町を潤わせた港であった。漁業ではいかなご、カレイ漁が有名で、築地でも高級品として扱われた。

その請戸地区の氏神が苕野（くさの）神社で、その例大祭あんば祭は毎年2月に行われた。その時に獅子舞いとともに田植踊が奉納される。その日には神前と浜辺の御旅所の両所で獅子舞、田植踊りが奉納される。加えて依頼を受けた家（新築など）にも巡ったものである。あんば祭は請戸地区すべての人々の年一度の、楽しい祭りであった。

請戸地区は津波で四百戸強の地区がほぼすべて流された。182人が死去ないし行方不明となった。苕神社宮司夫妻、禰宜夫妻も津波の犠牲者となった。

その田植踊は、津波の年の2011年8月に早くも復活した。いわき市大國魂神社山名隆弘氏の尽力で、いわき市のアクアマリンで國學院大學院友会支部総会主催民俗芸能大会の出し物として復活した。地震後初めての公演であり、散り散りになっていた請戸地区住民もかなり集まり、感激の舞台だった。それ以降、2015年3月までの地震後4年間で、田植踊は実に32回の公演をしている。東日本大震災前は年1度のお披露目だった。東日本大震災後の32回公演は異様な人気である。

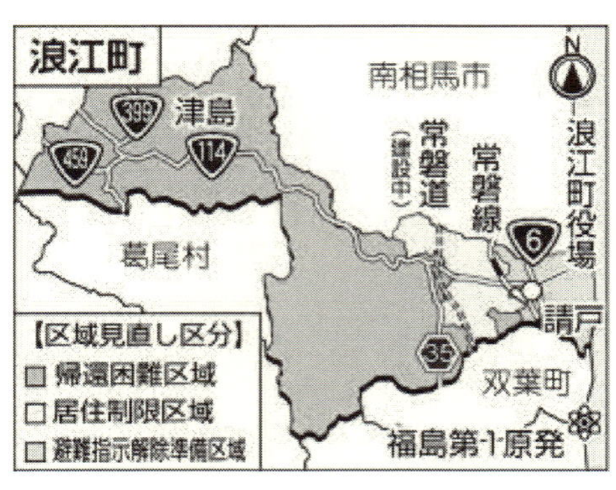

図17-2　浪江町（minyu-netより）

民俗芸能が復興の気運を盛り上げるとする民俗学者もいる。しかし舞台で踊る子供たちを指して「旅芸人のようではないか」と評した研究者がいると憤る神職もいる。公演では旅費などの他に謝礼（おひねり）がつきもので、それの管理についてあれこれの意見もある。いずれにせよ、苕野神社例大祭への踊り奉納であった田植踊をめぐる状況は一変した。

田植踊がもてはやされる理由は少なくとも二つ考えられる。

1）請戸地区の悲劇的被害状況

2）踊り手が少女たちで可憐、可愛い。

田植踊は、福島県各地に同名の民俗踊りが伝えられているが、元々は男踊りである。福島のほかの田植踊はいまも男が踊る。請戸田植踊ももともとは青年団が踊り手であった。一九七五年ごろ、請戸芸能保存会ができた。そのころから成人女性が加わって踊ることが多くなる。保存会ができたということは、ある意味で継承が危うくなってきて、その状況にてこ入れをする必要があったということだろうと考えられる。

追って、1988年ごろから、次第に子供が踊り手の主流となる（一柳2013: 57）。

踊り手が男性から女性へ、さらには子供へという変化は、実は原発稼働が影響しているようだ。第一次産業を離職し原発関連の仕事に従事する男性が増え、踊り手に女性を補充した。さらに女性も原発関連の清掃とかビジネスホテルの従業員などの職に就く者が多くなり、踊りの中心は、子供へと移った。この変化は、福島第一原発一号機工事着工が1967年、運転開始が1971年、その後2号機以下次々と出来ていくという原発の歴史とシンクロしている。住民のサラリーマン化、第一次産業の衰退が生じたのである。

現在の田植踊りは、10代歳台の女性踊り子、さらには10歳以下の女児の踊り子が10数人いる。関東や新潟に避難した踊り子たちは、家族たちに伴われて前泊で郡山市、二本松市、福島市などの会場へ、そのたびにやってくる。かつてのように毎週末行っていた練習と比べれば、習熟度はなかなか上がらない。苕野神社の祭礼だけに演ずることを限るべきだとの意見もある。しかし、ふるさとの代表的芸能という地位はすでに確保されているようで、出場招待はこれからも続いていくのではないか。請戸地区は災害危険区域に指定され、居住はもはや許されない。海岸から約２キロ離れた大平山という高台地区に復興住宅が建設されるようであるが、かつての400戸規模のコミュニティが再現されるにはほど遠い。その計画には苕野神社の再建が予定されているわけではない。どういう形になるか分からないが、神前奉納芸能という形式での請戸田植踊の再現はかなり厳しい。宗教芸能がただの芸能になっていく可能性は高い。多くの芸能がたどってきた道筋ではある。

本稿では、浪江町の寺と神社のケースを取り上げた。しかし浪江町には、当然、ほかの宗教信者たちもいた。たとえば創価学会会員は約1,000人がいた。かれらはいま、それぞれの避難地、移住地で学会員として信仰活動をしているといわれる。創価学会の場合、各会員は「統監カード」という一種の信仰上の履歴書、会員証があり、そのカードでどこに行っても行った先の地の活動に受け入れられるという形式になっており、信仰上の混乱はあまり無いという。信仰者同士として、地域や文化を越えた会員の間の“普遍性”という点はわかる。しかしそうした、いわば合理的組織は、今まで見てきたような、住民の多くに見られる、ふるさとへの強い思い、深い感情という個別的ではあるが根強いパトスとは共生するものなのか。時には“普遍”と“特殊”とが対立するということが、信仰ファーストの信者たちには無いのか、私には大いに興味のあるところである。

結び

冒頭にふるさとが復興するためには、土木工学的次元だけなく、象徴的次元が必要だと見解を紹介した。復興に注がれる費用は国および自治体からの公金である。公金を宗教施設や祭礼などにつぎ込むことは可能なのか。宗教サイドからそういう要求を出す立場もあり得るが、宗教の公共性に理解を示す法学者であっても、公金の直接補助という形では現行憲法下では無理があるというのが大方の見解である。しかし文化財修理に見られるように、工夫の仕方でいろいろな方法はあるという立場もある。

相馬市から南相馬市小高区までをカバーする福島県を代表する相馬野馬追

いという行事は、れっきとした相馬中村神社、相馬太田神社、相馬小高神社、の三妙見神社の祭りである。ところが実行委員会が毎年結成され、関係市町村から補助金が拠出される。今年も約500騎が出場し、3日間にわたり勇壮な祭りが催された。この祭りは無形文化財となっており、自治体から実行委員会への公金拠出は何の問題視もされない。3つの神社に公金が直接援助されるのであれば、行政の一部がときどきしばしば振り回す「政教分離」というビッグワードが金科玉条のごとく叫ばれる可能性もあるが、住民が待ち焦がれる祭りであること、文化財に指定されているということ、神社ではなく実行委員会への公金拠出ということで、おそらく問題にされないのである。行政から宗教法人への直接援助ではないこと、住民サイドの祭り実施への期待度がきわめて高いことがここでは重要なポイントである。

野馬追いとは遙かに規模が小さく、ささやかなものであるが、相馬市の北高野地区復興公営住宅団地が完成したあと、住宅用地の一角に、かつてその地にあった稲荷神社と山伏の上人塚を祀り直そうという動きが出てきた。住民たちによる「高野稲荷神社再建実行委員会」が結成され、公営住宅用地買収に貢献した住民たちの任意団体「東部再起の会」と手を取り合って資金集めなどが行われ、2015年10月18日、「高野稲荷神社竣工式・上人壇墓開眼供養式」が行われた。地元神社の神主と僧侶がよばれ司式された。その用地は復興住宅として市が買い上げた市有地の一部である。当日は住民ら約百人が集い、市長、県議会の重鎮も来席、市長は挨拶のなかで、昔から集落には皆が寄り集う神さまがいたものであり、この地区も改めて祀られることになった神仏を中心に仲良く過ごしてほしい、と言った趣旨の祝辞を述べた。自治体も、住民側の要請ということでこうした宗教施設を中心とした住民憩いの場の設定を望ましいと考えているようである。宗教家や特定宗教団体がイニシャティブを奮って、祀りこんだわけではない。これもふるさと再興への「象徴的復興」の一例だろう。住民サイドのニーズという点が重要なポイントであるように思う。

しかしながら福島県の原発事故被災地の復興はまず除染であり、いまその最中である。その後に、町としてのインフラを整備する。たとえば、『浪江町復興まちづくり計画』(浪江町役場発行、2014年刊）によれば、まず復興拠点を2017年3月までにメドをつけ、そのあとに「伝統文化の保護、継承体制の整備」「自然環境の再生・自然と調和したまちの実現」に具体的に着手するという。それは2017年3月以降の課題となっている。ある意味でこれは当然で、コミュニティがある程度の復興を見なければ、地域文化の復興などありえない課題であろう。しかし、正直のところ、復興拠点が出来ても帰らない住民が多いのではないかという心配はつきない。原発廃棄のはっきりしたメドが立っていない。浪江町の中心は原発から10キロメートルの位置にあり、帰る人は少ないだろうという予想は無理も無い。浪江町の隣接町村には中間貯蔵施設ができる。浪江町はそこへの汚染土壌等の運搬の通り道になるわけで、それを心配する向きも多い。つまり浪江町に復興拠点が実際にできるかどうか、まったく不透明である。まとまった規模のコミュニティが出来ないとき、地域文化を継承する基盤はどうなるか。何百、何千という世帯からなる大規模町外コミュニティを作り、そこで当面、浪江町の伝統文化、地域文化の継承をしたらどうかという考えも成り立つ。国の集中的復興支援に期限があるからといって、真のコミュニティのあり方の可能性を見失うようなことは是非避けて貰いたいと思う。宗教文化も伝統文化、地域文化の中心の一角を担っているのである。

参考文献

一柳智子2013「福島県における無形民俗文化財に対する原発事故の影響——こども民俗芸能「請戸の田植踊り」の変遷と変容から」『比較舞踊研究—比較舞踊学会学術機関誌—』19: 55-65。

大和田武士・北澤拓也編2013『原発避難民　慟哭のノート』明石書店。

高木竜輔・石丸純一2014「原発事故に伴う楢葉町民の避難生活（一）一年後の生活再建の実相」『いわき明星大学人文学部研究紀要』27: 22-39。

田近肇2014「大規模自然災害の政教問題」『臨床法務研究』13: 15-39。

丹波史紀2012「福島第一原子力発電所事故と避難者の実態」『環境と公害』41(4): 39-45。

山泰幸2006「『象徴的復興』とは何か」『先端社会研究』5: 153-175。

コラム「寺院の復興格差には歴史的遠因も」

震災以来7年以上も経過すると、宗教施設にもいろいろなことが生じてくる。浜通り地域でも、お社と宮司さん夫婦、後継神主さん夫婦がすべて津波に奪われてしまったお宮さんもある。2年前に聞いたことがあるが、再建に氏子たちも意見がまとまらず、神主さんのご親族に神職になってもらいたいという希望もなかなかまとまらないという。放射能で境内地が避難地域となり、その後、中間貯蔵施設建設用地に決まり、結局別の町にお寺を移転し、新たに土地を求めて法務執行の建物を建て、墓地も隣接地に作りお寺を再建した僧侶もある。なかには避難地域指定も解除され、大いなる新たな出発を始めたお寺もある。

避難指示解除がいまも解けない地域の寺院では、元の土地での復興はいまだ見当がつかず、いわき市や相馬市、南相馬市など浜通り地域か、あるいは福島市、二本松市、郡山市など中通り地域に別院や分院を作り、長期戦を視野に将来の復帰を狙うお寺もある。そのなかで一つ言えることは、高齢の住職たちには将来展望を見据えてお寺の将来を考えるということは大変なことである。お寺を立て直すといえば最低でも億単位の金銭が必要であり、老齢の僧侶にはつらいことである。またもともとお寺には収入をめぐる格差があったのであり、肉山と骨山という表現がそれである。一村一寺制度という固定化された江戸時代に、お寺同士の格差はすでにあったといわれる。住職が高齢化しているばかりでなく、後継僧侶がなかなか決まらないという場合もまた、お寺の順調な復興に影を落とすことになる。少子化は僧侶、神官の家族も例外ではない。

第18章

「忘れられた町」の「四日間」とその後

星野英紀

本章の目的は、原発事故被災地域である「忘れられた町」福島県浪江町の事故直後の「空白の4日間」前後の状況を明らかにすることである。浪江町は福島県浜通り地方の人口2万1千人ほど（大震災発生時）の町である。浪江町は「東京電力第一発電所より北へ7キロの地区で、南北に約8キロ、東西に35キロの細長い町」である（まちづくりNPO新町なみえ3.11実行委員会編 2012: 18）。海岸部と山間部とでは標高差が約500メートルある。豊かな自然と山海の産物に恵まれ、相馬大堀焼で名の通る陶器の里やさけの簗場も近隣にも有名な、住民にとっては自慢の古里であった。

「山間部」の昼曽根に住んでいた佐々木ヤス子（1928-2012）さんもこの大地震に遭遇した。彼女は農家の主婦を務めながら、地域の昔話を保存し聞かせる語り部として知られていたし、また家に残っていた農機具等を浪江町の農業の歴史を示すものとした保存し公開していた「山村農家の昔の生活品展示室」を設け、故郷の文化と生活を大切に保存する運動も行っていた。佐々木ヤス子さんは原発事故で浪江町昼曽根地区の自宅を追われ、半年に5度の引っ越しを経験した。それは以下の通りである。

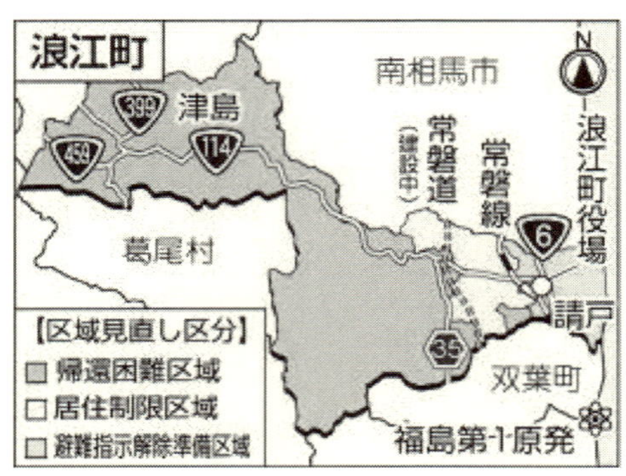

図18-1　浪江町（minyu-netより）
（図17-2再掲）

①2011年3月12日～3月15日・・・・津島地区の避難所

②2011年3月15日～4月13日・・・・二本松市避難所（旧針道小学校）

③2011年4月13日～5月19日・・・・岳温泉の旅館（二次避難）

④2011年5月19日～7月14日・・・・福島県西郷村（長男宅）

⑤2011年7月14日以降・・・・桑折町仮設住宅

いわば“流浪の旅”と呼べるようなひどい転居に次ぐ転居である。ただし“流浪”したのは町民ばかりでなく町役場も同様だった。町民と役場の“流浪”を図解したのが図18-2、図18-3である。

佐々木ヤス子さんはこのような辛い体験を書き綴り、2011年10月に『おそろしい放射能の空の下』というタイトルで上梓した。見開きA5判の90頁ほどの書物である。この本を著した時は齢83歳であった。残念ながら2012年6月に急逝されてしまわれたが、その著作をみると文章もなめらかで読みやすく頭に入りやすい、なかなかの文筆家であったことがわかる。残念ながら生前の佐々木さんにお会いすることはできなかった。なお佐々木さんについては、朝日新聞特別報道部『プロメテウスの罠　4』（学研パブリッシング、2013年刊行）にも数頁にわたって紹介されている（朝日新聞特別報道部 2013: 169-172）。

彼女は津島地区の山間部に居住していたが、町全体の避難指示で12日には避難所に入った。そしてそれ以降、上記の通り合計5回の避難をしている。『おそろしい放射能の空の下』には5回の引っ越しを通じて得た経験を分かりやすく書き残している。もちろん彼女の避難体験は彼女独自のもので、他の避難者の体験とは同一ではない。本稿では彼女の避難の語りを骨子として、その上に、私が2年半以上に亘って行ってきた、のべ数十人ものインタビュー調査や、体験を記した数々の文献から読み取った内容を肉付けしながら、福島県浜通り地域の住民の避難体験を再構成してみたい。

記述の順序は次の通りである。まず佐々木さんご自身の体験を罫線の囲みのなかに紹介し、それに続く部分に筆者がその体験の意味や背景などを解説するというスタイルをとる。

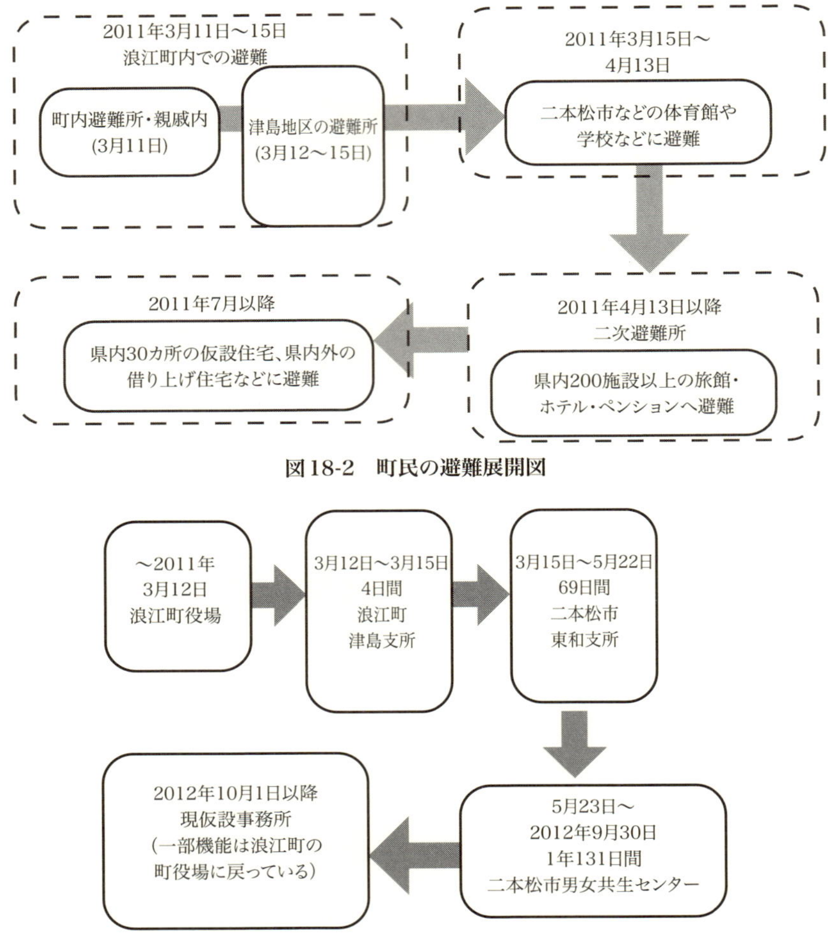

図18-2　町民の避難展開図

図18-3　役場機能移転の経過図[1]

佐々木さんの手記は、2011年３月11日から始まる。長い流浪の旅のはじまりである。まず佐々木さんは山間部の津島地区に避難する。津島は役場が指示した避難場所である。しかし津島での避難生活は３月15日午前中までの僅か４日間であった。

佐々木さんは３月11日午後、富岡町の姪の家に行くべく車を運転していた。大熊町の６号線を走っている時に大地震に遭遇した。車を止めると他の人も「地震だ、地震だ」といって道路に出ていた。やっとの思いで浪江町内に戻ることができた。それからさらにトンネルを4つ通り、ようやく自宅のある昼曽根地区（津島地区の東隣り）に真っ暗になってから到着した。

1. 津島地区への避難・・・2011年3月11日から15日まで

1.1 3月11日大地震発生

3月11日夜 （引用1）

（家に到着し）戸を開けると、地震のため物が散乱し，どうしようもない状態であった。,,,。幸い電気は通っていたので、ポンプは動き、水も出た。これは有り難かった。

私は山の中で、気ままで自由な一人暮らしをしている。(と言っても道路沿いなので決して不便ではない)

夜8時頃、浪江に住んでいる次男達が心配して来てくれた。孫は来る途中のコンビニで、あるだけのパンを買ってきたといって、4個程持って来てくれた。その時息子から、大津波が来て、請戸・双葉・小高など海沿いは全部波にのまれて、見渡す限り広い海原になってしまったことを聞かされ、体が震えてきた。家も何もかも流され、多くの人々が犠牲になってしまったとのこと。海の方には親戚・友人・知人が沢山いたのにと思うと、悲しくなり、涙が止めどもなく落ちてきた。,,,。30分ほどして、小高（南相馬市）にいる長男夫婦が来て、津波のことを教えてくれたが、とにかく、余震がひどいので早く帰してやった。,,,。その夜は、着たまま炬燵にもぐって寝ることにしたが、一晩中余震がひどく、なかなか眠れない。テレビはひっきりなしに地震と津波の情報を流している。(1～11頁)

ただし3月11日の大震災は、浪江町の人々全員に同じような被害と恐怖体験をあたえたわけでない。居住場所によって違う。

浪江町は「海岸部」、「平地部」、そして「山間部」に分けて考えることができよう。地震そのものの体験も三つの地域ではかなり違う。

「海岸部」では大津波に襲われ、漁師地区を中心に200名弱の犠牲者を出した。生き残った住民らは12日早朝からの津波地区での救出活動をしようと予定していたが、12日朝5時44分に原発からの高濃度の放射能漏れが生じ、10キロ圏内は避難指示が出て、救出活動は中止となり、住民は各地へ避難することになった。このことは生き残った海岸地区の人々に大きな心理的負い目を与える事になった。かれらは後に浪江町遺族会を作り、東電に、避難指示により受けた精神的打撃への賠償を要求し、ADR（裁判外紛争解決手段）を通じて後に一応決着を見ることになった。しかし住民遺族の不満が根本的に解消されたわけではない。

つぎに「平地部」(町場も含む）では犠牲者こそ出なかったのであるが、大変な揺れとそれによる損壊を経験した人も少なくない。

> 2時45分頃、いまだかつて経験したことのない大きな地震が来た。私は常日頃は物が落ちない限り外には出ないのですが、あの時は初めから大きな揺れで、家の中の物がつぎつぎと落下しこわれ、大型テレビまでも倒れた。外へ出て揺れが静まるのを待ったが、止まらないのではないかと思う程揺れが続いた。近所の人達と地面にはいつくばり、静まるのを待った[2]。

> 3月11日の地震、想像を絶するもの。仕事と思った矢先、グラグラ、地震だ！家の中にいてはまずい。玄関まで行く。大きな揺れで外に出る勇気もなく、足が止まった。柱につかまったまま身動き出来ない。ガッチャン、ドタンバッタン物の落ちる音、だが少しおさまった。あゝ良かったと思った！。また揺れ出した。今度は先とは違う。上下の揺れ、家のきしむ音、音、あゝどうしようゝゝ。目の前の物が落ちて行く。倒れて行く。つかまって見てるだけ、内も外もすごい音、バッタン、ゴーゴーと瓦が落ちてくる音、音、震えが止まらない。いつまで続くのか、

止まることを祈る。

やっとおさまった、長い長い時間でした。庭一面に瓦の片ら、明治時代からの土蔵の壁がくずれ落ち、これがほんとか現実か、悪夢であってほしいと……[3]。

このような被害にあった「平地部」の多くの人が、11日晩は自宅で過ごすことができなかった。町は防災行政無線を通して指定の避難所への避難を呼びかけた。町役場は、役場建物、小学校、中学校、公民館などを開放して緊急の避難所とした。合計で18ヵ所の避難所が開設された。避難所に入った避難民の合計は、ある消防団員のメモによると875名である。

他方、「山間部」の方では、佐々木さんの住んでいた昼曽根地区も含め、室内には物が落ちて酷かったが、眠れないということもなかったようだし、電気は通じていた。水は各戸で汲み上げる方式をとっていたし、プロパン使用であった。だから昼曽根、津島を含む山の方では、地震では確かに揺れ、ものは棚から落ちたが、家としては「たいした損害はなかった」のである[4]。

1.2 避難所へ移動

3月12日午前中(避難第1日目)　(引用2)

あさ、5時頃起き、地震の後の家の中の片付けを始めると、友達が慌ただしく車から降りてきた。「今朝、東電の原発が水素爆発をしたんだ。早く逃げるように」。返す言葉も思い浮かばなかったが「とにかく、先に上って行っているから」と、津島で落ち合う場所を決めて別れた。色々なことが 頭をよぎったが、毛布1枚と半纏位を持って、二晩ぐらいで戻れるだろうと何がなんだか分からないまま安易な気持ちで津島へ上がっていった。町の方からひっきりなしに車が上がってきていた。先に上がっていった友達夫婦と津島活性化センターで合流した。(13〜17頁)

3月12日朝5時44分、政府は第一原発から10km圏内の人々に避難指示を出した。同日15時36分に1号機建屋の水素ガス爆発が起こり、夕方18時25分には20km圏内に避難指示をだした。浪江町役場はすでに12日朝の段階で「自主的に避難できる方は114号線をとおり、津島小学校、津島中学校等へ避難してください」と住民に通知していた。これは防災行政無線で通知された。聞いた者もいたが聞こえなかった者もいた。「原発が危ない、爆発する」と口コミ的に拡がった面もあった。避難所の一部ではパニック状態がおき、我さきに車にとび乗った人も少なくなかった、という。朝から海岸部、平地部の方から津島へ多くの人々が向かっていった。それで佐々木さんは「ひっきりなしに車が上がってくる」という記述になっている。ちなみに佐々木さんの家は114号線に面していた。

20キロ圏内とは、浪江町海岸部と平地部のほとんどをカバーする広さである。そこに浪江町民のほとんどが住んでいた。津島地区の住民は1,400名くらい言われているので、3月12日に2万人弱の町民に避難指示が出たことになる。

ただし町民全員が津島地区へ向かったのではない。西の福島中通り方面へ向かった人もいたし、北方向の南相馬市、相馬市方面に逃れた人もいた。町当局などの発表によると、津島方面へ避難した人々の総計は約8,500人だという。しかし正確な数は不明である。

そして浪江町役場自体も、12日13時に役場本部を津島地区に移転することに決定し、町民と共に避難を開始し、16時45分に移転完了となった。津島を移転地としたのは、原発から30キロ以上離れていて、放射性物質の降下から考えても安全であると思っただろうこと、津島地区には町役場の支所があること、他の市町村への避難を考える段階ではいまだ無かったこと、津島は大地震の被害が比較的軽かったこと、などがその理由であろう。このようにして、浪江町は町民も自治体も一緒に避難を始めた。こうして町民と自治体との二人三脚による“放浪”が始まるのである。役場自体は上記の図20-3に見るように、4回の移転を経験し、今もなおも役場本体は仮舎にあり、今もって“放浪”中といえる。

著者佐々木氏は「二晩ぐらいで戻れるだろう」(16頁) と記しているが、

これはほとんどの人が思っていたことであった。だから人々は着の身着のままで避難していった。お財布など最低限のものだけをもって避難先にいった。「携帯の充電器も忘れた」町民は多かった。町の防災行政無線の記録によれば、12日朝7時15分43秒の放送では「具合の悪い方は、津島診療所で受診できます」と一言を付け、持病のある人にも避難を勧めている。保険証の帯同、現在常用中の薬など所持を指示していないほどである[5]。実際にはこのことで町立津島診療所は大変なパニックに陥るわけだが、それは後述する。

いずれにせよ原発事故が起きているのに、多くの人々が2日ぐらいで帰れるのだろうと思ったことからも、原発事故に関する危機管理がほとんどなされてこなかったことが分かる。すくなくとも原発から30キロも離れたところに避難するなどという避難計画は無かった。

12日朝、佐々木さんと友人夫婦が落ち合ったところは津島地区の活性化センターである。これは一種の公民館施設のようなものである。その他に17カ所の町指定の避難所が開設された[6]。町役場津島分所、保育所、小学校、中学校、浪江高校津島校、各字（あざ）の集会所、商工会、JR支店、そして寺院などであった。12日は土曜日であったので、役場から職員が登ってきて学校を解錠したようだが、中には避難民の到達と解錠のタイミングが合わなかったケースもあったようである。

12日に津島に入った避難民の総数については諸説ある。1万人という説、約8,500人という説。役場当局は約5,160名と語っている。ただし、町指定の避難所以外に、津島地区の親戚、友人を頼って津島に4日間滞在した人も多く、一家で20～30人の人を泊めたという家が数多くある。このような個人宅に泊まった人々を入れるとやはり8,000人位は津島にいたことになるようである。なお津島にもともと在住していた人々は約1,400人、400世帯といわれている。さらに付け加えるべきことは、1万人なり8,500人の人々全員が3月12日から15日までの3泊4日を津島で過ごしたというわけではない。避難所にはかなりの出入りがあったのである。外部からの情報でより遠くへ避難する人などが相当数いたようである。つまり20％ぐらいの出入りはあったと考えてよい。とにかく避難所生活は始まった。

1.3 避難所での生活の始まり・・トイレ

3月12日午後(避難第1日目)　(引用3)

まず、皆のいる場所へ入れてもらい体は落ち着いた。車はひっきりなしに入ってくる。家族を乗せた避難車であった。

知人も多数いたので、お互いに声を掛けて爆発のことを話していた。今朝早く、大きな爆発音を聞いたなどと言う人もいた。,,,。

ここの施設に入って一番困ったことはトイレだった。山間地区に建てられた新しい施設ではあったが、一度に何百人の対応は出来ない。すぐに水は出なくなり、使用不可能になってしまった。,,,。

これを見て、消防団の方達は敷地の隅の方に深い穴を掘ってブルーシートで周りを囲み、簡易トイレを造ってくれたのだった。これは本当に有り難かった。(20 ～ 21頁)

避難所におけるトイレの問題はほとんどの避難経験者が語るところである。体育館であれ公民館であれ、一度に400人、500人あるいは1,000人という収容者の使用に耐えるトイレ施設を持っている訳ではなかった。津島地区では水道設備は無く各家、各施設ごとに井戸を持っており、電気も通じていた。だから水は問題なかった。ほとんどのトイレは浄化槽設備で運営されていたが、その浄化槽が使用過多ですぐにパンクして故障をしたのである。そこで佐々木さんの記述にあるように、消防団はかれらが「野戦用トイレ」と呼ぶ施設を応急に設置した。トイレ設備に限らず今回の大地震での地元消防団の活躍は刮目すべきものがあったと思う。トイレ作りから、トイレ用水の配給、配膳用意、味噌汁を含む食事つくり、避難し遅れた施設入所者のバスによる移送など、さまざまなことに及んだ。普段から地域社会での諸活動を行っていたからこそであろう。この避難生活における消防団活動については、別稿を考えている。

1.4 避難生活での食事

> 3月12日午後以降(避難第1日目)　(引用4)
>
> 昼食の時間になったら、5センチ×7センチ位の乾パンが一包み配給になった。避難とはこういうものかと改めて驚き、まもなく帰宅できるだろうからと記念にとっておいた。
>
> ところが、そうではないことを思い知らせた。銀色の真空パックの包みを一人二つずつ渡されたからである。開けてみると災害用のらくだ色の毛布であった。これはひょっとして帰れないかもと思いながら時間をすごしていた。
>
> 夕方になり、寒さが増してきた。みんなでいただいた毛布を敷き、肩を寄せ合い、少ない毛布で暖をとることにして夜寝る準備をした。
>
> 夕食時には消防団の人達がマイクで「夕食を配るので外に一列に並んでください」と言う声が聞こえた。みんな我先にと並び長い列を作った。ここには二百人以上が避難しているように思えた。発泡スチロールのカップを一つ、その中におにぎり一個とたくあん二切れ、ペットボトルの水を一本渡され、寂しく食べた。つつましい夕食であった。
>
> 夜がふけてきて、,,,固まって寝ることにしたが、寒くて寝られない。また隣のいびきがうるさくて寝られない。(21～22頁)

福島県山間部の3月である。雪も降る。夜は冷える。学校や公民館の板張りの床の上での生活は大変であった。食事も極めて粗末なものであったことが分かる。大地震直後で流通もまったく不全であったので、おにぎりやたくあんも津島の人々から供出してもらった米で、役場職員、消防団、地元の人達が手作りしたものだった。消防団の幹部は、いままでも避難訓練をしたが、その晩および翌日の食事を用意して避難するようにというような指示をしたことはなく、2～3回分の食料帯同は今後の訓練時の必須事項だと指摘している。

避難所によっては二人で冷たいおにぎり一個というところもあったようで、避難者には不満足であっただろうと思われる。これ以降もおにぎり中心の食事は基本的に変わらなかったようである。しかし、地元の作り手にしてみると、8,000個のおにぎりを作る材料と手間を考えて貰いたいという気持ちもあったであろう。しかし避難民の中で不満が爆発することはなかったようである。ただし、避難所によっては味噌汁など温かいものを添えたところもあった。このように避難所によって差があったことも確かである。避難所となった建物の構造、救援にかかわった人々の数や頑張りもさまざまだったようである。また14日頃になるとコンビニのおにぎりが配られるところもあったようである。

夜の寒さ、暖房の不完全さ、寝具の不備、木の床に寝る辛さが続き、結果として睡眠不足に悩まされた住民は少なくなかった。また極度のプライバシーの無さは人々を疲れさせた。女性の場合、着替えにはブルーシートを四方向に立てて貰ってということだった。

1.5 避難所生活での友人や親戚

３月13日朝(避難第２日目)　(引用５)

フッとこの施設の近くの友人宅を思い出し、急いでトイレを借りにいった。,,,。中に入れてもらって炬燵に入り、お茶を飲みながら避難所の様子を説明して聞かせた。,,,。娘さんが気を利かせて温かい朝ご飯をグループの人数分作ってくれ、うれしいことにたくあんもパックにいれて持たせてくれた。11日以来の温かいご飯を有り難くいただき、避難所に帰り、皆で分け合って食べた。(22～23頁)

ここにあるように、津島地区の人々の避難民援助は、都会の住民レベルからみると大変なものであった。ここでは朝ご飯を作ってもらったということに限られているが、津島地区住民へのインタビューや口述記録などをみると、20～30人の人々を自分の家に泊めてあげたという家は数多くある[7]。

見ず知らずの人に頼まれて泊めたという証言を見られるが、ほとんどの場合が親戚、友人であり、見知らぬ人でもそれら親戚、友人のつながりである。ただし農村、山村地帯の姻戚ネットワークの広がりは大きく、また普段からそのネットワーク内の人間関係が生活レベルに生きている。それゆえこうした未曾有の時には無理なく互助精神が発揮され実践されるのである。

さらにこのような待遇が出来るのは、畑や田んぼをもち、何ヶ月も自分の家の食べる分を貯蔵している農家だからできることである。また家も大家族用の大きな家であることもこうしたことを可能にした。それにしても、農山村地区の相互扶助精神と行動には驚くばかりである。佐々木氏は後の部分で次のようにもいっている。「避難所である活性化センターでは、部落の炊き出しがあり、味噌汁なども作られた。センターの台所から「米なくなったよ」なんて言う声が聞こえてきて、農協の職員が米の調達に走ったりする姿が見られた」(24 頁)。津島地区は酪農も盛んであった。乳牛を飼育する農家も多く、生産され続ける牛乳を避難者に分けてあげるというような行動も珍しいことではなかった。苺ハウス栽培農家からのいちご提供とか養鶏所の卵提供などもあったようである。

1.6 避難所生活・・散策

> 3月13日(避難第2日目)　　　　　　　　　　　　(引用6)
>
> (13日) 形ばかりの朝食が終わり、外の空気がとても良かったので窓を開けて空気の入れ換えをする人、外へ出て談笑している人など、のどかな風景であった。私も友達と散歩をしようと外に出て、春の空気をいっぱい吸って歩いていた。近くのお寺さんに立ち寄り、お茶をいただきながら原発の話をなどしてきた。そのお寺にもやはり五十人くらいの避難者がいた。(24 頁)

3月12日、13日と、津島も日中は穏やかな日和となったようで、普段なら閑散としている町中が大変な賑わいになっていた。なにぶん、普段の5〜

6倍の“お客”が津島にはいたのである。今野秀則氏はその様子を次のように伝えている。

> 長女は、午前中から、買い物客が殺到し一気に銀座並みに賑わって多忙な、親戚の地元スーパーへ手伝いに行く。午後4時まで手伝う。店内の商品はあらかた無くなっていたとのこと。(中略) 旧道は、買い物のためにスーパーに向かう人やタバコを求める人、呆然とあてども無く歩く人などが溢れる。特に、小学校前から中学校、活性化センター付近までは車や避難民、町職員、消防団などがごった返して、まるでこれからお祭りでも始まるようなに賑わい（今野 2013: 27）。

もちろん、「空白の四日間」とはいうものの、電気が通じていたわけで津島地区にいる約8,000人の人々が多少とも原発の動向についてはテレビなどで聞いており、漠然とした不安と恐怖を抱いていたと考えることが妥当であり、のんびりと早春の息吹きを味わっていたというわけではない。

1.7 避難所生活・・原発への恐れ

> 3月14日(避難第3日目)　　　　　　　　　　　　　　　(引用7)
>
> 避難3日目を迎えたが、原発は収まりそうもなく、ますます危険が感じられるようになった。,,,。外に出ないよう屋内避難の報があったので、一日中センターの中に引きこもっていた。,,,。テレビではひっきりなしに今度は何号機が危ない、また、何号機が・・という画面が映し出され、枝野長官（当時の官房長官）はそのことについて緊張した面持ちで話しているが、私達はさっぱり理解することができなかった。
>
> しかし、ここには、原発で現役で働いている人や、以前に働いていたという人達もいて、非常に危険な状況であることを教えてもらい、改めて恐ろしくなった。私は原発の周辺だけが危険で、こんなに三十キロも離れているところは大丈夫と思っており安全神話を崩すことにはなかな

か納得がいかなかったのである。(24～25頁)

町当局や住民が東電と国に対してもっとも怒っていることは、スピーディー(SPEEDI)の結果を速やかに浪江町に伝達しなかったということである。スピーディーつまり文科省所管原子力安全技術センターの緊急時敏速放射能影響予測ネットワークシステム(SPEEDI)は放射性物質が原発から北西方向に流れていることを3月11日深夜には察知しており、それを県に通達した。しかしパニックを恐れて浪江町には伝達しなかったといわれる。そのため浪江町の津島地区が実は放射線量が高いにもかかわらず避難先と指定してしまったという事実がある。このことは今でも浪江町が、国や東電から「忘れられた町」と扱われ、重大情報が通知されないまま津島で「空白の4日間」を費やしてしまった。それを知らせていれば、避難民はさらに遠くでより安全な場所に自主避難していたはず、という思いが浪江町住民にはいまもある。浪江町の思いは納得のいく話である。

ただし、後で詳しく触れる津島診療所の関根俊二医師が、「原発が出来てから何十年も経っているのに、避難道路一つ作っていなかった。行政も医師会も原発安全神話にどっぷりつかっていたということです。」と語るのは、正鵠を射ている[8]。佐々木さんが「原発の周辺だけが危険で、こんなに三十キロも離れているところは大丈夫と思っており安全神話を崩すことにはなかなか納得がいかなかったのである」というのは浪江町や津島地区の人々のほとんどの思いであろう。テレビの延々と続く情報提供にもかかわらず、多くの人々は危険のもとにいるとは考えられなかったのである。

しかし不安が全く無かったということでもない。県外に住む息子や娘達が車で迎えに来て、なかば強制的に津島の避難所を離れていった話は沢山ある。あるいはまた、早くも3月12日は放射能防備の完全武装をした自衛隊員(あるいは警官)が津島に姿を現し、彼らと会話の中で危険を察知し、自分の家に避難していた親類や知人を急かしてさらに遠くへ避難させた菅野みずえさんのような場合もある(菅野 2012: 14-40)。それゆえ、完全に情報の「空白」ということはではなかった。3月14日には近隣の町村の防災行政無線から「放射線量が高い」という知らせを聞いたという人もいる。そして３月14日11時１分には３号機が爆発、３月15日朝には４号機爆発、と続いた。

2. 津島からの脱出

2.1 二本松市へ

３月15日午後（避難第４日目）　　　　　　　　　　　　　　（引用８）

15日午前11時頃、突然に「午後１時に大型バス15台が来るので、それに乗るように」という放送があった。昼食にはコンビニからきたような三角おにぎりが沢山届き、やはり並んで２個ずつ貰いたべた。再度、「荷物を早くまとめて下さい。毛布も忘れないように」と放送があり、あわただしく自分のものをまとめて待っていると、時間通り大型バスが列をなして入ってきた。,,,。急いで乗せられて、いったい何処へ連れていかれるのか。,,,。役場職員に聞いても誰も教えてくれない。雪がちらちら降ってきたので、とにかく寒い。

行く先も分からないので、バスの中は緊張して誰も喋らない。運転手は行く先を知っているのであろうが、先導車の後をただついて行くかのように私には感じられた。

やがてバスは到着。そこは、中通りの二本松市・東和町だった。あたりには立派な体育館や文化センターがあり、そこで降ろされた。が、またすぐにバスに乗せられ別の方向に連れて行かれた。

これではどこかの国に強制労働をさせるために拉致されていくようではないか。（八十のばあさまでは、仕事をさせる側の方がひどい思いをするだろうけど）

そんなことを考えているうちに、廃校になった針道小学校（二本松市）についた。そこが私達の避難所になるところらしい。（26～28頁）

隣町の二本松市への全員移動はこのように突然に避難民に知らされた。「どこに連れて行かれるのか」という避難民の不安が、佐々木氏の文章には良く描かれている。

3月15日朝、原発の半径20〜30km圏内「屋内退避指示」をテレビ報道で確認し、町長が総合的に判断して災害対策本部および避難所を二本松市内に設置すると決断だったようである。急な決断でもあるし、避難民に事前に充分説明が尽くされなかったと考えられる。

ただし今野秀則氏の文章をみると、14日ぐらいから事態が切迫してきている雰囲気があったようにも受け取れる。

15日朝には10時から地区区長会が開催されるという連絡があり、その席で町長から30キロ圏内から避難するという指示が出て、さらに避難先は二本松市の東和支所を中心とした地域ということで、協力要請が出た。その会議の雰囲気はやや異様なものであったらしい。

> 会議は騒然とした雰囲気のなかで行われる。町長以下町幹部・職員、消防団、自衛隊、県警、区長などが出席し、支所2階会議室は満杯。出席者は事態の進展を把握しきれず、一様に呆然とした表情。私も同様である(今野 2013: 34-35)。

このように、津島から二本松市東和町への避難はかなり唐突なものだった。12の朝と同様、一部の避難民のなかではパニック状態が生じたという。多くの避難民にとってはこのように早く次の避難が始まると予想していなかったようである。このようなことになったのは、津島地区の放射線量が異様に高く、一刻も早く他地への避難が必要だったのだろう。役場も津島地区から二本松市東和支所へ移転した。ただし、津島にいた人がほとんど二本松市東和地区に避難したわけではない。むしろ二本松市外に自主的に動いた人達も少なく無かった。6,000人とも8,000人ともいわれた津島の避難民のうち、東和に移った人々は3,500人位という算定数もある。あとの人は別のところに自主的に避難した。

東和地区の新しい避難所では環境は改善されたのであろうか。どうもそうではなかったようである。環境の悪さは変わらず、避難民は一層精神的肉体的な疲労度が増したようであった。

2.2 再度避難所生活が始まる

3月15日午後　(引用9)

災害用毛布が入っていた銀色の袋を敷き、その上に毛布を二枚敷いて寝ることにした。板の間に寝るのと同じである。,,,。

夜も更けて休むことにしたが、板の間なので背骨や腰が痛くてどうにもならない。一睡もできず辛かった。

外はちらちら雪が落ちてきて寒く凍えそうだった。避難とはこんなに辛くて大変なことなのかと再び思った。

(17日) 今朝の食事は、「おにぎり1個、ソーセージ1本、リンゴ1個。ペットボトル1本。」玄関までの廊下に並んでもらうのであった。

これまた哀れで粗末な食事。寒くて冷え切っている体には耐えられない。部屋に戻り、おにぎりをストーブで温めて食べた。(28～32頁)

浪江町役場は二本松市東和支所内に移転したが、このあたりは東和第一体育館、東和生きがいセンター、東和文化センター、東和クリニックなどが集合した地域であり、近代的な施設が並んでいた。生きがいセンターの中には、後述するように津島診療所も開設された。しかし津島地区のように地域民と身近な交流が無かった避難所も少なくなかったようで、住環境の悪さは改善されない上に人間環境はさらに厳しいものになったらしい。とくに15日移動直後は、二本松市自体も食料、ガソリン、灯油等の不足と携帯電話、固定電話の不通状態などに悩まされていた頃で町は孤立状態だったようで、避難民には一層厳しい事態だったようである。そして廃校となった小学校が避難先になった場合もあり、避難者には地元を離れたという不安も重なり、心理的にも厳しい状態だったようである。佐々木さんの避難先も廃校となった旧小学校校舎だった。ただし同じ二本松市でも町場ではなく農村地帯の避難所は、従来の居住者からのサポートなどもあったようである。

2.3 避難所で風邪にかかる

3月17日夜　(引用10)

(3月) 17日の夜、隣に寝ていた友人が夜中にゲーゲー吐いていたので体温計を借りてきて熱を測ったら、38度もあった。真っ青な顔で苦しんでいるので、役場の係の人に救急車を呼んで貰い病院に行ってもらったら、即入院となった。風邪だった。,,,。

廊下に手洗い場があったが、友人と同じくゲーゲーと吐いている人がおり、家族が付き添いをしているのがわかった。

風邪を引きやすい私は「これは風邪が流行するかも」と思い注意していたが、早速貰い受けてしまった。体がだるく、微熱があり、完全に風邪の症状を呈していたので、憂鬱な気持ちで横になり休んでいた。(32～33頁)

朝食はやっぱりおにぎりとみそ汁であった。部屋の人達と、「本来ならば (お彼岸なので)、ぼたもちを作って仏様にあげたのに」などと語り合いながら食事を済ませた。(38頁)

当然のことながら、避難所における医療はもっとも枢要なことであるが、浪江町の避難所はその問題にどのように対応したのであろうか。津島診療所およびその所長関根俊二医師の場合を記してみよう (ただし、佐々木さんの浪江町在住時代の主治医は関根先生ではない)。

津島診療所は正式には浪江町国民健康保険診療所といい、典型的な僻地診療所と言っていい。津島地区の中心地区にあった。関根医師は1997年より所長に就任した。診療所に隣接した医師住宅に平日は泊まり、週末は自宅のある郡山市に戻るという生活であった。専門は消化器系であるが、もちろんあらゆる病気が持ち込まれていた。地震前は毎日35人～40人の患者を診察していた。

3月11日震災当日は、まだ診察中であった。確かに大きな地震であったが、建物自体には損傷もなく、棚から本が落ちる程度であった。「大したことない、帰れる人から帰っぺ」ということでスタッフはいつもよりやや早めに帰宅した。関根医師は金曜日だったので郡山市の自宅に帰る日であり、普段1時間のところを道路の損傷などで3時間ほど掛かったが、無事自宅に戻った。自宅でテレビニュースを見て、大津波で多数の犠牲者が出たことを知った。こんな様子では、「この週末の診療所はどうなるのやら」と思いつつ寝床についたという。

ところが翌日早朝、役場の担当係長から電話があり、「先生大変なことになっているからすぐに戻ってきてくれ。避難の人々が薬がないということで、診療所の回りに黒山の人だかりなのだ」という切羽詰まった願いだった。関根先生は道路事情でいつもより時間が掛かったが、診療所に戻った。関根先生は「そこからが地獄でした。あっはっはー」と呵々大笑しながら話している。

関根医師および診療所スタッフが診た患者数は、12日234人、13日369人、14日301人、15日107人の多きに上った。通常は1日に35人ぐらいの診察者数だった。診療所は所内にせいぜい20人ぐらいを収容できるスペースしかなかったので、入りきれない人々が外に長い列を作るということになった。診療所には看護師も3名ほどいたし、また避難指示圏内で開業等をしていた医師も5人ほどボランティアで助っ人で参加した。食事は避難者と同じようなおにぎりなどを交代で食べた。

津島診療所に並んだ人々には体調が悪いという人よりも常備薬の手持ちが切れたという人が多かった。血圧安定剤、糖尿病関係の医薬服用者が多かったようである。また避難民の住環境、食環境が過酷であったため、ぜんそくなど治って収まっていた病気を再発する者も少なくなかったらしい。先に紹介したように　防災行政無線では12日朝の避難指示の時に「具合の悪い方は、津島診療所で受診できます」と放送した。この放送の結果だからということではないが、放射性物質の危険があるので早く避難するようにという指示のもと、保険証やかかりつけ医師から貰う血圧管理手帳、お薬手帳を置いてきてしまう人が多かった。カルテも診療所にはない。患者は自分の病気名は承知しているが、薬の具体的な種類までは避難民は知らない。血圧はその場で血圧計で測ることはできるが、糖尿病薬の場合は現状維持の薬より強い薬を飲ませてしまうと低血糖症になる恐れがあり医師達は非常に困った。

診療所の薬もすぐに底をつき、薬の問屋に頼むも交通事情で遅滞した。そのうち県を通じて薬は災害本部から一括して配布するようになったという。診療費、薬代についても扱いに困ったが、国から診療費は無料にという指示が出た。人工透析患者も10人以上いたが、津島診療所では対応できなかったので、苦労をしながら浜通りの透析病院に搬送したようである。

若い避難民は体力もあったし津島では放射性物質の降下が危険だということを聞いたりして、もともと津島以外に避難した人が多い。津島に留まる人は普段以上に年配者が多かった。4日間、毎日夜11時頃まで診察をおこなっていた。

3月15日に二本松市への移転が決まり、津島診療所も閉鎖となった。その時は津島診療所の役目のひとまず済んだということで、関根医師は郡山の自宅に戻った。

ところが2日後に役所から電話があって、「診療所がないとどうにもならないから、先生帰ってきてくれ」と連絡があった。その理由は一つは病人が依然として多いこと、二つには、東和地区には診療所は1ヵ所しかなく、通常でもそこには70人位の患者が毎日きていること。そこに3,500人もの避難民が来て、東和クリニックに200人からの患者が診察に訪れるという事態になった。それを見て役場は仮設の診療所を立ち上げる以外ないという判断となった。

そこで3月19日、避難先の二本松市東和生きがいセンターのなかに津島診療所を再開した。関根医師は二本松市のビジネスホテルに長期宿泊ということになった。

関根医師は「振り返ってみると、3月23日から25日頃がいちばん大変でした。東和地区に避難している方は高齢者ばかりで、肺炎や感染性胃腸炎がはやりました。すべての避難所を消毒し、感染した方は近くの集会所にいったん隔離しました。」(東洋経済メールマガジン、2011年4月20日号）と言っている。

3月23日から25日ごろには感染性胃腸炎つまりノロウィルスが流行った。一番困ることは、狭い体育館などにごろ寝に近い状態でいるから、一人が罹ると次々と患者が出てくることだった。狭い避難所の空間のなかでの感染症は消毒と隔離が思うようにいかず苦労だったと考えられる。

先の佐々木さんが嘔吐の伴う風邪をひいたと書き残しているのは、この二本松市の避難所にいるときであった。

津島地区の避難所ではノロウィルスが発生したとか感染症が流行したとかいうことは、インタビューで聞いても一つも伝わっていない。それがなぜ東和地区の避難所ではおきたのだろうか。第一に避難所生活が長引き、高齢者を中心に身心の疲労が蓄積するばかりであったこと、第二に同一町内の浪江町津島とは違い、周囲の人間環境も多少とも緊張を増幅させたであろうこと、などが推測される。

地震からすでに3年8ヶ月を経過しているが、関根医師はいまも津島診療所所長をつとめ、地域医療の第一線で活躍している。関根医師も岳温泉へ避難民とともに移り、旅館の一室に仮診療所を設けた。さらにそのあと7月で二次避難が終了し、仮設住宅等へ避難民が順次移住していくと、住民に連れ添っていくように、同年9月より二本松市安達運動場仮設のなかに診療所を開設し、現在もまだ日々避難民の診察に当たっている。福島市に住んでいる患者がいまでもわざわざ現診療所に通ってくることなどごく普通である。私の会った避難民の何人もが「関根先生は神様のような人だ」と言ってはばからないのである[9]。関根医師は2013年春、厳しい環境のもとで、長年にわたり献身的に活動してきた医療関係者を表彰する「第41回医療功労賞」の表彰者18人の一人にえらばれている。

二本松に移ってからは、感染症ばかりでなく避難所住まいの人々の精神状態も相当程度荒れていたという話も複数の人々から聞くことができた。二本松市東和支所内に浪江町役場は移転したわけであるが、役場職員は夜は支所内にごろ寝という状態であったらしく、住民対応と劣悪環境で役場職員も極めてきつかったと思う。私が聞いただけでも、福島浜通りの市町村職員の身体的精神的負担は非常に高いとされており、退職者や求職者、医療機関通いの者も他よりもはるかに多い割合と報じられている[10]。

避難民でなくとも高齢者の生活には医師の存在が重要であるが、こうした危機状況のなかで一層医師が欠かせない。そういう意味では浪江町は幸いであった。しかし原発のごく周辺地域以外では、満足な避難計画自体が無かったに等しいのであるから、浪江町には地域医療に献身的な医師が偶然いたからということになる。

過酷な日々が続くものの避難所には「少しずつ支援物資が届けられるようになり」、感謝して貰いうけるようになった。

2.4 日々の生活が少しずつ改善に向かう(1)

3月19日〜20日　　(引用11)

3月19日を迎えた。その日は私に幸せが届いた。それは、宅急便が動くようになったことで、避難所には一般より少々早く届けてくれるということだった。

その第一便が私宛の物もあり、「佐々木さん、宅急便です」と放送があり玄関に取りに行った。

娘から二箱。T県のMに住んでいる甥や姪から三箱、計五箱を重ねて渡された。とても嬉しかった。

部屋の人14人に総動員令を出して、新聞紙を大きく広げ、五箱の中身をご披露した。みんな一緒になって喜んでくれ、その中身を家族単位で平等に分けあった。,,,。どの人の顔も嬉しそうで、久しぶりの楽しい雰囲気を味わっていた。娘はみんなの分まで送ってくれたと言ってくれた。,,,。

午後にも幸せが舞い込んで来た。D町の甥夫婦が前に頼んでいた座布団五枚、毛布五枚、その他にも生活に必要な物や食料、針箱・便せん・

封筒まで持ってきてくれたのだ。有り難くて涙が出た。,,,,。

20日頃から、他県から福島県に多くの医師や看護婦が派遣され始めた。ここの避難所にも来て血圧を測ってくれたり、話しを聞いてくれたりして私達の心中を癒してくれた。(37 ～ 39頁)

2.5 日々の生活が少しずつ改善に向かう⑵

３月末　　　　　　　　　　　　　　　　　　　　　　　(引用12)

３月末の新聞に、東電の仮払い補償金についての記事が載っており、被災者の心を少々喜ばせた。それには「３月11日に被災地に居住しており、その町や村の住民であること」が条件となっていた。避難所にいる人は全て該当するので、一日中その話題で持ちきりだった。(41頁)

「仮払い」というのは国が取り敢えず肩代わりする補償金という意味かと思う。その金額であるが、現状から考えると、東電事故によって避難を強いられた人は１人あたり月10万円が慰謝料に支給されている。それ以外に、震災前の収入は自己申告することで補償される。これは一般論であり、個別的には多様な形で補償がなされており、係争中のものも数多いはずである。月々の慰謝料も、生涯通じて支払われるという保障があるわけでもなく、極めて微妙かつ個別的な複雑な事情が絡み合っている。しかし震災直後の避難民にとっては、大きな朗報だったはずである。

3.　二次避難　家族との合流

４月８日　　　　　　　　　　　　　　　　　　　　　　(引用13)

役場の職員から、「子供のいる家族とお年寄りの人は温泉の方に行ってもらうので準備して待って下さい。」と指示があった。孫達はすぐに二本松の岳温泉の方に移動したが、私達の部屋にはなかなか移動の連絡が来なかった,,,。

4月8日、ようやく「行き先を発表します。」と放送があった。(当初は猪苗代湖の奥の方のペンションと割り当てがあったが、子や孫達は岳温泉であり、あまりに離れ過ぎるということで交渉した結果、岳温泉に移ることになった。),,,。

13日に針道の避難所を出ることになり、息子と隣のご主人が迎えに来てくれ、一緒に次の避難所に向かった。,,,。 心配して二人で来てくれたかと思うと、とても嬉しかった。

4月13日、岳温泉への移動は終わった。3人の孫達も迎えてくれ、しばらくぶりで家族が合流した。また、1ヶ月ぶりで温かいご飯とみそ汁をいただき、やっと安心することが出来た。お風呂も、ゆったりと温泉につかることが出来、今までの疲れがすーととれるようだった。ぐずぐずと治らなかった風邪もこれで治るのではないか。,,,。

寝る時間になり、孫達がせっせと布団を敷いてくれて、みんなで川の字になって寝た。

ホテルなので上げ膳据え膳である。孫達は、起こされることもなくちゃんと起きて、食堂に行き食べる。そして6時45分に大型バスが来る。それに乗って学校に行く。学校とホテルの往復のようだ。,,,。

このホテルに避難してきている人々は、みんな浪江町内の人達なのですぐ知り合いになり、避難の話やら、今後の話などをしながら毎日暮らした。(42～46頁)

二次避難とは災害救助法の適用によってなされるものである。つまり、仮設住宅等の完成までの間、一次避難の過酷な環境を避けるために、行政が民間の宿泊施設（旅館、ホテル等）を借り上げたり、公営住宅を提供するものが二次避難所である。公営住宅の提供が第一選択肢であるが、ホテルや旅館等の有料施設に対しても災害救助法を用いて1泊5,000円までなら国から支援がでることができる。仲介斡旋するのは当該都道府県である。また施設までの移動費用も国で負担することが可能である。

これはかねてより広く適用されており、東日本大震災の福島県のケースでも、多くの被災者が、中通り、会津地方の温泉旅館、ホテル、ペンションなどへ移転した。移動は2011年４月６日頃から始まったようである。消防団関係者によると、４月13日をもって二次避難移転をほとんど完了したという。佐々木さんは二次避難へ向かった最後のグループの一つであろう。

これはとりあえず極めて効果的な施策であったようだ。まず避難者を一次避難の劣悪環境から救い出すことが出来ること、福島県には浜通り、会津両地方に数多くの温泉があり、収容可能人数は高かったことのである。さらに、地震の影響および風評被害のため、福島県下の温泉街は閑古鳥が鳴いていた状態であり、１人5,000円の収入は宿泊所側にとっても大きな支援になったのである。旅館によっては200人、300人の避難民を受け入れた。ただし津島の避難所の場合と同様に、ホテル、旅館、ペンションによって待遇内容には微妙な差があったようで一律に上げ膳据え膳の好待遇ということでもなかったようである。

佐々木さんは孫と一緒に岳温泉の旅館に１カ月以上滞在することになった。一気に酷い環境から脱出することになった。温泉の生活は運動不足を生み、持病の糖尿病の数値が悪化するほどだったので、長男が住む西郷村の一軒家に５月半ばに移り、そして７月には希望した桑折町の仮設住宅へ転居していった。その間、健康も取り戻すのであるが、翌年、佐々木ヤス子さんは桑折町の仮設で急逝されてしまう。

結語

本章の第一の目標は、「忘れられた町」の「空白の４日間」のあいだ、実際には何が起き人々はどのように過ごしたのかを再構成することであった。散り散りバラバラになったままの町民をインタビューすることはいままであまり経験したことがなかったが、語りに加えて残された手記も見つかり、それなりに初期の目標は達成できたようにも思う。

次にこうした状況に学的関心を持った理由は、研究者のあいだに、災害時には普段にみられないような扶助的、利他的意識と行動が現れるという見解があることから、東日本大震災において、その仮説のようなものを検証してみたいと考えたことである。アメリカ人の社会評論家レベッカ・ソルニットは次のように言う。

> 地震、爆撃、大嵐などの直後には緊迫した状況の中で誰もが利他的になり、地震や身内のみならず隣人や見も知らぬ人々さえ、まず思いやりを示す。大惨事に直面すると、人間は利己的になり、パニックに陥り、退行現象が起きて野蛮になるという一般的イメージがあるが、それは真実とはほど遠い。二次大戦の爆撃から、洪水、竜巻、地震、大嵐にいたるまで、惨事が起きたときの世界中の人々の行動についての何十年もの綿密な社会学的調査の結果が、これを裏づけている。けれどもこの事実が知られていないために、災害直後にはしばしば「他の人々は野蛮になるだろうから、自分はそれに対する防御策を講じているにすぎない」と信じる人々による最悪の行動がみられるのだ（レベッカ・ソルニット 2010: 10-11）。

あるいはアメリカの若い政治学者ダニエル・アルドリッチは、2005年夏に超大型ハリケーン・カトリーナがニューオーリンズを襲ったとき、その地にいた。大学教員として就職のため家族ともどもニューオーリンズに到着した直後だった。

> 日曜の朝4時ごろでした。友人が戸をたたいて『逃げろ』という。着の身着のまま、スーツケースひとつ持って車で隣町に逃げました。翌朝のニュースで、我が家の周辺が水没した映像が流れていた。家財道具の保険の手続きも終わっておらず、私たちはすべてを失ったのです。
>
> 途方に暮れ、親類や友人にメールを打ちました。そうしたら友人の友人からも含めて「うちに来て住めばいい」「子どものオモチャをどうぞ」といった連絡をすぐに、たくさんもらった。ちなみに米連邦緊急事態

> 管理局（FEMA）にも支援を申請しましたが、返事が来たのは半年後です。収入もないまま暮らすうちに、待てよ、被災後の生活再建に大事なのは政府でも保険会社でもなく、人間のネットワークではないか、と考え始めたのです（2013年4月20日付け朝日新聞インタビューより）[11]。

津島地区に、L. ソルニットやD. アルドリッチが指摘するような世界が現れたのかどうか。結論的にいうならば利他的行いと態度が津島地区にも頻繁にあったとはいえる。浪江町で12日から何日間か滞在していた人々が「村中をあげて炊きだしなど被災者援助をしてくれた」と感謝の言葉はしばしば聞く。ただしその根底には日本の伝統的コミュニティ特有の厚くて熱い血縁、地縁ネットワークがあるのである。無条件の利他主義ということではなさそうである[12]。さらには、広い意味での行政コントロールが混乱の中でもそれなりに確立していた。

津島地区の場合は、12日夕方から15日昼間で町職員のほぼ全員である170名強が津島地区に張り付いていた。また準公務員である消防団は震災時に約530名の団員が浪江町にいたといわれる。自分自身の家族のこともあり全員が津島地区に張り付いていたわけではないが、6分団あるうちの5分団は津島に張り付き、トイレつくり、弁当配布などに奔走していた。ある消防団員のメモによると、3月12日で消防団員として津島に張り付いた者は130名、14日で約88名となっている。つまり役場職員と消防団員やその他の各地区役員が管理側運営側となり、コミュニティコントロールということからいえば、かなり眼の行き届く人数だったのではなかろうか[13]。ただし情報伝達ということについては一本化が必要なので役場職員からという体制を取り、各避難所の運営などを消防団員等が担当するという形をとった。

このように役場による広義の行政コントロールが機能していたことは忘れてはならない。混乱はあったが、社会規範や規則が無力化するような大混乱にはほど遠かった。犯罪的行為があったとも聞いていないという住民ばかりである。そして津島診療所の存在が機能していたことも、年長者の多かった避難所の人々には幸いであった。

結びの結び

本章が進行で依拠した書物『おそろしい放射能の空の下』の著者は本書の「あとがき」でつぎのように言う。

> 私は、このたびの福島第一原子力発電所の水素爆発により、長年住み慣れた浪江を追われ、原発避難民としてあちこちの避難所を五ヵ所まわりました。これまで何も悪いことをしたわけでもなく、人様から非難されるようなことはしてこなかったと自負しています。しかし、それでも、今、齢八十三才にしてこの理不尽な辛い避難生活を強いられています。
>
> 東日本を襲った想像もつかなかった大地震と大津波、更に人災と云われている福島第一原子力発電所の水素爆発、なんと大きな災害でしょうか。地震は止めることは出来ないが、水素爆発は止められたのではないでしょうか。原子力は魔の電力だと思います。
>
> この国に今後このような悲しい現実を作らないためにも、日本の国から、原発を全て取り払い、脱原発で安全な日本国を作り、安心して暮らせる国にしょうではありませんか。

「今、齢八十三才にしてこの理不尽な辛い避難生活を強いられています」、つまり「真面目に過ごしたのに最後がこんな惨めなことになるとは考えていなかった」という声は数多く聞いた。

この思いを残したまま亡くなった佐々木ヤス子さんに対して私達はいかなる言葉を返しうるのであろうか。どのように対応したら良いのか。運動体を組織するか否かは別して、原発は廃止するほかないのではないか。人間は心ならずも過失を犯す動物である。その過失から生じた結果について修復、補償ができない場合、その過失の原因を営むことから手を引くべきであろう。人知ではコントロールできない事故を起こす原発は人間にとって禁じ手であろう。

注

1　図18-2、図18-3とも、(浪江町2013) 掲載の図を参照して作図した。

2　Aさんの証言（まちづくりNPO新町なみえ3.11実行委員会編 2012: 2)。

3　Sさんの証言（まちづくりNPO新町なみえ3.11実行委員会編 2012: 9)。

4　Oさんの証言（今野 2014: 61)。さらにTさんの証言（今野 2014: 51)。

5　『浪江町震災記録誌――2011年3月11日～2012年3月31日』ダイジェスト版、2013年、双葉郡浪江町発行、49頁。

6　『同書』52頁。

7　(今野 2014) あるいは（菅野 2012: 14) など。

8　関根俊二医師のインタビューの中。2014年7月29日@診療所。

9　関根医師についてはすでにいくつもマスコミによって紹介されている。たとえば「浪江の診療所　奮闘記」毎日新聞　2014年6月14日など。

10　たとえば『福島民報』2011年12月28日掲載記事や『福島民報』2014年5月17日記事。

11　http://d.hatena.ne.jp/xcl_23/20130421/1366496439 (2014年8月26日閲覧)

12　インタビューの際に「次は〇〇さんにお会いしたのですが？」というと「〇〇さんは私の親戚です。」「某地区の□□さんに連絡をとりたいのですが？」というと「□□さんは△△会の仲間なのです。」ということはしょっちゅうである。

13　被災地での自衛隊や警察の活動は頻繁に報道された通りである。浪江町の場合、津波被害の起きた海岸沿岸での捜索活動を自衛隊、警察が主に担当し、内陸豊山津島のコントロールは役場とそれを補助する消防団が主に担当したということであろう。ただし、3月12日の130人、14日の88人のうち、両日とも役場職員で消防団員が33名含まれている。

参考文献

朝日新聞特別報道部2012『プロメテウスの罠』学研パブリッシング。

―――― 2013『プロメテウスの罠　4』学研パブリッシング。

菅野みずえ2012「どこへ逃げれば安全か、誰も教えてくれなかった」朝日新聞特別報道部『プロメテウスの罠』学研パブリッシング。

今野秀則2013「今野秀則さんのノート」大和田武士・北澤拓也編『原発避難民 慟

哭のノート』明石書店。
——— 2014『3.11ある被災地の記録——浪江町津島地区のこれまで、あのとき、そしてこれから』福島県社会福祉協議会。
佐々木ヤス子2011『おそろしい放射能の空の下』自費出版。
浪江町2013『浪江町被災地状況及び復興の課題』。
まちづくりNPO新町なみえ3.11実行委員会編2012『東日本大震災3.11浪江町民避難の記録』。
レベッカ・ソルニット2010『災害ユートピア』亜紀書房。

コラム「今も先の見えない帰還困難地域」

本章について筆者がもっぱら目指したことは、レベッカ・ソルニット『災害ユートピア』を読んで以来の関心を実証することであった。

世界各地で暴動やら社会混乱が起こると、暴徒が市街地などで略奪や暴力行為を犯しているニュースが頻繁に伝えられる。ところがレベッカ・ソルニットの報告はほぼ真逆である。

大災害などには利他的な関心や行動が顕著に現れるというのである。

一種のユートピア描写であるが、欧米の学者や思想家にはユートピア思想を描く人が日本より多いのではないかと思っている。私はかつてスコットランド生まれの人類学者のヴィクター・ターナーに関心を持っていたがターナーも同様であった。

本章にも一時的に避難地になった浪江町の津島地区でも、地区住民に対して食事や居住施設を提供し流入者と共生し、集落の人口も一晩で数倍になったにもかかわらず、こそ泥や万引きレベルの犯罪の報告すらなかったといういわば現象的には「災害ユートピア」的な側面もあった。しかし本文にもあるように、役場組織や消防団の管理が厳然として存在したいたという背景があったゆえに平和が保たれたし、また流入者の大半が津島居住者と同じ浪江町住民であったのである。それゆえソルニットが描く状況とは大きな違いがあったのである。

ちなみに2018年10月現在、津島地区は帰還困難地域である。住民間ではあと20年ぐらいは制限が廃止にならないのではないかと噂さしている。

◇編者

・星野英紀（ほしの　えいき）（第2章、第14〜18章）

大正大学名誉教授。専門は宗教社会学・宗教人類学。主な著作として『四国遍路の宗教学的研究——その構造と近現代の展開』（法藏館、2001年）、『四国遍路——さまざまな祈りの世界』（共著、吉川弘文館、2011年）、『聖地巡礼ツーリズム』（共編、弘文堂、2012年）など。

・弓山達也（ゆみやま　たつや）（はじめに、第10章、第13章）

東京工業大学教授。専門は宗教社会学・スピリチュアリティ研究。主な著作として『天啓のゆくえ——宗教が分派するとき』（日本地域社会研究所、2005年）、『いのち　教育　スピリチュアリティ』（共編、大正大学出版会、2009年）、『平成論——「生きづらさ」の30年を考える』（共著、NHK出版、2018年）など。

◇執筆者

・川副早央里（かわぞえ　さおり）（第1章）東洋大学助教
・星野壮（ほしの　そう）（第1章）大正大学専任講師
・齋藤知明（さいとう　ともあき）（第3章、7章）大正大学専任講師
・小川有閑（おがわ　ゆうかん）（第4章）東京医科歯科大学・こども教育宝仙大学非常勤講師
・髙瀨顕功（たかせ　あきのり）（第4章）大正大学助教
・小林惇道（こばやし　あつみち）（第5章、第10章、第11章）東京工業大学研究員
・魚尾和瑛（うおお　たかあき）（第6章）大正大学大学院博士後期課程
・藤井麻央（ふじい　まお）（第8章）國學院大學大学院単位取得満期退学
・寺田喜朗（てらだ　よしろう）（第9章）大正大学教授
・君島彩子（きみじま　あやこ）（第10章、第11章）総合研究大学院大学博士後期課程
・黒崎浩行（くろさき　ひろゆき）（第12章）國學院大學教授

東日本大震災後の宗教とコミュニティ――――――――――――

発　行 ――2019年2月25日　第1刷発行
定　価 ――定価はカバーに表示
©編　者 ―　星野英紀
　　　　　　弓山達也
発行者――　小林達也
発行所――　ハーベスト社
〒188-0013 東京都西東京市向台町 2-11-5
電話　042-467-6441
振替　00170-6-68127
http://www. harvest-sha. co. jp
印刷・日本ハイコム㈱　製本・㈱新里製本所
落丁・乱丁本はお取りかえいたします。
Printed in Japan
ISBN978-4-86339-105-5 C1036